《WCO海关估价与转让定价指南》评析与应用

徐珊珊　郭　梅　何　力　著

Analysis and Application of the
WCO Customs Valuation
and
Transfer Pricing Guidelines

法律出版社
LAW PRESS·CHINA
北京

图书在版编目（CIP）数据

《WCO 海关估价与转让定价指南》评析与应用 / 徐珊珊，郭梅，何力著. -- 北京 ：法律出版社，2025.

ISBN 978 - 7 - 5244 - 0205 - 3

Ⅰ. F752.5

中国国家版本馆 CIP 数据核字第 2025LZ1317 号

《WCO 海关估价与转让定价指南》评析与应用

《WCO HAIGUAN GUJIA YU ZHUANRANG DINGJIA ZHINAN》

PINGXI YU YINGYONG

徐珊珊
郭　梅　著
何　力

策划编辑 张　珺
责任编辑 张　珺
装帧设计 汪奇峰

出版发行 法律出版社
编辑统筹 法商出版分社
责任校对 王语童
责任印制 胡晓雅
经　　销 新华书店

开本 710 毫米 × 1000 毫米　1/16
印张 22.75　**字数** 366 千
版本 2025 年 7 月第 1 版
印次 2025 年 7 月第 1 次印刷
印刷 河北晔盛亚印刷有限公司

地址：北京市丰台区莲花池西里 7 号（100073）
网址：www.lawpress.com.cn
投稿邮箱：info@lawpress.com.cn
举报盗版邮箱：jbwq@lawpress.com.cn

销售电话：010 - 83938349
客服电话：010 - 83938350
咨询电话：010 - 63939796

书号：ISBN 978 - 7 - 5244 - 0205 - 3
定价：88.00 元

凡购买本社图书，如有印装错误，我社负责退换。电话：010 - 83938349

缩 写 表

中文名称	英文名称	缩写
关税和贸易总协定	General Agreement on Tariffs and Trade	GATT
世界贸易组织	World Trade Organization	WTO
世界海关组织	World Customs Organization	WCO
经济合作与发展组织	Organization for Economic Co-operation and Development	OECD
可比非受控价格法	Comparable Uncontrolled Price Method	CUP
再销售价格法	Resale Price Method	RPM
成本加成法	Cost Plus Method	CPM
交易净利润法	Transactional Net Margin Method	TNMM
交易利润分割法	Transactional Profit Split Method	PSM
净利润比销售额	Net Profit Margin	NPM
税基侵蚀和利润转移	Base Erosion and Profit Shifting	BEPS
海关合作理事会	Customs Cooperation Council	CCC
海关估价技术委员会	Technical Committee on Customs Valuation	TCCV
美国海关与边境保护局	U. S. Customs and Border Protection	CBP
美国国内税法典	Internal Revenue Code	IRC
预先定价安排	Advance Pricing Arrangement	APA
国际商会	International Chamber of Commerce	ICC
加拿大边境服务局	The Canada Border Services Agency	CBSA
知情合规刊物	Informed Compliance Publication	ICP
美国国土安全部	Department of Homeland Security	DHS

续表

中文名称	英文名称	缩写
国际贸易办公室的法规和裁定办公室	Office of Regulations and Rulings	RR
自动化商业环境	Automated Commercial Environment	ACE
CBP 行政裁定在线搜索系统	Customs Rulings Online Search System	CROSS
预先定价和相互协议	Advance Pricing and Mutual Agreement	APMA

前　言

一、《WCO 海关估价与转让定价指南》是 21 世纪国际组织合作的成果

税是国家或地方政府为实现国家职能及提供公共服务依法向个人或企业强制征收的货币或资源。它具有所得再分配，为公共服务提供财源以及作为国家经济政策手段等功能。税收是国家的重要职能，国家税收是通过税务机关征税实现的。税务机关有狭义和广义之分。狭义的税务机关即国内税务系统，包括国税系统、地方税系统等，它主要对国内的个人或企业主体及国内经济事项等进行征税。广义的税务机关除了国内税务系统外，还包括海关系统。海关是对进出口货物、出入境旅客和邮件等跨境活动进行监督和管理的国家机关，其中征收关税也是海关的主要职能之一。在此意义上，海关也是国家的税务机关，但通常所说的税务机关是指国内税务系统。

国内税务系统也好，海关也好，都根据税收法规或海关法规对相关个人或企业征税。在大多数国家里，二者本来是相互独立的系统，一般很少有交集。即使有交集，由于海关只涉及跨境经济活动，主要是国际贸易活动，因此只与国内税务系统中的涉外税收有一定关联。在第二次世界大战以后的国际和平环境下，国际经济活动逐渐活跃，关税和贸易总协定（General Agreement on Tariffs and Trade，GATT）及后来的世界贸易组织（World Trade Organization，WTO）促进了经济全球化，迎来了跨国公司的黄金时代。所谓跨国公司（multinational corporation）就是活动据点不限于一个国家并在多国开展经济活动的大型企业。它们从事的跨国经济活动有多种形态，除了负责协调其全球管理工作的母公司，还在其他不同的国家或地区开设子公司、分公司、工厂、办事处等，更合理地

分配和利用全球资源、劳动力、服务,以达到成本最低化、抢占国际市场、利益最大化的经营目的。这样,跨国公司的母公司以及其分支机构在进行跨国经济活动时就必须要面对相关各国的税务系统和海关系统。它们进行的国际贸易,要向相关各国海关申报和交纳关税。它们之间生产和销售成本的跨国分摊、经营利益所得的跨国分配,以及跨国投资控股等,都要涉及各国税务机关。这就出现了海关与国内税务系统交集,可能发生竞合现象。

在一个国家内出现征税机关的平行竞合现象并不是一个容易解决的问题,它涉及各个国家的行政机制和法律制度,也与历史和传统相关。但是,随着经济全球化的进行,国际社会的合作取得越来越多的成果。通过国际组织这一平台,使国家间的共识达成协议形成一些国际标准,再通过订立国际协议或者国际组织指南等方式,让国家按照这些标准进行国内相关法律和制度的调整,减少国际商务障碍,促进国际贸易的发展。所以,国际组织起到了非常重要的作用,也为跨国公司从事国际商务面临的海关估价和转让定价的税务机关和法律制度的竞合问题的解决开辟了一条新的道路。世界海关组织(World Customs Organization,WCO)颁布的《WCO 海关估价与转让定价指南》就是这样一个成果。

《WCO 海关估价与转让定价指南》虽然是 WCO 颁布的文件,但其中的海关估价也涉及 WTO 的相关文件,而转让定价则涉及经济合作与发展组织(Organization for Economic Co-operation and Development,OECD)的相关文件。因此,《WCO 海关估价与转让定价指南》实际上就是 OECD、WCO 及 WTO 等国际组织合作的成果。

二、《OECD 跨国公司转让定价指南》

跨国公司母公司及其遍布若干国家或地区的分支机构,共同构成了跨国关联企业集群。如果企业不是跨国关联企业,它们之间的交易一般情况下就是正常交易,其交易的价格、成本和利润等都属于正常商业往来。跨国关联企业之间的经济活动也能是正常交易,但由于它们之间存在相互的投资、经营、资本、控股等关系,不可避免会出现非正常交易。这样的交易可能没有反映真实的成本、利润和价格，虽然一些情况是经营上所必需，但也不排除有税收对策以减轻税收负担的避税动机。这就是所谓的转让定价（transfer pricing）[①]行为。在跨国企业进行转让定价时，一般是将其在高税收国家的企业向其低税收国家的关联企业销售货物、提供劳务、转让无形资产时制定低价格，而其低税收国家的企业向其高税收国家关联企业销售货物、提供劳务、转让无形资产时制定高价格。这样，利润就从高税收国家转移到低税收国家，从而达到最大限度减轻其税收负担的目的。

从国家税务机关的角度看，跨国公司的转让定价行为，不仅造成了东道国税收的损失，而且对于其他非关联企业间的正常交易正常纳税的经济活动也是不公平的，违反了税收公平原则。所以，很多国家逐渐建立并完善了转让定价的税收制度和法律制度，对关联企业间进行的业务交易进行审核评估，根据审核评估的结果进行税收调整。评估的标准为是否符合独立交易原则，将评估企业间的交易与独立企业间的正常交易进行价格对比评估。如果不符合独立交易原则，在其各种交易和财产转移活动中出现了价格扭曲，则需要通过税收调整，还原其正常交易原貌，使其符合独立交易原则，防止跨国企业利用转让定价进行跨国避税。

美国于1917年颁布了转让定价法规。美国转让定价法规认为，不仅是关联企业，任何两个或两个以上的经营实体，无论是否具有关联企业的形式，只要

① 转让定价是指跨国公司内部机构之间或关联企业之间以销售货物、提供劳务、转让无形资产而进行的内部交易作价，原本是一个中性的概念。但现在更多是指通过内部定价实现把公司集团的利润从一个国家的关联企业转让到另一个国家的关联企业的账上。具有如下特点：(1)跨国性。由于各国市场环境不同、企业税负不同、税收优惠政策不同，客观上促使跨国公司利用不同国家间的税负和税收优惠政策差异，通过转让定价将位于高税负国家子公司的利润转让至低税负国家的子公司，实现集团整体利润最大化。(2)隐蔽性。跨国公司转让定价政策属于公司机密，一般不会体现在向海关申报的文件中。一旦海关需要了解，分管物流和采购的公司职员基本无法回答，往往需要公司财务经理甚至跨国公司总部派员到中国来介绍相关内容。(3)复杂性。因控股、生产、物流分拨、分销、服务、金融等原因，跨国公司内部子公司分别承担不同的功能和风险，转让定价政策个性化较强、复杂程度较高。加之，随着数字经济带来生产方式和交易方式变革，更多的利用无形资产进行转让定价，因其价值难以定量、与有形资产不可拆分，增加了海关审核的难度。(4)双面性。海关和税务机关对因转让定价而在审核确定完税价格和应纳税款的动机、方法、程序等方面存在差异，甚至互相矛盾。特别在当前海关和税务机关信息共享机制不很畅顺的背景下，企业有可能选择性地向海关或税务机关提供不同文件资料以实现避税。于茜：《加强估价管理制度研究促进更高水平对外开放》，载《海关审价》2019年第11期。

实质上“受控制于”同一利益主体,即被视为有关联关系。这就是“实质重于形式”的原则。① 这一原则后来被很多发达国家采用。

1961 年,美国、加拿大和西欧的 18 个国家成立了 OECD,旨在促进成员国经济和社会发展,帮助成员国政府制定和协调有关政策。后来经过不断扩大,从当初的 20 个成员国扩大到了 38 个成员国,几乎囊括了所有发达国家,以及 OECD 认为达到了发达国家标准的国家,包括墨西哥、智利、哥伦比亚和哥斯达黎加等国。OECD 并非一个像欧盟那样拥有超国家权限的实体,而是一个传统的政府间国际组织,不拥有高于成员国政府的权力,不能制定凌驾于成员国法律之上的法律规则。每年召开的 OECD 部长理事会就各种议题作出的决议,其性质也是建议性,并非立法性。但是,OECD 在经济领域的各种政策建议却对各成员国的政策乃至法律有着重大影响,并且由于 OECD 成员国的影响力,而进一步影响其他非 OECD 国家。

OECD 的宗旨是,实现成员国经济增长以对世界经济作出贡献、帮助发展中国家以及促进扩大多边贸易,下设竞争、投资、会计、税务、贸易等多个委员会。OECD 机构有将近 4000 名职员,并且还拥有超过 2000 名专家,他们组成了号称世界最大的智库。依靠 OECD 的这些专家,OECD 在经济政策分析、经济制度改革、税收、贸易和投资、环境与可持续发展、政府管理和治理、与非成员国合作等方面非常活跃。他们通过各种研讨活动酝酿形成的各种指南和建议,比较具有权威性,被 OECD 部长理事会采纳,便成为成员国制定和修订相关标准的指南和建议,甚至在某些场合这些指南和建议就类似于世界标准。各成员国通过参加这样的活动,在形成标准和建议的过程中作出自身的贡献,也获得调整和改善本国的经济、社会政策及制度的机会,不但使其更加合理化,还与其他 OECD 的标准和政策趋于一致,大大有利于 OECD 成员国相互之间经济活动的展开和政策与法律的协调,成功地减少了经济活动的法律障碍。

OECD 致力于规范跨国公司经济活动,于 1976 年制定了《跨国公司行为准则》(OECD Guidelines for Multinational Enterprises)。它是在《OECD 国际投资

① 郭勇平、杨贵松:《转让定价税制的国际比较与发展趋势》,载《涉外税务》2010 年第 5 期。

与跨国企业宣言》下的文件之一,缔约国承诺在全球范围内推广的企业责任文件。① 与世界经济的发展及企业行动的变化相应,该行为准则于 1979 年、1984 年、1991 年、2000 年、2011 年、2023 年经历了 6 次修改,最近 40 年大约每 10 年修改一次。除了 OECD 成员国,还有阿根廷、巴西、埃及、哈萨克斯坦等 13 个非成员国也加入了《OECD 国际投资与跨国企业宣言》。这样的行为准则虽然没有直接的法律约束力,但其内容对于跨国企业而言并非可以无视的内容。2000 年的修订中规定了各参加国需要设立官方的联络窗口(National Contact Point,NCP),并在后来历次修改中进一步强化了通过 NCP 解决问题的功能,保障其实际效果。每年的 OECD 要求各国的 NCP 召开线上会议,向 OECD 投资委员会报告活动内容。②

跨国企业转让定价行为也成为 OECD 致力规范的一个重要领域。OECD 税务委员会于 1979 年颁布了《跨国企业与税务机关转让定价指南》(Transfer Pricing Guidelines for Multinational Enterprises and Tax Administrations,以下简称《转让定价指南》或 OECD 指南,英文简称 OECD Guideline),规定了跨国企业转让定价行为的税务估价实行独立企业原则,确定了采取可比非受控价格法(Comparable Uncontrolled Price Method,CUP)③、再销售价格法(Resale Price Method,RPM)④、成本加成法(Cost Plus Method,CPM)⑤、其他合理方法进行税务估价。1984 年,OECD 发表了第二份转让定价报告,对于转让定价中的相应调整问题以及相互统一程序、跨国银行的税收问题、中心机构的管理与劳务费用的分配等问题进行了细化。1995 年,在经济全球化浪潮中,WTO 成立,迎来了跨国公司全球活跃的新时代,OECD 对《转让定价指南》进行了全面更新,将之前为

① 张久琴:《经合组织〈跨国公司行为准则〉执行机制分析》,载中华人民共和国商务部网 2017 年 5 月 10 日,http://chinawto. mofcom. gov. cn/article/br/bs/201706/20170602591675. shtml。

② OECD,*Responsible Business Conduct OECD Guidelaines for Multinational Enterprises*,OECD Official Website,http://mneguidelines. oecd. org/,accessed Sep. 16,2024.

③ 可比非受控价格法指将可比商品或劳务包括融资无形资产,在受控交易中的价格与非受控交易中的价格进行比较,受控交易价格参照非受控交易价格进行定价的方法。

④ 再销售价格法以受控交易中的产品转让给独立企业的价格为基础,减去适当的毛利,以此确定关联交易的公平价格。公式为:独立交易价格 = 再销售给非关联方的价格 ×(1 - 可比非关联毛利率)。

⑤ 成本加成法指以受控交易中商品或劳务的提供方所承担的成本为基础增加适当的加成来确定关联交易的公平价格。公式为:独立交易价格 = 合理成本 ×(1 + 可比非关联交易加成率)。

适应国际商务交易的暴增、交易内容日益复杂、避免双重征税、采取更加公正的转让定价税制作出的内容修改全面纳入指南之中。这成为 OECD 成员国,以及加入该指南的非成员国等相互之间税法立法以及相关国际协定的重要依据,也是其他非加入国制定转让定价税法和税制以及相关国际协定的重要参考。2017 年 7 月,OECD 颁布了《转让定价指南》(2017 年版)。这一版对 2010 年版进行了重大修改,采用了 2015 年最终报告的两项内容,对该指南第 9 章企业重组和第 4 章安全港有关内容进行了修订。这些修订主要是为了落实 OECD 与 G20 一同推进的税基侵蚀和利润转移(Base Erosion and Profit Shifting, BEPS)行动计划。2022 年 1 月,OECD 又颁布了《转让定价指南》(2022 年版),根据在 2017 年版颁布后出现的《交易利润分割法的应用指南》《关于难以估值的无形资产税务管理应用指南》《金融交易转让定价指南》的相关内容进行了补充修订。

三、《WTO 海关估价协定》与 WCO

国际贸易的海关环节的关税征收及其估价方面有 WTO 和 WCO 两个国际组织平台。二者分工合作,形成一种特殊的协作关系。

WCO 是各成员国在海关事务方面合作和协调的政府间国际组织,成立于 1952 年,当时名称为海关合作理事会(Customs Cooperation Council, CCC)。1994 年 WTO 成立之际,作为与 WTO 高度合作的国际组织,海关合作理事会决定将其工作名称改为世界海关组织,而官方名称仍然为海关合作理事会,以保持之前以海关合作理事会名义制定的相关国际公约的连续性。

起初,海关合作理事会成员主要是欧洲国家。到 20 世纪 60 年代末,成员增加到 58 个,遍布五大洲,成为真正意义上的全球性海关国际组织。特别是长年游离于海关合作理事会之外的美国和加拿大分别于 1970 年和 1971 年加入海关合作理事会,使海关合作理事会成为世界各国海关领域唯一权威的政府间国际组织,同时海关合作理事会在海关合作和协调方面不断取得重大进展,使得海关国际合作成为现实,极大地促进了国际贸易的发展。

同样作为推进国际贸易的国际组织,WTO 及其前身 GATT 致力于关税减让和拆减非关税壁垒的政策层面,而 WCO 则从海关手续和技术方面推进海关国际合作,实现通关便利化,从某种意义上说更注重执行和实施层面。为此,从海关合作理事会时期到 WCO 时期,各国缔结了大量的海关国际条约,涵盖了海关业务的主要方面,并通过 WCO 的各种机制,使各成员实现了海关的各种改革和协调。

在各成员海关制度的整体协调方面,1973 年海关合作理事会制定了全面的、合理的、系统的《简化和协调各国海关制度公约》(International Convention on the Simplification and Harmonization of Customs Procedures,以下简称《京都公约》)。该公约由主约和 30 部附约两部分组成。主约是基本条款,每个附约涉及一项海关业务,其中有普遍实施的标准条款和建议实施的建议条款。缔约方必须至少接受一个附约,并把所接受的附约的原则规定转换成本国立法加以实施。这样,《京都公约》就成为各成员方海关立法和制度改革的共同目标和方向。中国于 1988 年加入《京都公约》,并接受部分附约。1999 年,WCO 通过了《关于简化和协调海关制度的国际公约修正议定书》(以下简称《经修正的京都公约》),并于 2006 年 2 月正式生效。中国也于 2000 年 6 月 15 日加入《经修正的京都公约》。

国际贸易必须要进出口通关,各国海关即代表国家对进出口通关实行管理和执行的职能部门。在 WCO 时期之前,海关合作理事会和 GATT 各行其是,独立推进各自的制度建设。海关合作理事会主要推进海关估价、商品编码和协调制度、暂准进口等方面的协调和合作,而更名为世界海关组织后,其很多职能则和 WTO 实行联动。为了与 WTO 制度进行协调,WCO 需要建立一些制度,也要对一些制度进行一些重大的改变。

在商品归类及编码方面,海关合作理事会于 1959 年缔结《海关税则商品归类目录公约》(Convention on Nomenclature for the Classification of Goods in Customs Tariffs,1959 年 9 月 11 日生效)。由于 WTO 并没有涉及这一领域,所以商品归类及编码就成为海关合作理事会及世界海关组织自我发展进化的部分。在多次对该公约进行修改的基础上,于 1983 年制定了《商品名称及编码协调制度国际公约》(International Convention for Harmonized Commodity Description and Coding System,HS Convention)。

在海关估价方面,海关合作理事会早在 1950 年就缔结了《海关商品估价公约》(Convention on the Valuation of Goods for Customs Purpose,1953 年 7 月 28 日生效),规定了一个海关估价规则,即将进出口商品的“正常价格”(也叫作布鲁塞尔价格定义)作为海关完税价格依据。海关估价委员会作为该公约的技术委员会,负责指导各缔约方的海关估价,推行正常价格定义的落实。但 WTO 实行进出口商品的“成交价格”作为海关完税价格依据,并且要求所有成员方必须实施《关于实施 1994 年关税与贸易总协定第 7 条的协定》(Agreement on Implementation of Article Ⅶ of the General Agreement on Tariffs and Trade 1994, WTO Customs Valuation Agreement,以下简称《WTO 海关估价协定》)。海关估价是一个技术性强的领域,WTO 主要解决政策执行层面的问题,所以在海关估价等技术性问题上便寻求与其他专业性国际组织进行协作。在海关估价领域,WCO 正是这样一个具有天然技术优势且职能上极具权威的国际组织。因此,WCO 被纳入了 WTO 的某些专项协定的技术支持机制中。此外,除了《WTO 海关估价协定》、《WTO 原产地规则协议》和《WTO 贸易便利化协议》也将 WCO 纳入了协定的技术支持机制中。

根据《WTO 海关估价协定》附件二,在 WCO 内成立海关估价技术委员会(Technical Committee on Customs Valuation,TCCV),其主要职责是审理各缔约方在海关估价制度的日常管理中产生的具体技术问题,并以提出的事实为依据,就合适的解决办法提供咨询意见。由于 TCCV 在海关估价专业技术问题上的咨询意见的权威性,为了工作上的便利,根据《WTO 海关估价协定》附件二第 10 条,TCCV 也将工作地点设在 WCO 秘书处所在地布鲁塞尔。该附件第 23 条规定,TCCV 要向 WTO 海关估价委员会报告工作,这是由前者是后者的技术服务机构决定的。该附件同时也规定前者还要向 WCO 会议报告工作,这则是因为 WCO 是 TCCV 上级业务指导机构。

四、《WCO 海关估价与转让定价指南》的意义

《WCO 海关估价与转让定价指南》是第一部解决转让定价与海关估价两种税务估价竞合的国际文件。它的出台具有以下几点重大意义。

第一,它对于海关估价和转让定价的实务意义。对于同样的进口货物,同

样的交易,其价格作为所得税和关税核定基准,是企业必须要面对的。在进口环节中,海关会对进口货物进行海关估价,关税税率通常从价计算。同样的,在确定所得税时,也需要确定进口商品的价格。确定应税收入所必需的许多要素(如销售价格、销售成本、存货成本等)也都是根据商品价格计算的。因此,估价构成了所得税法的一个主要领域。

在这里,关税和国内税收制度中有关估价的概念存在重叠。并且,海关和国内税务机关对这样的同样进口货物和同样的交易进行估价的依据、基础和逻辑各不相同,势必造成估价的结论也有所不同。根据《WTO 海关估价协定》,成交价格是计算进口关税和国内税收应税价格的出发点。成交价格法是海关估价的首选方法,海关应尽可能地接受买卖双方之间的成交价格。[①] 然而,关联方[②]之间约定的交易存在一个特殊问题,即它们的商业和财务关系可能不会直接受到外部市场力量的影响。关联企业可以操纵其利润和价格,以确保其交易获得最优惠的税收和海关待遇。当关联方转让定价不反映市场力量时,进口国的国内税收和关税收入可能会被扭曲,海关和税务机关会将关联交易的进口商(纳税人)拉向相反的方向。税务机关通常希望低进口价格以确保最大税收收入,海关则希望高完税价格以确保最大的关税收入,这样就出现了作为不同的国家税务机关在履行职能时的业绩背反现象。并且,海关估价一般是在进口贸易通关时进行,并得出结论,而转让定价调整是在财务结算年度结束的时候进行,这种时间上的差异可能会产生一系列复杂问题,如转让定价调整的结果是否会溯及海关估价的结果,多征收或少征收的关税是否应该退还或追缴等。这样的状态对占全球贸易量 60% 以上的跨国公司开展业务造成了极大的困惑,变相导致了跨国公司交易成本和风险的上升,成为国际贸易的一种障碍。而对于

---

① 《WTO 海关估价协定》第 1 条规定,进口货物的完税价格应为成交价格,即为该货物出口销售至进口国时依照第 8 条的规定进行调整后的实付或应付的价格。

② 《OECD 税收协定范本》第 9 条对关联方的定义:“(一)在缔约国一方企业直接或间接参与缔约国另一方企业的管理、控制或资本,或者(二)同一人直接或间接参与缔约国一方企业和缔约国另一方企业的管理、控制、资本。”《WTO 海关估价协定》第 15.4 条对关联方的定义:“只有在下列情况下,方可被视为有特殊关系的人:(a)他们互为商业上的高级职员或董事;(b)他们是法律承认的商业上的合伙人;(c)他们是雇主和雇员;(d)直接或间接拥有、控制或持有双方 5% 或 5% 以上有表决权的发行在外的股票的任何人;(e)其中一人直接或间接控制另一人;(f)双方直接或间接被一第三人控制;(g)双方共同直接或间接控制第三人;或(h)双方属同一家族成员。”

海关或国内税务机关,也会面临被起诉的风险。

因此,为减少海关和税务机关对同一关联交易进行双重审查,防止海关和税务机关在确定成交价格时采用不一致的方法,需要对两机关的两套估价体系进行协调,不仅对海关和国内税务机关有必要,对作为纳税人的跨国公司等企业,也可以避免被夹在中间左右为难,甚至陷入巨大的违反海关法和税法的法律风险。《WCO 海关估价与转让定价指南》的发布大大降低了这样的风险。

第二,它对于各国的海关估价与转让定价具有立法意义。《WCO 海关估价与转让定价指南》虽然不具有法律约束力,但它没有国家博弈的政治背景,主要是为了解决实务中遇到的问题,因此更能为各国所接受。各国可以通过该指南的指引进行海关法和税法的修改和调整。该指南并不要求各国不折不扣比照指南立法,因为它并非国际条约。各国可以对指南的内容进行取舍,采取适合本国的方式进行立法。但无论如何,该指南的应用不仅促使各国相关法律和制度趋于接近,而且也为解决两种估价方法导致的结果差异以及进行制度统合提供了标准。

第三,它对于海关估价和转让定价的法律研究具有学术意义。海关估价是海关法领域,而海关法既是行政法的一个分支,也是国际经济法乃至国际海关法的分支。海关估价相关基本国际经济法条约就是《WTO 海关估价协定》,它是 WTO 法律体系的组成部分。而 WCO 则是国际经济法中国际海关法领域的一个活跃的权威性专业国际组织,主持制定和管理很多国际海关条约。WCO 和 WTO 在海关估价方面的协作关系在国际组织法领域中也是一个独特的存在。关于转让定价的法律则属于税法领域,与海关估价相关的转让定价法律规定则是国际税法的领域。海关估价的法律和转让定价的法律各自在 WTO 法研究和国际税法研究中都有很多进展,但二者相结合的研究目前在国内还几乎是一个空白。因此,本书作为《WCO 海关估价与转让定价指南》的评析,对于推动国际经济法、国际海关法、WTO 法、税法、国际税法、国际组织法等学科领域的研究是有学术意义的。本书也是一本应用书,各种案例及实务分析对于海关法的司法实践和国际税法实践也具有实用价值。

contents 目录

第一章

WTO与OECD对关联交易的不同估价规则及其协调

《WTO海关估价协定》对“完税价格”“成交价格”的定义，以及对关联交易下完税价格的确定[①]，构成了WTO成员起草相关国内法律法规的基础。欧盟的海关估价规则可以在《欧盟海关法典》第2篇第3章和欧盟委员会实施条例2015/2447第2篇第3章中找到，美国的海关估价规则体现在19U. S. C. 1401a中，加拿大估价规则可以在《海关法》第44～54节中找到。我国目前适用的海关估价规则主要是《海关审定进出口货物完税价格办法》。在另一些国家，例如阿根廷，《WTO海关估价协定》的规定则直接在国内适用并且根据宪法原则对政府具有约束力。

在税收领域没有确立进口商品估价的原则或方法的多边税收协定，然而许多国家已经根据《OECD税收协定范本》和《联合国税收协定范本》签署了税收协定以确定关联方交易转让定价的基本规则。独立交易原则（Arm's Length Principle，也称公平交易原则、正常交易原则等）是指关联方之间的交易应如同没有关联关系的交易各方那样按照公平价格和营业常规进行业务往来，若非如此则相应的利润应按《OECD税收协定范本》第9条[②]进行税务处理。这一原则后来被《联合国税收协定范本》第9条沿用，使得许多国家参照独立交易原则建

① 《WTO海关估价协定》第1条。

② 《OECD税收协定范本》第9条规定：“一、……如果两家企业在其商业或财务关系中制定或施加的条件不同于独立企业之间的条件，又由于那些条件的存在，导致其中一家企业没有取得本应取得的利润，则此利润将可计入该企业的利润，并据此征税。”

立了一个庞大的双边条约网络。OECD 财政事务委员会发布了多份关于转让定价的报告,1979 年发表第一份主要报告《转让定价与跨国企业》,[①]1993 年 OECD 开始修订 1979 年的 OECD 报告。[②] OECD 理事会于 1995 年 7 月批准了修订版的前 5 章并随后向公众发布,这个新版本的标题是《跨国企业与税务机关转让定价指南》(以下简称 OECD 指南,英文简称 OECD Guideline),它包括了独立交易原则的定义以及根据该原则确定价格的各种方法。OECD 理事会在 1996 年和 1998 年又通过了指南的另外三章,两个修订版分别于 2010 年和 2017 年通过。[③]

尽管 OECD 是一个咨询机构,其决定和声明是咨询性和指导性的而不是强制性的,但大量成员国和非成员国在其税收立法中引入了 OECD 指南原则和方法,这种广泛的认可使得 OECD 指南与《WTO 海关估价协定》具有同等的权威。由于 OECD 指南远比《WTO 海关估价协定》关于关联交易的规定更为详尽,而且根据《维也纳条约法公约》第 31.3(C)条的解释说明,在海关估价法律对于如何实施公平比较的规定不明确的情况下可以通过其他国际协定或者以国际协定为基础的国内转让定价法律中的规定予以完善,[④]故 TCCV 及其发布的 2015 年版及 2018 年版的《WCO 海关估价与转让定价指南》对 OECD 指南开展研究,以确定其是否可以补充 WTO 有关海关估价的文件中对于关联交易的规定。

---

① OECD, Committee on Fiscal Affairs, *Transfer Pricing and Multinational Enterprises*, OECD Publishing, 1979.

② OECD, *OECD Transfer Pricing Guidelines for Multinational Enterprises and Tax Administrations* 2017, OECD Publishing, 2017.

③ 本书中所引用的条款编号为 2017 年版的编号。

④ [德]迈克尔·兰德韦尔:《海关估价视角下关于转让定价规则的新成果:GATT 海关估价协定中公平原则的国际法适用》,杨大江译,载《海关审价》2019 年第 10 期。

第一节　协调是否必要

一、海关与税务机关对关联交易估价的不同

《WCO 海关估价与转让定价指南》第 4 章把 WTO 与 OECD 两个体系下的估价目标和方法的关系称作“镜像”般相反，尽管两个体系都以寻求体现“独立交易”的估价方法为宗旨。《WCO 海关估价与转让定价指南》指出：人们已经认识到，考虑到税收和海关估价方法所基于的现有法律框架的特殊性，它们的合并不是一个现实的提议。概括地，二者对关联交易估价规则的主要不同有：

第一，评估对象不同。海关估价的规定适用于评估进出口货物及与之相关的无形资产转让（如特许权使用费）和劳务服务。就关联交易而言，海关会特别关注申报价格差异较大的情形，希望了解具体交易是否受到交易双方的特殊经济关系的影响。而税法上有关关联交易转让定价的相关规定适用于评估有形资产、金融资产、无形资产、资金融通、劳务服务等各类关联交易。相对于海关，税务机关重点关注的企业主要是关联交易数额较大或交易类型较多的企业、长期亏损企业、向境外关联方支付大额特许权使用费或服务费的企业等。

第二，管理目标不同。针对同一笔关联交易，海关管理目标相对微观，监管对象为进口货物，重点审核每件进口货物的进口价格是否偏低，是否存在少缴纳关税和进口环节增值税、消费税等问题。而税务机关则以纳税人为监管对象，管理目标相对宏观，重点审核是否因进口价格偏高或存在其他增加成本的行为导致纳税人产生年度整体利润率水平偏低、少缴纳企业所得税的问题，从而防止关联交易侵蚀本国所得税税基。假如一企业将价格高的进口货物以低关税的海关编码进行申报，同时把价格低的进口货物以高关税的海关编码进行申报，此时，企业整体上的利润可能保持不变（尽管可能未足额缴纳进口环节的税费），税务机关可能就不会像海关那样关注此事。

第三，估价方法、逻辑不同。GATT 东京回合后，GATT 成员方海关估价方法包括：成交价格估价方法、相同或类似货物成交价格估价方法、倒扣价格估价

方法、计算价格评估方法、合理方法。这些方法需要依次适用,企业可以向海关申请颠倒倒扣价格估价方法和计算价格估价方法的适用次序。税务机关针对转让定价交易中的价格确认方法主要包括:可比非受控价格法、再销售价格法、成本加成法、交易净利润法、利润分割法、其他方法(如成本法、市场法和收益法等资产评估方法)。这些方法均是试图确定关联方间公平成交价格的方法,没有固定的适用次序,需结合企业具体情况选择最合适的方法。

进一步的比较可见表 1。

表 1 海关与税务机关对关联交易估价的比较

项目	海关	税务部门
审查对象	进出口货物价格(有时含特许权使用费、协助)	关联交易(有形、无形资产)
国际准则	《WTO 海关估价协定》	OECD 指南
国内法规	《海关审定进出口货物完税价格办法》	《特别纳税调查调整及相互协商程序管理办法》(部分失效)
关注点	交易双方之间的关联关系是否影响了进出口货物完税价格	交易双方之间的关联关系是否影响了国内纳税人的应纳税所得额
审查重点	逐笔进出口交易的成交价格	企业在关联交易中的整体利润水平或关联交易的价格水平
审查频率	主要是在货物实际进出口时进行逐笔审查;也可以在货物进出口后的一定期间内进行事后稽查	大多数情况下按年度对企业的经营状况实施事后审查
追溯性	追溯 3 年	最长追溯 10 年
数据库	进出口报关数据库、国际市场价格资料	国际商用数据库(如 BVD)、纳税申报信息

除了主要的不同之处,两套估价规则在细节上的差异随处可见,在本书第四章有关成交价格的调整项目的分析中还会展开。此处试举一例,即两套估价规则对于交易双方是否为“关联关系”或“特殊关系”的规定并不一致。《OECD 税收协定范本》第 9 条对关联方的定义为在缔约国一方企业直接或间接参与缔约国另一方企业的管理、控制或资本,或者同一人直接或间接参与缔约国一方企业和缔约国另一方企业的管理、控制、资本。《WTO 海关估价协定》第 15.4 条对关联方定义:只有在下列情况下,方可被视为有特殊关系的人:(a)他们互

为商业上的高级职员或董事;(b)他们是法律承认的商业上的合伙人;(c)他们是雇主和雇员;(d)直接或间接拥有、控制或持有双方5%或5%以上有表决权的发行在外的股票的任何人;(e)其中一人直接或间接控制另一人;(f)双方直接或间接被同一第三人控制;(g)双方共同直接或间接控制第三人;(h)双方属同一家族成员。《WTO海关估价协定》第15.5条进一步规定对于在商业上彼此联系的人,如一方为另外一方的独家代理人、独家经销人或独家受让人,如果他们符合第15.4条的标准,那么无论如何称谓都应被认定为存在特殊关系的人。这些国际规范经过国内法细化后,相关定义的差别还可能进一步扩大。在我国,税法及其配套文件对于关联方认定的规定就较《WTO海关估价协定》更为具体:规定了"控制"的股份比例;在关联企业认定方面规定了包括资金、经营、购销、人事等方面具体要求;甚至在特许权的使用、原材料的供应、产品的销售等方面均作了较为详细的规定。而《WTO海关估价协定》规定相对比较原则,更多地集中在股份、人事关系、人员角色等方面。此外,我国税法在股权控制标准上虽然要求的比例为25%,比《WTO海关估价协定》的5%要求高,但是我国税法没有对25%股份是否公开发行等进行限制。因此,对于海关难以认定存在特殊关系的,有时根据国内税务部门的标准可以认定企业存在特殊关系。这些差异往往会导致实践中的争议。[①]

二、协调的必要性

尽管税法和海关法的估价规则存在不同的目标、原则和规范,但这并不是不协调两者不同的进口商品估价规则的理由。通用汽车美国公司海关顾问Peter Zubrin先生指出税务机关对转让价格的调整可能会被海关拒绝。在许多国家,因关联交易转让定价安排而事后作出调整并改单补交关税甚至会使进口商面临罚金。此外,许多商界人士提出,依OECD指南确定的关联交易转让价格,如果可以根据出口国和进口国的所得税法通过公平交易测试,则没有理由不被海关认定为实付或应付的成交价格。协调两个机关不同的进口商品估价

---

① 李绮绯:《关于买卖双方特殊关系辨析的实证研究》,载《海关审价》2021年第3期。

原则将节省额外的成本并避免对同一交易进行两个估价分析的工作。①

2005 年在第 20 届主题会议后 TCCV 决定于 2006 年 5 月与 OECD 联合组织一次关于转让定价和海关估价的会议。该会议的议程包括对以下问题的讨论:由于政策目标不同而制定不同的规则在多大程度上是可以接受的? 对同一个问题"什么是独立成交价格"的不同回答是否会影响估价机关的可信度? 如果发现协调不同规则是可取的,OECD 指南是否是合适的基础?②

会上,代表提出尽管没有一套详细规则但《WTO 海关估价协定》第 1.2(a)条已确立了独立交易原则。即使税法和海关法的政策目标不同,但两种制度都试图确定在可比情况下非关联卖方的出售价格。从这个角度来看,同一国家的海关和税务部门得出不同的结论是不可接受的。一个机构进行的分析可能没有为另一机构进行的调查提供有用的要素,但绝对不应该发生的是,这些机构就完全相同的考虑因素得出相反结论。这违背了正义、诚信和合法性的基本原则。③ 时任 WCO 副总干事的御厨邦雄(Kunio Mikuriya)先生则在闭幕词中建议:在各国国内层面,我们需要鼓励海关和税务机关之间进行更多对话,与企业密切协商建立联络机制。在国际层面,海关和税务部门应通过 WCO 和 OECD 创建一个适当的联合论坛,以进行对话、研究和联络。对话和研究的问题包括对两套规则进行更彻底的比较,确定规则和协调方法可能趋同的领域,包括制定指南或注释、一个机构对另一机构的估价的接受程度、预先定价安排(Advance Pricing Arrangement,APA)、联合审计、一个机构对另一个机构的价格进行重新调整的后果、信息交换以及海关和税务机构之间的合作。④

---

① WTO,Council for Trade in Goods,Report by the Secretariat,Panel 2 – Import and export procedures and requirements,including customs and border crossing problems-D - Compendium of all presentations - "Practical Problems for traders in the area of customs valuation",WTO Trade Facilitation Symposium,9 – 10 March 1998,WTO Doc. G/C/W/115 (May 19,1998),http://www.wto.org/english/tratop_e/tradfa_e/w115.doc,accessed Dec. 10,2024.

② WCO,*Program of the WCO/OECD Joint Conference on Transfer Pricing and Customs Valuation*,WCO Official Website,http://www.wcoomd:org/en/Topics/Valuation/Partners/WCO_OECD-partnership/summary%200Remarks.

③ Kunio Mikuriya,*Closing Remarks*,*in Dealing with Interests*,*Values and Knowledge in Managing Risk*:*Workshop Proceedings*,Brussels,Belgium 18 – 21 November 2003,OECD Publishing,2004.

④ Kunio Mikuriya,*Closing Remarks*,*in Dealing with Interests*,*Values and Knowledge in Managing Risk*:*Workshop Proceedings*,Brussels,Belgium 18 – 21 November 2003,OECD Publishing,2004.

《WCO 海关估价与转让定价指南》附件八《国际商会政策声明》从海关估价与转让定价执法机构的关注点、执法依据的差异、给进口商及全球商界造成的合规风险、经营成本等角度论述了协调两套估价制度的必要性："国际商会证实来自全世界不同地区与行业的跨国公司都面临着与商品估价有关的难题。"关联企业之间的交易受海关和税务审查的双重规制,因而要受到不同规则与不同立法目的的多重约束。造成这个问题主要有以下两个方面:(1)即使两者在同一个国家内,甚至有时候两者隶属于同一个行政体系,但税务机关与海关的执法却截然不同,税务机关的关注点在那些可能被高报的关联销售价格,而海关规制的是那些被认为低报的进口商品的价格。(2)税务机关与海关对同一商品或交易通常是各自独立地设立规则。税务机关力图与 OECD 指南保持一致(该指南已经被许多国家制成成文法),其制定的规则意在指导关联企业如何在跨国交易中根据独立交易原则进行定价,然而海关却遵循《WTO 海关估价协定》第 8 章关于估价的规定。国际商会(International Chamber of Commerce, ICC)还指出,"无论是发达国家还是发展中国家,都存在这种二元对立现象。随着经济全球化的深入势必形成一种不确定和复杂的交易环境。另外,它还导致企业经营成本与违法风险的上升,商业运作灵活性丧失,并且进一步增加了被处罚的风险。""事实上,即使一家企业同时遵守 OECD 指南和《WTO 海关估价协定》,也不能保证两个国家或者同一国家的两个行政机关之间在确定独立成交价格时不产生分歧。估价方法冲突不仅仅会发生在税务审计前,也可能发生在税务审计之后。""考虑到关联企业间的交易量占到全球贸易总量的比例已超过 60%,海关估价和转让定价之间的分歧已经成为贸易自由化道路上的'绊脚石',不论跨国公司还是中小型企业的全球化发展趋势都因此受到抑制。"显然,找出一条有效解决问题的途径与各方利益息息相关。

第二节　协调是否可行的争议

在 WCO 和 OECD 于 2006 年和 2007 年联合组织的两次转让定价和海关估价会议以及随后的 TCCV 会议上许多与会代表指出了海关与税务机关的目标

差异。比如,我国海关代表表达了以下观点:众所周知,税务机关关注的是年度利润,即进口商的净利润,而我们关注的是每批货物的进口价格。较低的申报价格可能会导致较低的进口成本,进而导致较高的利润,这可能对税务机关有利,但对我们不利。因此,税务机关接受的转让定价报告可能不会被海关接受并作出关联关系不影响价格的决定。①

在美国海关与边境保护局(U. S. Customs and Border Protection,CBP)2007 年 4 月发布的关于关联方交易的出版物②中也可以找到税务部门关注年度利润,而海关部门关注逐笔交易这个观点,并强调这使得两机关估价规则不同:海关法要求必须确定每件进口商品的完税价格,特定进口根据其商品分类和价格适用不同的税率。因此,美国进口商需要按报关单分类申报商品完税价格。如果进口商从关联公司购买不同的商品,同样有必要确定每件商品的正确完税价格,而不是将所有进口商品作为一个整体估价。相比之下,美国国内税法典(Internal Revenue Code,IRC)第 482 条规定在关联方之间合理分配收入,以防止偷税漏税。……允许在适当的情况下汇总交易和抵消调整。鉴于这两种价格确定规则之间的显著差异,很难对根据税法制定的转让定价与根据海关法确定的成交价格进行直接比较。

以上观点的反对者则认为,第一,一国政府应是一个统一适用法律的实体,即它的不同机构不应根据各自收入偏好来选择估价方法。一种方法是合适的,不是因为它为一个机构或另一个机构增加了收入,而应出于它是最可靠的。第二,尽管进口商需要逐笔申报完税价格并且必须检查每笔交易以确定价格是否受到关联关系的影响。但是,这并不一定意味着不能考虑关联关系对一组交易的影响,例如,同一商品在一个会计年度的所有交易。事实上,《WTO 海关估价协定》第 1.2(a)条注释的第三个例子(成交价格足以确保回收所有成本加上代表公司在代表性时期销售同级或同类商品时实现的整体利润,这将表明该成交价格没有被关联关系影响)要求检查一组交易,而不仅仅是被估价的交易。一

---

① 参见文件 VT0914Ela 的附件二。

② U. S. CBP, *Determining the Acceptability of Transaction Value for Related Party Transactions*, U. S. Customs and Border Protection (Feb. 26, 2020), https://www. cbp. gov/document/guidance/determining-acceptability-transaction-value-related-party-transactions, accessed Sep. 16, 2024.

旦计算出相关时间段的成本,就可以将成本分配给特定的交易。显然,如果被估价的商品价格在相关期间没有变化,汇总分析将对在此期间进行的任何交易有效。[①] 第三,APA 及转让定价研究遵循着一些对海关估价有用的重要原则。CBP 提出的接受 APA 或转让定价研究的主要障碍似乎是将进口商的整体利润率与可比公司的整体利润率进行比较。OECD 指南在这方面没有问题,因为它们采用了具有交易性质的交易净利润法(Transactional Net Margin Method, TNMM)[②]。这需要对财务报表进行细分,以便比较在特定交易或特定产品系列中获得的利润率。如果该特定系列的利润一直稳定,并且没有证据证明该系列的利润应该因特定商品而异,那么就没有理由为了海关估价目的而拒绝交易净利润法。[③] 第四,《WTO 海关估价协定》和 OECD 指南就关联方交易均采用独立交易原则。而《WTO 海关估价协定》在进口商可以用来证明关联关系不影响价格的方法方面是可灵活解释的,[④]只是确定独立成交价格存在困难因素,包括:卖方不向任何非关联方出售或买方不从任何非关联方购买类似商品,可比商品仅在关联方之间交易;有商标等知识产权;可比较的商品在不同的商业水平[⑤]上交易;关联买方的功能、资产和风险与可比的其他买方不具有可比性,如广告和促销费用等。

历经反复争议与讨论,TCCV 在《WCO 海关估价与转让定价指南》谨慎地支持了协调的可行性,转让定价报告可提供涉及进口货物关联交易的极为有用

---

① J. M. Jovanovich, *Comparison between Customs Valuation and OECD Transfer Pricing Guidelines*, in Anuschka Bakker and Belema Obuoforibo eds. ,Transfer Pricing and Customs Valuation: Two Worlds to Tax as One, IBFD, 2009.

② OECD 指南第 2. 64 条规定,交易净利润法考察纳税人从某项受控交易中实现的相对于一个适合基数(如成本、销售、资产)的净利润率。

③ J. M. Jovanovich, *Comparison between Customs Valuation and OECD Transfer Pricing Guidelines*, in Anuschka Bakker and Belema Obuoforibo eds. ,Transfer Pricing and Customs Valuation: Two Worlds to Tax as One, IBFD, 2009.

④ 《WTO 海关估价协定》第 1. 2(a)条规定,在根据本条第 1 款确定成交价格是否可接受时,买卖双方之间存在第 15 条所规定的特殊关系这一事实本身并不构成该成交价格不能接受的理由。在此情况下,应对销售环境进行审查,只要此种关系并未影响价格,即应接受该成交价格。

⑤ 商业水平是指买卖双方在销售环节中的位置,一般可理解为国内通常所称的一级批发、二级批发、零售商或最终消费者等不同的商业销售环节。高融昆主编,海关总署关税征管司编著:《审价办法及释义:〈中华人民共和国海关审定进出口货物完税价格办法〉及其释义》,中国海关出版社 2006 年版,第 122 页。

的信息,近几年也有将转让定价报告用于海关审价的提议。这样,企业无须为了海关而特地准备资料,一定程度上能减轻企业的压力。但需要进一步考虑的是,转让定价信息对海关是否有用?海关又应如何诠释和使用此类信息数据呢?针对转让定价所做的各类调整在什么情况下会对海关完税价格产生影响?产生的影响又有多大?……海关会基于所有证据作出决定,这些证据可能有多个来源,但是在有些案件中,海关可能主要依据转让定价的数据就可以作出决定。

第三节　国际协调的历程

TCCV 在其第 20 届会议的主题会议上首次讨论了转让定价。① 当时,许多与会者在比较《WTO 海关估价协定》的方法和 OECD 指南的估价方法时遇到了困难。

2006 年和 2007 年,TCCV 和 OECD 举行了两次关于转让定价和海关估价的联席会议。在这两次会议上,一些代表表示税务机关和海关协调转让定价规则是不可能的,因为税法和海关法有不同的目标。有人提议联席会议后成立一个海关估价和转让定价焦点小组来继续研究这个问题。焦点小组包括 WCO、OECD、WTO、成员国海关、税务机关和商界代表。焦点小组第一次会议于 2007 年 10 月 26 日在 TCCV 第 25 届会议期间举行。焦点小组的材料放在 WCO 网站上供 WCO 成员参考。② 这些材料中有不少案例,讨论如何在《WTO 海关估价协定》第 1. 2(a)条的销售环境测试中使用 OECD 指南,以及如何处理初始报关的年终调整的问题。③

2008 年 TCCV 第 26 次会议通过讨论达成的第一个共识是,对于跨国公司而言,《WTO 海关估价协定》所规定的"测试价格法"往往不能奏效,因为跨国

---

① See J. M. Jovanovich, *Paper Submitted to the TCCV at Its 20th Session*, https://www.wcoomd.org/en/topics/valuation/resources/tccv.aspx? p = 1, accessed Jan. 8, 2024.

② TCCV, Doc. VT0647Ela.

③ TCCV, Doc. VT0647Ela.

公司经营的产品多为个性化商品,往往不存在测试价格,海关需要通过销售环境审查确定关联交易是否影响成交价格。因此,研究重点聚焦在:海关的销售环境审查与转让定价的关系。①

到 TCCV 第 27 届会议时,各成员普遍接受了开展案例研究的想法。从第 27 届会议开始,有关税收和海关估价规则之间协调的讨论渐渐集中在 OECD 指南是否可以用来解释或补充《WTO 海关估价协定》第 1. 2(a)条,或者根据 OECD 指南准备的转让定价研究中的信息是否可以让海关和进口商用来确定买方和卖方之间的关系是否影响价格。此次会议中海关估价与转让定价主题"具体技术问题"从而成为 TCCV 的正式议题。

美国在 TCCV 第 27 届会议闭会期间提交了一份案例研究草案。② 美国准备的案例研究草案认为,第 1. 2 条的注释的语言足够宽泛,允许使用 OECD 指南来确定关联关系是否影响价格。案例研究草案是 CBP 根据第 1. 2(a)条的注释第 3 段的第三个例子(成交价格足以确保回收所有成本加上代表公司在代表性时期销售同级或同类商品时实现的整体利润,这将表明该成交价格没有被关联关系影响)编制并提交的。

在 TCCV 第 28 届会议上首次就美国编写的案例研究草案进行了讨论。案例中进口商的转让定价研究使用了交易净利润法,它将进口商交易的净利润率与可比非受控交易的净利润率进行了比较。讨论中,一些成员对此提出了疑问。最后,TCCV 决定停止审查,先修订案例研究。TCCV 第 29 届会议上,TCCV 还建议代表们根据可比非受控价格法、成本加成法和再销售价格法提交案例研究。所收案例可见文档 VT0647Ela。

TCCV 第 31 届会议上,讨论并发布了评论 23. 1《关于使用转让定价报告对 WTO 海关估价协定第 1. 2(a)条中的销售环境进行审查的研究意见》。③

TCCV 第 32 届会议上,韩国财政与战略部部长应邀发言。主要侧重介绍转让定价调整及其对海关估价目的的影响,特别是海关是否应接受向上或向下的转让定价调整。国际商会也应邀在本届会议上发表演讲,主要围绕国际商会在

---

① 林倩余:《WCO 估价技术委员会"案例研究 14. 1"浅析》,载《海关审价》2016 年第 21 期。

② TCCV, Doc. VT0675Ela.

③ 见本书附件。

制定商界政策声明方面的工作以及对正式确认 OECD 独立交易原则可用于海关估价的愿望。①

在 TCCV 第 34 届会议期间,美国提出了关于进口后调整的建议,国际商会提交了关于海关估价和转让定价的政策声明。此外,TCCV 还讨论了美国案例研究的简化版本。简化案例中的主要问题是,在某些情况下是否可以将对外部可比对象的检查作为检查"惯常的行业定价"的做法,允许海关对行业中类似公司的盈利能力进行分析。

中国海关从 TCCV 第 35 届会议起积极参与讨论,TCCV 第 37 届会议上中国海关还以书面形式通过一个案例分析了交易净利润法对于海关审价的不利之处。对美国海关的案例研究,中国海关认为,海关借助转让定价报告对关联交易的销售环境进行审查时,交易净利润法未必是最合适的方法,因为使用交易净利润法的转让定价报告缺少了对企业营业费用的关注,而营业费用和营业利润都会影响进口货物的价格。相比之下,使用再销售价格法的转让定价报告所涉及的毛利润数据包含了营业利润与营业费用,从而能为海关审价提供更为充分的信息。②

TCCV 第 38 届会议继续讨论了美国提交的案例研究,一些代表对在海关估价背景下使用交易净利润方法表示持续关注。特别是,第一,运营支出变化可能产生的影响;第二,使用进口商作为"被测试方"③是否妥当;第三,交易净利润法的非交易使用;第四,可比性。在本届会议期间,还初步讨论了中国提交的一个基于再销售价格法的案例研究草案。从 TCCV 第 39 届会议开始,中国海关调整了立场,积极为美国提交的案例研究的修改提出建设性意见,建议研究草案文本增加以下内容:当海关借助转让定价报告对关联交易的销售环境进行审查时,应增加对营业费用的审查,只有通过对营业利润及费用的审查,海关方可确认买卖之间的特殊关系是否影响成交价格。美国海关采纳了中国海关意

① International Chamber of Commerce, *Transfer Pricing and Customs Value* 2012, 2012.

② 林倩余:《WCO 估价技术委员会"案例研究 14.1"浅析》,载《海关审价》2016 年第 21 期。

③ 使用单边的定价方法时,比如使用再销售价格法、成本加成法、交易净利润法时都需要选择被测试方,即按照相关方法对毛利润率、毛利加成、净利润率在有关条件下进行测试的交易一方。就选择转让定价方法而言,选择被测试方很重要,被测试方通常是承担最少可比功能的一方。

见，在 TCCV 第 40 届会议上提交了新的案例研究草案，文本中增加了三处关于营业费用审查的内容。①

在第 42 届会议上，TCCV 最终通过了美国提交的案例研究（案例研究 14. 1）；在第 45 届会议上，TCCV 最终通过了中国提交的案例研究（案例研究 14. 2）。2015 年及 2018 年 TCCV 先后发布了两版《WCO 海关估价与转让定价指南》总结了 TCCV 就该议题的主要讨论过程和阶段性成果，收录了评论 23. 1 及案例研究 14. 1 与 14. 2。

此外，2015 年厄瓜多尔海关和 2016 年乌拉圭海关也向 TCCV 提交两个转让定价案例，分别涉及可比非受控价格法和交易净利润法。预计在未来一段时间内，转让定价问题还将是 TCCV 的研究热点。

第四节　国际协调的成果

一、国内协调的实践

在 TCCV 进行激烈讨论之时，一些国家已在本国实践中对两套估价制度进行了协调。在 WCO 与 OECD 第一次联席会议上加拿大边境服务局（The Canada Border Services Agency，CBSA）代表艾伦（Paul Allan）先生便指出，在备忘录 D13 - 4 - 5 中，CBSA 早已经接受了已付或应付价格可源自 OECD 指南中规定的方法之一，除非有与特定进口更直接相关的可用价格信息。艾伦先生说 CBSA 无意在这件事上“重新发明轮子”。② 具体地，备忘录 D13 - 4 - 5 第 9 段指出：

> 9. OECD 规定了几种定价方法，以确定如果在类似情况下没有关联的买卖双方可以合理预期的价格。CBSA 将接受从 OECD 规定的

---

① 林倩余：《WCO 估价技术委员会“案例研究 14. 1”浅析》，载《海关审价》2016 年第 21 期。

② 意思是在某个领域，重复做已经有人做过的事。J. M. Jovanovich, *Customs Valuation and Transfer Pricing: Is It Possible to Harmonize Customs and Tax Rules*, Kluwer Law International, 2017.

方法之一得出的已付或应付价格,除非有与特定进口更直接相关的可用价格信息。①

除加拿大外,美国海关也早就将转让定价报告运用于销售环境审查,并在一些案例中支持转让定价可以接受为成交价格。不严格地说,案例研究 14.1 是由美国基于 HQ HO37375 裁决②提出的。该案例中 CBP 确定成交价格的方法是对外国卖方(制造商)与其相关进口商之间的医疗产品进口销售的适当估价方法。具体来说,外国卖方(制造商)所收取的价格是根据美国国内收入法规第 482 条的再销售价格法计算的,但这些交易未作 APA。在提交的转让定价分析中,所有的外部可比公司都是同一类商品分销商,它们是进口商的直接竞争对手。此外,尽管进口商的毛利率高于关联企业向非关联第三方销售中实现的毛利率,但是 CBP 认定利润率是可比的,之所以会产生价格差异是因为案例中的进口商在关联交易中担负着额外的市场推广与分销职责。由于所有的可比公司都销售同类或同级商品,CBP 裁定转让定价研究报告证明进口商的价格以符合该行业正常定价惯例的方式结算。

二、国际协调的成果

2018 年 TCCV 发布的《WCO 海关估价与转让定价指南》详细记载了国际层面上两套估价规则协调的现有成果。与 2015 年版的《WCO 海关估价与转让定价指南》相比,2018 年版在整体结构和内容上没有根本的变化,其沿用了 2015 年版的基本框架结构,全文共 6 章,11 个附件(比 2015 年版新增 3 个附件)。

第 1 章主要说明了《WCO 海关估价与转让定价指南》的指引对象(各国海

---

① Canada Border Services Agency, *Memorandum D13 – 4 – 5 Transaction Value Method for Related Persons*, CBSA Official Website (Sep. 17, 2015), http://www.cbsa-asfc.gc.ca/publications/dm-md/dl3/dl3-4-5-eng.html. 2021 年该备忘录已被修改,但相关主要内容仍保留。—笔者注

② Mr. Leon D. Sample, *HRL H037375: Internal Advice Request; Transfer Pricing; Related Parties; Circumstances of the Sale*, U. S. Customs and Border Protection Website (Dec. 11, 2009), https://rulings.cbp.gov/ruling/H037375.

关及其官员)、要解决的问题以及解决问题的意义。第 2 章和第 3 章占据了《WCO 海关估价与转让定价指南》的大部分篇幅,分别介绍了与关联交易有关的 WTO 海关估价和 OECD 转让定价的现有规则框架和基本原则、方法。第 4 章基于第 2 章与第 3 章进一步将海关估价和转让定价方法放在一起比较异同,探讨转让定价文件用于海关估价之中确认"成交价格"的需求、成果与障碍。第 5 章分析了运用转让定价信息于海关估价之中的一些技术性注意事项。第 6 章介绍了相关各方就解决问题进行合作的可推广的实践经验与建议。11 个附件分别是:《各国实践方案》(附件一)、《布鲁塞尔转让定价讨论小组会议(2007 年 10 月 26 日)——建议》(附件二)、《海关估价技术委员会——注释 23.1 第 1.2(a)条中的销售环境测试法及其在转让定价中的实践》(附件三)、《海关估价技术委员会——注释 4.1 价格复核条款》(附件四)、《海关估价技术委员会——案例研究 10.1 第 1.2 条的适用》(附件五)、《海关估价技术委员会——案例研究 14.1 根据〈海关估价协定〉第 1.2(a)条审查关联交易时对转让定价报告的使用》(附件六)、《海关估价技术委员会——案例研究 14.2 根据〈海关估价协定〉第 1.2(a)条审查关联交易时对转让定价报告的使用》(附件七)、《国际商会政策声明》(附件八)、《常用转让定价术语词汇表》(附件九)、《转让定价同期资料格式范本》(附件十)、《致谢》(附件十一)。

其中,TCCV 评论 23.1 是第一个就转让定价在税务和海关领域之间架起桥梁的官方文书,讨论的问题是进口商根据 OECD 指南提供的以税收为目的准备的转让定价研究是否可以被海关用作审查销售环境的基础。TCCV 确认如果转让定价研究包含有关销售环境的相关信息,则它可能是一个很好的信息来源。但是,转让定价研究中包含的信息可能不相关或不充分,以至于无法审查销售环境。例如,如果在财务报表中没有充分细分商品系列以显示特定的代表性时期内实现的销售结果或利润,则有关销售环境的相关信息不相关或不充分。缺乏细化信息是使用转让定价研究来证明关联关系不会影响价格的一个主要障碍。

特别值得注意的是评论 23.1 的结论,"使用转让定价研究作为检查'销售环境'的可能基础应该逐案考虑"。需要强调的是"应该"这个词,即如果进口商向海关提供以税收为目的准备的转让定价研究报告,海关应该考虑转让定价研究报告,如果信息相关,海关应该将其作为审查销售环境的基础。换句话说,海关不能仅因为进口商提供的根据 OECD 指南准备的定价文件是以税收(而不是海关)为目的,而加以拒绝。初步地,评论 23.1 在国际协调的层面架起了海关和国内税务机关两世界间的桥梁。

进一步地,如《WCO 海关估价与转让定价指南》所写,问题的实质主要是以税收为目的制定的转让定价文件在多大程度上可以为海关确定进口货物的申报价格是否受到双方的关联关系影响提供有用信息,以便最终确定完税价格?TCCV 已确认了转让定价文件可以为海关提供有关关联交易的有用信息的基本原则,现在的重点是就如何审查和解释转让定价文件以向海关提供进一步的指导。

具体地,TCCV 通过的案例研究 14.1 与 14.2 对海关如何运用转让定价的相关资料(分别采用了交易净利润法和再销售价格法)对被估价交易的销售环境审查并判断关联关系是否影响了成交价格提供了指引。以案例研究 14.1 为例,通过对其交易事实、转让定价报告及相关财务数据的细致分析,强调对营业费用、可比公司的地点(同在进口国)、商品的可比性(同级别同种类货物)、行业定价惯例等的审查,展示了海关的审查思路和审查重点,回答了"海关如何运用转让定价报告审查关联交易的销售环境"这一问题,对各国海关的审价实践具有现实的指导意义。案例研究 14.1 是 TCCV 正式研究讨论并通过的第一个转让定价案例,它不仅在实操层面为海关审查关联交易销售环境打开一扇新大门,对各国海关的审价实践也具有现实的指导意义。同时,对跨国公司而言,案例研究 14.1 为其提供了一个证明特殊关系不影响成交价格的新方法,一个与海关对话沟通的新平台。① 案例研究 14.1 从行业定价惯例的角度来运用独立交易净营业利润率数据,是对《WCO 海关估价与转让定价指南》案例研究 10.1 的创造性运用。案例研究 14.2 是一份中国方案,它沿着案例研究 14.1 的思路继续通过与可比公司利润率对比来审查关联交易是否符合行业定价惯例。并

---

① 林倩余:《WCO 估价技术委员会"案例研究 14.1"浅析》,载《海关审价》2016 年第 21 期。

且,案例研究 14.2 中毛利率数据的使用进一步解释了转让定价文档[①]在海关估价中的参考范围。

三、成果的局限性

案例研究 14.1 的适用是受交易条件限制的,即对同一份转让定价报告的结论在海关与税务机关之间仍有可能不同。主要地,第一,即使企业净利润率在合理区间,如果海关通过审核其营业费用发现有不合理应税费用,海关仍有可能不接受成交价格。相对地,毛利率越高表明企业的盈利能力越强,对于贸易型企业,海关会倾向主要审查其毛利水平;生产型企业由于功能和费用构成比较复杂,海关才会参考其净利率水平。第二,案例研究 14.1 中海关接受进口继电器被认为是电气设备和电子零件行业的一部分,销售不同小家电的企业均为可比公司,然而许多国家的实践表明,在确定可比公司时海关总会更关注产品是否具有可比性。有两类企业,一类企业的功能简单,其费用较低,毛利水平偏高;另一类企业的功能复杂,因此其费用较高,毛利水平偏低。税务机关在进行转让定价调查时,在产品特性、功能分析、合同条款、经济环境、经营策略方面因素均满足可比性要求的情况下,这两类企业可能均能成为审查企业的可比公司。尤其,以净利润为基础的转让定价方法的关注点通常是测试方与基准公司的功能、资产和风险的相似性,行业兼容性通常不会是转让定价研究报告的重

---

① 林倩余:《国际海关估价与转让定价发展方向》,载《海关审价》2019 年第 11 期。另可见《WCO 海关估价与转让定价指南》附件十《转让定价同期资料格式范本》:"1. 关于跨国公司及其商业行为和所在行业的描述。对跨国公司的描述,包括其所从事的商业活动类型、企业组织架构、管理层级以及关联交易涉及的相关行业的主要特征概述。2. 财务信息。与受控交易相关的主要财务信息,包括交易各方的财务报表(损益表和资产负债表)。3. 转让定价政策。跨国公司转让定价政策的相关详细内容,包括定价机制、价格复核机制的具体内容以及公司是否有签署相关预约定价协议。4. 关联交易有关说明,包括功能分析。对交易的详细说明,包括:关联交易的类型、数量以及关联方列表;对公司各类交易涉及产品或服务的性质、合同条款及经营策略的分析;对交易各方的主要业务职能、资产使用情况以及承担的风险情况的分析;对相关经济环境的分析(例如市场条件等)。5. 转让定价方法的选择。选择相关转让定价方法的原因说明,如涉及当地法律法规的需说明。6. 可比性分析及数据。选取可比非受控交易的过程说明,包括信息来源和筛选标准。选定的可比非受控交易的可比性分析,包括对 5 个可比性要素的分析,以及相关的进一步分析情况。7. 结论。基于选定的转让定价方法得出的结论,即关联交易是否符合国内转让定价法律法规的要求。"

点。在集成生产的情况下,转让定价研究报告中甚至找不到或是很难找到行业兼容性的信息或分析。而在海关进行销售环境审查时,因为两类公司毛利水平的明显差异、欠缺行业兼容性的信息或分析,海关往往难以认定其具有可比性,它们会从产品更相近的角度来选取可比公司。第三,在没有预约定价安排时,美国 HQ HO37375 裁决中也接受了关联方之间的成交价格符合独立交易原则。但案例研究 14.1 却增加了一个重要的背景,I 公司、X 公司以及 I 国、X 国的税务机关针对 I 公司与 X 公司之间的关联交易已经达成了双边预约定价安排。这一因素可能会影响一些海关(尤其是关注点在边境管制的发展中国家海关)不接受无双边预约定价安排的转让定价研究报告或同期资料中的信息用于销售环境测试。

由于案例研究 14.2 中海关没有接受关联关系没有影响成交价格,故企业在借鉴案例研究 14.2 时更需要特别注意,主要有以下两点注意事项:第一,利用 OECD 基于利润的转让定价方法的公司通常情况下需要进行补偿调整,如果进口企业选择不进行补偿调整或在进口国家的外汇管制(如提供本案例的中国)使进口企业进行补偿调整困难重重或不可能,海关会认为原来的申报价格受到关联关系影响,不符合独立交易原则。第二,毛利率较高的分销商成因常常是复杂的,进口商应积极考虑对高毛利的贡献因素(如当地市场环境等)进行定性及定量分析并举证,以避免其获得的高毛利被错误地归因于进口价格偏低而导致海关完税价格调整。

第二章

协调 WTO 与 OECD 估价规则的基石:独立交易原则

第一节　独立交易原则与销售环境审查

一、OECD 与 WTO 共同认可独立交易原则

独立成交价格是在相同或类似条件下从事相同或类似交易的非关联方之间商定的价格。① 自 1979 年发布以来,独立交易原则一直是 OECD 指南对于关联交易定价的指导原则。OECD 指南指出,当独立企业相互交易时,其商业和金融关系的条件通常由市场力量决定。而当关联企业之间商定的转让价格不反映市场力量和独立交易原则时,这些企业的纳税义务和东道国的税收可能会被扭曲。② OECD 成员国已将独立交易原则作为纠正此类扭曲的调整标准。《OECD 税收协定范本》第 9 条规定:"如果两家企业在其商业或财务关系中制定或施加的条件不同于独立企业之间的条件,又由于那些条件的存在,导致其中一家企业没有取得本应取得的利润,则此利润将可计入该企业的利润,并据此征税。"③

《WTO 海关估价协定》第 1.2(a)条规定"只要特殊关系不影响成交价格,

① OECD 指南第 1.3 条。

② OECD 指南第 1.3 条。

③ 《OECD 税收协定范本》第 9.1 条。

成交价格应被接受”。[①] 可见《WTO 海关估价协定》采用的原则与 OECD 指南采用的原则相似,均是在考虑关联交易与独立交易之间的不同。

实际上,确定关联关系是否影响成交价格的唯一可能方法便是将受控交易与类似的非受控交易进行比较。

二、海关证明独立交易的方式:销售环境测试

《WTO 海关估价协定》第 1.2(a)条中规定了销售环境测试:在确定第 1 款所指的成交价格是否可以接受时,在第 15 条规定范围内买卖双方相互关联这一事实本身并不构成不能接受该成交价格的理由。在此种情况下,应对该笔交易的销售环境进行审查。《WTO 海关估价协定》第 1.2 条的注释为海关如何检查销售环境以确认关联交易定价的公平性提供了一些指导,并给出了销售环境审查的三个示例,即定价方式与所涉行业的正常定价惯例是否一致;与卖方售予无特殊关系买方的定价方式是否一致;价格是否足以收回全部成本加利润[该利润反映了该公司在某一代表期间内(如按年度计)销售同级别或同种类货物所实现的总体利润水平]。《WTO 海关估价协定》同时指出审查并不局限于与销售有关的事实,它涉及更广泛的概念,应当审查与交易有关的各个方面。这清楚地说明了销售环境审查要求对交易及整个背景,而不仅仅是对交易本身的调查。[②] 然而,这样的指导非常笼统,不仅海关和进口商难以依此解决复杂的转让定价问题,而且可能会导致各国适用《WTO 海关估价协定》的不一致,违背协议的“一致性和确定性”原则。[③] 从审查交易背景的角度说,依 OECD 指南制定的转让定价报告无疑是有助益的,并且 OECD 指南可以提供共同且一致的标准从而避免《WTO 海关估价协定》执行不一致。

销售环境测试的概念起源于美国法的实践。CBP 在裁定 HQ548482(2004

---

① 《WTO 海关估价协定》第 1.2(a)条。

② S. Sherman & H. Glashoff, *Customs Valuation: Commentary on the GATT Customs Valuation Code*, Kluwer Law and Taxation Publishers, 1988.

③ 《WTO 海关估价协定》序言。

年 7 月 23 日）[①]中，认可根据 OECD 指南准备的在转让定价研究中进口商向海关提供的信息可能与审查销售环境相关，但要给予考虑的权重因细节而有所不同。CBP 还表示，转让定价研究中所涵盖的商品是否与进口商品具有可比性以及转让定价研究中使用的方法类型是重要的考虑因素。此外，在 HQ H037375（2009 年 12 月 11 日）[②]和 HQ H219515（2012 年 10 月 11 日）[③]等裁决中 CBP 均确认转让定价研究的信息与审查“销售环境”相关。CBP 在相关价格裁定中说明：我们审查的信息包括参加 APA 会议和对提交给美国国税局的信息的审查……交易的相关方面包括进口商及其相关供应商组织商业关系的方式，以及双方达成相关价格的方式。[④]

三、海关接受关联交易成交价格的另一方法：“测试价格”

《WTO 海关估价协定》第 1.2 条规定：

(b)在关联方之间的出售，其成交价格应予以接受并且按第 1 款的规定对货物进行估价，只要进口商表明这种价格非常接近于在同一时间或大约在同一时间的下列任何一种价格：

①向同一进口国非关联买方出售的相同或类似货物的成交价格；

②按第 5 条规定已确定的相同或类似货物的完税价格；

③按第 6 条规定已确定的相同或类似货物的完税价格；

④向同一进口国非关联买方出售的不同生产国的相同进口货物的成交价格，但被比较的任何两项交易中的卖方应视为彼此没有关系。在实行前述检查时，应适当地考虑到在商业水平、数量和第 8 条所列诸因素等方面的明显差异，以及在出售中买卖双方没有关系时对卖方承担的费用与在出售中买卖双方有关系时对卖方并不承担这些

---

① HQ 548482, July 23, 2004, https://rulings.cbp.gov/ruling/548482, accessed Jan. 8, 2024.

② HQ H037375, Dec 11, 2009, https://rulings.cbp.gov/ruling/H037375, accessed Jan. 8, 2024.

③ HQ H219515, Oct 11, 2012, https://rulings.cbp.gov/ruling/H219515, accessed Jan. 8, 2024.

④ Wrappe, Pike & Chung, *Joint APA Effort Signals New Level of IRS-Customs Coordination*, 9 Transfer Pricing 551 (2000).

费用的差异。

(c)应进口商的主动发起可以进行第 1.2(b)条所列之检查，而且检查的目的只是进行比较。不可按第 1.2(b)条的规定的测试价格制定代替价格。

可以看到，海关运用销售环境测试法与价格测试法的原理并不相同。运用销售环境测试法时，海关重在审查关联交易的条件是否因关联关系而不公平，双方的成交价格是否受到关联关系的影响；而运用价格测试法时，海关已不再关注被估价交易条件或价格是否受关联关系的影响，而是希望保持关税税负在各交易间的公平、中性，即仅要求被估价关联交易的税负水平与海关已接受过其完税价格的其他相同或类似货物的交易的税负水平相同或接近。

然而，《WTO 海关估价协定》第 1.2(b)条规定的测试值为先前已实际被海关接受的根据《WTO 海关估价协定》第 5 条或第 6 条确定的相同或类似商品的价格，但这些测试值并非通过《WTO 海关估价协定》第 5 条和第 6 条的方法确定的理论值。[①] 如《WCO 海关估价与转让定价指南》所指出的，按《WTO 海关

① 《WTO 海关估价协定》第 5 条规定："1. (a)如进口货物或相同或类似进口货物在进口国按进口时的状态销售，则根据本条的规定，进口货物的完税价格应依据与被估价货物同时或大约同时进行的售予与销售此类货物无特殊关系买方的最大总量的进口货物或相同或类似进口货物的单位价格确定，但需扣除下列内容：(ⅰ)与在进口国销售同级别或同种类货物有关的通常支付或同意支付的佣金，或通常作为利润和一般费用的附加额；(ⅱ)运输和保险的通常费用及在进口国内发生的相关费用；(ⅲ)在适当时，第 8 条第 2 款所指的成本和费用；以及(ⅳ)在进口国因进口或销售货物而应付的关税和其他国内税；(b)如进口货物或相同或类似进口货物均未在与被估价货物进口的同时或大约同时销售，则完税价格除需遵守第 1 款(a)项的规定外，应依据进口货物或相同或类似进口货物在被估价货物进口后的最早日期、但在该项进口起 90 天期满前，在进口国以进口时的状态销售的单位价格确定。2. 如进口货物或相同或类似进口货物均非以进口时的状态在进口国销售，则在进口商请求下，完税价格应依据进口货物经进一步加工后售予与销售此类货物无特殊关系的进口国中买方的最大总量的单位价格确定，同时应考虑加工后的增值部分和第 1 款(a)项规定的扣除内容。"及第 6 条规定："1. 根据本条的规定，进口货物的完税价格应依据计算价格确定。计算价格应由下列金额组成：(a)生产进口货物所使用的原料和制作或其他加工的成本或价值；(b)利润额和一般费用，等于通常反映在由出口国生产者制造供向进口国出口的、与被估价货物同级别或同种类的货物的销售中的利润额和一般费用；(c)反映该成员根据第 8 条第 2 款所作估价选择所必需的所有其他费用的成本或价值。2. 就确定计算价格而言，任何成员不得要求或强迫不居住在其领土内的任何人呈验或允许其查阅任何账目或其他记录。但是，经生产者同意，并在充分提前通知所涉国家政府且后者不反对调查的条件下，货物的生产者为根据本条的规定确定完税价格的目的所提供的信息可由进口国主管机关在另一国进行核实。"

估价协定》第 1. 2(c)条规定,测试价格应由进口商发起使用,所以它们的使用范围受到进口商获得和提供测试价格相关数据的能力的限制。同时,按照第 1. 2(b)条规定的标准所产生的价格必须是针对相同或者类似的产品。但是跨国公司集团所生产的商品通常含有独一无二的专有技术和知识产权,因此也就通常无法使用这一方法。进一步地,跨国公司集团内部所生产的中间商品往往不卖给非关联方,因此测试价格这种方法在实践中极少使用。

综上所述,运用销售环境测试是判断关联方交易符合独立交易的方法,是海关接受关联交易方成交价格的主要路径。

第二节　测试销售环境确认公平交易的前提:可比性分析

OECD 指南对独立交易原则作出了明确、系统的规定,其指出独立交易原则的应用是基于对受控交易中的条件与独立可比交易本应达成的条件进行的比较。这种比较分析有两个关键方面:第一,确定关联企业之间的商业或财务关系以及与这些关系相关的条件以便准确描述受控交易。第二,将受控交易的条件与独立企业之间可比交易条件进行比较。"可比"是指被比较情况之间的任何差异都不会对检查的条件产生重大影响,或者可以进行合理准确的调整以消除任何此类差异的影响。[①] 寻找可比交易的过程即为可比性分析。OECD 指南提及的相关经济特征或可比性因素包括:商品的特征、各方履行的职能、合同条款、双方和双方经营所在市场的经济状况、双方追求的商业战略。[②]

虽然《WTO 海关估价协定》第 1. 2(a)条未直接提及可比性分析,但是"可比性"的概念是该条规定所固有的。因为,确定关联关系是否影响价格即意味着对在相同或相似条件下进行的受控交易和非受控交易进行比较。通过对《WTO 海关估价协定》第 1. 2 条注释的分析,可以看出,可比性的概念清楚地体现在该条款中。如该注释中的示例二(与卖方售予无特殊关系买方的定价方式

---

① See *OECD Guidelines*, art 2. 15.

② See *OECD Guidelines*, art 1. 36.

相一致)显示出对内部可比对象的偏好。

与《WTO 海关估价协定》第 1.2(a)条不同,《WTO 海关估价协定》第 1.2(b)条在应用“测试价格”时直接引入了“可比性”的要求。《WTO 海关估价协定》第 1.2(b)条的相关部分内容如下:在应用上述测试时,应适当考虑商业水平、数量水平、第 8.2 条中列举的要素以及卖方在买卖双方不相关的销售中产生的非由卖方承担的成本。此外,《WTO 海关估价协定》规定的其他方法中也都提到了一些类似的受控交易与公平交易间的比较因素,比如《WTO 海关估价协定》第 2 条“相同货物成交价格法”与第 3 条“类似货物成交价格法”中有基本相同的规定:

> **第二条** 1.……(2)在适用本条款时,应采用按同一商业水平出售的、与被估价货物数量大体相同的相同货物之成交价格,来确定海关估价。如果没有此种出售,则应采用按不同商业条件抑或不同数量出售的相同货物的、经过考虑不同商业条件抑或不同数量差别因素作出调整以后的成交价格,但此种调整应以明确的证据为依据,来明确地确认这种调整的合理性和准确性,而不管此种调整是否会导致价格的增加或减少。
>
> 2. 凡成交价格包括第 8.2 条所述之成本和其他费用者,在进行调整时,应考虑到该进口货物和相同货物之间由于运输距离和方式不同而在成本和其他费用方面产生的巨大差别。
>
> ……
>
> **第三条** 1.……(2)在适用本条款时,应采用按同一商业水平出售的、与被估价货物数量大体相同的类似货物的成交价格,来确定海关估价。如果没有此种出售,则应采用按不同商业条件抑或不同数量出售的类似货物的、经过考虑不同商业条件抑或不同数量差别因素作出调整以后的成交价格,但此种调整应以明确的证据为依据,来明确地确认这种调整的合理性和准确性,而不管此种调整是否导致价格的增加或减少。
>
> 2. 凡成交价格包括第 8.2 条所述成本和其他费用者,在进行调整

时,应考虑到进口货物与类似货物之间由于运输距离和方式不同而在成本和其他费用方面产生的巨大差别。

正如《WTO 海关估价协定》第 1. 2 条的注释中所介绍的,在做销售环境审查时,海关应当审查与交易相关的各个方面。因此,尽管《WTO 海关估价协定》第 1. 2(b)条等条款不直接适用于《WTO 海关估价协定》第 1. 2(a)条的目的,但无疑其中所列的比较因素是需要在《WTO 海关估价协定》第 1. 2(a)条的背景下作可比性分析时需要考虑的。

实践中,CBP 在裁决 546285(1996 年 6 月 7 日)①中便评估了交易差异并出于可比性需要进行了调整以确定关联关系是否影响了价格。CBP 注意到关联买方从卖方那里获得比非关联买方更高的贸易折扣后审查了以下事实:第一,关联买方和非关联美国分销商的折扣金额均是取决于他们从外国卖方的采购量;第二,给予关联买方更大的贸易折扣是由于与非关联美国分销商相比,有关联的外国卖方商品的库存量更大、范围更广,导致仓储成本增加;第三,关联买方还在美国市场上开展营销和宣传外国卖方。基于这些事实,CBP 得出结论,关联关系似乎并未影响成交价格,双方买卖的达成就好像与他们没有关联关系一样。很明显,为进行海关估价,CBP 比较了可比交易的买卖双方之间的定价方式和各自功能,这些均是 OECD 指南提及的相关经济特征或可比性因素。

以下将一一分析 OECD 指南提及的相关经济特征或可比性因素对海关评价销售环境的影响。

一、商品特征

商品具体特征的差异通常会导致商品价格差异。因此,在确定受控交易和非受控交易的可比性时,通常应检查这些特征。《WTO 海关估价协定》第 1. 2(a)条注释提供的第二个例子需要就“相同商品”的受控与非受控交易进行比较,第三个例子需要比较关联方交易中实现的利润与非关联方交易“同级或同

---

① HQ 546285, June 7, 1996, https://rulings. cbp. gov/ruling/546285, accessed Jan. 8, 2024.

类商品”实现的整体利润。《WTO 海关估价协定》第 15. 3 条将“同级或同类”定义为“属于特定行业或行业部门生产的一组或一系列的,包括相同或相似的商品”。《WTO 海关估价协定》第 1. 2(b)条①、第 2 条②和第 3 条③对商品可比性的要求比示例三更高。根据此类条款,交易标的必须为“相同或类似商品”。《WTO 海关估价协定》第 15 条规定:

1. “相同货物”是指在物理特性、质量、信誉等各方面均相同的货物。其他方面符合定义,仅外观上的微小差异,仍视为相同。

2. “类似货物”是指虽然不是所有方面都相同,但具有相似特性和相似组成材料的而能够发挥相同的功能并可在商业上互换的货物。质量、声誉和商标是确定是否相似的考虑因素。

3. “相同货物”和“类似货物”不包括包含在进口国内进行的工程、开发、工艺、设计工作以及规划和制图,且根据本协定第 8. 1(b)(iv)条目未将此类因素调整计入完税价格的货物。

4. 货物不应被视为“相同货物”或“类似货物”,除非它们是在与被估价货物相同的国家、地区生产的。

5. 只有在被估价货物的生产者不生产相同或类似的货物的情况下,才应考虑由不同的生产者生产的货物。

在案例研究 14. 1 的第 22 段中可以看出,TCCV 特别考虑了商品特征作为相关的可比性因素,以接受使用进口商提供的转让定价信息。第 22 段内容如

---

① 《WTO 海关估价协定》第 1. 2(b)条规定:“在相互有关系的人之间的出售,其成交价格应予以接受,并且按第 1 款的规定对货物进行估价,只要进口商表明,这种价格非常近似于在同一时间或大约在同一时间的下列任何一种价格:①向同一进口国无关系的买方出售的相同或类似货物的成交价格;②按第五条规定确定的相同或类似货物的海关估价;③按第六条规定确定的相同或类似货物的海关估价;④向同一进口国无关系的买方出售的不同生产国的相同进口货物的成交价格,但被比较的任何两项交易中的卖方应视为彼此没有关系。在实行前述检查时,应适当地考虑到在商业水平、数量和第八条所列诸因素等方面的明显差异,以及在出售中买卖双方没有关系时对卖方承担的费用与在出售中买卖双方有关系时对卖方并不承担这些费用的差异。”

② 《WTO 海关估价协定》第 2 条规定:“(1)如果不能按第一条的规定确定进口货物的海关估价,与该货物同时或大约同时向同一进口国输出的相同货物的成交价格即为该货物的海关估价……”

③ 《WTO 海关估价协定》第 3 条规定:“(1)如进口货物的完税价格不能根据第一条和第二条的规定确定,则完税价格应为与被估价货物同时或大约同时出口销售至相同进口国的类似货物成交价格……”

下："……因此，由于所有可比公司都销售相同级别或种类的商品，转让定价研究支持以下发现：ICO 和 XCO 之间的定价方式与行业的正常定价惯例一致。"这种考虑也可以在案例研究 14.2 中观察到。

可以看到，商品具有可比性是《WTO 海关估价协定》第 1.2(a)条销售环境测试的一个条件，这与 OECD 指南一致。在需要考虑的商品特征中，OECD 指南指明了商品的物理特征、质量可靠性，以及供应的可得性和数量。

根据 OECD 指南，转让定价方法中的可比非受控价格法对商品可比性要求最为严格。再销售价格法和成本加成法在确定可比性时，商品特征差异的影响不如可比非受控价格法显著。进一步地，在交易利润法下的商品特征差异的影响又不如在成本加成法和再销售价格法下的显著。

二、功能分析

《WTO 海关估价协定》第 1.2 条的注释规定，"如果价格的定价方式与相关行业的正常定价惯例一致……这将表明价格并未受到关联关系的影响"。该条款通常被解释为允许使用公开公布的价格作为比较基础，以证明关联关系不影响价格。① 然而，这不是该条款的唯一含义，如案例研究 14.1 第 20 段和第 22 段。它还意味着在海关确定价格时，应考虑相关行业的独立企业在制定或谈判价格时会考虑的所有因素，包括独立企业所承担功能。

> 20. 在审议销售环境期间，在决定价格是否符合第 1.2(a)条注释规定的行业的正常定价做法时，海关考虑了转让定价报告中的信息审查。在这一点上，"行业"一词是指包含与进口货物中同类别或同种类货物(包括相同或相似货物)的行业或部门。
>
> ……
>
> 22. 功能分析表明，ICO 与八家非关联分销商在功能、风险和资产

① "The transaction value of imported merchandise sold between related parties may be based upon 'posted prices' which reflect the normal pricing practices of the industry in question". S. Sherman & H. Glashoff, *Customs Valuation: Commentary On the GATT Customs Valuation Code*, Kluwen Law and Taxation Publishers 1998.

> 方面没有显著差异。此外,还观察到足够水平的商品可比性。可比公司选自电气设备和电子零件行业销售与进口商品相同级别或种类的商品的公司。因此,进口商品转售的营业利润率与电气设备和电子零件行业大致相同。具体而言,转让定价研究发现,可比公司的营业利润率的公平交易范围为0.64%~2.79%。如前所述,ICO的营业利润率为2.50%。因此,由于所有可比公司都销售相同级别或种类的商品,所以转让定价研究支持以下发现:ICO和XCO之间的定价方式与行业的正常定价惯例一致。

OECD指南指出,在两个独立企业之间的交易中,定价通常会反映每个企业执行的功能,同时考虑每个企业使用的资产和承担的风险。如果选择的非受控交易与所讨论的受控交易中交易双方功能分配不同,则可能从中得出的价格是不太公平的。假设A、B、C是商品M在X国的经销商,商品M由卖方D提供,卖方D是Z国的居民,A和D是关联方。A和B不进行营销和广告活动,商品M的库存水平较低。相比之下,C进行营销和广告活动,并在库存中保留大量商品M。A和C以每单位10货币单位的价格从卖方D处购买商品M,而B以每单位13货币单位的价格从卖方D处购买相同的商品。如果海关不进行功能分析,将A和D间的受控交易与C和D间的非受控交易进行比较,就会得出受控成交价格未受关联关系影响的错误结论。海关如采取了适当的功能分析,它会确定C和D之间的交易与A和D之间的交易没有足够的可比性。实际上与A和D之间的交易具有可比性的交易是B和D之间的交易,它提供了充分的确定关系确实影响价格的理由。

那么为评价交易可比性,完整的功能分析应包括哪些内容呢?OECD指南规定:

> 功能分析侧重于各方实际做什么以及他们提供的能力。此类活动和能力将包括决策制定,包括有关业务战略和风险的决策。为此,了解跨国企业集团的结构和组织以及它们如何影响跨国企业运营的环境可能会有助益。尤其重要的是要了解整个集团如何制定价格、关联企业与集团其他企业履行的职能之间的相互依存关系,以及关联企

业对价格创造的贡献。[①]

具体地,企业承担的功能通常主要有研发设计、采购、制造装配、销售、售后服务以及存储运输等。值得注意的是,即使有些因素可能被排除在成交价格之外,例如,进口商在进口国发生的广告和营销费用不会被添加到已付或应付的完税价格中,但《WTO 海关估价协定》第 1. 2(a)条中没有任何反对在可比性分析的背景下分析这些元素的规定,因为完整的功能分析包括检查所有相关功能、资产和风险以选择适当的非受控交易来确定关联关系是否影响成交价格。

就应考虑使用的资产,OECD 指南列举了厂房和设备、有价格的无形资产等,并指出应适当考虑此类资产的性质,例如年份、市场价格和有无担保等。[②] 如果关联方使用了高价值的无形资产(如品牌、专利或专有技术),则其有可能获得更高的收益。

关于承担的风险,OECD 指南解释风险增加也将通过预期回报率的增加体现为加价。[③] 当然,海关在审查销售环境时也应始终进行风险的可比性分析,否则可能就关联关系是否影响价格得出错误的结论。比如,D 是 M 制造的光学和相机商品的非关联分销商。D 负责利用自己的资源营销和宣传该系列商品,承担了相应的风险,则 D 有权从活动中获得相应更高的预期回报,而不承担风险的分销商将只能获得有限的回报。[④] OECD 指南提供了一些关于哪些类型的风险可能需要检查的指导。第 1. 72 段包括以下内容:(a)战略风险或市场风险;(b)基础设施或运营风险;(c)财务风险;(d)交易风险;(e)灾害风险。

概括地,有效的功能分析(对交易参与方的相关功能、资产以及风险进行审查)对于选择合适的可比非受控交易以及适当的调整方法都是很重要的。而海关也可通过分析企业在交易中所承担的功能和使用的资源,将其在关联交易中获得的利润与可比独立交易的利润进行比较判断,以确定关联关系是否影响成交价格。当然,从海关更关注具体交易的销售环境审查角度来说,此处的利润

---

① *OECD Guidelines*, art 1. 54.

② *OECD Guidelines*, art 1. 54.

③ *OECD Guidelines*, art 1. 56.

④ Hammer et al. , *International Transfer Pricing - OECD Guidelines*(WL,2000), at 3. 01, online: WL (Hammer,Lowell,Burge & Levey,Transfer Pricing Treatises).

指标选择也应合理。如果被测试方为销售型企业,则采用销售利润率,比如贝里比率[①]指标,但对于具有额外装配和制造功能的企业运用贝里比率就不合适。如果被测试方为生产型企业,采用成本加成率指标比较合适。

三、合同条款

确定交易间的可比性时检查相关合同条款往往是最重要的。OECD 指南的相关规定内容如下:

> 交易是双方之间商业或财务关系的结果或表现,受控交易可能已经以书面合同的形式正式化。这可能反映了双方在订立合同时对合同所涵盖的交易各方面的意图,包括在典型情况下责任、义务和权利的划分,已识别风险的承担和定价安排。这些协议为划定他们之间的交易以及在订立合同时如何划分他们之间的互动产生的责任、风险和预期结果提供了起点。交易的条款也可以在双方之间的通信中找到,而不仅是书面合同。[②]

综上所述,根据 OECD 指南,当关联企业之间的书面合同条款与交易的实际特征不一致时,一般应根据交易中所反映的实际交易特征进行转让定价分析。

从海关审查销售环境的角度来看,这也特别重要。例如,尽管是进口货物的销售条件,但某些必须添加到成交价格中的特许权使用费并未体现在进口合同中,这就需要在审查销售环境时进行调整而不能局限于进口合同。

四、经济环境

《WTO 海关估价协定》第 7.2 条规定:

---

① 贝里比率为毛利润与营业费用之比,其假设公司获取的利润都与营业费用有关且呈正比关系。这一指标在衡量分销商通过分销活动获得的利润时非常有用,但如果将其运用到还具有部分制造职能的分销商身上将是不合适的,因为其不会体现因制造功能所获得的额外回报。

② *OECD Guidelines*, art 1.42.

> 根据本条的规定,不得根据以下各项确定完税价格:(a)在该国生产的货物在进口国的销售价格……(c)出口国国内市场上的价格……(e)出口到进口国以外国家的价格……

这些规定清楚地限制了海关对在不同(或不可比较)市场中经营的独立和关联企业交易的比较。可见,在进行销售环境测试时,只有在可比经济环境下的可比非受控交易才能提供有价值的信息来确定关联关系是否影响了价格。

OECD 指南指出,要实现可比性,独立企业和关联企业所在的市场必须具有可比性。市场上的任何差异都不应对价格产生实质性影响,除非可以对此类差异进行适当调整。①就如何确定市场可比性,OECD 指南提到了以下相关的情况:第一,地理位置;第二,市场规模;第三,市场竞争的程度以及买卖双方的相对竞争地位;第四,替代服务的可用性;第五,整个市场和特定地区的供需水平;第六,生产成本,包括土地、劳动力和资本成本;第七,运输费用;第八,市场层级(例如零售或批发);第九,消费者购买力;第十,交易的日期和时间。② 除了这些因素,还应考虑政府监管市场的性质和程度。③ 在对可比性有重大影响的政府政策中应注意外汇管制、补贴和进口限制措施。④

需要指出的是,确认可比市场时并不排除可比市场也可具有商业环境特殊性。比如,生产者因为不可预见的需求下降被迫暂时降低价格,则此时海关可使用生产者的实际利润数据确认成交价格未受关联关系影响。

五、商业战略

根据 OECD 指南,对跨国企业集团的商业战略的分析构成了确定转让定价可比性的重要因素。⑤ 商业战略包括创新和新商品开发、多元化程度、风险规

---

① *OECD Guidelines*, art 1. 110.

② *OECD Guidelines*, art 1. 110.

③ Hammer et al. , *International Transfer Pricing - OECD Guidelines*(WL,2000), at 3. 03[4], online: WL (Hammer, Lowell, Burge & Levey, Transfer Pricing Treatises).

④ *OECD Guidelines*, art 1. 132.

⑤ *OECD Guidelines*, art 1. 114.

避、政治变化、现有和计划中的劳动法、战略安排的期限、影响日常业务开展的其他因素、市场渗透计划。①

无疑,对各方商业战略的分析是海关对比交易的销售环境时必须考虑的另一个要素。此时应充分考虑特定商业战略的时机和可能的回报。就如一些纳税人采用市场渗透或扩大市场份额的策略减少当前利润以期增加未来利润。与有整体利益、长期发展战略等方面考虑的跨国公司不同,独立企业长时间的亏损会导致企业无法持续经营,它们通常不会容忍持续亏损而不对原有的生产经营方式进行任何改变。因此,海关在审查销售环境时应考虑在相同的外部经济环境或内部经营条件下,独立企业是否还能接受市场渗透或扩大市场份额的策略而持续进行交易。此外,海关还应考虑,承担商业战略失败风险的一方应是经营策略如果成功可以赚取较大回报的一方,因为风险与收益匹配才符合独立交易的特点。例如,如果制造商向关联批发商出售货物的价格偏低,则未来市场渗透或扩大市场份额的策略如果取得成功,那么根据此策略,相关收益会更多补偿至制造商;如果批发商以较低的价格向市场销售,那么根据此策略,相关收益应更多保留在批发商。

此外,应注意的是,进口商在进口国内进行的有利于出口商的营销活动不包括在成交价格中②,并不意味着在受控交易和非受控交易之间建立可比性时也应忽略此类活动。

第三节　用于比较分析的数据跨度

一、合并的交易

在《WTO 海关估价协定》下,估价分析似乎明显侧重于单一进口交易。然而,《WTO 海关估价协定》并不反对海关检查一组交易。事实上,这是事后检查或审计中通常会发生的情况。然而,综合分析的结论不能用于确定被综合的所

① *OECD Guidelines*, art 1. 115.

② *Note to GVC*, art 1. 1(b).

有交易全是或全不是公平交易。

举个例子,出口销售时,两种不同的归入不同的税目并适用不同的税率的商品进口后以单独的非公平成交价格开具发票(见表 2)。

表 2 两商品非公平成交价格

发票	货币单位
商品 A 的 001 号发票	100 货币单位
商品 B 的 002 号发票	400 货币单位

而商品的公平成交价格见表 3。

表 3 两商品公平成交价格

价格	货币单位
商品 A 的公平成交价格	200 货币单位
商品 B 的公平成交价格	300 货币单位

综上所述,税务和海关确定货物的发票总价,即 500 货币单位,是公平成交价格。仅从税收的角度来看,假设货物进口是为了在进口国转售,对交易的综合分析并不会产生不利的税收后果。比如商品 A 以 300 货币单位的价格出售,商品 B 以 500 货币单位的价格出售,进口商实现的毛利润等于 300 货币单位,即不论进口商是否申报每件商品的独立公平成交价格,毛利润是相同的。

但从海关的角度来看,结果可能会大不相同。假设商品 A 的关税税率为 30%,商品 B 的关税税率为 1%,结果见表 4。

表 4 不同成交价格下商品关税

关税	货币单位
非公平的成交价格的关税	34 货币单位
公平成交价格的关税	63 货币单位

这便是合并与分解进口商交易的财务信息的差异。在税务机关不要求的情况下,海关可能会要求提供不同商品分别的交易信息。这意味着在进行销售环境测试时进口商可能需要向海关额外提供细分的财务信息。因此,对进口商(纳税人)的财务信息进行细分是关键,不仅可以为受控交易找到可靠的可比对

象,还可以避免可能不适合海关估价目的的交易汇总。

此外,一组交易不同于一揽子交易。TCCV 在《评论 8.1——一揽子交易的审查处理》中将一揽子交易定义为对一组相关货物或一组一起销售的货物进行一次性支付的协议。评论 8.1 第 5 段和第 6 段没有提及包括服务或无形资产在内的一揽子交易。[①] 而 OECD 指南中的一揽子交易主要指的是跨国公司为专利、专有技术和商标的许可、提供技术和行政服务以及生产设施租赁等多项权利制定单一价格的情况。如果一揽子交易涉及包括这些要素在内的销售,则根据《WTO 海关估价协定》第 1 条[②],不适用成交价格法。

二、公平交易区间

OECD 指南解释说,应用独立交易原则来得出最可靠的价格或利润率,以确定交易条件是否符合独立交易条件,但转让定价不是精准的科学,即使应用最合适的方法也会产生一系列具有同等可靠性的数字。[③] 显然,如果检查行业的正常定价惯例,或检查卖方与非关联买方交易的定价的方式,都可能会产生一系列具有同等可靠性的数字,即公平成交价格会有一个范围。实践中,一些国家税务机关接受该范围内的全部数据,一些国家则采用四分位法,即如果跨国公司关联交易的价格或利润率在该范围的上四分位与下四分位之间,才被认为不必进行调整,如果不在此值域内,纳税人可以提交应当扩大值域的证据,如果证明不力,则税务机关可以作出相应的调整。

《WCO 海关估价与转让定价指南》中假设进口商品是品牌电水壶,而转让定价报告涵盖的系列货物是品牌家用电器(包括微波炉、搅拌机和电水壶)。此

---

① 评论 8.1 规定:"5. 在这种情况下,问题的性质是不同的,举例说明如下:一批货物由三种不同品质的货物组成(高等品 A、中等品 B 和低等品 C),按每公斤 100 个货币单位的统价购得。在进口国买方以每公斤 100 个货币单位的价格申报进口 A,而用其他方式申报进口 B,C。6. 因交易中已对几种不同品质的货物商定了实付应付的总价,所以上述申报进口的货物不存在销售价格。因此,这类情形不适用《协定》第 1 条。"

② 《WTO 海关估价协定》第 1 条规定:"进口货物的完税价格应为成交价格,即为该货物出口销售至进口国时依照第 8 条的规定进行调整后的实付或应付的价格,只要:……(b)销售或价格不受某些使被估价货物的价值无法确定的条件或因素的影响……"

③ *OECD Guidelines*, art 3.55.

例中转让定价报告将这些产品作为一个整体确定了一个可接受的独立交易区间，并指出海关可考虑使用《WTO 海关估价协定》第 1.2 条注释中例三的方法来进行销售环境测试，即如果证明价格足以覆盖所有成本和利润［该利润代表该企业在一代表期内（如按年度计）销售同级别或者同种类商品所实现的总利润］，则表明价格未受到影响。可见，海关估价中虽然关注特定交易，但海关会考察这一特定交易的价格是否位于一个公平区间，并不排斥区间的概念。此外，《评论 15.1——倒扣价格法的适用》第 11 段也指出，“佣金或利润一般费用会形成一段区间值，这可能会根据被估价货物的级别或种类而有所不同。为了使范围可接受，它既不能太宽也不能太窄。范围应该是明显的和容易辨认的，以便它是‘通常’的金额”。简单的公平区间也是海关估价中的固有概念。

三、多年数据

对于海关估价目的而言，重要的是货物在某一特定时间点的估价。就所得税而言，出发点与海关估价是完全不同的，所得税的税基是纳税人的收入。出于税收计算的目的，必须将企业生命周期划分为不同部分。通常纳税人的生命周期需要被划分为年度期间，在此期间实现的收入构成税基。可见，收入衡量往往基于年度数据，甚至基于多年数据。

这似乎是海关和税收制度之间的一个主要区别。但无论如何，确定销售价格和销售成本是确定利润或损失所必需的。多年数据主要有两种。第一，与收入计算相关的多年数据。如会影响特定时期收入计算的结转数据。这与海关估价目的无关。第二，用于可比性目的的多年数据则可用于独立交易分析。OECD 指南规定，“为了全面了解受控交易的事实和情况，检查被审查年度和前几年的数据通常可能会有用”。[1] 海关在审查销售环境时也应注意多年数据，以避免转让定价报告中长时间库存对进口时货物价格的影响。

---

① *OECD Guidelines*, art 3.76.

第三章

借鉴不同 OECD 转让定价方法审查销售环境

《WTO 海关估价协定》第 2、3、5 条和第 6 条规定的非成交价格法的其他海关估价方法不可等同于 OECD 指南推荐的确定关联成交价格的方法。

前者的目的不是为进口商提供如何设定其转让定价以被海关接受的指导，而是用于成交价格不可接受的情况，即在没有出口销售或《WTO 海关估价协定》第 1.1 条中的条件①不被满足的情况下，海关必须使用这些方法来确定替代价格。尽管它们要求被估价的交易与将使用替代价格（或利润率）的交易之间存在一定程度的可比性，但在分析销售环境时，此类要求的重要性远不如 OECD 指南推荐的确定关联成交价格的方法。

第一节　可比非受控价格法

一、两套估价体系都认可可比非受控价格法

根据 OECD 指南，在应用可比非受控价格法时，需要将受控交易中转让的

① 《WTO 海关估价协定》第 1 条规定："进口货物的完税价格应为成交价格，即为该货物出口销售至进口国时依照第 8 条的规定进行调整后的实付或应付的价格，只要：(a) 不对买方处置或使用该货物设置限制，但下列限制除外：(ⅰ) 进口国法律或政府主管机关强制执行或要求的限制；(ⅱ) 对该货物转售地域的限制；(ⅲ) 对货物价格无实质影响的限制。(b) 销售或价格不受某些使被估价货物的价值无法确定的条件或因素的影响。(c) 卖方不得直接或间接得到买方随后对该货物转售、处置或使用后的任何收入，除非能够依照第 8 条的规定进行适当调整。(d) 买方和卖方无特殊关系，或在买方和卖方有特殊关系的情况下，根据第 2 款的规定为完税目的的成交价格是可接受的。"

或服务收取的价格与可比非受控交易中转让的或服务收取的价格进行比较，两个价格之间的任何差异都可能表明关联企业之间的部分或全部商业和财务关系不是独立交易。[①]《WTO 海关估价协定》第 1.2 条的注释也提供了应用此方法的示例：如果价格的定价方式与卖方向非关联买方销售的定价的方式一致，这将表明价格并未受到关联关系的影响。

在应用可比非受控价格法时，OECD 指南建议，如果满足以下两个条件之一，则非受控交易与受控交易具有可比性：(1)被比较的交易之间或进行这些交易的企业之间没有差异；(2)如果有差异可以进行合理准确的调整以消除此类差异的重大影响。[②]

OECD 指南第 2.24 段中提供的说明示例如下：

> 当非关联企业销售的商品与在两家关联企业之间销售的商品相同时，可比非受控价格法尤其可靠。某非关联企业销售无品牌哥伦比亚咖啡豆，其类型、质量和数量与两家关联企业之间销售的咖啡豆相似。假设受控交易和非受控交易几乎同时发生，在生产的同一阶段发生，交易在整个生产、分销链所处的环节相同，且在类似的情况下进行。
>
> 如果唯一可用的非受控交易涉及某无品牌巴西咖啡豆，则宜询问咖啡豆的差异是否对价格产生实质性影响。例如，可以询问咖啡豆的产地来源不同时在公开市场上是否要求溢价或通常需要折扣。此类信息可从市场获得或可从经销商价格中推导出来。如果这种差异确实对价格产生重大影响，则需要进行一些调整。如果无法进行合理准确的调整，可比非受控价格法的可靠性就会降低，可能需要将可比非受控价格法与其他不太直接的方法结合使用，或者改用其他方法。

---

① *OECD Guidelines*, art 2.14.

② *OECD Guidelines*, art 2.15.

二、需要比较的因素

就以上示例需要说明,《WTO 海关估价协定》第 1.2(a)条并未完全阻止进口商或海关比较涉及不同来源商品的交易。事实上,《WTO 海关估价协定》第 7 条的注释第 3 段在解释第 1 条至第 6 条方法的应用时规定:

> 3. 合理灵活性的一些例子如下:
>
> (a)相同货物——可以灵活解释相同货物应与被估价货物同时或大约同时出口的要求;在被估价货物出口国以外的国家生产的相同进口货物可以作为海关估价的基础;可以使用已根据《WTO 海关估价协定》第 5 条和第 6 条的规定确定的相同进口货物的完税价格。
>
> (b)类似货物——可以灵活解释类似货物应与被估价货物同时或大约同时出口的要求;在被估价货物出口国以外的国家生产的类似进口货物可以作为海关估价的基础;可以使用已根据《WTO 海关估价协定》第 5 条和第 6 条的规定确定的类似进口货物的完税价格。

由于《WTO 海关估价协定》第 2 条和第 3 条并非旨在评估关联成交价格是否符合公平交易的要求,而是仅在成交价格被拒绝后用以确定替代价格。因此,在解释或适用《WTO 海关估价协定》第 1.2(a)条的规定时,《WTO 海关估价协定》第 2 条和第 3 条的规定及以上第 7 条的注释第 3 段不具强制效力。因此,尽管不排除,但应尽可能减少涉及不同来源货物的交易的比较,涉及不同国家生产的交易仅在例外情况下才应被视为可比交易。

除产地外,对照《WTO 海关估价协定》第 1.2(b)条的规定,要检查的可比性因素还包括类似的商业水平和数量、《WTO 海关估价协定》第 8 条所列举的要素、卖方在买卖双方无关的销售中发生的费用与在买卖双方有特殊关系的销售中卖方不予承担的费用。

三、交易不可比的后果

OECD 指南指出，当关联方的商业和财务关系状况并非完全独立时，可能需要用非受控交易中的价格替代受控交易中的价格。[①] 这种解决方案与《WTO 海关估价协定》明显不一致。在《WTO 海关估价协定》下，如果关联关系确实影响了价格，从而使成交价格不可接受，或根据《WTO 海关估价协定》第 1 条的规定无法确定该价格时，进口商和海关并不能用非受控交易中的价格替代受控交易中的价格，必须通过依次应用《WTO 海关估价协定》第 2、3、5、6、7 条确定完税价格。

四、案例分析

以下案例研究是 TCCV 第 25 次会议期间海关估价和转让定价焦点小组收到的一个案例的缩写，旨在说明海关如何在“销售环境”测试中使用 OECD 指南的可比非受控价格法。

案例研究 1

交易事实

1. 与 TCCV 案例研究 10.1[②] 中关于(a)原料类别成分的事实相同，不同之处在于，在这种情况下，ICO 和 XCO 提供了以下额外信息来解释价格差异：

(1)ICO 和 XCO 向海关提供了一项功能分析，该分析表明 ICO 执行的与(a)类原料相关的功能数量远远大于非关联买方。ICO 执行的功能在频率、性质和价格方面也比非关联买方执行的功能更重要。

(2)功能分析还确定并比较了 ICO 和非关联买方使用的资产。虽然非关联买方没有(a)类原料库存和少量固定资产，但 ICO 拥有大量(a)类原料库存、

---

① *OECD Guidelines*, art 2. 14.

② 附件《WCO 海关估价与转让定价指南》附件五《海关估价技术委员会——案例研究 10.1 第 1.2 条的适用》。

一个仓库和一个生产食品调味剂的工厂。非关联买方没有工厂，而是聘请合同制造商生产食品调味剂。

（3）功能分析还表明，XCO 在出售给 ICO 时承担的风险大大低于在出售给非关联买方时承担的风险。ICO 的权益是非关联买方平均权益的 20 倍，ICO 发行的证券和股票的信用评级明显好于非关联买方发行的，说明非关联买方的信用评级明显低于 ICO。此外，ICO 向海关提供的数据显示，非关联买方为其流动债务支付的平均（非受控）利率为 18%，而 ICO 支付的利率为 6%。

（4）XCO 向海关提供了与非关联买方和 ICO 交易的合同条款信息。这些信息显示，与非关联买方交易的平均付款期限为 190 天，而与 ICO 交易的平均付款期限为 30 天。在与非关联买方的交易中，不区分已付或应付货款的利息费用。

（5）XCO 和 ICO 告知海关，ICO 在进行市场渗透计划，正在寻求渗透食品调味剂的市场，因此，不得不暂时为其商品收取低于该市场同类商品收取的价格。市场渗透计划预计将在 1 年内增加 ICO 的市场份额，并产生足以证明其成本合理的回报。XCO 和 ICO 表明，预期回报和时间段在公平安排中是可以接受的。该战略的预期结果将有利于 ICO 和 XCO，ICO 和 XCO 都承担了商业战略的成本。

建议的海关估价

2. 从 ICO 提交的信息中，可以评估 XCO 在向 ICO 和非关联买方销售时承担的风险，并根据不同的风险水平进行调整以增加可比性。

3. XCO 提交的信息表明，非关联买方有以下付款条件：

（1）非关联买方 1 付款期限为 210 天。

（2）非关联买方 2 付款期限为 200 天。

（3）非关联买方 3 付款期限为 190 天。

（4）非关联买方 4 付款期限为 180 天。

（5）非关联买方 5 付款期限为 170 天。

4. 非关联买方支付的平均利率比 ICO 高出 12 个百分点。考虑到利率差异和付款条件，可以进行以下调整以增加可比性（见表 5）。

表 5　非关联买方的调整

非关联买方	单价/货币单位	年利率/%	30 天利率/%	非关联买方付款周期/天	非关联买方利率/%	付款周期的利率/%	调整单价/货币单位
非关联买方 1	92	12	0.99	180	18	8.88	101.07
非关联买方 2	92	12	0.99	170	18	8.38	100.62
非关联买方 3	92	12	0.99	160	18	7.89	100.17
非关联买方 4	92	12	0.99	150	18	7.40	99.71
非关联买方 5	92	12	0.99	140	18	6.90	99.26

5.《WTO 海关估价协定》明确指出，任何价格差异的重要性都应根据所涉案件的和行业的性质来考虑。

6. OECD 指南指出，“……因为转让定价不是一门精确的科学，所以在很多情况下，应用方法会产生一系列数据，所有这些数据都同样相对可靠。在这些情况下，构成范围的数字之间的差异可能是由于以下事实造成的，即一般来说，独立交易原则的应用仅产生了独立企业之间本应建立的条件的类似值”。

7. ICO 和 XCO 之间的价格在对非关联买方的价格进行调整后产生的数字范围内。此外，该价格非常接近该范围的中位数。这表明，在特定情况下，根据行业的性质，价格差异并不显著。

8. 销售环境的其他情况表明，无法将 ICO 和 XCO 之间的价格与 XCO 向非关联买方收取的价格进行比较。ICO 和非关联买方执行的功能以及业务策略的差异足以证明价格差异是合理的。

9. 尽管 ICO 无法通过经济调整来量化这种价格差异，但很明显，ICO 的价格不会低于其他调整后的价格范围。ICO 执行的功能比非关联买方更多，这表明 ICO 获得的定价应该反映这种更高级别的功能。

10. OECD 指南指出，“在确定转让定价的可比性时，还必须检查商业战略。商业战略将考虑企业的许多方面，例如创新和新商品开发、多元化程度、风险规避、政治变化评估、现有和计划中的劳动法的投入以及影响日常业务开展的其他因素……商业战略还可以包括市场渗透计划（寻求渗透市场或增加市场份额的纳税人可能会暂时对其商品收取低于同一市场中其他可比商品收取的价格）。此外，寻求进入新市场或扩大（或捍卫）其市场份额的纳税人可能会暂时承担更高的成本(例如启动成本或增加的营销努力),因此获得的利润水平低于在同一市场经营的其他纳税人。在评估纳税人声称其遵循暂时减少利润以换取更高长期利润的商业战略时,相关部门应考虑几个因素。税务机关应检查各方的行为,以确定其是否符合所宣称的商业战略。如果作为市场渗透战略的一部分,制造商向其相关分销商收取低于市场价格的费用,则分销商的成本节省可能会反映在向分销商的客户收取的价格中,或者反映在分销商产生的更大的市场渗透费用中……其他的考虑因素是,是否存在合理的预期,即遵循商业战略将在可接受的一段时间内产生足以证明其成本合理的回报"。

11. XCO 和 ICO 提交的信息足以证明他们处于市场渗透计划中,并且 ICO 必须暂时为其食品调味剂收取低于 I 国同类商品收取的价格。根据 ICO 提供的数据,市场渗透计划预计将在合理的时间内增加 ICO 的市场份额,并产生足以证明其成本合理且在公平交易安排中可接受的回报。由于该战略的预期结果将使 ICO 和 XCO 都受益,这与 XCO 承担部分业务战略成本是一致的,反过来又证明了与 ICO 和非关联买方的交易中存在价格差异是合理的。

12. 因此,对于(a)类原料的销售环境的审查表明,一旦对合同条款和财务风险进行了调整,卖方定价方式与卖方与非关联买方的销售定价方式即可一致。此外,检查交易的相关方面,包括商业战略和进口商执行的功能,表明没有理由相信没有按照与相关行业的正常定价惯例定价。

第二节 再销售价格法

一、再销售价格法与示例一①、示例三②

OECD 指南规定再销售价格法以从关联企业购买的商品转售给独立企业的价格为起点,然后将转售价格减去该价格的适当毛利(转售价格差)。该毛利

① 见《WTO 海关估价协定》第 1.2 条注释,指"定价方式与所涉产业的正常定价惯例一致"。

② 见《WTO 海关估价协定》第 1.2 条注释,指"价格足以收回全部成本加利润,且该利润反映了该公司在某一代表期间内(如按年度计)销售同级别或同种类货物所实现的总体利润水平。"

中包括代表转售商寻求弥补其销售和其他运营费用的金额,及根据执行的功能(考虑使用的资产和承担的风险)获得适当的利润。减去毛利后的剩余部分,在调整与购买商品相关的其他成本(如关税)后,可以作为关联企业之间原始转让的公平成交价格。[①] OECD 指南表明,这种方法在应用于营销业务时最有用。

《WTO 海关估价协定》第 1.2 条注释中的所有示例似乎都不是源自此方法。尤其在第 545800 号裁决(1996 年 6 月 28 日)中,CBP 表示:

> 即使进口商 Tundra 实现的一般费用和利润在相关行业通常的一般费用和利润的范围内,也不能表明出口商 Standard 和 Tundra 之间的价格是以符合行业正常定价惯例的方式定价的。此外,律师提交的有关进口商 Tundra 在向其客户销售时产生的费用的信息不足以表明进口的价格足以收回相当于公司在有代表性的一段时间内实现的总体利润。而且,此信息并未明确表明出口商收取的价格是否足以覆盖其所有成本,并在有代表性的时间段内赚取与其整体利润相等的利润。换句话说,相关的考虑因素是 Standard 生产进口毛衣的成本,而不是 Tundra 在美国转售毛衣的成本。由于当事人没有提交关于 Standard 生产进口毛衣的成本的证据,我们无法确定它是否能够收回所有成本和在代表性时期内赚取等于其整体利润的利润。

很明显,CBP 将《WTO 海关估价协定》第 1.2 条注释的第三个例子解释为只允许使用成本加成方法,而与转售价格方法无关。这种解释是一种狭义分析,这与《WTO 海关估价协定》第 1.2 条的原则和目标并不相符。一方面,《WTO 海关估价协定》第 1.2 条的示例没有建立"方法论",并未限制海关仅可用示例中使用的方法。当然,海关应拒绝与示例目的相反或与《WTO 海关估价协定》的一般原则和目标不一致的方法。例如,海关可以拒绝基于任意利润分配公式或虚构价格的方法。另一方面,《WTO 海关估价协定》第 1.2 条注释的示例三并未将被测试方确定为卖方而完全排除再销售价格法。通过分析解释,采用再销售价格法进行销售环境测试还可视作与示例一相符。这正是 TCCV

① *OECD Guidelines*, art 2.27.

案例 14.2 中的观点。[①]

二、内部和外部比较

OECD 指南规定,受控交易中转售商的转售价格差额可参照同一转售商在可比非受控交易中买卖物品所赚取的转售价格差额来确定。[②] 由示例二可见,《WTO 海关估价协定》第 1.2 条的注释似乎一般指的也是这种内部可比性。

但《WTO 海关估价协定》第 5 条注释第 6 段规定:用于此扣除的数字应根据进口商提供的信息确定,除非进口商的数字与在进口国同级或同类进口的销售中获得的数字不一致。如果进口商的数字与这些数字不一致,则利润和一般费用的金额可能基于除进口商提供的信息以外的相关信息,即在《WTO 海关估价协定》第 5 条的背景下,为确定加价是否适当,倒扣价格法允许使用外部比较。

当用作销售环境测试时,再销售价格法旨在确定关联方采购的价格是否实际被扭曲。如果倒扣价格法与再销售价格法规定的目的相似,即确定加价是否适当,其中一条规定提供的指导便可用于解释和适用于另一个。因此,由于《WTO 海关估价协定》第 5 条注释第 6 段授权使用外部可比来确定适当的加价,可以得出结论:运用再销售价格法作销售环境测试时,外部可比性也是可以接受的。该结论与 TCCV 在案例研究 14.2 中采用的立场一致。

三、商品可比性

《WTO 海关估价协定》第 5 条在确定利润率时要求的商品可比性程度明显低于《WTO 海关估价协定》第 2 条和第 3 条所要求的程度。《WTO 海关估价协定》第 5 条提到"与在进口国销售同级别或同种类货物有关的通常支付或同意

① 案例研究 14.2 结论:"18. 海关根据《WTO 海关估价协定》第 1.2(a)条,通过审核转让定价报告对 I 公司与 X 公司的交易开展销售环境审查后得出以下结论:进口申报价格的制定与行业内正常定价惯例不一致,因此受到买卖双方关联关系影响。由此,完税价格应依次使用其他估价方法予以确定。"

② *OECD Guidelines*, art 2.28.

支付的佣金，或通常作为利润和一般费用的附加额”。《WTO 海关估价协定》第 15 条将“同级或同类”定义为“……属于由特定行业或行业部门所生产的一组或一系列的货物，包括相同或类似货物……”。

在这方面，OECD 指南的第 2.30 段的相关部分规定：

> 因为毛利率代表毛报酬，在扣除执行特定功能的销售成本后……商品差异就不那么显著了。例如，事实可能表明，销售烤面包机与销售搅拌机的分销公司执行相同的功能，使用的资产和承担的风险也相似，因此在市场经济中，两者的报酬水平应该相似。
>
> 显然，消费者不会认为烤面包机和搅拌机是特别接近的替代品，因此没有理由期望它们的价格相同。

当然，尽管使用再销售价格法可能对交易的商品可比性要求不高，但商品可比性更高会产生更好的结果。

四、功能分析

再销售价格法的成功运用取决于交易方执行功能的可比性并考虑使用的资产和承担的风险。除商品本身外，如果交易的其他特征都具有可比性，在评价销售环境时，再销售价格法可能比可比非受控价格法更可靠。

如果受控交易中的转售商功能简单，仅将货物转让给第三方，则根据执行的功能，转售利润率可能很小。相反，如果卖方承担特殊风险或对与商品相关的无形资产的创造或维护作出重大贡献，则转售价格利润率应该更高。[①] 因此，在某些情况下，使用源自非受控交易的未经调整的转售价格可能不合适。如果受控交易中经销商使用有价格且独特的资产（如无形资产），就可能会发生这种情况。OECD 指南指出，在这种情况下，用非受控交易中的转售价格差额进行评价可能会低估受控交易中的转售商有权获得的利润，除非可比非受控交易涉

① *OECD Guidelines*, art 2.37.

及同一转售商或转售商有价格类似的无形资产。①

此外,如果转售商对关联方拥有的与商品相关的无形资产(如商标或商号)的创造或维护做出重大贡献,则对转售价格差额的检查也需要特别小心。在这种情况下,无法轻易估价最初转移的货物对最终商品价格的贡献。在确定关联关系是否影响价格时,海关须将此类情况作为销售环境的一部分进行审查。

五、超级倒扣

在转售之前商品被进一步加工或合并到更复杂的商品中,使用再销售价格法得出公平交易的定价结果变得更为困难。

《WTO 海关估价协定》第 5.2 条规定:如果进口货物、相同或类似的进口货物均未以进口状态在进口国销售,且进口商提出要求,则完税价格应基于进口货物加工后,在进口国以最大总量出售给非关联买方,并适当考虑此类加工增加的价格。

该规定通常被称为"超级倒扣法",应用该种方法时应注意以下事项:

1. 它仅适用于被估价货物、相同或类似货物均未以进口状态出售的情况。

2. 它仅适用于进口商选择应用它的情况。

3. 它仅基于被估价的进口货物进一步加工后的转售价,而不是其他类似加工货物的转售价。

4.《WTO 海关估价协定》第 5.2 条的注释规定,当进口货物由于进一步加工而完全失去其原特性时,通常不适用超级倒扣法。

六、购买和转售的间隔

OECD 指南规定:如果在转售商购买后的短时间内便实现转售,则转售价格利润率更为准确。原始购买和转售之间经过的时间越长,就越有可能在比较

---

① *OECD Guidelines*, art 2.38.

中需要考虑其他因素，如市场变化、汇率变化、成本变化等。[①]

《WTO 海关估价协定》第 5.1(b)条用以确定替代价格，且规定了应用再销售价格法的一般时间间隔规则，可供审查销售环境时参照。具体来说，如果进口货物、相同或相似的进口货物均未在被估价货物进口时或进口前后出售，则完税价格仍应遵守第 5.1 条的规定，依进口货物、相同或类似货物在被估价货物进口后 90 天内的最早日期以进口时的状态在进口国销售的价格予以确定。我国的《海关审定进出口货物完税价格办法》(以下简称《审价办法》)附则中又进一步定义"大约同时"指海关接受货物申报之日前后 45 天内。并对《WTO 海关估价协定》第 5.1(b)条的时间间隔要求作了一些调整，即如果进口货物、相同或者类似货物没有在海关接受进口货物申报之日前后 45 天内在境内销售，可以将在境内销售的时间延长至海关接受货物申报之日前后 90 天内。

七、案例分析

海关估价和转让定价焦点小组在 TCCV 第 25 届会议间隙中收到以下案例研究。该案例研究旨在说明如何使用 OECD 再销售价格法进行销售环境测试。

案例研究 2

交易事实

1. I 国的经销商 ICO 从 X 国的关联公司 XCO 进口烤面包机。

2. 进口后，I 国海关对 XCO 与 ICO 之间的货物买卖情况存疑，决定根据《WTO 海关估价协定》第 1.2 条的规定对价格的可接受性进行审查。为此，海关向 ICO 发送了一份问卷，询问有关 XCO 向 I 国其他买方销售商品的信息，并要求在必要时提供任何价格差异的理由以及与 XCO 的生产成本和利润相关的信息。应 ICO 的要求，海关还向 XCO 转发了一份调查问卷。根据收到的答复，I 国海关确定了以下事实。

---

① *OECD Guidelines*, art 2.35.

3. ICO没有从非关联卖方那里购买烤面包机或任何其他商品。XCO没有向非关联买方出售烤面包机或同级或同类商品。

4. 没有关于X国同级或同类卖方的可用财务信息。

5. 可获得有关I国2家搅拌机和电饭煲经销商以及3家咖啡机和华夫饼机经销商的财务信息。

6. ICO向海关提供了一份基于OECD指南方法的转售价格的转让定价研究报告。

7. 由于ICO不向非关联卖家购买烤面包机,因此毛利率是参考独立企业在可比交易中本应赚取的毛利率确定的。

8. ICO提供的信息显示,在小家电分销行业,烤面包机、搅拌机、电饭煲、咖啡机和华夫饼机的转售毛利率基本相同。

9. 功能分析表明,ICO执行的与烤面包机相关的功能与5个非关联买方的功能基本相似。ICO和5个非关联买方都经销小家电。ICO和5个非关联买方拥有相似水平的存货和固定资产。功能分析表明,ICO承担的风险与5个非关联买方承担的风险基本相似。

10. 在相关财政年度,ICO转售烤面包机的毛利率为33%。同一财政年度,5个非关联买方转卖小家电时的毛利率分别见表6。

表6 非关联买方转售毛利率

买方	转售毛利率/%
买方1	33
买方2	31
买方3	27
买方4	25
买方5	23

11. 中位数为27%,范围上限为33%。

12. 为了计算ICO在被审查的特定销售中实现的毛利率,ICO不得不使用其相关会计年度的财务报表,因为它没有为一个会计年度内的子期间(如一个季度)编制财务报表。同样,销售成本按年度计算,并考虑了初始存货、年内采购和最终存货。因此,每项特定交易的毛利率必须参考整个财政年度计算的毛利率。

13. 此外,ICO 向海关提供的信息显示烤面包机的采购价格在相关财政年度没有变化。

14. 买方 1 执行保修功能,由其非关联卖方通过较低的价格进行定价。其他买方不履行保修功能,但 XCO 和其他卖方向 ICO 和其他买方收取的价格高于卖方 1 向买方 1 收取的价格。买方 1 将保修费用作为运营费用,但没有详细的财务信息使得可在运营费用中区分出此类保修费用。

建议的海关估价

15. OECD 指南规定“再销售价格法以从关联企业购买的商品转售给独立企业的价格为起点。然后将价格减去适当的毛利(转售价差),该毛利代表转售商寻求支付其销售和其他运营费用的金额,并根据所执行的功能(考虑到使用的资产和承担的风险)获得适当的利润。对与商品购买相关的其他成本(如关税)进行调整后剩下的是商品转让的公平成交价格”。OECD 指南表明,这种方法在应用于营销业务时最有用。

16.《WTO 海关估价协定》第 1.2 条的注释中好像没有任何示例是源于这种方法。但是,注释的例子只是说明性的。协议中没有任何内容表明对销售环境的审查应基于此类示例中描述的狭义情况。

17.《WTO 海关估价协定》第 1.2 条的注释并未创建“方法论”,仅提供了简单的示例,旨在指导哪些方法可用于确定关联关系是否影响价格,并未授权海关限制进口商可以利用的方法。海关可能会拒绝与示例的目的相反或与协议宗旨和目标不一致的方法,例如海关可以拒绝基于任意利润分配公式或虚构价格的方法。

18. 此外,如果将《WTO 海关估价协定》第 1.2 条的注释的第三个例子进行灵活解释,也可以视为再销售价格法的应用。实际上,这个例子是说:“如果表明价格足以确保收回所有成本加上在同级或同类的销售中公司实现的具有代表性的时间段的整体利润……”正是销售价格而不是购买价格让人认为价格确保了与公司整体利润相当的毛利率,所以如果进行灵活解释,第三个例子可能表明该示例包含再销售价格法。

19. OECD 指南的方法应在《WTO 海关估价协定》第 1.2 条的背景下被接

受,只要它们在确定关联关系是否影响价格方面有用且可靠。基于这些理由,进口商和海关将被授权使用再销售价格法来审查销售环境。

20. 功能分析表明,ICO 与 5 个非关联买方在功能、风险和资产方面均无显著差异。

21. 此外,根据转售价格方法的要求在 5 个非关联买方的交易与 ICO 的交易之间可以见到足够水平的商品可比性。实际上,烤面包机、搅拌机、电饭煲、咖啡机和华夫饼机可被视为同类商品,在小家电分销行业销售此类的毛利率基本相同。

22. ICO 的转让定价文件显示,ICO 的毛利率(33%)高于中位数,等于 5 个非关联买方实现的毛利率区间上限。这表明,原则上,XCO 向 ICO 收取的价格可以收回非关联分销商在相关期间内销售同级或同类所实现的毛利。这也表明 XCO 向 ICO 收取的价格不受关联关系的影响。

23. 然而,由于买方 1 将保修费用记为运营费用,因此必须修正毛利率。如果卖方 1 自行履行保修,则会提高转让价格,买方 1 的毛利率会降低。因此,在对差异进行调整之前,ICO 和买方 1 的利润率不可比。由于没有详细的财务信息,保修费用无法进行调整。因此,买方 1 的交易不符合充分的可比性标准。

24. 新的可比毛利率范围的中位数为 26%,上限为 31%。现在,ICO 的毛利率在区间上限之上。这表明 ICO 在烤面包机销售中实现的毛利率高于可比的非关联买方在代表性时期内销售同级或同类所实现的利润,因此,XCO 收取的价格受到关联关系的影响。因此,成交价格法将不适用,有必要求助一种替代方法来确定烤面包机的海关估价。

在 TCCV 第 38 届会议上,由于中国担心使用交易净利润法可能产生某些扭曲,中国提交了一份案例研究草案,以说明再销售价格法审查销售环境时的应用。最终这个案例被 TCCV 正式通过并公布为案例研究 14. 2。

案例研究 14.2

根据《WTO 海关估价协定》第 1.2(a)条审查关联交易时对转让定价报告的使用

引　言

1. 该案旨在说明海关根据《WTO 海关估价协定》第 1.2(a)条，如何参考企业转让定价报告及其他相关信息，对进口货物实付或应付价格是否受到买方和卖方关系的影响进行审核。该案例不表明、不喻示也不确立海关在解释或使用《WTO 海关估价协定》时有义务使用 OECD 指南及据其形成的材料。

交易事实

2. 位于 X 国的 X 公司，向位于 I 国的 I 公司销售奢侈品手袋。A 公司是一家跨国公司总部，也是奢侈品手袋的品牌所有方。X 公司与 I 公司均为 A 公司的全资子公司。X 公司或 A 公司的关联企业均未向 I 国非关联方销售相同或类似奢侈品手袋。I 公司是 X 公司向 I 国销售奢侈品手袋的唯一进口商。因此，I 公司进口至 I 国的所有奢侈品手袋均采购自 X 公司。

3. 2012 年，I 公司根据 X 公司出具的发票价格申报了进口奢侈品手袋的价格。I 公司向 I 国海关提交的贸易单证显示，不存在《WTO 海关估价协定》第 1.1(a)条至第 1.1(c)条所规定的无法使用成交价格的特殊情况，也不存在第 8 条所规定的需要对进口价格进行调整的价外支付等情形。

4. 2013 年，因对 I 公司的申报价格可接受性存疑，I 国海关对 I 公司申报的进口价格进行了清关后稽查。I 公司转让定价政策显示，所有奢侈品手袋的进口价格均是使用 OECD 指南中的再销售价格法制定的。每年年末，I 公司根据 X 公司建议的预估下一年度再销售价格以及预期毛利率计算进口价格。2012 年，I 公司的预期毛利率确定为 40%，随后 I 公司根据再销售价格法计算公式得出进口奢侈品手袋的进口价格：进口价格 = 预期再销售价格 ×（1 − 预期毛利率）/（1 + 税率）。

5. I 公司是一家简单分销商（或称常规分销商）。手袋在 I 国的市场营销策略由 X 公司制定，同时 X 公司也对 I 公司的库存水平提出建议，确定建议转售价格及相关折扣政策。X 公司在与手袋相关的高价值无形资产方面投入巨大。因此,X 公司承担了 I 国手袋销售相关的市场风险和价格风险。

6. 作为进口货物转售所在国,I 国的奢侈品手袋市场竞争激烈。2012 年,由于全价销售的手袋数量高于预期,折扣价销售数量少于预期,I 公司的实际销售收入远超预计。因此,I 公司 2012 年的毛利率达到 64%,高于 I 公司转让定价政策的预期毛利率。在价格审核过程中,海关要求 I 公司提供更多信息以审核进口申报价格的合理性。

7. I 公司在证明关联关系未影响价格时并未根据《WTO 海关估价协定》第 1.2(b)条和第 1.2(c)条举证测试价格。然而,I 公司提交了一份转让定价报告,使用再销售价格法将 I 公司的毛利率与可比公司在非关联交易(可比非受控交易)中的毛利率进行比较。该转让定价报告是由一家独立事务所依照 OECD 指南作出的。

8. 根据转让定价报告,I 公司不拥有任何高价值的、独特的无形资产或承担任何重大风险。ICO 提交的转让定价报告选取了位于 I 国的 8 家可比企业,功能分析显示这 8 家企业自 X 国进口可比产品、承担类似功能及类似风险,且与 I 公司一样,不拥有任何高价值的无形资产。

9. 转让定价报告显示可比公司 2012 年的毛利率符合公平交易原则(四分位)的合理区间为 35% ~46%,中位值为 43%。因此,I 公司 64% 的毛利率并未落在合理四分位区间内。海关开展价格审核时,I 公司并未就此进行任何转让定价调整。

问　题

10. 该案例中转让定价报告所提供的信息,是否足以使海关根据《WTO 海关估价协定》第 1 条审查确定进口货物实付或应付价格是否受到交易各方关系影响?

分　析

11. 依据《WTO 海关估价协定》第 1 条,如果买方和卖方不存在关联关系,或存在关联关系,但并未影响价格,则成交价格可接受为完税价格。在买方和卖方存在关联关系的情况下,《WTO 海关估价协定》第 1.2 条提供了海关在对申报价格存疑时审查确定成交价格可否接受的两种方法:(1)审查销售环境以确定关联关系是否影响成交价格[第 1.2(a)条];(2)进口商证明申报价格接近三种测试价格中的任一价格[第 1.2(b)条]。

12. 该案中,如第 6 段所述,进口商未提供测试价格,因此海关开展销售环境审查。

13.《WTO 海关估价协定》第 1.2 条注释提出,在审查销售环境时,“海关需要审查交易的有关方面,包括买卖双方组织其商业关系的方式和制定价格的方法,以便确定关联关系是否影响价格”。

14. 在使用再销售价格法审核相关企业的销售环境时,将该企业与可比企业的毛利率进行对比,可以说明申报价格的制定是否与所涉产业的正常定价惯例相一致。

15. 根据功能分析,I 公司与所有 8 家可比企业无明显差异,因为这些可比企业:

(1)均位于 I 国;

(2)与 I 公司类似,承担类似分销功能和类似风险,不拥有任何高价值的无形资产;

(3)进口的可比产品同样是在 X 国制造的。

此外,对产品的可比性也进行了审查,相关可比企业符合海关估价要求。

16. 根据转让定价报告,可比公司年毛利率的合理四分位区间在 35% ~ 46%,中位值为 43%。然而,2012 年,I 公司 64% 的毛利率远高于该行业可比企业的正常毛利率。还需要指出的是,I 国奢侈品手袋市场竞争充分。因此,由于 I 公司与 8 家可比公司无显著区别,其营业利润与费用应与可比公司类似。所以,I 公司 2012 年的高毛利率与其功能、资产和风险不相符。

17. 由于 I 公司获取了更高的毛利率,且考虑到 I 公司未作出任何补偿调整,海关从而得出结论,即相关进口价格的制定与行业正常定价惯例不一致。I 公司 2012 年的进口货物完税价格申报偏低,应依次使用其他估价方法进行估价。

结　论

18. 海关根据《WTO 海关估价协定》第 1.2(a)条,通过审核转让定价报告对 I 公司与 X 公司的交易开展销售环境审查后得出以下结论:进口申报价格的制定与行业内正常定价惯例不一致,因此受到买卖双方关联关系影响。由此,完税价格应依次使用其他估价方法予以确定。

19. 应该说明的是,注释 23.1 中强调:利用转让定价报告审查销售环境应当具体个案具体分析。

案例研究 14.1 第 21 段最终也解决了中国所担心的这个潜在的扭曲问题:

> 21. 基于第 18 段规定的信息:
>
> ——营业费用是由 I 公司承担,I 公司寻求成本最小化且没有证据证明成本中有费用是在卖方请求下支付的,故审查营业费用金额后认为其是可靠且可被接受的。

第三节 成本加成法

一、成本加成法与示例三

成本加成法的应用首先应计算供应商在关联方交易中因将商品转让给关联买方而发生的成本,然后计算适当的成本加成率,从而取得根据执行的功能和市场条件获得适当的利润。[①] OECD 指南解释说,成本加成法可能在关联方之间出售半成品、关联方之间达成共用设施《WTO 海关估价协定》或长期采购或供应安排的情况下最有用。[②]

OECD 指南的上述"成本加成法"定义与《WTO 海关估价协定》第 6 条下的计算价格方法的定义相似。《WTO 海关估价协定》第 6 条注释中包含了确定增加"利润和一般费用金额"的详细指导。虽然不能直接适用《WTO 海关估价协

---

① *OECD Guidelines*, art 2.45.

② *OECD Guidelines*, art 2.45.

定》第 1.2(a)条,但《WTO 海关估价协定》第 6 条及其注释的规定为应用成本加成法提供了参考。

《WTO 海关估价协定》第 1.2(a)条的注释中的示例三即为成本加成价格与关联方之间成交价格进行比较以确定关联关系影响的方法,它已为协调 OECD 的转让定价与 WTO 海关估价提供了基础。如果进口价格足以确保收回所有成本和利润(该利润代表公司在同类或同级的销售中在代表性时期内,如按年度计,实现的总体利润的水平),这将表明价格没有受到影响。这个示例可以用以下公式表示:

C = A + B

A = 所有费用

B = 利润(代表公司在销售同级或同类商品时实现的总体利润)

C = 与成交价格进行比较的金额

如果关联方间的成交价格等于或大于 C,则后者不被视为受关联关系影响。

根据《维也纳条约法公约》第 31 条,条约应根据条款在其上下文中并根据条约的目的和宗旨所赋予的通常含义善意解释。[①]《WTO 海关估价协定》第 1.2(a)条的注释的语言似乎没有表明,当它提到"公司的整体利润"时,仅指母公司的利润。

二、内部和外部比较

很清楚地,上面引用的《WTO 海关估价协定》第 1.2(a)条的注释中的示例三使用了内部比较。在这方面,OECD 指南也规定"受控交易中供应商的成本加成最好参照同一供应商在可比非受控交易中赚取的成本加成来确定"。[②] 但 OECD 指南还指出,独立企业在可比交易中本应赚取的成本加成也可以作为

---

① United Nations, *Treaty Series*, Vol. 1155, p. 331. Done at Vienna on 23 May 1969, entered into force on 27 January 1980.

② *OECD Guidelines*, art 2.46.

指导。①

综上所述,注释的示例是说明性的,并不排除使用符合《WTO 海关估价协定》一般原则的其他方法。第一,外部比较的使用不可是任意的或虚构的,否则与《WTO 海关估价协定》的序言不一致。第二,如果对外部可比对象的检查作为示例一中检查"行业正常定价实践"的过程,那么通过销售环境测试可以判断成交价格是否受到关联关系的影响。第三,《WTO 海关估价协定》第 6 条的注释允许使用外部可比对象。如果生产商自己的利润和一般费用数字与出口国生产商为出口到该国而生产的与被估价货物相同级别或种类的货物销售中通常反映的数字不一致,则海关采用的利润和一般费用的金额不是由生产商提供,而是基于一般相关信息。当然,此时海关应确认成交价格受到关联关系的影响,不再适用成交价格法进行估价。

三、商品可比性

OECD 指南解释说,就成本加成法而言,如果满足以下两个条件之一,非受控交易与受控交易就具有可比性:交易之间没有任何差异或者可以进行合理准确的调整以消除此类差异的实质影响。② OECD 指南还指出"与可比非受控价格法相比,成本加成法下的商品差异可能需要更少的调整",③《WTO 海关估价协定》第 1. 2(a)条的注释中的示例三也充分说明在可比非受控价格法下对商品可比性的较低要求,同类或同级商品即可。

四、相对效率

虽然在许多情况下企业会受竞争的驱使压低成本来降低价格,但在其他情况下,成本水平与市场价格之间没有明显的联系。非关联买方不会接受因另一方效率低下成本较高而支付更高的价格,相反,如果卖方的效率高于正常情况

① *OECD Guidelines*, art 2. 46.
② *OECD Guidelines*, art 2. 47.
③ *OECD Guidelines*, art 2. 47.

下的预期,或具有其他优势,则他应该从这种优势中受益。例如,研发后取得很有价值的发现,而在制造过程中只花费了很少的研究费用。

OECD 指南指出,在这些情况下,除非可以针对利润率进行调整,否则成本加成法的应用将不完全可靠。① 而根据《WTO 海关估价协定》第 1.2(a)条审查销售环境时应考虑到相对效率可能是生产商证明其实际利润的一个正当商业理由。②

五、功能

在应用成本加成法时,特别重要的是要考虑被比较交易各方执行的功能和承担的风险、相关的费用水平和类型的差异。如果费用反映了应用该方法时未考虑的功能差异,则可能需要对成本加成进行调整;如果费用反映了测试者的额外功能,则可能需要确定对这些功能的单独定价;如果被比较各方的费用差异仅仅反映了企业的效率,则调整可能不合适。③

OECD 指南还指出,在上述任何情况下,通过考虑应用其他方法获得结果来补充成本加成法可能是适当的。④

六、案例研究

以下案例研究是海关估价和转让定价焦点小组在 TCCV 第 25 届会议间隙收到的,旨在提供成本加成法分析销售环境的示例。

案例研究 3

交易事实

1. I 国的 ICO 从 X 国的 XCO 购买并进口了一种用于生产食品调味剂的天

① *OECD Guidelines*, art 2.48.

② *OECD Guidelines*, art 2.51.

③ *OECD Guidelines*, art 2.51.

④ *OECD Guidelines*, art 2.51.

然成分。

2. 货物清关时，ICO 向 I 国海关申报与 XCO 有关联关系。

3. 进口后，I 国海关对 XCO 与 ICO 之间的货物买卖情况存疑，决定根据《WTO 海关估价协定》第 1.2 条的规定对价格的可接受性进行审查。为此，海关向 ICO 发送了一份调查问卷，询问有关 XCO 向 I 国其他买方销售商品的信息，如有必要，还需进口商提供任何价格差异的理由以及与 XCO 的生产成本和利润相关的信息。应 ICO 的要求，海关还向 XCO 转发了一份问卷。根据收到的答复，确定了以下事实。

4. ICO 从 XCO 购买天然成分用于生产食品调味剂。XCO 从其他制造商那里获得了天然成分，它不是由 XCO 制造或加工的。

5. 该成分仅在 I 国出售给 ICO，并且 I 国没有进口相同或类似的商品。

6. XCO 不销售其他商品。

7. X 国的五个卖家向 I 国的非关联买方出售合成原料。非关联买方从卖家那里购买合成成分也用于生产食品调味剂。

8. 天然成分和合成成分属于食品调味剂行业配料部门生产的范围。因此，它们可能被视为“同级或同类”商品。

9. ICO 向海关提供了一份基于 OECD 指南成本加成法的转让定价研究报告。

10. 由于 XCO 不向非关联买方出售天然成分，因此成本加成是参考独立企业在可比交易中本应赚取的成本加成确定的。

11. ICO 提供的信息表明，在食品调味剂行业中，合成成分和天然成分的销售利润率大致相同。

12. 功能分析表明，XCO 执行的与天然成分相关的功能数量与 5 个非关联卖方的功能数量基本相似。XCO 履行的职能在频率、性质和价格方面与 5 个非关联卖方履行的职能一样重要。XCO 和 5 个非关联卖方都没有原料库存和少量固定资产。功能分析还表明，XCO 在出售给 ICO 时承担的风险与 5 个非关联卖方在出售给非关联买方时承担的风险基本相似。

13. ICO 向海关提供的信息表明，双方交易中的合同条款 5 个非关联卖方和非关联买方与 XCO 和 ICO 之间的交易基本相似。

14. 在相关财政年度,XCO 在与 ICO 交易中的成本加成为 30%。在同一个财政年度,与 I 国非关联买方进行交易的 5 个非关联卖方的成本加成见表 7。

表 7　非关联卖方与 I 国非关联买方交易的成本加成

卖方	成本加成/%
卖方 1	33
卖方 2	30
卖方 3	27
卖方 4	25
卖方 5	23

15. 该范围的中位数为 27%。高低四分位数分别为 25% 和 30%。

16. 海关确定向 ICO 收取的价格足以收回 XCO 的所有成本,包括收购成本加上重新包装、处理和运费的成本,但无法确定此类价格是否足以收回代表 XCO 的在代表性时期内的整体利润,因为 XCO 公司总利润的 100% 是在 I 国向 ICO 出售天然成分的利润。

17.《WTO 海关估价协定》第 1.2 条的注释规定,"海关应准备检查交易的相关方面,包括买卖双方组织商业关系的方式以及有关价格的达成方式,以确定关联关系是否影响了价格"。这涉及对相关交易和非受控交易的完整分析,以确定关联关系是否影响了价格。对这些方面的审查必须始终具有可比性目的,因为这是协议授权的确定关系是否影响价格的唯一机制。《WTO 海关估价协定》第 1.2 条的注释的语言足够宽泛,可以进行功能分析和合同条款的比较,经济环境和商业战略(在综合转让定价研究的背景下)根据 OECD 指南的更详细规则确定关联关系是否影响了成交价格。

18.《WTO 海关估价协定》第 1.2 条的注释就海关应检查的情况和进口商应提供的信息提供了一些指导。然而,这样的指导是非常笼统的。不能指望海关和进口商仅根据此类一般规定来解决复杂的转让定价问题。

19. 此外,第 1.2 条的注释仅提供了可以由海关检查的交易情况的示例,此类示例并不构成海关可能审查的唯一情况或方面,应仅作为起点和说明。

20.《WTO 海关估价协定》第 1.2(a)条注释中的示例三对销售环境审查提供了指导,但它不要求进口商在检查销售环境时使用的方法与示例中使用的方法相同。否则,注释就不会使用“作为示例”和“作为进一步示例”等词,而是使用更具规范性的语言。

21. 在此背景下,OECD 指南中描述的成本加成法的使用与注释的示例以及协议的目标和宗旨一致。此外,外部比较的使用(在 XCO 不向非关联买方销售的情况下,使用非关联卖方的成本加价)也与此类示例以及目标和目的一致。首先,外部比较的使用不是任意的或虚构的,因此符合《WTO 海关估价协定》的序言。其次,对外部可比对象的审查通常与审查“行业正常定价惯例”的过程一致。最后,尽管不能直接适用于第 1.2(a)条的情况,但注释第 6 条允许使用外部比较。

22. OECD 指南指出,成本加成法始于供应商在受控交易中为向关联买方转让商品或提供服务而发生的成本,然后将适当的成本加价添加到该成本中,以根据所执行的功能和市场条件获得适当的利润。

23. 上述成本加上成本加成后的价格可视为原受控交易的公平成交价格。这个方法在关联方之间出售半成品、关联方已达成联合设施协议或长期买卖安排,或受控交易是提供服务的情况下,可能是最有用的。受控交易中供应商的收入最好参照同一供应商在可比非受控交易中赚取的成本加成来确定。此外,独立企业在可比交易中赚取的成本加成可以作为指导。

24. OECD 指南还规定,就成本加成法而言,如果满足以下两个条件之一,非受控交易与受控交易就具有可比性:所比较的交易之间或进行这些交易的企业之间的差异(如果有的话)均不会对公开市场的成本加成产生重大影响或者可以进行合理准确的调整,以消除此类差异的重大影响。

25. 在用成本加成法进行比较时,通常只需要较少的调整以实现可比性,因为微小的商品差异对利润率的影响不如对价格的影响大,《WTO 海关估价协定》也遵守了这些可比性标准。

26. 功能分析表明,XCO 与 5 个非关联卖方在功能、风险、资产等方面均无显著差异。此外,ICO 还表明,5 个非关联卖方与 XCO 的销售合同条款基本相似。

27. 此外,在 5 个非关联卖方的交易与 XCO 之间的交易中可观察到根据成本加成法所要求的足够水平的商品可比性。实际上,合成和天然成分可被视为同一级别或种类的商品,并且在食品调味剂行业中销售这些成分的利润率通常是相同的。

28. 海关确定向 ICO 收取的价格足以收回 XCO 的所有成本,包括采购成本和重新包装、处理和运费的成本。XCO 的成本加成(30%)高于 5 个非关联卖方收取的成本加成范围的中值。实际上,它处于第三个四分位。

29. 因此,XCO 的价格足以收回代表可比无关卖方在代表性时期(相关财政年度)销售同级或同类商品所实现利润。根据《WTO 海关估价协定》第 1.2 条的注释第 3 段,海关可以接受天然成分的成交价格。

案例研究 4

交易事实

1. I 国的 ICO 从 X 国的 XCO 购买并进口了一种用于生产食品调味剂的天然成分(NI)和一种天然调味剂(NFM)。

2. 货物清关时,ICO 向 I 国海关申报与 XCO 有关联关系。

3. 进口后 I 国海关对 XCO 与 ICO 之间交易价格的可接受性存有疑虑,决定对其进行审查。为此,海关向 ICO 发送了一份调查问卷,询问有关 XCO 向 I 国的其他买方销售商品的信息。如有必要,海关还会要求进口商提供证明任何价格差异的合理性以及与 XCO 的生产成本和利润相关的信息。应 ICO 的要求,海关还向 XCO 转发了一份调查问卷。根据收到的回复,确认以下事实成立。

4. ICO 从 XCO 购买了 NI 和 NFM,用于生产食品调味剂。XCO 从其他制造商处收购了 NI 和 NFM,它们不是由 XCO 制造或加工的。

5. NI 和 NFM 仅在 I 国出售给 ICO,并且 I 国没有进口相同或类似的商品。

6. XCO 不销售其他商品。

7. NI 和 NFM 可按不同的关税税率归入不同的关税品目,适用于 NI 和 NFM 的进口关税税率分别为 20% 和 2%。

8. X 国的 5 个非关联卖方向 I 国的非关联买方出售合成成分(SI)和合成调味剂(SFM)。SI 和 SFM 已被其他制造商的卖方收购,它们不是由卖家制造或加工的,非关联买方从非关联卖方那里购买 SI 和 SFM 也用于生产食品调味剂。

9. NI 和 SI 属于食品调味行业配料部门的生产范围。同样,NFM 和 SFM 属于食品调味行业的调味剂部门的生产范围。

10. ICO 向海关提供了一份转让定价研究报告,该研究报告是根据 OECD 指南所述的成本加成法编制的。

11. 由于 XCO 不向非关联买方出售 NI 也不出售 NFM,因此成本加成率是参考独立企业在可比交易中本应赚取的成本加成率确定的。

12. ICO 认为 XCO 对 NI 和 NFM 的销售联系如此紧密,不应单独对其进行估价。此外,它认为单独确定 NI 和 NFM 的定价是不切实际的,将这两个项目放在一起评估独立交易更为合理。

13. ICO 提供的信息显示,在食品调味行业中,SI 和 NI 的销售利润率大致相同。其提供的信息还表明,NFM 和 SFM 的销售利润率在此类行业中通常是相同的。

14. 功能分析表明,XCO 执行的与 NI 和 NFM 相关的功能数量与 5 个非关联卖方执行的与 SI 和 SFM 相关的功能数量基本相似。XCO 履行的职能在频率、性质和价格方面与 5 个非关联卖方履行的职能一样重要。功能分析还确定并比较了 XCO 和 5 个非关联卖方使用的资产,XCO 和 5 个非关联卖方都没有配料或调味剂库存,仅有少量固定资产。功能分析还表明,XCO 在出售给 ICO 时承担的风险与 5 个非关联卖方在出售给非关联买方时承担的风险基本相似。

15. ICO 向海关提供的信息显示,5 个非关联卖方与非关联买方之间的交易合同条款与 XCO 与 ICO 之间的交易合同条款基本相似。

16. 在相关财政年度,XCO 在与 ICO 交易中的总成本加成为 30%。在同一个财政年度,5 个非关联卖方与 I 国非关联买方交易的总成本加成见表 8。

表 8　非关联卖方与 I 国非关联买方交易的总成本加成

卖方	总成本加成率/%
卖方 1	33
卖方 2	30
卖方 3	27
卖方 4	25
卖方 5	23

17. 该范围的中位数为 27%。高低四分位数分别为 25% 和 30%。

18. 海关确定向 ICO 收取的价格足以收回 XCO 的所有成本，包括收购成本和重新包装、处理和运费的成本，但无法确定此类价格是否足以收回代表 XCO 在代表性时期内的整体利润，因为公司总利润的 100% 来源于在 I 国将 NI 和 NFM 出售给 ICO 所获得的利润。

19. 功能分析表明，XCO 与 5 个非关联卖方在功能、风险、资产等方面均无显著差异。此外，ICO 证明 5 个非关联卖方和 XCO 的销售合同条款基本相似。

20. 此外，在 5 个非关联卖方的交易与 XCO 的交易中可观察到足够水平的商品可比性。实际上，SI 和 NI 可被视为同一级别或种类的商品，并且在食品调味行业中销售这些成分的利润率通常是相同的。同样，SFM 和 NFM 也可被视为同一级别或种类的商品，并且这些调味剂的销售利润率在此类行业中通常是相同的。

21. 海关确定向 ICO 收取的价格足以收回 XCO 的所有成本，包括收购成本和重新包装、处理和运费的成本。XCO 的成本加成（30%）高于 5 个非关联卖方收取的成本加成范围的中值。事实上，它处于第三个四分位数。

22. 然而，根据转让定价研究中的综合分析，海关可能无法确定 XCO 在销售 NI 和 NFM 时的价格是否分别足以收回所代表的利润，特别是当可比的非关联卖方在 SI 和 SFM 的销售中分别实现了利润时。由于 NI 和 NFM 可按不同税率归入不同品目，如果 NFM 销售实现的成本加成高于非关联卖方在 SFM 销售中实现的利润，而 NI 销售实现的成本加成低于非关联卖方在 SI 的销售中实现的利润，那么 XCO 合并两种商品作出分析将不会改变转让定价分析的结果（因为在合并的基础上，总成本加上在 NI 和 NFM 的销售利润等于总成本加上 SI 和 SFM 销售中实现的加价），但却会降低关税负担。

23. 因此，根据《WTO 海关估价协定》第 1.2 条的注释第 3 段的规定，转让定价研究不足以证明 NI 和 NFM 的成交价格在海关估价目的上是可接受的。在这种情况下，进口商在为海关估价目的准备转让定价研究时必须单独评估 NI 和 NFM 的交易。此外，可使用《WTO 海关估价协定》评论 8.1 第 4 段所述的方法，以便在可归入不同品目的货物之间适当分摊总成本加价。

案例研究5

交易事实

1. 案例研究5与案例研究4的交易事实基本相同,但不同之处在于:

(1)出于所得税的目的,即使ICO明白,单独确定NI和NFM的定价是不切实际的,并且将这两个项目的公平交易条款一起估价更为合理,但它还是将其财务报表按顺序进行了细分,并分别分析了NI和NFM交易中实现的成本加成。

(2)在相关财政年度,XCO的成本加成在NFM销售额中的比例为31%,在NI销售额中的比例为22%。

(3)X国的5个非关联卖方(XSI)向I国的无关买方出售合成原料,合成原料已被XSI从其他制造商处获得,不是由XSI制造或加工的。非关联买方从卖方那里购买合成成分,也用于生产食品调味剂。

(4)X国的其他5个卖方(XSM)向I国的非关联买方销售合成食品调味剂,合成食品调味剂是由XSM从其他制造商处获得,不是由XSM制造或加工的。非关联买方购买了来自XSM的合成调味剂,也可用于生产食品调味剂。

(5)功能分析表明,XCO执行的与天然成分和食品调味剂相关的功能数量与10个非关联卖方(XSI和XSM)基本相似,XCO执行的功能在频率、性质和价格方面与10个非关联卖方执行的功能一样重要。功能分析还确定并比较了XCO和10个非关联卖方使用的资产,XCO和10个非关联卖方没有成分或调味剂的库存,也没有固定资产。功能分析还表明,XCO在出售给ICO时承担的风险与10个非关联卖方在出售给非关联买方时承担的风险基本相似。

2. ICO向海关提供的资料显示,10个非关联卖方与其非关联买方之间的交易合约条款与XCO与ICO之间的交易合约条款实质上相似。

3. 在同一个财政年度,5个XSI在与I国的非关联买方进行交易时的成本加成见表9。

表9　卖方与I国非关联买方交易的成本加成

卖方	成本加成/%
卖方1	30
卖方2	26

续表

卖方	成本加成/%
卖方 3	25
卖方 4	24
卖方 5	23

4. 该范围的中位数为 25%。高低四分位数分别为 24% 和 26%。

5. 在该财政年度，5 个 XSM 在与国内非关联买方交易中的成本增幅分别见表 10。

表 10　卖方与国内非关联买方交易的成本增幅

卖方	成本增幅/%
卖方 1	33
卖方 2	31
卖方 3	27
卖方 4	25
卖方 5	23

6. 该范围的中位数为 27%。高低四分位数分别为 25% 和 31%。

7. 功能分析表明，XCO 与非关联卖方在功能、风险、资产等方面均无显著差异。此外，ICO 证明，非关联卖方和 XCO 的销售合同条款基本相似。

8. 此外，在非关联卖方的交易与 XCO 的交易之间观察到适用成本加成法需要满足足够水平的商品可比性。实际上，SI 和 NI 可被视为同一级别或种类的商品，并且在食品调味行业中销售这些成分的利润率通常是相同的。同样，SFM 和 NFM 也可以被视为同一级别或种类的商品，并且在此类行业中销售这些食品调味剂的利润率通常是相同的。

9. 海关确定向 ICO 收取的价格足以收回 XCO 的所有成本，包括采购成本和重新包装、处理和运费的成本。此外，XCO 在 NFM 销售中的成本加成（31%）高于相关时间段内 5 个 XSM 在 SFM 销售中收取的成本加成范围的中值。事实上，它处于范围的第三个四分位数。

10. 因此，XCO 在 NFM 销售中的价格足以收回代表可比非关联卖方在代表性时期（相关财政年度）销售同级或同类商品中实现的利润。根据《WTO 海关估价协定》第 1. 2 条的注释第 3 段,NFM 的成交价格是可接受的。

11. 关于 NI,海关确定向 ICO 收取的价格不足以收回代表非关联卖方在相关期间内销售同级或同类商品(SI)所实现的利润。实际上,XCO 的成本加成(22%)低于该范围的底部。因此,对于 NI 将不适用成交价格法,有必要求助于替代方法确定 NI 的海关估价。

第四节　交易利润法

OECD 指南描述了两种交易利润法:交易净利润法和交易利润分割法(Transactional Profit Split Method,PSM)。

一、交易净利润法

交易净利润法检查“净利润指标”,OECD 指南将其定义为净利润与适当基数(例如成本、销售额、资产)的比率。交易净利润法的运作方式类似于成本加成法和再销售价格法,这意味着纳税人从受控交易中获得的净利润指标最好参照同一纳税人在可比非受控交易中赚取的净利润指标来确定。①

OECD 指南在第 2. 74 段至第 2. 81 段中为建立交易净利润法的可比性提供了详细的指导。OECD 指南特别针对以下情况:第一,净利润比销售额(Net Profit Margin,NPM);第二,净利润比成本;第三,净利润比资产(资产回报率)。OECD 指南解释说,基于交易净利润法的应用方式类似于《WTO 海关估价协定》第 5 条的倒扣价格法,并且由于它通常用于进口货物在进口国转售的情况,是海关最常考虑的净利润指标。

交易净利润法似乎与《WTO 海关估价协定》第 1. 2 条注释中提供的示例三一致。实际上,示例三比较了受控交易的利润(“价格”减去“所有成本”)和代

① *OECD Guidelines*, art 2. 64.

表公司在销售同级或同类商品时实现的总体利润。《WCO 海关估价与转让定价指南》解释说"……例子没有定义利润是毛利润还是净利润,这使海关可以根据具体情况灵活地审查这两种利润。通常,净利润是衡量实际盈利能力的更好指标,因为它显示了支付所有费用后的收入。净利润也是有关独立方的信息最常可用的衡量标准"。①

然而,在案例研究 14.1 中,TCCV 解释了进口商在应用交易净利润法的转让定价研究中提供的信息如何用于证明价格不受买卖双方关系的影响,但却是与《WTO 海关估价协定》第 1.2 条注释中提供的示例一(相关行业的定价惯例)而非示例三相联系。这是创新之举。可能正如 TCCV 在《评论 23.1——关于运用转让定价报告对〈协议〉条款 1.2(a)中"销售环境"进行审查的研究意见》中所说,必须根据具体情况考虑如何使用转让定价研究来审查销售环境的情况。

二、交易可比性

OECD 指南指出,如果无法通过参考同一纳税人在可比非受控交易中赚取的净利润来确定纳税人从受控交易中获得的净利润,则一个外部独立的企业在可比交易中赚取的净利润可以作为参考。在这种情况下,需要对受控和非受控交易进行功能分析,以确定交易是否具有可比性,以及可能需要进行哪些调整以获得可靠的结果。②

这种方法的一个优点是净利润指标(例如资产回报率、净收入与销售收入之比)受交易差异的影响小于使用可双非受控价格法。③ 进一步地,净利润指标

---

① The U.S. CBP seems to agree with this proposition. For instance, in Ruling HQ H238990 (7 April 2014), the U.S. CBP said: "... CBP Regulations do not define what profit we are to consider gross profit or operating profit. However, CBP is of the view that the operating profit margin is a more accurate measure of a company's real profitability because it reveals what the company actually earns on its sales once all associated expenses have been paid. Nevertheless, in certain circumstances, gross profit can be considered. See HQ H037375, dated December 11, 2009..." See also U.S. CBP Ruling HQ H258447 (19 January 2016).

② *OECD Guidelines*, art 2.64.

③ *OECD Guidelines*, art 2.68.

通常比毛利率更能容忍受控交易和非受控交易之间的某些功能差异。另一个实用的优势是,与任何单方面方法一样,只需要检查关联方之一(被测方)的财务指标。这在海关方面尤其重要,通常认为海关估价应该是基于简单和公平的标准和根据进口国现成的信息确定的。①

OECD 指南第 2.77 段解释说,净利润指标可能会直接受到以下因素的影响:新进入者的威胁、竞争地位、管理效率和个人战略、替代商品的威胁、不同的成本结构、差异资本成本和商业经验的程度。每个因素中的一部分还可能会受到许多其他因素的影响,例如,新进入者的威胁程度可能取决于商品差异化、资本要求以及政府补贴和法规等因素。以上所有因素都可被视为销售环境,这些情况通常会影响相关价格的确定方式及行业的定价惯例。在第 2.97 段中,OECD 指南还解决了在应用交易净利润法时如何计算纳税人/进口商或可比对象可能给予客户的退税和折扣的特定问题,特别是当进口商在全球范围内而不是在特定交易的基础上向其客户提供回扣和折扣时,这种类型的全球退税或折扣肯定会对进口的转售价格产生影响。海关在使用转让定价文件时以及进口商在为实现《WTO 海关估价协定》第 1.2 条的目的提供分段财务信息时都需要适当考虑这些因素。

三、案例研究 14.1

TCCV 案例研究 14.1 不仅仅是一个简单的案例研究,它是从 2005 年开始的一个漫长过程的结果。一开始,是私营部门和 OECD 向海关代表解释转让定价原则。后来,当代表们对这个主题有了更多的了解时,讨论也变得更加丰富。为了在销售环境测试的背景下使用交易净利润法,TCCV 在第 1.2(a)条的注释中包含的第一个示例中找到了支持,"由于所有可比公司销售的是同级别或种类商品,转让定价研究支持 ICO 和 XCO 之间的价格符合行业正常定价的方式"。

在案例研究 14.1 中,与美国之前提交的草案版本一样,进口商提交的转让

① 《WTO 海关估价协定》前言。

定价研究在已达成 APA 的背景下由 I 国和 X 国的税务机关审查。但 APA 的存在并不是真正相关的事实。如果转让定价研究完整且准确,那么是否得到进出口国税务机关的批准无关紧要。

案例研究 14.1 还解决了中国等提出的与交易净利润法相关的一个具体问题:公司间费用构成财务报表中运营费用的一部分,以及此类公司间费用可能造成将交易净利润法用于海关估价目的时的扭曲。出于此,案例研究 14.1 表明运营费用金额经过检查并被认为是可靠的,因为它被确定为:由 ICO 支付给无关方,ICO 寻求将其成本降至最低,并且没有为了卖方的利益。

案例研究 14.1

根据《WTO 海关估价协定》第 1.2(a)条审查关联交易时对转让定价报告的使用

引　言

1. 该案描述海关在审查进口货物的价格是否受到第 1.2(a)条中买卖双方关系的影响时,海关考虑了该公司基于交易净利润法的转让定价报告中的信息。该案例不表明、不喻示也不确立海关在解释或使用《WTO 海关估价协定》时有义务使用 OECD 指南及据其形成的材料。

交易事实

2. X 公司是位于 X 国的制造商,向其全资子公司,位于 I 国的分销商 I 公司销售继电器。I 公司进口继电器,不向非关联卖方购买任何产品。X 公司也不向非关联买方销售继电器或同级别和同种类货物。

3. 2012 年,I 公司使用基于提交给 I 国海关的商业发票价格的成交价格,进口货物。没有迹象表明存在《WTO 海关估价协定》第 1.1(a)条至第 1.1(c)条规定的不能使用成交价格的特殊情形。

4. 进口后,I 国海关决定根据《WTO 海关估价协定》第 1.2(a)条审议 I 公司和 X 公司之间货物销售环境,因为其对价格的可接受性存疑。

5. 进口商没有根据第 1.2(b)条和第 1.2(c)条提供测试价格,作为证明该种关系并未影响价格的方法。

6. 作为对海关要求的其他信息的回应,I 公司提交了由代表 I 公司独立第三方准备的 2011 阶段转让定价报告。

7. 该案中,转让定价报告使用交易净利润法,将 I 公司营业利润率与位于 I 国功能上同级别或同种类的可比分销商在相同时期可比非受控交易中的营业利润率比较。准备转让定价报告是为了符合 I 国税收法规和 OECD 指南中应适用的原则的要求。转让定价报告涵盖了所有 I 公司从 X 公司处购买的继电器。

8. 从 I 公司财务档案中找到的相关数据。

——售价	*100. 0*
——销售成本(已付价格/应付价格)	*82. 0*
——毛利润	*18. 0*
——营业费用	*15. 5*
——净营业利润	*2. 5*
——净营业利润率(衡量基准)	*售价的 2. 5%*

9. 转让定价报告使用 I 公司档案中的数据,表明 I 公司 2011 年从 X 购买的继电器的销售营业利润率是 2. 5% 。

10. 报告认为,找到可靠的 I 公司可比数据是可能的,因此 I 公司被选为转让定价报告的受测方。

11. 为了协商双边 APA,I 国和 X 国税务当局审议了 I 公司的转让定价报告。后来,I 公司、X 公司、I 国和 X 国税务当局就 I 公司和 X 公司所有的交易达成了双边 APA。I 国税务当局和 X 国税务当局审议时,I 公司提供了证明其销售继电器所获得利润率与行业内独立分销商销售电气设备和电子零件获得的利润率相同的信息。

12. 转让定价报告中,与供应商没有关联关系的 8 个分销商是基于 I 公司功能、资产和风险实质相似被挑选出来的。

13. 为比较目的,与这 8 个分销商有关的信息是从 2011 会计年度中获取的。这 8 个非关联分销商所赚取的利润率区间是 0. 64% ~2. 79% ,中位数是 1. 93% 。在协商 APA 时,税务当局接受这个区间作为 I 公司和 X 公司可比交易的营业利润率的独立交易区间。使用 8 个可比公司的营业利润率确立独立交易区间,使用这些公司在公开数据库中可获取的财务数据。I 公司的营业利润率是 2.5%,落在这个区间。进口国的进口商所实现的 2.5% 的利润率随着以下因素变化而变化:(a)I 公司向 X 公司已付或实付价格,(b)I 公司的销售收入,(c)I 公司的成本。

14. 肯定的是,《WTO 海关估价协定》第 8 条规定的调整不是对已付或实付价格进行调整。另外,I 公司在 2011 年没有为纳税目的而作出补偿调整。

15. I 公司设定其销售价格以便其所赚取的营业利润满足转让定价报告规定的独立交易(四分位)区间目标。

问　题

16. 该案中提交的转让定价报告是根据 OECD 指南准备的,作为双边 APA 的基础,提供的信息使得海关可以判定进口货物实付或已付价格是否受到《WTO 海关估价协定》第 1 条规定的交易各方关系的影响。

分　析

17. 根据《WTO 海关估价协定》第 1 条,如果买方和卖方不存在关联关系,或者如果存在关联关系,该种关系并未影响价格,成交价格可被接受作为完税价格。如果买方和卖方存在关联关系,《WTO 海关估价协定》第 1.2 条提供了海关在对申报价格存疑时审查确定成交价格可否接受的两种方法:(1)应该审查销售环境以确定该种关系是否影响了价格[第 1.2(a)条];(2)进口商证明价格非常接近三个测试价格之一[第 1.2(b)条]。在该案中,正如第 5 段所述,进口商没有提供测试价格,因此海关审查了交易环境。

18.《WTO 海关估价协定》第 1.2 条解释性说明规定,在审查销售环境时,海关当局应该准备好审查交易的有关方面,包括买方和卖方组织他们商业关系的方式和达成所涉价格的方式,以便确定该种关系是否影响了价格。

19. 基于从 I 公司所获得的信息,X 公司并不向非关联买方销售商品。因此,I 公司不能证明价格是与非关联方销售中相同的方式达成的,《WTO 海关估价协定》第 1.2(a)条第 1 条注释。

20. 在审议销售环境期间,在决定价格是否符合第 1.2(a)条注释规定的行业的正常定价做法时,海关考虑了转让定价报告中的信息审查。在这一点上,“行业”一词是指包含与进口货物中同类别或同种类货物(包括相同或相似货物)的行业或部门。

21. 基于第 18 段规定的信息:

(1)销售数据是可接受的,因为 I 公司只卖给独立方(假定 I 公司在与独立方交易时合理寻求利润最大化)。

(2)营业费用是由 I 公司承担,I 公司寻求成本最小化且没有证据证明成本中有费用是在卖方请求下支付的,故审查营业费用金额后认为其是可靠且可被接受的。

(3)转让定价报告证实,I 公司的营业利润率在独立交易区间[基于可比性研究,而非独立(非关联)分销商]。

(4)I 公司的销售成本反映已付或应付给 X 公司的价格,代表 I 公司与其关联方 X 公司之间的交易。这就是所涉的转让定价。

(5)通过再次审查营业利润率的独立交易区间和以上规定的其他可接受信息,可以推导出转让价格是独立交易金额。这说明在审查 X 公司和 I 公司之间的销售环境时,I 公司和非关联分销商之间的交易有关信息可能是有用的,并且和海关相关。

22. 功能分析表明 I 公司与其他 8 家可比非关联分销商在功能、风险和资产方面并无重大差异。而且,产品可比性程度也很高。可比公司是从电气设备和电子零件行业(销售与进口货物同级别或同种类货物公司)中挑选出来的。因此,进口货物再销售利润率营业利润率与电气设备和电子零件行业大致相同。确切来说,转让定价报告发现可比公司的营业利润率的独立交易区间是 0.64% ~2.79%。正如前文所述,I 公司的营业利润为 2.5%。因此,由于所有可比公司均销售同种类或同级别货物,转让定价报告支持 I 公司与 X 公司销售价格达成的方式符合行业的正常定价做法这一调查结果。

结　论

23. 对 I 公司和 X 公司之间关联交易的销售环境审查后,包括通过对基于交易净利润法的转让定价报告和对必要有关的营业费用其他信息的分析,海关判定根据《WTO 海关估价协定》第 1.2(a)条,交易各方之间的关系并未影响成交价格。

24. 正如注释 23.1 所称,利用转让定价报告审查销售环境必须逐案分析。

四、交易利润分割法

OECD 指南规定，通过分配独立企业预期从参与交易中实现的利润，交易利润分割法旨在消除受控交易中制定或施加的特殊条件对利润的影响。交易利润分割法首先从关联企业所从事的受控交易中识别出相应的利润，然后，在相关企业之间分配这些利润，该预期的利润分配反映在公平交易的协议中。[①] 实践中，交易利润分割法通常被用于关联企业间整合程度比较高而且交易双方均拥有重要的无形资产的情况，或适用于其他双方都作了独特且有价值的贡献的情况。[②] 交易利润分割法是一种双方测试的方法。

OECD 指南讨论了两种利润分割的方法，即贡献分析法和剩余分析法。[③] 在贡献分析法下，如果没有可用的可比数据的支持，分割通常基于参与受控交易的每个关联企业执行的功能的相对价格，同时考虑到它们使用的资产和承担的风险。[④] 剩余分析法则将受控交易的利润分割分为两个阶段。在第一阶段，通过应用传统交易方法或交易净利润法对每个关联企业就其参与的受控交易的非独特贡献的公平报酬进行分配。[⑤] 在第二阶段，将剩余的利润（或亏损）根据案件的特殊事实在关联方之间进行分配。

由于进口交易的关联企业间整合程度比较高而且交易双方均拥有重要的无形资产，此类交易往往比较特殊而明显具有个性，与《WTO 海关估价协定》第 1.2 条注释中确定的三个示例难以对应，也不接近于《WTO 海关估价协定》中规定的其他估价方法，故此时从海关估价的角度审查销售环境并判定公平交易的难度较高。并且，根据《WTO 海关估价协定》第 1.1(b) 条，如果价格受某些无法确定的条件或对价的制约，则进口货物的完税价格不能根据成交价格确定。因此，对于使用交易利润分割方法进行的转让定价安排，为避免被认作“虚

---

① *OECD Guidelines*, art 2.114.

② 李骏：《论海关估价“销售环境测试法”对 OECD 转让定价规则的借鉴》，载《海关与经贸研究》2016 年第 3 期。

③ *OECD Guidelines*, art 2.124.

④ *OECD Guidelines*, art 2.125.

⑤ *OECD Guidelines*, art 2.127.

构”“武断”“分割条件无法确定”,海关需要得到具体确定条件或价格的客观的、足够的信息。但交易利润分割法分配的营业利润受公司费用的影响较大,导致海关在审核此类关联交易时需要同时分析其交易利润分割是否合理和公司费用是否合理这两方面问题,大幅增加海关审核的难度。因此,海关审价对利润分割法的接受程度很低。[①] 此时,如果出口方愿意配合提供相关信息,则进口方可以尝试从符合《WTO 海关估价协定》第 1.2 条注释中示例三的角度(运用成本加成法)来准备转让定价资料,从而说明交易是公平的。

① 严审:《转让定价海关审价实务》,载《海关审价》2019 年第 11 期。

第四章

借鉴 OECD 指南规范审查销售环境时的调整

第一节　调整项目的审查

以成交价格法进行海关估价需要考虑一些调整因素。如果这些因素未包含在成交价格中，则《WTO 海关估价协定》第 8 条规定应将其包含在关税的税基中。如果某些因素已包含在成交价格中，则《WTO 海关估价协定》规定在某些条件下应将其从关税税基中扣除。

如果纳税人出于税收和海关估价目的申报关联交易的公平成交价格，一旦税基之间的差异被确定并且被适当调整，则海关估价和所得税税基的要素应该是等同的，例如销货成本。这一论点可用以反驳海关和税务机关在确定适当的成交价格时采取不一致的立场。如果税务机关已经决定进口商（纳税人）申报的关联交易的成交价格是公平的，并且进口商已经证明经适当的调整后海关估价相当于此类成交价格，那么根据《WTO 海关估价协定》第 1.2(a)条，海关不应拒绝此类价格，除非海关证明税务机关的决定是错误的。评论 23.1 和案例研究 14.1 体现了这一立场。因此，有必要检查关税和所得税税基中的要素，以避免对公平转让价格进行不必要的双重审查。

关税税基的要素在《WTO 海关估价协定》中进行了定义，适用于大多数 WTO 成员。而所得税税基的要素（例如销货成本、库存成本等）在不同国家、地区的所得税法规中各有定义。在本章中，我们将分析关税的税基，确定进口货物海关估价的增加和扣除因素，以便后续运用转让定价报告等资料评价销售环境时可以作出完整的比较。

一、关税税基

在采用《WTO 海关估价协定》的国家,关税税基是进口货物的完税价格。根据《WTO 海关估价协定》第 1 条,该术语被定义为“成交价格……依照第 8 条的规定进行调整”。《WTO 海关估价协定》第 1 条的注释补充了该定义,在某些特定条件下应从成交价格中增加或排除某些元素。因此,关税税基(完税价格)等于 A + B – C,其中:

A = 成交价格(实付或应付价格)

B =《WTO 海关估价协定》第 8 条中列出的增加元素

C =《WTO 海关估价协定》第 1 条注释中列出的扣减元素

成交价格是货物出口到进口国时实际支付或应付的价格。实际支付或应付的价格是买方向卖方或为卖方利益已支付或将支付的总价款。付款不一定需要采取资金转移的形式,直接支付或间接支付都可以。[①]

二、折扣

原则上,在估价之后自由商定的折扣不会追溯影响海关估价。[②] 但是这种折扣通常会影响所得税的税基并且通常必须申报,例如,折扣会影响销货成本或进口的存货成本。因此,这种折扣的存在应该在比较进口货物的海关估价和所得税的税基要素时予以考虑。换言之,在实施此类折扣的情况下,海关估价不会等同于出于税收目的得出的转让价格,除非对此类折扣进行了适当调整。

如果在货物到达或通关之前付款,则成交价格必须以实际支付的金额为准。[③] 如果在货物到达或通关之前没有付款,《WTO 海关估价协定》对此的解决方案不明确。TCCV 在《咨询意见 5.3——根据〈协定〉规定对现金折扣的审

---

① 参见《WTO 海关估价协定》第 1 条的注释。

② Sherman, at 78. S. Sherman & H. Glashoff, *Customs Valuation: Commentary On the GATT Customs Valuation Code*, Kluwen Law and Taxation Publishers, 1988.

③ Advisory Opinion 5.1 of the Technical Committee on Customs Valuation.

价处理》中表达了以下观点：当有现金折扣但在估价时尚未付款，进口商应付的金额应作为第 1 条规定的成交价格的基础。TCCV 已将《WTO 海关估价协定》第 13 条解释为允许延迟最终确定海关估价。[①] 因此，一般来说，如果一国的立法采用了 TCCV 提出的允许验证和接受折扣价的程序，在确定成交价格时应考虑此类折扣。

三、利息费用

这个问题最初由 TCCV 于 1984 年 4 月 6 日通过第 3.1 号决议“进口货物海关估价中的利息费用的处理”作出回答。该决定表示，买方与购买进口货物有关的融资安排下的利息费用，在满足下列条件的情况下，不得视为完税价格的一部分，(1)费用与货物实际支付或应付的价格相区分；(2)融资安排是以书面形式作出的；(3)如有要求，买方可以证明：(a)货物实际出售的价格与实付或应付的价格相同，(b)声称的利率不超过此类交易所在国家或地区的通行水平，以及提供资金的时间。

在比较进口货物的海关估价和所得税税基的要素时，应考虑到这一因素。如果根据第 3.1 号决议在计算进口货物的海关估价时将利息费用计入成交价格，海关估价可能不等同于出于所得税目的得出的进口货物价格，除非已进行适当调整。

四、买方佣金

《WTO 海关估价协定》第 8.1 条要求将“佣金和经纪佣金”(买方佣金除外)添加到海关估价中，前提是它们未包含在已付或应付价格中。买方佣金一词被定义为“进口商支付给进口商代理人的费用，用于代理进口商在国外购买被估价货物的服务”。[②] TCCV 的评论 17.1 提供了有关买方佣金的进一步指

---

① 《WTO 海关估价协定》评论 4.1——价格复核条款。
② 《WTO 海关估价协定》第 8 条注释第 1 款(a)项(i)目。

导,解决了需要哪些证据来确定买方支付给中介的费用是否属于买方佣金的问题,如代理人与买方之间的代理合同、采购订单、信用证、信函等。此外,买方代理是否承担风险或提供超出常规服务的额外服务都可能会影响买方佣金的海关待遇。[①]

在 Rosenthal-Netter, Inc. v. United States 案[②]中,美国国际贸易法院指出,在判断是否存在真实代理关系时,应审查以下因素:委托人控制代理人行为的权利;交易文件;进口商是否可以直接从制造商处购买而无须雇用代理人;中介是否经营独立业务,主要是为了自身利益;存在采购代理协议。

买方佣金通常会影响所得税税基,例如,它们可能会影响销货成本或库存成本。因此,在比较进口货物的完税价格和所得税税基要素时,应考虑到此类佣金的存在。如果已支付买方佣金,海关估价可能不等同于出于所得税目的得出的进口价格(如计算销货成本时的价格),除非进行了适当的调整。

五、协助

根据《WTO 海关估价协定》第 8.1(b)条,以下货物和服务由买方免费或以降低成本直接或间接提供,用于与进口货物的生产和销售相关的出口,但该价格未包含在已付或应付的价格中,则应加入成交价格中:(1)进口货物中包含的材料、组件、零件和类似物品;(2)用于生产进口的工具、冲模、模具和类似物品;(3)进口生产过程中消耗的材料;(4)在进口国以外的其他地方进行的生产进口货物所必需的工程、开发、艺术、设计工作以及计划和草图。这些货物或服务通常被称为"协助"。

在比较税收和海关估价结果时,协助的增加或扣除可能是调整的一个因素。实际上,税法也可能要求某些协助计入进口的价格(库存成本)。为实现比较,应根据税基之间的差异进行调整,在需要增加协助以进行海关估价之前必须满足的条件如下:

---

① 《WTO 海关估价协定》评论 17.1。

② 12 CIT 77, 679 F. Supp. 21 (1988), aff'd 861 F. 2d 261 (1988).

1. 服务必须免费或降价提供。

2. 协助必须与进口货物的出口生产或销售有关。因此,与生产无关的服务无须纳税,营销或销售相关活动性质的服务不计入海关估价。①

3. 协助的价格没包含在价格中。

4. 协助的价格必须"酌情分配",最终用于税收和海关估价目的的分摊方法的差异也可能导致税基的差异。因此,也应识别这种差异。

5. 协助必须属于《WTO 海关估价协定》第 8 条中列出的类别。除非第 8 条规定,否则不得增加价格。比如美国的一些应税协助:管理服务(1986 年 12 月 12 日第 543820 号裁决),在美国进行的工作的列组长和生产工程师的工资(1981 年 2 月 4 日第 542141 号裁决),工厂经理、工厂工程师、生产领班和质量控制人员的工资(1982 年 2 月 22 日第 542696 号裁决),采购、接收、检验、仓库、生产控制、设计、工程、会计和销售职能相关的成本(1981 年 542412 - 27 号裁决),实际生产中未使用的机器和设备(1981 年 2 月 27 日第 542302 号裁决)和管理、会计和法律服务(1980 年 9 月 4 日第 542122 号裁决)。②

当然,根据某些国家或地区的所得税法规,可能没有必要对这些项目进行调整,这将取决于根据此类法规如何计算应税收入。

六、特许权使用费或许可费

《WTO 海关估价协定》第 8. 1(c)条规定,要将特许权使用费或许可费计入海关完税价格,必须满足两个条件:特许权使用费或许可费的支付必须与被估价的商品相关,同时此类付款必须构成进口货物的销售条件。在《WTO 海关估价协定》评论 25. 1 中,TCCV 解释说"……特许权使用费或许可费可能被视为与

---

① See M. Neville, *Customs Planning may Avoid Conflict with IRS Transfer Pricing Rules*, 4 Journal of International Taxation 70 (1993).

② See M. Neville, *Customs Planning may Avoid Conflict with IRS Transfer Pricing Rules*, 4 Journal of International Taxation 70 (1993).

被估价商品相关的最常见情况是进口包含知识产权和(或)是使用许可所涵盖的知识产权制造的。例如,如果进口包含已支付特许权使用费或许可费的商标,则表明该费用与进口有关"。关于销售条件,TCCV 指出,确定买方是否必须支付特许权使用费或许可费作为销售条件的关键考虑因素是买方是否无法在不支付的情况下购买进口商品。当特许权使用费或许可费支付给与进口卖方相关的第三方时,与支付给与卖方无关的第三方相比,该费用更有可能作为销售条件支付。但是,在所有情况下,都必须根据与销售和进口相关的所有事实来分析,包括相关文件中包含的合同和法律义务,例如销售协议和特许权使用许可协议。为此,审查与销售和进口货物有关的所有事实是必需的。TCCV 提到了以下因素:①

1. 销售协议或相关文件中提及特许权使用费或许可费。

2. 特许权使用费或许可协议中提及销售。

3. 根据销售协议或特许权使用许可协议的条款,如果买方未向许可人支付特许权使用费或许可费,则可以因违反特许权使用费或许可协议而终止销售协议。这表明特许权使用费或许可费支付与被估价货物的销售之间存在联系。

4. 特许权使用费或许可协议中有条款表明,如果不支付特许权使用费或许可费,则制造商不得向进口商销售包含许可人知识产权的商品。

5. 特许权使用费或许可协议包含允许许可人管理制造商和进口商之间超出质量控制范围的生产或销售(出口到进口国)的条款。

然而,特许权使用费并非以同样的方式在关税和所得税价格中增加或扣除,某些税法中的货物估价规则也可能排除已包含在进口货物已付或应付价格中的特许权使用费。如果"特许权使用费"一词的定义在两个领域存在差异,关税完税价格和进口货物的所得税价格也可能不同。此外,为出口到进口国的货物而支付的款项通常无须预扣所得税,但如果是单独支付的知识产权费用,则该部分付款可能需要预扣所得税。

面对这些差异,具体来说,(1)如果税收和海关估价规则规定了与特许权使

---

① 《WTO 海关估价协定》评论 25.1《关于第三方特许权使用费的一般性评论》。

用费的处理有关的相同税基规则,通常不需要为比较海关和税收结果而进行调整。(2)当税收规则要求从成交价格中扣除而海关估价规则不允许时,当税收规则允许增加成交价格而这在海关规则下不需要时,当税收规则不允许增加与进口相关的特许权使用费时,当税收规则不允许从海关规则允许的成交价格中扣除时,进口货物的价格通常需要进行调整,以说明税收和海关规则对特许权使用费的处理差异,从而使海关在进行销售环境测试时可以利用为税务目的准备的转让定价资料。

七、后续转售、处置或使用收益

《WTO 海关估价协定》第 8.1(d)条规定,直接或间接归属于卖方的进口货物的任何后续转售、处置或使用收益的任何部分的价格都应增加到成交价格中。

然而,作为进口货物后续转售收益的一部分计算的某些特许权使用费和许可费的海关处理则取决于各国(地区)海关和法院对《WTO 海关估价协定》第 8.1(d)条的解释。在 Hasbro 裁决[①]中,根据 U. S. Customs Service 的理解,即使特许权使用费不是进口交易的条件,如果卖方从后续买方的转售中有收益,它仍然可能需要纳税。因此,是否需要对此类特许权使用费进行某些调整取决于前述各国海关和法院对第 8.1(d)条的解释。

八、运输及相关费用

《WTO 海关估价协定》第 8 条规定,“每个成员应规定将以下全部或部分纳入或排除在成交价格之外:(a)将进口货物运输到进口港口或地点的费用;(b)与将进口货物运输到进口港口或地点有关的装卸和处理费用;(c)保险费用”。

大部分国家是按 CIF 计价,而美国和其他一些国家是按 FOB 计价。如果一个国家为海关估价目的采用 FOB 离岸价则通常需要调整用于所得税目的的

---

① USCS, Ruling 544436 (4 February 1991), Customs Bulletin, Vol. 25, No. 18 (June 1991).

货物价格。

九、扣除项目

IRC 第 1059A 节的规定中有作出调整的例子:在进口到美国后就该提供的建筑、安装、组装、维护或技术援助的费用构成此类法规允许的调整。①《WTO 海关估价协定》第 1 条的注释规定了海关估价的三种扣除:建设、安装、装配、维修、技术援助费用等进口货物在进口后发生的费用;进口后的运输成本;进口国的关税和税收。所有这些要素都代表货物进口后的成本和附加值,体现了海关估价不应包括进口后附加价格的原则。但是,为了扣除这些要素,必须将它们与实际支付或应付的价格区分开来单独列明。如果一国税收法规在进口的成本中包含此类要素,则有必要调整,以允许适当的比较。

需要注意的是,海关接受成交价格时的扣除因素并不意味着在受控交易和非受控交易之间建立可比性时应忽略此类因素,如非关联交易中国内税由可比交易中买方承担。国内独立买方 B 公司从美国 S 公司进口 10 万件"POLO"品牌的 T 恤衫,成交价格为 CIF 200 万美元。根据 B 公司和 S 公司达成的协议,B 公司为进口这批 T 恤衫需另外向 S 公司支付商标费 100 万元人民币。双方协议条款还约定,B 公司向 S 公司支付商标费时,因商标费的支付产生的国内税款 30 万元人民币需由 B 公司承担。海关经审查,认定商标费应作为特许权使用费调整计入进口 T 恤衫的完税价格。那么,B 公司进口的这 10 万件 T 恤衫的完税价格为:200 万美元(实付应付价格) + 100 万元人民币(商标费)。② 然而,在关联交易中国内税由交易中卖方承担。双方协议条款约定国内 B 公司从美国 S 公司进口 10 万件"POLO"品牌的 T 恤衫,成交价格为 CIF 200 万美元。

---

① See Regulations for Section 1059A., "Adjustments to customs value. To the extent not otherwise included in customs value, a taxpayer, for purposes of determining the limitation on claimed basis or inventory cost of property under this section, may increase the customs value of imported property by the amounts incurred by it and properly included in inventory cost for-[...] (ⅲ) The construction, erection, assembly, or technical assistance provided with respect to, the property after its importation into the United States..."

② 李茵鹏:《非贸易项下付汇涉及国内税的海关审价探究》,载《海关审价》2019 年第 3 期。

B 公司向 S 公司支付商标费时，因商标费的支付产生的国内税款由 B 公司代 S 公司缴纳，B 公司只需将缴纳完国内税 30 万元人民币的余款支付给 S 公司。假设 B 公司对外支付这 100 万元人民币，按规定支付国内税，除此之外再没有其他费用产生。此时，如果不考虑扣除因素的调整，而直接接受双方的成交价格，那么根据双方合同约定的条件（S 公司承担国内税），B 公司对外支付的 100 万元人民币商标费中包含了应由 S 公司支付的 30 万元人民币的国内税，根据我国《审价办法》第 15 条第 3 款[①]规定不计入 T 恤衫的完税价格。B 公司进口的这 10 万件 T 恤衫的完税价格为 200 万美元（实付应付价格）+70 万元人民币（商标费）。显然，关联交易下未经调整的交易条件并不符合独立交易的原则。

第二节　价格复核条款与回溯性调整

一、滨松案与年终调整的风险

从税务机关的角度看，年终回溯性调整不仅可能来自税务机关根据国家税收法规进行的调整，还可能发生在成本和费用尚未最终确定时入境的情况。[②]《WCO 海关估价与转让定价指南》也指出，当调整由纳税人发起，并被记录在其账目及签发的借款或贷款清单中时，站在海关估价的角度，上述调整会对进口货物的实付或应付价格产生影响。如果价格上调，完税价格和关税金额都会增加。如果价格下调，完税价格和关税金额都会减少。在后一种情况下，进口商可能有权获得退税。而在其他情况下，尤其是当调整是由税务机关发起时，调整可能仅仅对纳税义务产生影响而不涉及货物的实付或应付价格。对于这种转让定价调整，海关可能会认为原来的转让定价不符合独立交易原则，这是价格受关联关系影响的一种迹象。

---

① 《审价办法》第 15 条明确规定："进口货物的价款中单独列明的下列税收、费用，不计入该货物的完税价格……（三）进口关税、进口环节海关代征税及其他国内税……"

② Marc M. Levey, *Taxation of Foreign Controlled Business*, in WG&L Tax Dictionary, RIA Group, 2001.

然而,实践中只要关联交易合同未规定价格复核条款或定价公式且转让价格在入境时已明确向海关申报,则任何后续对已付或应付价格的修改都可能会产生风险,跨国企业会发现自己处于两难。如果在进口时跨国企业声明关联关系未影响价格,但在纳税年度末却进行年终调整以使价格符合独立交易原则,跨国公司将会因不正确的申报面临支付进口关税的要求而且还可能受到处罚。相反,如果跨国公司声明关联关系影响了价格,则必须使用《WTO 海关估价协定》第 2 ~7 条的方法对货物进行估价。但是跨国企业如果在纳税年度结束时不需要进行年终调整仍可能存在错误申报的风险。

滨松案充分体现了这种风险。滨松从其母公司购买进口货物,母公司按照集团内部价格向其销售。滨松在向海关申报时申报了最初的转让定价,母公司随后对向滨松收取的货物款项实施定期检查,同时进行回溯性调整,以确保该销售价格符合"公平交易"原则。由于后续需要进行回溯性调整,滨松向德国海关申请退还先前缴纳的关税,但其申请被驳回,于是滨松向慕尼黑金融法院提出上诉。慕尼黑金融法院将以下问题提交给了欧盟法院:"根据《欧共体海关法典》……的规定,是否允许已商定好的转让价格(该价格由最初开具发票进行申报的金额和预设统一费率的会计期末进行的调整组成)构成完税价格的基础,而无论在会计期末是否向申报人借记费用或贷记?"欧盟法院裁定,欧盟海关立法必须解释为"由于在会计期结束前不可能知道该调整引起的是调增或者调减,故不允许以商定的关联成交价格(该价格由最初开具发票和申报的金额和预设统一费率的会计期末进行的调整组成)构成完税价格的基础"。在现阶段情况下,这一判决意味着企业进口时不能使用可能会出现追溯性调整的转让价格作为成交价格。进口商将需要按照规定的顺序采用一种替代的估价方法(相同货物成交价格、类似货物成交价格、计算价格、倒扣价格法),对于在过去三年中使用转让价格作为成交价格确定进口价格的货物,其申报则需要修改变更,并使用上述替代估价方法。进一步地,如果欧盟法院的判决被解释为在确定海关完税价格时根本不考虑可追溯的价格调整(无论是调增或者调减价格),那么目前为追溯价格调整提供退款的欧盟成员国的进口商可能面临风险。①

二、价格复核条款与公式定价

进口商(纳税人)如果在进口时还没有确定其价格需要使用的数据,那么其将只能等到取得此类数据时才得到公平成交价格。显然,如果海关在此类数据可用之前不允许延迟海关估价,则进口商无法证明关联关系没有影响价格。对于转让定价回溯性调整带来的风险,早在 2007 年,海关估价和转让定价焦点小组便建议考虑以下情况的海关估价处理:转让定价协议表明,在以后的日期必要时对申报价格进行调整,以达到预定的利润率(称为价格复核条款)。②《WCO 海关估价与转让定价指南》则指出评论 4. 1“价格复核条款”可能是解决此类问题的方法,即允许最终价格延迟到申报以后才确定。

在 2018 年欧盟法院对滨松案作出判决后,按照一些欧盟成员的法律,企业仍可通过价格复核条款结合临时申报的做法从而使用转让定价作为成交价格,即先申报临时价格,然后在会计期末结束时通过补充申报对转让定价实施调整,或者在进口时声明放弃价格申报的请求,随后在补充申报时申报完税价格。比如荷兰、比利时、法国、意大利和西班牙仍采用进口商进口时使用“不完整或临时申报”,如确需修改则可在会计期末采用“补充申报单”进行补充申报的做法。③

然而,在 TCCV 第 27 届会议上阿根廷代表认为,评论 4. 1——价格复核条款处理的事项属于公式定价的范畴,在性质上与关联方交易完全不同,与 TCCV 处理转让定价情况的目的无关。④ 的确,TCCV 的成员在发布评论 4. 1

① 《欧盟:未来在确定海关完税价格时对转让定价的限制——欧盟法院对德国滨松光电公司案的判决》,载贝克・麦坚时官网,https://www.bakermckenzie.com/en/insight/publications/2018/02/eu-future-restrictions。

② J. M. Jovanovich, *Customs Valuation and Transfer Pricing: Is It Possible to Harmonize Customs and Tax Rules*, Kluwer Law International, 2017.

③ 《欧盟:未来在确定海关完税价格时对转让定价的限制——欧盟法院对德国滨松光电公司案的判决》,载贝克・麦坚时官网,https://www.bakermckenzie.com/en/insight/publications/2018/02/eu-future-restrictions。

④ WCO, Doc. VT0663Elb.

时并没有想到这种类型的价格复核条款。但如果遵循《WTO 海关估价协定》的目标并因此尝试最大限度地应用成交价格,则评论 4.1 可适用于出于转让定价目的的价格复核条款,没有必要诉诸其他工具。至少从文义上看,没有充分的理由认为评论 4.1 排除了因转让定价年终调整而导致的延迟定价,即"鉴于《WTO 海关估价协定》建议尽可能以被估价货物的成交价格作为估价的基础,并且鉴于其第 13 条规定了延迟最终确定海关估价的可能性,尽管不能确定进口时的应付价格,但价格复核条款本身不应排除《WTO 海关估价协定》第 1 条规定的估价"。[①] 因此,在交易双方使用转让定价时,海关并无充分理由不在进口后为进口商提供机会以证明关联关系未影响价格而适用成交价格进行完税。

此外,在评论 4.1 的示例中,"……最终价格将根据商定的公式确定,该公式确认劳动力成本、原材料、管理费用和其他投入等要素的增加或减少"。这些要素也与 OECD 指南中的转让定价方法相关。例如成本加成法便是基于一个公式,该公式确认劳动力成本、原材料、间接成本和其他在生产中产生的投入的增加或减少。当价格复核条款参考基于 OECD 指南的特定转让定价方法时,实际支付的价格可以根据合同中指定的数据或变量确定,并且这些变量在货物进口后的某个时间开始发挥作用。不难看出,这完全符合《WTO 海关估价协定》中公式定价的特点。

进一步地,如果有关转让定价的价格复核条款规定了一种客观机制来选择可比公司并进行适当的年终经济调整,则跨国公司必须遵循公共或私人数据库中的筛选要求,这样涉及的变量便不在跨国公司的控制范围内,确保了其客观性,与其他公式定价方法无异。

三、配合价格复核条款适用的海关措施

为配合价格复核条款适用,《WCO 海关估价与转让定价指南》对成员方提出了一些便利化措施:

---

① Commentary 4.1 of the Technical Committee on Customs Valuation.

评论 4.1 提到了《WTO 海关估价协定》第 13 条，该条规定了延迟最终确定海关估价的可能性。该条要求海关提供便利，如果在清关时有必要延迟海关估价的最终确定，允许进口商在提供担保的情况下为货物清关。

出现的问题是，是否有必要要求进口商根据临时价格申报表提交海关申报单，并为潜在到期关税提供担保。这在会计和核对程序方面对企业和海关都造成了重大的资源影响，尤其是在涉及大量海关申报的情况下。

这个问题已经引起了企业的关注。正如国际商会的政策声明提案 2 中所述，“应允许公司进行海关估价调整，而无须设置临时估价程序或因估价调整而受到处罚”。

此外，为了避免不切实际的逐票的调整，《WCO 海关估价与转让定价指南》认为对于某项在海关看来是适当的完税价格调整，海关有必要确定其原理和计算方法，将总价格合理地分摊到每批货物上。国际商会则提出以下提案：海关应同意，在发生交易后转让定价的调整（上调或下调）时，根据进口商所选择的以下任一种方法来审定完税价格，第一，采用加权平均关税率，将年度总关税除以该年度进口总额。第二，参照税则目录和根据进口商提供的信息或海关披露的所有商品税号、统计数据中的相关进口数据等信息，进行转让定价调整的分配。

四、案例研究

TCCV 第 25 届会议期间海关估价和转让定价焦点小组收到了以下案例研究。该案例旨在向焦点小组以及 TCCV 提供示例，说明如何应用注释 4.1 中确立的原则根据《WTO 海关估价协定》第 1 条处理转让定价年终调整。

案例研究 6

交易事实

1. I 国的经销商 ICO 从 X 国的关联公司 XCO 采购并进口烤面包机。

2. ICO 没有从非关联卖方那里购买烤面包机或任何其他商品,XCO 没有向非关联买方出售烤面包机或同级或同类商品,I 国没有进口相同或类似的货物。

3. 没有关于 X 国同级或同类卖方的可用财务信息。

4. 有关于 I 国的 2 家搅拌机和电饭煲分销商以及 3 家咖啡机和华夫饼机分销商的可用财务信息,这 5 个分销商(非关联分销商)是从 X 国的非关联卖方处购买的商品。然而,ICO 表示,ICO 和非关联分销商在成本处理方面的会计差异影响了毛利率。ICO 还表示,为了实现一致和可靠的比较,需要调整非关联分销商交易产生的毛利率。然而,有关相关费用的信息并不容易获得,因此无法确定需要调整的具体费用。

5. 特别是 ICO 和 5 个非关联分销商对所有商品都提供保修且下游价格统一。非关联分销商执行了保修功能,但实际上,他们的非关联卖方仅支付了较低的预付款。ICO 不执行由 XCO 执行的保修功能(商品被送回工厂),但是 XCO 向 ICO 收取的价格高于非关联卖家向其非关联经销商收取的价格。非关联经销商将保修费用计入运营费用,并且没有详细的财务信息以从中确定保修费用。

6. ICO 认为毛利率存在扭曲,因为非关联分销商将保修费用计入经营费用。如果非关联分销商自行履行保修,他们会提高转让价格,非关联分销商的毛利率会降低。因此,在对差异进行调整之前,ICO 的利润率与非关联分销商的利润率不可比。由于没有详细的财务信息识别和重新分类此类保修费用,ICO 认为无法进行调整。

7. ICO 认为,尽管如此,还是有可能确定交易产生的净利润。ICO 和 XCO 认为,OECD 指南交易净利润法最适合检查烤面包机的成交价格。

8. ICO 提供的信息显示,转售烤面包机、搅拌机、电饭煲、咖啡机和华夫饼机的净利润率在小家电经销行业大体相同。

9. 功能分析表明,ICO 执行的与烤面包机相关的功能与 5 个非关联分销商的功能基本相似。ICO 和 5 个非关联分销商分销小型家电。ICO 和 5 个非关联分销商的存货和固定资产水平相似。功能分析表明,ICO 承担的风险与 5 个非关联分销商承担的风险基本相似。

10. 上一财政年度,5 个非关联经销商转售小家电的净利率见表 11。

表 11　非关联经销商转售净利率

非关联经销商	净利率/%
非关联经销商 1	10
非关联经销商 2	9
非关联经销商 3	8
非关联经销商 4	7
非关联经销商 5	6

11. 该范围的中位数为 8%。四分位数分别为 7% 和 9%。

12. ICO 和 XCO 决定销售价格将是允许 ICO 使净利润率落入范围中位数的价格。然而,他们认识到:

(1) 非关联分销商的公平交易净利润率必须根据非关联分销商在相关财政年度而非上一财政年度的财务信息来确定。

(2) ICO 的成本和费用数据在进口时无法获得,而是在财政年度末获得(一旦售出,成本和一般销售和管理费用数据将反映在财务报表中)。

13. 因此,他们在其分销协议中引入了一项价格复核条款,规定进口货物的实际应付价格必须通过交易净利润法(如 OECD 指南中所述)基于以下提及的信息确定。分销协议规定,双方将在财政年度开始时商定临时成交价格(基于上一财政年度的数据以及对当前财政年度的一般销售和管理费用的估计),最终的成交价格将在财政年度结束后的 3 个月内通过应用价格复核条款来确定。价格复核条款明确规定了选择可比分销商并对其财务信息进行适当经济调整的客观机制,并且必须根据 I 国的转让定价法规应用。分销协议还规定,通过价格复核条款确定的成交价格必须是 ICO 在确定其在 I 国的所得税义务时使用的价格。

14. 在财政年度开始时,ICO 向海关提交了分销协议。

15. ICO 以 100 货币单位的价格将烤面包机卖给 I 国的客户。为了确定临时成交价格,ICO 和 XCO 同意 ICO 必须实现等于上一财政年度公平交易范围的中位数的净利润率,即 8%。ICO 估计本财政年度每台烤面包机的一般销售和管理费用约为 20 货币单位。因此,为了让 ICO 实现 8% 的净利润,XCO 不得不以 72 货币单位的临时成交价格出售烤面包机。

16. XCO 在本财政年度以 72 货币单位的临时成交价格将烤面包机卖给了 ICO。并且,在本财政年度结束时,ICO 拥有以下信息以应用价格复核条款(见表 12)。

表 12　ICO 相关信息

科目	财务信息
卖给客户的单位数量	1000
给客户的价格	100 货币单位
总销售额	100.000 货币单位
初始库存	0 个单位
采购	1000 台
最终库存	0 个单位
临时交易价值(每单位)	72 货币单位
销货成本	72,000 货币单位
毛利率	28,000 货币单位
每单位的估计管销费用	20 货币单位
实际 GS&A(每单位)	15 货币单位
总 GS&A	15,000 货币单位
净利润	13,000 货币单位
净利润率	13%

17. 本财政年度,5 个非关联经销商转售小家电的净利率见表 13。

表 13　非关联经销商转售净利率

经销商	净利率/%
非关联经销商 1	9
非关联经销商 2	8
非关联经销商 3	7
非关联经销商 4	6
非关联经销商 5	5

18. 该范围的中位数为 7%。四分位数分别为 6% 和 8%。

19. ICO 和 XCO 适用价格复核条款是因为 ICO 获得的净利润率高于当前

财政年度公平交易率的中值(且高于上限)。调整结果见表 14。

表 14 调整结果

科目	财务信息
卖给客户的单位数量	1000
价格	100 货币单位
总销售额	100,000 货币单位
净利润率	7%
净利润	7000 货币单位
总 GS&A	15,000 货币单位
初始库存	0 个单位
采购	1000 台
最终库存	0 个单位
所需净利润的最终销货成本	78,000 货币单位
价格复核条款后已付或应付的价格(每件)	78 货币单位
调整临时成交价格(每单位)确定最终成交价格	6 货币单位
对本财政年度申报的成交价格的总调整	6000 货币单位

20. 价格最终确定后,ICO 向海关提交了转让定价文件和应付给 XCO 的最终价格的计算结果。由于最终成交价格(78 货币单位)高于进口时申报的临时成交价格(72 货币单位),ICO 要求海关接受最终成交价格作为会计年度进口货物估价的基础,并核对财政年度所有进口的货物报关单,同时根据最终成交价格和临时成交价格之间的差额清算关税。

21. 评注 4.1 指出,《WTO 海关估价协定》第 1 条所界定的进口货物的成交价格,以货物实际支付或应付的价格为准。在该条的注释中,实际支付或应付的价格是指买方为进口货物已支付或将支付给卖方的全部款项。因此,在包含价格复核条款的合同中,进口货物的成交价格必须以按照合同约定已付或应付的最终总价为准。例如,评论 4.1 描述的合同规定,最终价格将根据商定的公式确定,该公式确认劳动力成本、原材料成本、间接费用等要素的增加或减少,以及生产过程中产生的其他投入。由于进口货物的实际应付价格可以根据合同规定的数据确定,评论 4.1 中描述的价格复核条款不应被视为构成无法确定其价格的条件或对价。评论 4.1 的结论是，鉴于《WTO 海关估价协定》建议尽可能以被估价货物的成交价格作为海关估价的依据，并且鉴于第 13 条规定了延迟海关最终确定价格的可能性，即使并非总能确定进口时的应付价格，价格复核类别本身也不应排除《WTO 海关估价协定》第 1 条规定的估价。

22. 但海关认为，案涉分销协议中的价格复核条款并非注释 4.1 中所述的条款之一。利润率未列在评论 4.1 考虑的要素中，此外，海关认为它们在 XCO 和 ICO 的控制内。此外，海关认为 ICO 有理由相信烤面包机的价格可能会上调，以此作为关联关系可能影响实际支付或应付价格的证据，因此，成交价格不被视为估价的适当基础。因此，海关得出结论，有必要求助于一种替代方法来确定烤面包机的海关估价。

23. 注释 4.1 的要素列表是说明性的，并不旨在说明包含可接受的价格复核条款中可能包含的要素的完整列表。此外，如果 ICO 和 XCO 之间约定的价格复核条款中确认的利润率的增加或减少是基于客观的市场数据，不是进口商操纵的，那么没有理由排除《WTO 海关估价协定》第 1 条下的估价。

案例研究 7

更多交易事实

1. 交易事实与案例研究 6 相同，不同之处在于，在财政年度结束时，ICO 拥有以下信息以应用价格复核条款（见表 15）。

表 15　ICO 相关信息

科目	财务信息
卖给客户的单位数量	1000
给客户的价格	100 货币单位
总销售额	100,000 货币单位
临时成交价格（每单位）	72 货币单位
初始库存	0 个单位
采购	4000 单位（288,000 货币单位）
最终库存	3000 单位（216,000 货币单位）
销货成本	72,000 货币单位

续表

科目	财务信息
毛利率	28,000 货币单位
每单位的估计 GS&A	20 货币单位
实际 GS&A(每单位)	15 货币单位
总 GS&A	15,000 货币单位
净利润	13,000 货币单位
净利润率	13%

2. 本财政年度,5 个非关联经销商转售小家电时的毛利率分别见表 16。

表 16　非关联经销商转售毛利率

经销商	毛利率/%
非关联经销商 1	9
非关联经销商 2	8
非关联经销商 3	7
非关联经销商 4	6
非关联经销商 5	5

3. 该范围的中位数为 7%。高低四分位数分别为 6% 和 8%。

4. ICO 和 XCO 适用价格复核条款,因为 ICO 获得的净利润率高于当前财政年度公平独立交易净利润率的中值(且高于上限)。调整结果见表 17。

表 17　调整结果

科目	财务信息
卖给客户的单位数量	1000
价格	100 货币单位
总销售额	100,000 货币单位
净利润率	7%
净利润	7000 货币单位
总 GS&A	15,000 货币单位

续表

科目	财务信息
初始库存	0 个单位
采购	4000 台
最终库存	3000 台
净利润的最终销货成本	78,000 货币单位
采购估价	312,000 货币单位
最终存货的估价	234,000 货币单位
价格复核条款后已付或应付的价格(每件)	78 货币单位
调整临时成交价格(每单位)以确定最终成交价格	6 货币单位
成交价格的总调整	24,000 货币单位

案例研究 8

交易事实

1. 与案例研究 6 中的事实相同,但在该案例研究中,ICO 和 XCO 没有在分销协议中引入价格复核条款,72 货币单位的价格被确定为最终价格。在财政年度结束时不会对已付或应付价格进行任何调整,因此不会开具额外的发票或借方或贷方通知单。

2. ICO 在财政年度结束时准备的转让定价文件与案例研究 6 中的相同。但是,ICO 没有针对所得税目的对销售的成本进行任何调整,因为 I 国的税收立法没有允许转让定价调整减少应税收入。

3. 在财政年度结束时,ICO 向海关提交了转让定价文件和公平成交价格的计算结果。由于该公平成交价格(78 货币单位)高于进口时向海关申报的价格(72 货币单位),ICO 要求海关接受公平成交价格作为进口货物估价的基础,并修正(核对)货物报关单,同时根据公平成交价格与进口时向海关申报的价格之间的差额清算关税。

建议的海关估价

4. 海关将转让定价文件的结论(尤其是公平成交价格与进口时 ICO 申报价格之间的差异)视为关联关系可能影响实际支付或应付价格的证据。

5. 在没有价格复核条款的情况下,买卖双方最初商定的价格(在进口时向海关申报)是确定的。此外,ICO 没有向 XCO 支付额外金额。

6. 不可能对成交价格进行转让定价调整,因为根据《WTO 海关估价协定》第 8.4 条,禁止在确定完税价格时对已付或应付价格进行这种添加。

7. 因此,成交价格不被视为估价的适当基础。海关需要求助于一种替代方法进行烤面包机的海关估价。

第五章

中美对关联交易进行海关估价的实体规则

第一节　美国法实体规则

1979年GATT东京回合达成的《WTO海关估价协定》改变了之前美国、加拿大等少数国家采用各自差别很大的估价方法而多数国家采用欧洲关税同盟的布鲁塞尔估价定义的纷乱局面。《WTO海关估价协定》达成的以成交价格法作为海关估价首要方法的体系主要是采纳了当时的美国立法和实践,其中所规定的成交价格法、相同及类似商品的成交价格法的组合相当于美国海关在实践中所运用的出口价格法,但在某些调整项目上受到布鲁塞尔价格定义的影响。《WTO海关估价协定》在估价方法的种类、适用顺序、适用条件等方面都深受美国《1930年关税法》第402节的影响。[①] 对于美国法而言,接受《WTO海关估价协定》的主要影响在于:第一,取消了美国售价法以及第402a节定义的海关估价方法;第二,取消第402节定义中的"自由出售""正常贸易过程""主要市场""通常销售数量"等抽象术语。[②] 对美国而言,实施《WTO海关估价协定》理论意义更重于实践意义,[③]但美国的相关实践大大补充和丰富了《WTO海关估价协定》的有关内容。

就转让定价与海关估价问题,美国代表在TCCV第27届会议提交了交易净利润法研究草案,该草案最后成为WCO指导性文件案例研究14.1,美国代

---

① 徐珊珊:《多边贸易体制下海关确定成交价格的法律问题》,法律出版社2009年版,第60页。
② 徐珊珊:《多边贸易体制下海关确定成交价格的法律问题》,法律出版社2009年版,第57页。
③ 徐珊珊:《多边贸易体制下海关确定成交价格的法律问题》,法律出版社2009年版,第60页。

表在 TCCV 第 34 届会议期间又提出了关于进口后调整的建议。由于美国运用成交价格法的历史最长、经验最丰富,就其有关关联交易的海关估价的法律及实践展开研究对于各国理解与运用《WCO 海关估价与转让定价指南》具有借鉴意义。

一、关联交易海关估价的规则

美国运用成交价格法进行海关估价的制度源起《1930 年关税法》第 402 节,后经《1979 年贸易协定法案》修订并收编于《美国法典》第 19 篇第 1401 小节。为实施《1979 年贸易协定法案》,美国联邦政府还制订相应的行政条例,收编于《美国联邦行政法典》第 19 篇第 152 小节。根据《美国法典》第 19 篇第 1401 小节 a 条 b 款规定,关联交易只有在通过销售环境审查证明买卖双方之间的关联关系不影响关联交易商品的成交价格或者进口商品的成交价格非常接近测试价格时,该成交价格方可被接受。[①] 具体如下。

(一)"关联方"的定义

当买卖双方之间存在符合《美国法典》第 19 篇第 1401 小节 a 条 g 款规定的 7 种关系时,可以认定交易双方之间存在关联关系。

> "关联方"是指:
>
> (1)双方为同一家庭的成员,包括兄弟姐妹、配偶、祖先和直系后裔;
>
> (2)一方是对方的高级职员或者董事的;
>
> (3)双方互为商业上的高级职员或者董事的;
>
> (4)双方是合作伙伴;
>
> (5)双方是雇主和雇员;
>
> (6)一方直接或间接拥有、控制、或持有对方 5% 或以上公开发行的有表决权的股票或者股份;

---

① 19 U. S. C. § 1401a(b)(2)(b).

(7)双方都直接或间接地控制第三方,或者双方共同直接或间接地受第三方控制。

(二)销售环境测试

1. 成文法

根据《美国法典》第 19 篇第 1401 小节 a 条 b 款第 2 项 b 小项,销售环境测试是指,如果对于进口商品的销售条件的考察说明买方与卖方之间的关联关系并没有影响实付与应付价格的话,那么它们之间的成交价格就是可以被接受的。《美国联邦行政法典》第 19 篇第 152 小节第 103 条规定需要分析的销售条件包括买卖双方组织商业关系的方式以及相关价格的达成方式。该条第 1 款列举了以下情形的存在可证明买卖双方之间的关联关系未影响成交价格:

(1)成交价格的确定方式符合相关行业的正常定价惯例(示例一);

(2)成交价格的确定与卖方将商品销售给无关联的买方时的定价方式一致(示例二);或者

(3)成交价格足以补偿所有成本并获取适当利润,该利润相当于关联交易方在有代表性的期间销售同等级或同种类商品所实现的总利润(示例三)。

2. 案例法

美国海关在 2007 年 4 月发布了一份知情合规刊物(Informed Compliance Publication,ICP),即名为《确定关联交易成交价格的可接受性》的文件,并陆续发布了一系列案例,明确了关联交易海关估价问题的处理。

(1)如何适用示例一

CBP 认为进口商须有相关行业定价惯例的客观证据,并能证明被估价货物是按照相关行业定价惯例确定的。例如,在裁定 542261 号(1981 年 3 月 11 日)中,关联交易的成交价格的确定参考了某贸易期刊上发布的牌价,而该牌价被其他贸易商普遍采纳和使用。据此,CBP 认为进口商提供了相关行业的正常定价惯例的客观证据。①

"相关行业"通常包括生产与进口商品相同等级或种类商品的企业。是否

① HQ 542261, Mar. 11, 1981.

为生产同等级或同种类商品的企业，应根据商品的具体类别进行判断。如果其他功能相当的公司销售不同等级或种类的商品，则 CBP 不认为“相关行业”是由这些企业构成。①

(2)如何适用示例二

CBP 认为适用这个方法的条件是卖方向非关联和关联买方同时进行了相同商品销售。就“以一致的方式确定商品的价格”进口商可以有多种证明角度，例如，证明非关联买方与关联买方的实付价格一致；证明成交价格是基于公平的协商谈判确定的；证明卖方使用特定的公式来确定成交价格（如基于购买的数量或其他特定的标准），且该公式同时适用于销售给关联和非关联买方的交易。②

一般来说，CBP 通常会要求非关联买方为美国国内买方，但也会考虑对其他国家（地区）非关联买方销售的证据，前提是进口商能就其和国外非关联买方的交易为何相关作出充分的解释说明。

(3)如何适用示例三

CBP 认为示例三在进口商是独家经销商时最为有用。关联交易方在有代表性的期间销售同等级或同种类商品所实现的总利润应为卖方（如母公司）的利润。③ 为证实足以补偿所有成本和适当利润的主张，进口商应该提供母公司成本和利润有关的记录和文件，例如财务报告和会计账簿（包括总分类账、物料清单、库存记录、劳资记录、相关的销售及行政开支损益记录和其他商业证明文件）。

(4)运用转让定价报告分析销售环境

CBP 运用转让定价报告分析销售环境的历史悠久，从运用可比非受控法进行转让定价的资料来看，就可以追溯到裁定 543984 号（1988 年 2 月 22 日）。此外，运用此类资料较早的裁定还有裁定 544809 号（1994 年 6 月 1 日）、裁定 546285 号（1996 年 6 月 7 日）。

(5)进口商的举证责任

CBP 在相关裁定中指出进口商应准备好提供有关销售环境测试的充分解

---

① HQ 548482, Jul. 23, 2004, https://rulings.cbp.gov/ruling/548482, accessed Jan. 8, 2024.

② HQ 547019, Mar. 31, 2000, https://rulings.cbp.gov/ruling/547019, accessed Jan. 8, 2024.

③ HQ 546998, Jan. 19, 2000, https://rulings.cbp.gov/ruling/546998, accessed Jan. 8, 2024.

释、支持性的书面证据,并解释为什么他们认为此类情况下关联关系未影响成交价格。对于没有证据支持的主张,CBP 一般不予接受。例如,当进口商声称转让价格是通过公平协商达成的,但未提交任何证据(如双方之间的信件)来反映这种协商时,则其主张不能被 CBP 接受。如果进口商声称其价格确定方式与将商品销售给非关联买方时的定价方式一致,但未提供有关关联方和非关联方销售的交易合同、发票等书面文件,其主张也不能被接受。

(三)测试价格法

1. 成文法

《美国法典》第 19 篇第 1401 小节 a 条 b 款第 2 项 b 小项的规定:

> 如果进口商品的成交价格非常接近于以下任一的"测试价格",则关联交易的成交价格是可被接受的:
>
> (1)向美国境内无关联买方销售相同或类似商品的成交价格;
>
> (2)相同或类似商品的倒扣价格或计算价格;
>
> 但仅当用于比较的第(1)点或第(2)点中提到的商品是与进口商品同时或大约同时出口到美国的。
>
> (3)在第(2)点下的价值用于比较目的,应考虑所涉及销售的差异(如果此类差异是基于买方提供的或海关官员可以以其他方式获得的充分信息):
>
> (ⅰ)商业水平;
>
> (ⅱ)数量水平;
>
> (ⅲ)成本、佣金、协助费用、特许权使用费和收益;
>
> (ⅳ)卖方在与无关联买方的交易中发生的费用不会发生在卖方与关联买方的交易中。

2. 案例法

CBP 在多个裁定,例如裁定 543568 号(1986 年 5 月 30 日)①、裁定 544686

① HQ 543568, May. 30, 1986.

号(1994 年 8 月 31 日)[①]和裁定 545960 号(1995 年 8 月 16 日)[②]中都强调测试价格必须是以前进口商品经过海关估价后已被海关实际接受的价格。CBP 指出,如果此前并无相同或类似货物经由海关根据成交价格法、倒扣价格法或计算价格法进行过实际估价,则不存在测试价格。

《美国法典》第 19 篇第 1401 小节 a 条 b 款第 2 项 c 小项明确,测试价格仅用于比较目的。也就是说,测试价格仅用于决定关联交易的成交价格是否可接受。如果关联交易的成交价格非常接近测试价格,则应以关联交易的成交价格为基础进行估价。如果关联交易的成交价格与测试价格不相近,则只有在满足销售环境测试法的情况下,成交价格才可被接受。否则,须使用成交价格法之外的下一个可适用的估价方法进行估价。

此外,被用作测试价格的相同或类似商品的商业水平和销售数量应与被估价商品基本相同,否则须根据两者差异进行调整,任何调整均应基于充分的信息。

二、进口商的合规标准

《1930 年关税法》规定了进口商准确和如实申报的义务:所有进口商品的发票不仅须列明每件商品的成交价格等必要信息,而且还须包含正确评估商品所需的任何事实。[③]该法还规定,进口商在入境时必须尽合理注意的义务,提交适当的文件,以便海关能够正确评估关税。[④]此外,进口商还须提交一份宣誓声明,说明:

> ……
>
> (2)对于购买或同意购买的商品,发票上显示的价格是真实的;如果商品不是通过购买或协议购买获得的,则该发票中有关价格的陈述

---

① HQ 544686, Aug. 31, 1994, https://rulings.cbp.gov/ruling/544686, accessed Jan. 8, 2024.

② HQ 545960, Aug. 16, 1995, https://rulings.cbp.gov/ruling/545960, accessed Jan. 8, 2024.

③ 19 U.S.C. §1481(a).

④ 19 U.S.C. §1484(a)(1).

据其所知和所信是真实的；

(3)在进口时提交的发票或其他文件或进口申报本身中的其他陈述都是真实且正确的；

(4)如果进口商后来收到的文件或信息说明申报发票价格或其他陈述不实，其应立即向适当的海关官员出示任何收到的发票、纸张、信件、文件或信息，表明上述价格或陈述不真实或不正确的。①

1993 年 12 月 8 日生效的《美国海关现代化法案》则第一次将商品估价、归类、税率的合法申报责任归于进口商与海关共担，同时提出将海关与进口商的关系确定为“知法合规”。一方面，海关需要将其规定清晰地告知进口商；另一方面，进口商应该尽到合理注意的义务，提前做好准备以确保及时、准确地提供进口相关信息。

为此，CBP 提供了一份合理注意的问题清单(reasonable care checklist)，以问答的方式提示进口商需要关注的问题，②其中涉及关联交易的商品估价问题主要包括：

基本问题：您是否知道或是否已建立可靠的程序来了解商品实际支付或应付的价格？您和卖方是关联方吗？

1. 您是否提供或建立了可靠的程序，以便根据 19 U. S. C. § 1484 和 19 U. S. C. § 1401(a)规定向 CBP 提供您商品的正确申报价格？

2. 您是否已从 CBP 获得有关商品估价的“行政裁定”(参见 19 C. F. R. § 177)，如果是，您是否已建立可靠的程序来确保您遵守该裁定并将其提请 CBP 注意？

3. 您是否查阅过 CBP 估价法律法规、海关估价百科全书、CBP 的守法告知出版物、法院案例以及 CBP 在海关裁定在线搜索系统(CROSS)的裁定来帮助您对商品进行估价？

---

① 19 U. S. C. § 1485(a).

② U. S. CBP, *Reasonable Care*, U. S. CBP, 2017, https://www. cbp. gov/sites/default/files/assets/documents/2020-Feb/icprescare2017revision. pdf, accessed Jan. 8, 2024.

4. 您是否咨询过海关“专家”(如律师、报关行、海关顾问)以协助商品估价?

5. 您是否准备好进口交易的全套文件以供 CBP 审核,包括采购订单、发票、销售协议、货运单据和付款证明?

6. 如果您从关联卖方处购买了商品,您是否已制定程序来确保您在进口报关时申报这一事实,并采取措施或建立可靠的程序来确保向 CBP 申报的价格可通过关联交易的价格测试?

而从进口商的角度来说,为尽到合理注意义务,不仅应如实申报关联交易,还应分析是否有充分信息和证明文件证实关联成交价格可通过销售环境测试或价格测试。比如,如果进口商仅是依据 APA 或转让定价报告就得出成交价格可接受的结论,则进口商会被认为未尽到合理注意义务。① 进口商还应从海关估价的角度提供充分信息和证明文件,包括交易记录和支持性文件,并且应准备好回答 CBP 的问题。如被认作未尽到合理注意义务,进口商将面临至少偷逃应缴税额的 2 倍或进口货值的 20% 的罚款。②

另根据《违反 19 U. S. C § 1592 规定的处罚指南》,如果文件、陈述、作为或不作为行为具有影响或能够影响 CBP 的估价决定,则该文件、声明、作为或不作为行为会被视为是“重大的”。③ 如果进口商未能尽合理的注意义务来确保与商品进口有关的陈述和信息完整且准确,则属于疏忽。如果违法行为是由于实际了解或肆意无视相关事实并且漠视或无视违法者根据法规承担的义务而实施的一项或多项行为,则该违规行为被视为重大过失。如果存在与交易有关的重大虚假陈述、遗漏,且根据明确、令人信服的证据,是自愿和故意实施的,则该违规行为被视为欺诈。④ 如果违规行为被认定为疏忽,最高处罚金额是税费损

① U. S CBP, *Determining the Acceptability of Transaction Value for Related Party Transactions*, U. S. CBP, 2007, https://www. cbp. gov/sites/default/files/assets/documents/2020-Feb/icp089 _3. pdf, accessed Jan. 8, 2024.

② 19 U. S. C. § 1592(c)(3).

③ *Guidelines for the Imposition and Mitigation of Penalties for Violation of* 19 *U. S. C.* 1592, 19 CFR Appendix B to Part 171 (B) Definition of Materiality under Section 592.

④ *Guidelines for the Imposition and Mitigation of Penalties for Violation of* 19 *U. S. C.* 1592, 19 CFR Appendix B to Part 171 (C) Degrees of Culpability under Section 592.

失的 2 倍;如果违规行为被认定为重大过失,最高处罚金额是税费损失的 4 倍;如果违规行为被认定为欺诈,最高处罚金额等于相关商品的国内价值。[①]

第二节　中国法实体规则

一、我国海关估价的法律渊源

2001 年我国正式加入 WTO,开始通过国内法律法规全面实施《WTO 海关估价协定》。具体来说,我国的海关估价法律法规可分为五个层级。

(一)法律

新中国第一部海关法是 1951 年 5 月 1 日施行的《暂行海关法》,其中第 115 条规定:"从价完纳进口税的货物,应以到岸价格作为完税价格。所称到岸价格,系指货物在采购地的正常批发价格出口税、运抵我们输入地点起卸前的包装费、运费、保险费、手续费等一起费用,经海关审查确定者。如上述正常批发价格未能确定时,其完税价格由海关另行估定之。"我国当时的海关估价是以"正常批发价格"作为估价基础,海关对于正常批发价格的确定有很大裁量权。

1987 年《海关法》颁布之时,对于完税价格的认定在该法的第 38 条,仍然采用了"正常价格"的概念:

> 进口货物以海关审定的正常到岸价格为完税价格,出口货物以海关审定的正常离岸价格扣除出口税为完税价格。到岸价格和离岸价格不能确定时,完税价格由海关估定。
>
> 进出境物品的完税价格,由海关确定。

2000 年,出于加入 WTO 的前瞻性考虑,我国在修正《海关法》时,参照国际上通行的做法,将估价基础从"正常价格"修改为"成交价格",该规定一直延续

---

① 19 U.S.C. §1592.

至今。

现行《海关法》第55条规定：

> 进出口货物的完税价格，由海关以该货物的成交价格为基础审查确定。成交价格不能确定时，完税价格由海关依法估定。
>
> 进口货物的完税价格包括货物的货价、货物运抵中华人民共和国境内输入地点起卸前的运输及其相关费用、保险费；出口货物的完税价格包括货物的货价、货物运至中华人民共和国境内输出地点装载前的运输及其相关费用、保险费，但是其中包含的出口关税税额，应当予以扣除。
>
> 进出境物品的完税价格，由海关依法确定。

2024年4月26日通过并公布自2024年12月1日起施行的我国第一部《关税法》第24条至第30条将原来体现在行政法规及部门规章中的计税价格的定义、适用成交价格法的条件、应当计入计税价格的费用、不计入计税价格的费用、其他估价方法及适用条件、出口货物的成交价格等内容上升为法律。但没有将关联交易下接受成交价格的销售环境与价格测试等内容提升为法律。这些内容与《WTO海关估价协定》的主要内容一致。并用“计税价格”一词替换了原来海关法下的“完税价格”一词。

> **第二十四条**　进口货物的计税价格以成交价格以及该货物运抵中华人民共和国境内输入地点起卸前的运输及其相关费用、保险费为基础确定。
>
> 进口货物的成交价格，是指卖方向中华人民共和国境内销售该货物时买方为进口该货物向卖方实付、应付的，并按照本法第二十五条、第二十六条规定调整后的价款总额，包括直接支付的价款和间接支付的价款。
>
> 进口货物的成交价格应当符合下列条件：
>
> （一）对买方处置或者使用该货物不予限制，但法律、行政法规规定的限制、对货物转售地域的限制和对货物价格无实质性影响的限制

除外；

(二)该货物的成交价格没有因搭售或者其他因素的影响而无法确定；

(三)卖方不得从买方直接或者间接获得因该货物进口后转售、处置或者使用而产生的任何收益,或者虽有收益但能够按照本法第二十五条、第二十六条的规定进行调整；

(四)买卖双方没有特殊关系,或者虽有特殊关系但未对成交价格产生影响。

第二十五条 进口货物的下列费用应当计入计税价格:

(一)由买方负担的购货佣金以外的佣金和经纪费；

(二)由买方负担的与该货物视为一体的容器的费用；

(三)由买方负担的包装材料费用和包装劳务费用；

(四)与该货物的生产和向中华人民共和国境内销售有关的,由买方以免费或者以低于成本的方式提供并可以按适当比例分摊的料件、工具、模具、消耗材料及类似货物的价款,以及在中华人民共和国境外开发、设计等相关服务的费用；

(五)作为该货物向中华人民共和国境内销售的条件,买方必须支付的、与该货物有关的特许权使用费；

(六)卖方直接或者间接从买方获得的该货物进口后转售、处置或者使用的收益。

第二十六条 进口时在货物的价款中列明的下列费用、税收,不计入该货物的计税价格:

(一)厂房、机械、设备等货物进口后进行建设、安装、装配、维修和技术服务的费用,但保修费用除外；

(二)进口货物运抵中华人民共和国境内输入地点起卸后的运输及其相关费用、保险费；

(三)进口关税及国内税收。

第二十七条 进口货物的成交价格不符合本法第二十四条第三款规定条件,或者成交价格不能确定的,海关经了解有关情况,并与纳

税人进行价格磋商后,依次以下列价格估定该货物的计税价格:

(一)与该货物同时或者大约同时向中华人民共和国境内销售的相同货物的成交价格;

(二)与该货物同时或者大约同时向中华人民共和国境内销售的类似货物的成交价格;

(三)与该货物进口的同时或者大约同时,将该进口货物、相同或者类似进口货物在中华人民共和国境内第一级销售环节销售给无特殊关系买方最大销售总量的单位价格,但应当扣除本法第二十八条规定的项目;

(四)按照下列各项总和计算的价格:生产该货物所使用的料件成本和加工费用,向中华人民共和国境内销售同等级或者同种类货物通常的利润和一般费用,该货物运抵中华人民共和国境内输入地点起卸前的运输及其相关费用、保险费;

(五)以合理方法估定的价格。

纳税人可以向海关提供有关资料,申请调整前款第三项和第四项的适用次序。

第二十八条 按照本法第二十七条第一款第三项规定估定计税价格,应当扣除下列项目:

(一)同等级或者同种类货物在中华人民共和国境内第一级销售环节销售时通常的利润和一般费用以及通常支付的佣金;

(二)进口货物运抵中华人民共和国境内输入地点起卸后的运输及其相关费用、保险费;

(三)进口关税及国内税收。

第二十九条 出口货物的计税价格以该货物的成交价格以及该货物运至中华人民共和国境内输出地点装载前的运输及其相关费用、保险费为基础确定。

出口货物的成交价格,是指该货物出口时卖方为出口该货物应当向买方直接收取和间接收取的价款总额。

出口关税不计入计税价格。

第三十条 出口货物的成交价格不能确定的，海关经了解有关情况，并与纳税人进行价格磋商后，依次以下列价格估定该货物的计税价格：

（一）与该货物同时或者大约同时向同一国家或者地区出口的相同货物的成交价格；

（二）与该货物同时或者大约同时向同一国家或者地区出口的类似货物的成交价格；

（三）按照下列各项总和计算的价格：中华人民共和国境内生产相同或者类似货物的料件成本、加工费用，通常的利润和一般费用，境内发生的运输及其相关费用、保险费；

（四）以合理方法估定的价格。

（二）行政法规

《进出口关税条例》（以下简称《关税条例》）作为我国关税制度的基本法规，最早在 1985 年 3 月由国务院发布实施，其在第 3 章对完税价格的审定作出了相关规定。

随后我国的经济体制、外贸体制、外汇管理体制等都发生了巨大变化，特别是 2001 年我国加入 WTO。2003 年《关税条例》进行了一次比较大规模的修订，新修订的条例对海关估价部分做了较大修改，将《WTO 海关估价协定》的主要条款纳入其中。

此后，经过 2013 年、2016 年、2017 年的修订，《关税条例》完税价格确定部分的内容一直沿用至今，即第 3 章第 18 条至第 28 条，包括完税价格的定义、适用成交价格法的条件、应当计入完税价格的费用、其他估价方法、价格磋商等涉及海关估价的规定。该条例已于 2024 年 12 月 1 日废止，其中有关海关估价的内容已纳入《关税法》。

（三）部门规章

《审价办法》历经数次修改，是我国目前海关估价的主要适用依据。《WTO 海关估价协定》的基本原则和主要内容被纳入，特殊关系的定义、测试价格、销售环境测试等内容也囊括其中。

《海关审定内销保税货物完税价格办法》是具有中国特色的估价管理规定，主要涉及来料加工、进料加工以及海关特殊监管区域的保税货物的估价问题。

内销保税货物时，可能发生保税企业的自我交易[①]或销售给关联企业的情况，由于企业可自主选择以进口料件或成品申报进口，因此，审查特殊关系是否影响成交价格时的审查对象也会不同。

此外，海关总署在2014年发布公告《关于内销保税货物审价问题的公告》明确海关在审查确定内销保税货物完税价格时相关质疑、磋商和告知的程序参照《审价办法》的有关规定。

（四）部门规范性文件

海关总署还发布诸如《关于公式定价进口货物完税价格确定有关问题的公告》《关于修订飞机经营性租赁审定完税价格有关规定的公告》等部门规范性文件对特殊交易的海关审价活动进行指引。

（五）内部文件

除上述公开可查询的法律文件外，海关系统内部仍会就估价的具体执法细则或新问题出台一些内部文件，统一各地执法。比如为提高海关应对转让定价问题的能力，规范转让定价审查评估程序，海关总署关税征管司于2008年12月颁布的《关于下发〈海关对跨国公司转移定价估价指导意见〉的通知》（以下简称《转移定价估价指导意见》），表明我国在转让定价与海关估价问题开始受到国际关注时便对跨国公司间转让定价该如何审查予以指导。

二、关联交易海关估价的相关规定

（一）“关联关系”的定义

《审价办法》用“特殊关系”一词来表述“关联关系”。当买卖双方之间存在《审价办法》第16条第1款规定的8种关系时，可以认定交易双方间有特殊关系。

① 在保税区内设立保税仓库的公司，通过公司的自我销售并结税，完成货物出区。

第十六条 有下列情形之一的，应当认为买卖双方存在特殊关系：

（一）买卖双方为同一家族成员的；

（二）买卖双方互为商业上的高级职员或者董事的；

（三）一方直接或者间接地受另一方控制的；

（四）买卖双方都直接或者间接地受第三方控制的；

（五）买卖双方共同直接或者间接地控制第三方的；

（六）一方直接或者间接地拥有、控制或者持有对方5%以上（含5%）公开发行的有表决权的股票或者股份的；

（七）一方是另一方的雇员、高级职员或者董事的；

（八）买卖双方是同一合伙的成员的。

买卖双方在经营上相互有联系，一方是另一方的独家代理、独家经销或者独家受让人，如果符合前款的规定，也应当视为存在特殊关系。

以上条款中涉及了一些特殊概念的含义。

1. 同一家族成员

此处的买卖双方为自然人。在我国，同一家族通常包括配偶、三代以内血亲（含拟制血亲）及姻亲。[①] 比如，在青岛海关对马尾藻进口行业进行风险排查时，青岛海关发现从事该进口贸易的国内某公司的法定代表人与菲律宾的发货人是父子关系，买卖双方是同一家族成员，青岛海关据此认定买卖双方具有特殊关系，并对双方的成交价格的公允性产生疑问。[②]

2. 高级职员

此处所称的高级职员即关键的管理人员，比如有权力并负责进行计划、指

---

① 高融昆主编，海关总署关税征管司编著：《审价办法及释义：〈中华人民共和国海关审定进出口货物完税价格办法〉及其释义》，中国海关出版社2006年版，第105页。

② 青岛海关：《特殊关系影响马尾藻成交价格估价案例》，载海关总署编：《海关估价案例汇编合订本2》（2019年）。

挥和控制企业活动的人员，对企业的财务和经营政策起决定作用。[①]

3. 控制

《审价办法》第16条第1款第3～5项分别规定了3种控制情况：第一，一方直接或者间接地受另一方控制的（A公司受B公司控制，或B公司受A公司控制）；第二，买卖双方都直接或者间接地受第三方控制的（A公司和B公司共同受C公司控制）；第三，买卖双方共同直接或者间接地控制第三方的（A公司和B公司共同控制C公司）。

“控制”如何判断？《审价办法》并未给予解释。2007年实施的《企业会计准则》中对“控制”的定义是指有权决定一个企业的财务和经营政策，并能据以从该企业的经营活动中获取利益。[②] 通常来说：

（1）如果一方直接或/和间接拥有另一方超过半数有表决权的资本，则可认定双方具有特殊关系。举例来说：

情形1：A公司拥有B公司51%的有表决权的资本，则表明A公司直接控制B公司；

情形2：A公司拥有B公司60%的有表决权的资本，B公司拥有C公司60%的有表决权的资本，在这种情况下，A公司间接控制C公司；

情形3：A公司拥有B公司60%的有表决权的资本，拥有C公司45%的有表决权的资本，B公司拥有C公司15%的有表决权的资本。在这种情况下，A公司直接拥有C公司的45%有表决权的资本加上通过B公司间接拥有C公司15%的有表决权的资本，已达到控制C公司标准。

（2）如果一方拥有另一方的有表决权的资本未超过半数，但是通过其他方式达到控制目的。举例来说：A公司仅拥有B公司15%的有表决权的资本，但是根据公司章程及协议，A公司主要负责经营管理，有权决定B公司的财务和经营政策，那么该种情况下，A公司实际控制B公司；A公司仅拥有B公司15%的有表决权的资本，但根据公司章程、协议等能够任免董事会的董事，以达到控制的目的，则A公司也可认定为实际控制B公司。

---

① 高融昆主编，海关总署关税征管司编著：《审价办法及释义：〈中华人民共和国海关审定进出口货物完税价格办法〉及其释义》，中国海关出版社2006年版，第105页。

② 《企业会计准则第36号——关联方披露》第3条。

4. 公开发行

是指被控制的一方是发行股票的上市公司。

5. 同一合伙的成员

对此中国海关的认定比较灵活，并不拘泥于《合伙企业法》的要求。① 在一则案例中②，青岛海关在核查中发现，进口商对出口国印度尼西亚方面存在投资行为，在业务中多次通过现金出资的方式汇款到印度尼西亚的公司。在进口商的若干次进口活动中，虽然出口贸易公司各不相同，但是其实际发货人都是进口商在印度尼西亚的合作伙伴，该进口商也是印度尼西亚合作伙伴的唯一收货人，海关认为双方的合作具有合伙性质，"买卖双方是同一合伙的成员"，故认定双方有特殊关系。

6.《审价办法》第 16 条第 2 款规定一方是另一方的独家代理、经销或者受让人并不必然存在特殊关系，关键还是要依据第 1 款所述的 8 种特殊关系认定标准予以审核评判。

此外，我国税法上也有对关联关系的认定标准。《国家税务总局关于完善关联申报和同期资料管理有关事项的公告》第 2 条对怎样构成"关联关系"予以定义：

> 二、企业与其他企业、组织或者个人具有下列关系之一的，构成本公告所称关联关系：
>
> （一）一方直接或者间接持有另一方的股份总和达到 25% 以上；双方直接或者间接同为第三方所持有的股份达到 25% 以上。
>
> 如果一方通过中间方对另一方间接持有股份，只要其对中间方持股比例达到 25% 以上，则其对另一方的持股比例按照中间方对另一方的持股比例计算。
>
> 两个以上具有夫妻、直系血亲、兄弟姐妹以及其他抚养、赡养关系

---

① 《合伙企业法》第 2 条第 1 款规定："本法所称合伙企业，是指自然人、法人和其他组织依照本法在中国境内设立的普通合伙企业和有限合伙企业。"

② 青岛海关：《特殊关系影响马尾藻成交价格估价案例》，载海关总署编：《海关估价案例汇编合订本 2》（2019 年）。

的自然人共同持股同一企业,在判定关联关系时持股比例合并计算。

(二)双方存在持股关系或者同为第三方持股,虽持股比例未达到本条第(一)项规定,但双方之间借贷资金总额占任一方实收资本比例达到50%以上,或者一方全部借贷资金总额的10%以上由另一方担保(与独立金融机构之间的借贷或者担保除外)。

借贷资金总额占实收资本比例=年度加权平均借贷资金/年度加权平均实收资本,其中:

年度加权平均借贷资金=i笔借入或者贷出资金账面金额×i笔借入或者贷出资金年度实际占用天数/365

年度加权平均实收资本=i笔实收资本账面金额×i笔实收资本年度实际占用天数/365

(三)双方存在持股关系或者同为第三方持股,虽持股比例未达到本条第(一)项规定,但一方的生产经营活动必须由另一方提供专利权、非专利技术、商标权、著作权等特许权才能正常进行。

(四)双方存在持股关系或者同为第三方持股,虽持股比例未达到本条第(一)项规定,但一方的购买、销售、接受劳务、提供劳务等经营活动由另一方控制。

上述控制是指一方有权决定另一方的财务和经营政策,并能据以从另一方的经营活动中获取利益。

(五)一方半数以上董事或者半数以上高级管理人员(包括上市公司董事会秘书、经理、副经理、财务负责人和公司章程规定的其他人员)由另一方任命或者委派,或者同时担任另一方的董事或者高级管理人员;或者双方各自半数以上董事或者半数以上高级管理人员同为第三方任命或者委派。

(六)具有夫妻、直系血亲、兄弟姐妹以及其他抚养、赡养关系的两个自然人分别与双方具有本条第(一)至(五)项关系之一。

(七)双方在实质上具有其他共同利益。

除本条第(二)项规定外,上述关联关系年度内发生变化的,关联关系按照实际存续期间认定。

显然，这与《审价办法》认定关联关系有所不同。比如，我国税法在股权控制标准上虽然要求的比例为 25%，比《审价办法》的 5% 要求高，但是我国税法并未要求 25% 的股份必须是公开发行的。因此，对于海关难以认定存在特殊关系的，我国税务部门可以认定。[①] 应当注意这种未被海关确认的关联关系并不使得成交价格法不适用。

（二）价格测试法

1. 成文法

即使买卖双方存在特殊关系，但依《审价办法》第 17 条，如果进口商（纳税义务人）可以证明双方的成交价格接近测试价格，则关联交易中的成交价格可以被海关接受。

> **第十七条**　买卖双方之间存在特殊关系，但是纳税义务人能证明其成交价格与同时或者大约同时发生的下列任何一款价格相近的，应当视为特殊关系未对进口货物的成交价格产生影响：
>
> （一）向境内无特殊关系的买方出售的相同或者类似进口货物的成交价格；
>
> （二）按照本办法第二十三条的规定所确定的相同或者类似进口货物的完税价格；
>
> （三）按照本办法第二十五条的规定所确定的相同或者类似进口货物的完税价格。
>
> 海关在使用上述价格进行比较时，应当考虑商业水平和进口数量的不同，以及买卖双方有无特殊关系造成的费用差异。

上述规定中的 3 种测试价格分别对应《审价办法》第 19 条[②]和第 20 条[③]的

---

① 李绮绯：《关于买卖双方特殊关系辨析的实证研究》，载《海关审价》2021 年第 3 期。

② 《审价办法》第 19 条规定："相同货物成交价格估价方法，是指海关以与进口货物同时或者大约同时向中华人民共和国境内销售的相同货物的成交价格为基础，审查确定进口货物的完税价格的估价方法。"

③ 《审价办法》第 20 条规定："类似货物成交价格估价方法，是指海关以与进口货物同时或者大约同时向中华人民共和国境内销售的类似货物的成交价格为基础，审查确定进口货物的完税价格的估价方法。"

相同或类似进口货物成交价格估价方法确定的完税价格、第 23 条[①]倒扣价格方法确定的完税价格以及第 25 条[②]计算价格方法确定的完税价格，且该测试价格应满足“同时或者大约同时”的进出口，还要考虑商品的特点、商业水平、进口数量以及费用调整因素的可比性。

2. 案例

因测试价格法的适用条件严苛，因此该方法在实践中适用较难。比如在一起特殊关系影响医疗器械成交价格估价案例[③]中，进口商虽找到同期其他非关联方进口同品牌、同型号商品申报价格，但海关认为其他非关联公司进口的商品在具体配置方面与该企业进口的设备存在较大差异，且所处的商业水平不同，故该申报价格不能用作测试价格。

(三)销售环境测试

1. 成文法

2014 年 2 月 1 日正式施行的《审价办法》与 2006 年的《审价办法》相比，一大亮点是新增了第 18 条。

> **第十八条**　海关经对与货物销售有关的情况进行审查，认为符合一般商业惯例的，可以确定特殊关系未对进口货物的成交价格产生影响。

该条规定是对《WTO 海关估价协定》第 1.2(a)条有关于销售环境测试条款的国内法转化。至此，我国国内法与《WTO 海关估价协定》才完全衔接，即进口商可以通过测试价格法或者销售环境测试来证明买卖双方的特殊关系未影响成交价格。

---

① 《审价办法》第 23 条规定：“倒扣价格估价方法，是指海关以进口货物、相同或者类似进口货物在境内的销售价格为基础，扣除境内发生的有关费用后，审查确定进口货物完税价格的估价方法。……”

② 《审价办法》第 25 条第 1 款规定：“计算价格估价方法，是指海关以下列各项的总和为基础，审查确定进口货物完税价格的估价方法：(一)生产该货物所使用的料件成本和加工费用；(二)向境内销售同等级或者同种类货物通常的利润和一般费用(包括直接费用和间接费用)；(三)该货物运抵境内输入地点起卸前的运输及相关费用、保险费。”

③ 上海海关：《特殊关系影响医疗器械成交价格估价案例》，载海关总署编：《海关估价案例汇编合订本 2》(2019 年)。

然而,如何判定符合一般商业惯例?《审价办法》并未进一步解释,还得参考《WTO 海关估价协定》及其注释以及其他国际层面的成果。但值得注意的是 2008 年海关总署关税征管司发布海关系统内部使用文件《转移定价估价指导意见》对于转让定价资料的运用等进行指导,该指导意见共 13 条。第 1 条规定了转让定价的基本含义,明确应取得而没有取得的利润应纳入成交价格一并征税;①第 2、3 条明确海关应对转让定价进行审查评估,并遵循公平、公正、合理的原则;第 4 条罗列海关审查评估转让定价时可以要求企业提交的相关资料;②第 5、6 条是关于关联企业采用可比非受控价格法的定价策略时,海关需要审查评估的材料,主要是买卖过程、环节、环境以及货物本身的可比性等角度的相关性材料;③第 7 条是关于关联企业采用再销售价格法的定价策略时,海关可以要求企业提供的证明再销售价格、成本费用、利润率的真实性、合理性的材料;④第 8

① 《转移定价估价指导意见》第 1 条规定:"跨国公司转移定价是指跨国关联企业(以下简称关联企业)之间在转移货物、无形财产或提供服务等业务往来过程中,按照约定确定成交价格的方式。关联企业在其相互的商业或财务关系上制定或附加不同于独立企业之间的条件时,其中一方应取得而没有取得的利润,应纳入其成交价格并予以征税。"

② 《转移定价估价指导意见》第 4 条规定:"海关为正确审查评估转移定价,可以要求被审查关联企业提交下述材料:(一)工商、税务登记证件;(二)投资、经营合同、章程及可行性研究报告;(三)近 3 年年度财务会计报表、审计报告;(四)进口情况,包括进口货物品名、规格、价格清单,供应商清单等;(五)关联企业清单;(六)关联企业间的关系,包括跨国公司组织结构、关联企业间的分工等;(七)与关联企业的交易情况,包括与关联企业相互间发生有形及无形财产的购销、转让、使用,融通资金,提供劳务等;(八)关联企业定价政策,包括采购定价、销售定价政策;(九)被审核关联企业的内部控制情况,包括关联企业内部控制制度、会计系统等;(十)与进口货物价格有关的其他材料。"

③ 《转移定价估价指导意见》第 5 条规定:"被审查关联企业采用可比非受控价格法的定价策略的,海关可以要求其提供以下材料,以证明所使用的非受控交易与跨国公司关联企业间的交易具有可比性:(一)购销过程的可比性,包括交易的时间与地点、交货条件、交货手续、支付条件、交易数量、售后服务时间和地点等;(二)购销环节的可比性,包括出厂环节、批发环节、零售环节、出口环节等;(三)购销环境的可比性,包括社会环境(民族风俗、消费者偏好等)、政治环境(政局稳定程度等)、经济环境(财政、税收、外汇政策等);(四)购销货物的可比性,包括货物的品种、规格、质量等级、性能、材料等;(五)其他可以证明定价公平合理的资料。"第 6 条规定:"海关可以要求采用可比非受控价格法的被审查关联企业提供可比非受控价格,包括非关联企业间交易中相同或类似货物的成交价格或国际市场有关货物的行情价格等。如果被审查关联企业已对采用的可比的非关联企业间业务往来的价格进行过分析、调整,可以要求被审查关联企业提供其调整的依据和方法。"

④ 《转移定价估价指导意见》第 7 条规定:"被审查关联企业采用再销售价格法的定价策略的,海关可以要求被审查关联企业提供下述方面的材料以证明其选用的再销售价格、成本费用率、利润率的真实性、合理性:(一)进口货物的国内再销售价格、同类货物的市场价格;(二)被审查关联企业发生的实际成本及行业一般成本费用水平;(三)被审查关联企业实际利润率及行业一般利润率水平;(四)被审查关联企业再销售价格法计算方法适用何种会计原则的说明;(五)其他可以证明定价公平合理的资料。"

条是关于关联企业采用成本加成法的定价策略时,海关可以要求企业提供的证明成本加成法真实、合理的材料;①第9条是关联企业在使用上述方法以外的方法来定价的情况下,可以提交海关证明其定价方法真实、合理的资料;②第10条则规定了包含有价格调整的定价政策所需审查评估的资料;③第11~13条则规定了审查评估的后续处理,包括重新确定完税价格、跟踪价格变动及主观故意证据的采集和固定以便移交侦查部门立案处理。

值得肯定的是,《转移定价估价指导意见》出台之时《WCO海关估价与转让定价指南》尚未颁布,销售环境测试也尚未纳入我国立法,指导意见指导我国海关如何借助转让定价资料审核价格公允性,富有探索精神。由于缺乏上位法的依据,因此该指导意见的下发通知中明确"仅供各关内部参考,不得对外引用"。④

可惜的是,该指导意见针对企业所使用的不同定价方法原则性地给予海关审查哪些资料的建议,但没有说明如何通过审查"销售环境"判断转让定价是否受特殊关系影响;对于企业使用交易净利润法和交易利润分割法进行转让定价

---

① 《转移定价估价指导意见》第8条规定:"被审查关联企业采用成本加成法的定价策略的,海关可以要求被审查关联企业提供下述方面的材料以证明其选用的成本加成法的真实性、合理性:(一)被审查关联企业的生产成本或购买价格;(二)被审查关联企业发生的实际费用及行业一般费用水平;(三)被审查关联企业的实际利润率及行业一般利润率水平;(四)被审查关联企业的成本加成计算方法所适用会计原则的说明;(五)其他可以证明定价公平合理的资料。"

② 《转移定价估价指导意见》第9条规定:"被审查关联企业采用其他定价方法的,海关可以要求被审查关联企业提供下述方面的材料以证明其选用的定价政策的真实性、合理性:(一)被审查关联企业不采用可比非受控价格法、再销售价格法、成本加成法的理由;(二)被审查关联企业的转移价格采用目前定价方法的理由;(三)被审查关联企业的定价政策详细的定价过程、计算方法;(四)其他可以证明定价公平合理的资料。"

③ 《转移定价估价指导意见》第10条规定:"被审查关联企业的定价策略中包含了价格调整因素的,海关可以要求被审查关联企业提供下述方面的材料以证明所选用的定价政策的真实性、合理性。(一)有关的采购或销售货物的费用(如佣金、经纪费)、货物流转过程中的费用或成本(如容器、包装费用或成本)是否已比照独立企业间交易进行分摊;(二)有关广告费用、市场推广费用的协议及实际发生额,费用是否已比照独立企业间交易进行分摊;(三)开办费用是否已比照独立企业间交易由被审查关联企业承担;(四)利息费用与关联企业间货物流转的关联性,利率与同期同类交易利率水平是否一致;(五)有关汇兑损益在跨国公司关联企业间分摊的方法和依据;(六)特许权授受的必要性,与关联企业间货物流转的关联性,其特许权费率的合理性;(七)是否存在管理费用在关联企业间进行分摊的情况,分摊金额是否与实际行为相匹配,分摊方法是否比照独立企业间交易安排;(八)其他可以证明定价公平合理的资料。"

④ 海关总署关税征管司《关于下发〈海关对跨国公司转移定价估价指导意见〉的通知》(税管函〔2008〕335号,2008年12月11日发布)。

的情形下,应当审查哪些资料以及如何审查也没有涉及。

此外,国家税务总局发布的《特别纳税调整实施办法(试行)》(部分失效)以及《WCO 海关估价与转让定价指南》等虽不是我国海关审价的直接法律依据,但实践中这些规则都是适用《审价办法》第 18 条的重要指导。

2. 案例

案例显示许多海关对转让定价资料非用于审查"销售环境",而是直接以可比商品所在行业中位的利润水平等指标作为运用"合理方法"时的参考指标,来调整关联交易的价格完成海关估价。[①] 详细案例可在本书第七章查阅。

第三节 两国实体规则的特点

一、立法接近,但海关执法情况不同

与《WTO 海关估价协定》一致,现在中美两国转让定价的海关估价方法立法基本一致,均以测试价格法和"销售环境"测试来审核关联交易中成交价格的可接受性。

但是应注意到,我国是成文法国家,会尽量制定操作性强的行政法规和规章以指导实践,一旦遇到法律规定不明之处就容易造成实践不一。比如,对于《WTO 海关估价协定》第 15 条中"they are legally recognized partners in business" 在我国《审价办法》中表述为"买卖双方是同一合伙的成员"。由于"同一合伙的成员"较难理解。有的海关办案时并不拘泥于合伙,双方具有合作的性质即认可双方具有关联关系。[②]

另外,美国海关早在 1981 年就已经有了运用转让定价报告来进行"销售环境"审查的案例,至今美国已有大量的裁定显示对不同转让定价方法下的定价

---

① 参见陈宜荣:《转让定价的海关估价分析》,厦门大学 2011 年硕士学位论文,第四章"海关估价案例分析"。

② 青岛海关:《特殊关系影响马尾藻成交价格估价案例》,载海关总署编:《海关估价案例汇编合订本 2》(2019 年)。

进行了销售环境审查。此外，美国还发布《确定关联交易成交价格的可接受性》《海关估价百科全书》等解释相关问题的判定和处理思路。而我国直到2014年才引入“销售环境”的概念，对于如何运用转让定价报告等进行销售环境分析尚无相应规定。直到2017年案例研究14.2在TCCV通过并被编入《WCO海关估价与转让定价指南》，情况才有所变化。我国仍然还处于各地海关各自参考国际文件进行探索的阶段。

二、美国进口商“合理注意”的守法标准

《美国海关现代化法案》提出的进口商“合理注意”的守法标准在我国立法中还没有涉及。从美国海关的问题清单可以看出，“合理注意”比“诚实信用”的要求更高。海关与商界责任分担，海关充分公开信息、提供指导，进口商则要学法、守法、提高专业素质，让进口商的申报变得更可信。

在我国，进口商守法合规以“准确申报”为标准，比如在申报时应准确判断“是否存在特殊关系”，“特殊关系是否影响成交价格”①，即海关将一项专业而困难的工作交给了水平参差不齐的进口商。这种规定虽然提升了进口商的进口风险，但并不直接有助于进口商提升守法能力。在与一些涉案人员的交流中笔者看到他们对如何填写这些信息并无概念。

我国可以借鉴“合理注意”的理念及制度。海关尽量及时地、充分地公布其所作出的规定以及有典型意义的案例从而帮助进口商在充分知法的情况下完成复杂的价格申报。在设立价格申报制度时海关应引导进口商设置必要的“合规”程序或借助专家服务来完成申报。比如，要求进口商查询海关估价的法律与行政法规、案例等。海关还应进一步配套相应的责任制度，明确进口商如果未尽到“合理注意”进行申报，应承担相应的责任，如果进口商尽到了“合理注意”，如已有完善落地的进口合规管理体系，则可以减轻其因某些疏忽过错而可能承担的责任。

---

① 《关于修改进出口货物报关单和进出境货物备案清单格式的公告》(海关总署公告2016年第28号，2016年4月15日发布)(已失效)。

第六章

中美对关联交易进行海关估价的流程规则

第一节　美国关联交易海关估价流程

一、海关估价组织体系

美国海关(U. S. Customs Service)的最初职能可追溯到1789年。原隶属于美国财政部的海关随着CBP的成立而在2003年被撤销。现CBP隶属于美国国土安全部(Department of Homeland Security,DHS),整合了包括海关在内的四个机构的职责,主要包括海关事务、移民管理、边境巡逻和动植物安全检疫。CBP主要由三级机构组成,即CBP总部(CBP Headquarters)、地区现场办事处(Field Operations Offices)、口岸海关(Port of Entry)。口岸海关负责日常的进出口商品的海关估价。在2006年,CBP总部成立了国际贸易办公室(Office of International Trade),旨在将贸易政策、计划制定和合规评价职能整合到一个CBP办公室。其中,国际贸易办公室的法规和裁定办公室(Office of Regulations and Rulings,RR)负责所有海关相关事务行政裁定的发布。① 所有涉及商品估价的行政裁定均由RR下设的商业与贸易便利化部里的估价和特别项目处负责。

在海关估价事务上,不同层级之间的工作关系是,第一,口岸海关是进口商

① U. S. CBP, *U. S. Customs & Border Protection Rulings Program*, https://www.cbp.gov/sites/default/files/documents/cbp_rulings_prog_3.pdf, accessed Jan. 8, 2024.

首个接触点。海关官员在此对货物进行评估和估价。如果进口商有异议,可以在此级别请求复查。第二,提交抗议。如果进口商在初步重新评估或与当地海关官员讨论后仍不满意,根据《美国法典》第19篇第1514节,进口商可以对货物的估价决定提出抗议。抗议通常提交给负责该进口事务的海关地区现场办事处或直接向入境口岸的海关提交。第三,地区现场办事处复查。这些办事处监管各港口的运作,如果问题复杂或需要更高级别的复查,可能会介入。它们作为口岸海关和CBP总部之间的中间人,确保各个港口一致执行政策和程序。第四,CBP总部。在更复杂的案件中,尤其是那些可能需要政策澄清或与标准做法显著偏离的情况,问题会上报至CBP总部。CBP总部内的国际贸易办公室可以对此类问题提供进一步的裁决或指导。

此外,如果进口商的抗议最后被驳回,且进口商仍不满意,他们可以寻求由美国国际贸易法院进一步司法复审,这是一个独立的《美国宪法》第3条款下的法院,(不同于《美国宪法》第1条款中行政体系内的复审机构)处理涉及国际贸易和海关法的案件。司法复审将在本书第八章作出进一步解释。

二、基本程序

(一)口岸申报

当货物抵达美国港口时,进口商通常需使用CBP的表格3461(进口/即时交付)或表格7501(进口摘要)进行初步申报。这些表格详细记录了进口商、收货人、运输方式及商品分类等信息。进口商需要在CBP表格7501(进口摘要)上声明买卖双方是否存在关联关系。此表格包括一个特定字段,要求进口商指明交易是否存在关联方交易。这一信息对于海关估价目的至关重要,因为关联方交易可能需要额外的审查,以确保申报的价值反映了商品的公平价值。上述表格可通过CBP官方网站的表格部分获取,或者可直接在货物进口的口岸处领取。

存在关联交易时,进口商有责任采取合理的谨慎态度,根据销售环境测试法或测试价格法的应用来确定申报价格是不是可以接受的成交价格。进口商还必须提供充分的证据和文档来支持其申报价格的合理性，这可能包括市场价格数据、独立第三方销售的价格信息、或其他相关财务记录。为证实符合销售环境测试法中的任何一种示例，进口商有时会主动向海关提交其为税收目的而准备的转让定价报告(Transfer Pricing Studies)、APA 等证明文件。但依据 IRC 第 482 节的税收目的而准备的转让定价报告可能包含了关于销售环境的相关信息，但文件本身不足以说明关联交易的价格是能够被海关接受的。[①] 识别转让定价报告、APA 中关于销售环境的相关信息和解释相关信息与海关估价之间的相关性的举证责任在进口商。[②]

如果进口商因未采取合理谨慎措施确保与商品进口有关的声明和信息完整和准确而被 CBP 认定构成疏忽、重大过失或欺诈，可能将被征收未缴税费和受到处罚。

(二)关联交易口岸审价

1. 审核价格

根据《美国联邦行政法典》第 19 篇第 152 小节第 103 条第 1 款第 1 项的解释性说明，对于关联成交价格，CBP 首先会确认之前是否已经审核过这种关系，或者是否已经拥有有关买方和卖方的足够详细信息。若答案是肯定的，且海关对价格的可接受性没有疑问，则将接受该价格，而无须向进口商要求进一步信息。反之，若 CBP 确实对成交价格的可接受性有疑问，并且不经进一步询问的情况下无法接受成交价格，则 CBP 会要求进口商提供进一步信息，可以向进口商发送海关表格 28。[③] 少数情况下，如果 CBP 觉得调整申报价格的信息已经比较充分，也可以不向进口商发送海关表格 28 而直接发送表格 29。[④]

在测试价格法下，若 CBP 经审查发现关联成交价格非常接近向美国无关联买方销售相同或类似商品的价格，或者相同或类似商品的倒扣价格或计算价

① U. S. Customs and Border Protection, *Determining the Acceptability of Transaction Value for Related Party Transactions*, April 2007, p. 14.

② U. S. Customs and Border Protection, *Determining the Acceptability of Transaction Value for Related Party Transactions*, April 2007, p. 15.

③ 19 CFR § 152. 103(1)(1)(i).

④ U. S. CBP Protest Form, https://www. customsesq. com/wp-content/uploads/2019/04/Protest-CBP_Form_19. pdf, accessed Jan. 8, 2024.

格,则 CBP 会接受该成交价格。但若关联成交价格与测试价格不相近,或不存在测试价格[①],则 CBP 会对交易的销售环境进行测试。在销售环境测试法下,CBP 会对交易的相关方面进行审查,包括买卖双方组织其商业关系的方式以及确定有关价格的方式,以确定这种关系是否影响价格。若 CBP 经审查发现成交价格的确定方式符合相关行业的正常定价惯例,或者成交价格的确定方式与卖方将商品销售给无关联的买方时的定价方式一致,或者成交价格足以确保收回所有成本加上相当于公司在一段代表性的期间(如一年)销售同等级或同种类商品所实现的总利润,则表明关联关系未影响成交价格,CBP 会接受该成交价格。[②]

2. 发出海关表格 28

如果发现进口商申报的发票等文件未提供足够信息进行估价,海关可以向进口商发送海关表格 28 要求提供额外信息。进口商需要在 30 天内向海关作出书面答复。如果无法在该期限内答复,进口商可以向处理此事的海关提出延期请求。海关表格 28 所要求的资料和信息[③]如下:

> (1)您与该商品的卖家有任何关系吗?如有关系,请描述这种关系并解释这种关系如何影响商品的实付或应付价格。
>
> (2)涉及本次交易的合同副本(或采购订单和卖方确认书)及其任何修订。
>
> (3)描述性或说明性资料或信息解释商品是什么、在何处、如何使用以及具体操作。
>
> (4)组件、材料或成分按重量分列的细目,以及这些组件在装配成

---

① 实践中,美国海关在多个裁定[See Headquarters Ruling Letter(HRL) 546052, October 27, 1995; HRL 545960, August 16, 1995; and HRL 543568, May 30, 1986 HRL 544686, August 31, 1994]中强调测试价格必须是以前进口商品经过海关估价后被海关实际接受的价格。例如,如果倒扣价格是海关依据 19 U. S. C. §1401a(e)对之前进口的相同或类似商品进行过实际估价后确定的价格,该倒扣价格可被用作测试价格。

② 19 CFR § 152.103(l)(1)(ii),(iii).

③ U. S. CBP, *Request for Information* (*CBP Form* 28), Federal Register (Feb. 28, 2022), https://www.federalregister.gov/documents/2022/02/28/2022-04156/request-for-information-cbp-form-28, accessed Jan. 8, 2024.

成品时的实际成本。

(5)确定并提供本次交易中产生的任何额外成本/费用的详细信息,例如包装、佣金、卖方所得收益、协助、特许权使用费。

3. 发出海关表格 29

海关表格 29 是海关的行动通知,可分两种。首先,CBP 会发出"打算采取的行动"通知。这是一个预告性的通知,通常是在审查补充的进口文件和信息后,CBP 认为需要调整关税或者对进口商的申报信息仍有疑问时发出的。这给予进口商一个机会,进口商在收到这类通知后通常有 20 天时间来响应,可以提交额外的文件、证据或解释来影响或改变 CBP 的初步决定。如果在此期间未得到答复,CBP 将假定进口商同意 CBP 的初步决定。[①] 其次,如果在"打算采取的行动"通知后,进口商未能提供足够信息或说服 CBP 改变其初步决定,CBP 会发出"决定采取的行动"。这个通知表示 CBP 的最终决策。表格 29 还可能附有针对疏忽、重大过失或欺诈的预处罚通知。一旦 CBP 发出决定采取的行动通知时,反对只能通过抗议或索赔程序[②]来提出,税款得在海关发起征税时先行缴付。

CBP 尽管通常会按照上述程序操作,但在某些特殊情况下,如果已经拥有充分的信息或证据确定必须立即采取行动,也可能会直接发出"决定采取的行动"通知。这种情况包括但不限于:非常明显的违规情况、欺诈或重大过失、对国家安全有直接威胁的情况。

4. 征税

美国海关有权基于收集到的可靠证据确定进口商品的完税价格并征税。[③] 但是,为符合美国宪法上的正当程序原则,只有在发出"决定采取的行动"通知后,CBP 才会正式进行关税调整并征税。这确保了进口商在最终被征税前有足够的机会来回应和调整其申报。当海关最终拒绝申报价格并增加应缴税款时,

---

① Chase Samuels, *Intro to Importing*: *Understanding a CF* – 29, TRG (Aug. 13, 2019), https://traderiskguaranty.com/trgpeak/intro-importing-understanding-cf-29, accessed Jan. 8, 2024.

② "520 索赔"是指《北美自由贸易协定》进口后索赔,参见《1930 年关税法》第 1520(d)节[19 U.S.C. § 1520(d)]。

③ Statement of Administrative Action (SAA), House Doc. 96 – 153, Part Ⅱ.

还会告知进口商理由。进口商如在告知后 20 天内[①]或缴清后 90 天内作出书面请求,海关则应对决定作出书面解释。[②] 该解释仅适用于被估价商品,不作为其他进口商品的估价依据。

(三)抗议(protest)

若对海关估价决定有异议,入境文件表格 3461 上的进口商或收货人、其代理人或其授权律师可在申报进口的口岸海关最终确定进口商品的完税价格后的 180 天内提出抗议。抗议申请书(海关表格 19)通常提交给负责该进口事务的海关地区现场办事处或直接向原入境口岸的海关提交,可以纸质形式或在自动化商业环境(Automated Commercial Environment,ACE)[③]中以电子方式提交。

抗议申请书包含:(1)抗议者(登记进口商或收货人)的姓名和地址,以及其代理人或律师的姓名和地址(若有)。(2)进口商及其进口商编号。如果抗议者是具有授权书的代理人,还应显示该代理人的进口商编号。(3)进口编号和日期。(4)进口的税款缴清日期,或不涉及税款清算或重新清算的决定日期。(5)被影响的商品的具体描述。(6)明确具体阐述反对的性质和理由。(7)其他一系列特定信息。一般而言,针对单票进口报关单,抗议者只能提出一个抗议。但在一些情况下,也可能会对单票进口报关单提出不止一个抗议。例如,如果同一个进口报关单上存在宠物食品和汽车零部件,则抗议者可以针对每个商品提出单独的抗议。当然,也可以针对这两种商品提出单一抗议。

CBP 会在提出抗议后两年内审查抗议并作出决定。抗议者可提出书面请求要求加速处理。收到请求的海关应在该请求邮寄后 30 天内审查并且作出决定,全部或部分允许或拒绝该抗议。否则,该抗议视为已被拒绝。

(四)进一步抗议(further review of a protest)

进口商在抗议被否决后,满足一定的条件的情况下还可以向 RR 提出更高级别的审查。这些条件包括:第一,如果进口商认为海关的最新决定与之前的行政裁定存在冲突,这可以成为请求进一步抗议审查的依据。第二,如果抗议

---

① 19 CFR § 152.103(m).

② 19 CFR § 152.101(d).

③ 自动化商业环境是 CBP 用来促进合法贸易和边境安全的一个现代化商业贸易处理系统。

涉及的问题是之前未被 CBP 或法院裁决过的,这样的新问题可能符合进一步审查的要求。第三,如果进口商能够提供在口岸海关作出决定时未曾提交的新的事实信息或法律论据,这也可能是请求进一步审查的理由。第四,如果涉及的问题在海关内部咨询时被 RR 拒绝回答,这也可能构成进一步抗议审查的基础。[①]

这里所说的海关的内部咨询,进口商通常不直接参与这一过程,也很难直接了解内部咨询的状态或是否已得到回答。在这种情况下,如果进口商想知道是否满足进行进一步抗议的条件,即内部咨询未得到回答,他们可以采取以下步骤:第一,进口商可以主动与处理事务的口岸海关官员沟通,询问有关内部咨询的进展情况。虽然海关可能不提供具体的内部文档,但通常可以告知进口商是否有正在进行的内部咨询以及其状态。第二,如果口岸海关无法提供满意的答复,进口商可以通过提交《自由信息法》(Freedom of Information Act,FOIA)请求来正式要求获取有关内部咨询的信息。通过这种方式,进口商可以请求访问与他们的进口商品相关的内部咨询记录。第三,进口商可持续关注与其进口商品相关的海关公告和通知,特别是那些可能涉及内部咨询结果的公告。这些信息有时会在海关的公开通信(或其更新)中被提及。通过这些方法,进口商可以尽可能地了解内部咨询的状态,从而判断是否符合基于内部咨询未得到回答的条件来进行进一步抗议。此外,保持与海关官员的良好沟通和关系也有助于在处理这类事务时获取更多的协助和信息。

这些条件旨在确保资源被用于处理那些最有可能需要重新考虑的决定。进一步抗议审查是一种重要的法律救济手段,用于在复杂或重要的案件中确保公正性和正确性。因此,不是所有被否决的初步抗议都会或都应该进入进一步抗议审查阶段。

进一步抗议审查请求通常也是通过 CBP 表格 19 提交,申请书须包含:(1)有关该抗议、抗议者的基本信息,以及抗议者的进口商编号;(2)声明抗议者是否申请过行政裁定或内部咨询,抗议者是否就同一批商品向其他口岸或 CBP 办公

---

① 19 U.S.C. § 1514 (Protest Against Decisions of Customs Service), 19 U.S.C. § 1515 (Review of Protests), 19 U.S.C. § 1625 (Interpretive Rulings and Decisions, Public Information).

室提出过抗议申请,以及抗议者是否已在国际贸易法院提起诉讼;(3)其他任何未在当前记录中的事实信息或法律论据,特别是能支持抗议者请求的信息和论据。若进一步抗议不符合要求,RR 会将其交口岸海关处理。若符合相关要求,RR 作出实质性决定,口岸海关将在收到决定起的 60 天内将该决定转交给进口商。至此,进口商已经用尽行政救济措施。

在 RR 作出审查决定后的 90 日内,CBP 将在海关公报中公布该决定。[①] 当发布的抗议审查决定有误时,CBP 需通过与修改或撤销行政裁定一样的程序修订。但是修订后的抗议审查决定不适用于之前进口的货物,只适用于未来的进口。这种做法可能对某些进口商产生不利影响,尤其是那些期望通过抗议改变已经作出的决定以获取退税的进口商。

三、特别程序

(一)行政裁定

关联交易的海关估价往往比较复杂,为确保合规,进口商在进口前、后及过程中均可向 CBP 申请行政裁定。

1. 谁可以申请行政裁定

根据《美国联邦行政法典》第 19 篇第 177 小节规定,商品进口商、出口商或者其他与裁定问题有直接且明显利益关系的任何人,或通过其代理人均可向 CBP 申请行政裁定。

2. 如何申请行政裁定

所有涉及估价的行政裁定申请应以书面形式向 RR 提出。根据《美国联邦行政法典》第 19 篇第 177 小节第 2 条第(a)项和第(b)项规定,裁定申请书必须包含与进口货物相关的具体信息而非假定的(nothypothetical innature),包括:

(1)申请者的姓名、地址、电子邮件地址和电话号码。

(2)所有利益相关方(如果已知)的姓名、地址、电子邮箱和其他

---

① 19 U.S.C. § 1625.

识别信息,以及制造商 ID 代码(如果已知)。

(3)商品进境的港口名称(如果已知)。

(4)交易描述(包括交易的性质,双方关系,交易是否符合公平交易原则,在出口国是否有其他相同或类似商品的销售,19 USC 1401a、1402 所需的其他信息)。

(5)一份在进口商的认知范围内,商品在 CBP 或任何法院不存在悬而未决的商品问题的声明(A statement that there are, to the importer's knowledge, no issues on the commodity pending before CBP or any court)。这意味着进口商无法就其在港口已提出抗议的交易申请行政裁定。

(6)一份关于是否已向 CBP 办公室征求意见的声明;如果是的话,说明是谁提出的,以及提出了什么建议(如有的话)。

(7)能支持申请中相关主张的证据。

(8)此外,申请者在申请有关商品估价的行政裁定时,还可提供下列信息:

a. 说明交易性质;

b. 如果存在的话,说明各相关方的关联关系;

c. 说明交易是否公平;

d. 其他与申请者提出的有关估价的裁定申请有关的信息。例如,如果提出的申请是为确定买方支付的佣金是购货佣金还是销货佣金,则需要提交与各方角色和佣金支付有关的所有详细信息和文件。

此外,在每份行政裁定申请中,同类别或同种类的商品不能超过 5 件。申请人也可在申请书中表达希望口头讨论请求中涉及的问题的意愿。最后,申请人可在申请书中要求 CBP 不公开涉及的机密信息,如商业秘密等。申请人须清晰地在申请书中标出机密信息,并说明为什么保密。

3. 行政裁定对谁有效

申请行政裁定书的人可以享受行政裁定的效力,直至相关法律修改或 CBP 修改或撤销行政裁定。行政裁定书还适用于涉及相同商品和类似事实的交易。

4. 行政裁定如何更正与撤回

如果一个行政裁定发布不足60天,CBP有权直接修改或撤销该裁定,并且新的裁定书可以立即生效。如果裁定已发布超过60天,CBP通常需要通过“通知和评论”程序来进行修改或撤销。这是一个更正式的程序,涉及公众意见的征集,以确保所有利益相关方都有机会对拟议的更改发表意见。在这一程序中,CBP会发布修改或撤销裁定的初步通知,征求公众的评论。根据收到的反馈,CBP可能决定进行必要的调整。如果决定进行修改或撤销,新的裁定通常会在发布之日起60天后生效,这样做是为了给市场留出适应新规定的时间。如果行政裁定与新的法院判决、立法或总统令相冲突,这些裁定可能需要通过法律程序进行调整或撤销,而非仅仅依赖CBP的内部决策。这种情况下,修改或撤销过程可能涉及更广泛的政府干预和法律审核。任何修改或撤销的决定都会在《每周海关公报》等公共信息渠道发布,确保透明度和公众可以访问到最新的法规信息。

(二)事先披露

如果向CBP申报的估价或资料有错误,在海关进行正式调查之前或者在其不知情的情况下进口商可以提出事先披露,从而减少可能受到的处罚金额。《美国法典》第19篇第1592条(c)款(4)项规定:

> 如果有关人员在开始对违规行为进行正式调查之前或者在不知情的情况下披露了违反(a)款的情况,则不得扣押违规商品,并根据(c)款处以的任何罚款不得超过:
>
> (A)如果违规行为是由欺诈造成的:
>
> (ⅰ)相当于美国被剥夺或可能被剥夺的合法关税、税款和费用的100%的金额,只要有关人员在披露时或在海关发出计算未缴金额的通知后的30天内(或海关可能提供的更长期限)缴纳了未付税费,或
>
> (ⅱ)如果这种违规行为不影响关税收入,则为完税价格的10%;或者
>
> (B)如果违规行为是由疏忽或重大过失造成的,则应缴的关税、税款和费用的利息(从清算之日起算),只要有关人员在披露时或在海

关发出计算未缴金额的通知后的 30 天内(或海关可能提供的更长期限)缴纳了未付税费。[①]

(三)后续调整价格

尽管 CBP 认为只要进口后发生的后续调整与进口货物相关,进口商就应申报该调整,[②]但在 2012 年之前对于依据转让定价政策所做的申报价格后续调整欠缺一贯政策。在一些裁定中,CBP 不允许进口后的调整,认为进口后的定价调整是在买方或卖方的控制之下进行的,并非客观的"公式定价"。[③] 在另一些裁定中,CBP 虽然允许进口后调整,但是价格调整不能通过客观的公式确定,所以不应适用成交价格法,而是应用其他的估价方法进行调整。

2012 年 CBP 作了 W548314 号裁定(2012 年 5 月 16 日)[④],其中为涉及关联交易进口后的价格调整设立了"五个因素"测试。之后有很多海关都是适用 W548314 号裁定中的"五个因素"测试来判断转让定价政策是否构成一个 CBP 定义的"公式",并相应地确定是否允许作出调整。在 W548314 号裁定中,CBP 主要关注两个问题:(1)根据进口商的转让定价政策确定的成交价格是否在进口时构成一个公式;(2)进口后价格的调整(上调或下调)是否在确定成交价格时已考虑。此外,就转让定价公式是否是一个客观的公式,CBP 认为需要考虑"五个因素"综合判定。具体如下:

1. 书面的"公司间的转让定价确定政策"在进口前就已存在,并且该政策是在考虑了《美国国内税法典》第 482 节[⑤]后制定的;

① 19 U. S. C. § 1592(c)(4).

② HRL H204329, Aug. 18,2014.

③ HRL 544680,Jun. 26,1992; HRL 545388,Oct. 21,1994.

④ HRL W548314,May 16,2012, https://rulings. cbp. gov/ruling/W548314,accessed Jan. 8, 2024.

⑤ 《美国国内税法典》第 482 节规定,如果两个或多个组织、行业或企业(无论是否在美国注册成立,无论是否在美国组建,无论是否有关联)由同一利益直接或间接拥有或控制,财政部部长可以在这些组织、行业或企业之间划分或调整分配总收入、扣除、抵免或补助,如果他确定这种分配是为了防止逃税或明确反映任何此类组织、行业或企业的收入。在转让(或许可)无形财产[第 367(d)(4)条含义内]的情况下,与此类转让或许可相关的收入应与归属于无形资产的收入相称。就本节而言,部长应要求对无形财产的转让(包括与其他财产或服务一起转让的无形财产)进行总体估价,或根据此类转让的现实替代方案对此类转让进行估价,如果部长确定该基础是对此类转让进行估价的最可靠方式。

2. 美国的纳税义务人在填写所得税申报表时使用该转让定价政策,并且纳税义务人在填所得税申报表时已申报或已用到源于该转让定价政策的调整;

3. 公司的转让定价政策规定了其所涵盖的所有产品的成交价格应如何确定其转让价格和调整;

4. 为支持其所主张的在美国境内的调整,公司保存和提供其财务账簿和(或)财务报表的会计明细;

5. 不存在其他可能影响 CBP 接受转让价格的情况。

在 W548314 号裁定中,CBP 阐明第 1 个因素中的"转让定价政策"包括 APA、依据美国国内收入署(IRS)转让定价法规或国外类似法规而准备的转让定价报告、具有法律约束力的公司间的协议、备忘录。此外,CBP 还指明第 1 和 4 个因素联合起来要求进口商在转让定价证明文件中详细说明调整是如何确定的,并提供为支持其所主张的调整而保存的财务账簿和(或)财务报表的会计明细。而第 3 个因素则要求转让定价政策应涵盖了之后可能会被调整的产品。CBP 指出满足"五个因素"测试的转让定价政策会减少价格操控的可能性和主张进口后调整的主观性,被视为在进口前已存在的一个客观的公式。通过该裁定 CBP 扩充了"客观公式"的解释,允许进口商主张进口后的调整。

如果进口商希望申报进口后价格调整,特别是向下调整价格且主张退税时,CBP 建议进口商注册和使用"和解项目"(Reconciliation Program)。和解项目允许进口商以合理的谨慎态度,向 CBP 提交具有最佳可用信息的报关摘要,并相互理解某些要素(例如价格)在入境申报时仍然悬而未决。稍后,当细节确定后,进口商会提交一份补充申报,提供最终且正确的信息。然后 CBP 会对账清算,视情况发出额外应缴税单或退款。和解项目允许进口商在该货物进口后的 21 个月内完成对其进口价格的调整。① 进口商也可适用其他方法,例如抗议

① 19 CFR Part 152, Subpart C.

或情况通报函(Information Letter)[①]来申报任何的调整。抗议须在海关征税后的 180 天内提出。

第二节　中国关联交易海关估价流程

一、我国海关估价体系的组织架构及管理方式

(一)组织架构

2017 年 7 月海关总署《关于推进全国海关通关一体化改革的公告》施行后,目前海关估价的组织架构如下:

1. 关税征管司

海关总署关税征管司领导全国海关估价工作,并成立专门监控小组对价格进行全面监控。

2. 税收征管局

全国设立广州、上海、京津三个税收征管局,主要按照商品和行业分工负责全国价格风险防控工作。税收征管局上海分管机电大类(机电、仪器仪表、交通工具类等)商品,包括《进出口税则》共 8 章(第 84 ~ 87、89 ~ 92 章);税收征管局广州分管化工大类(化工原料、高分子、能源、矿产、金属类等)商品,包括《进出口税则》共 31 章(第 25 ~ 29、31 ~ 40、68 ~ 83 章);税收征管局京津分管农林、食品、药品、轻工、杂项、纺织类及航空器等,包括《进出口税则》共 58 章(第 1 ~ 24、30、41 ~ 67、88、93 ~ 97 章)。

税收征管局汇总全国各行业企业、各类商品等信息数据,防控涉及归类、估价、原产地等要素的税收风险,充分发挥知行业、专家多、数据全的平台优势促进执法统一。比如,税收征管局(上海)在对分管行业进口商品开展税收风险排

---

① 情况通报函不是正式的法律程序,而是一种非正式的沟通方式,用于向 CBP 咨询或通报特定情况。这种通信形式并没有在 CFR(Code of Federal Regulations)中具体规定,但常被用作一种实践方式,在某些情况下帮助进口商阐明或解释复杂的事务。

查过程中发现价格问题，从而办理了一起特殊关系影响电子元器件成交价格的估价案件①及一起特殊关系影响进口手表成交价格估价案件。②

税收征管局还通过提供价格资料和验估指引，指导现场海关准确执行验估指令、开展价格风险延伸排查。通过提供平台数据和技术支持，指导直属海关依托属地纳税人管理为企业提供估价合规引导。发布风险分析报告，指导风控和稽核查部门协同开展税收风险防控。③

3. 直属海关关税处

直属海关关税处负责本关区层面价格管理工作，指导关区现场验估部门开展审价工作，为现场海关、稽查、缉私部门提供估价技术支持。以上海海关关税处为例，其主要职责为：承担本关区进出口关税及其他税费征管的管理工作，承担本关进出口商品分类、原产地规则、签证管理、海关估价等管理工作，承担本关化验室职能管理工作，承担本关减免税管理工作，按分工办理相关项目的减免税审核确认和相关后续管理工作。开展本关归类、价格、原产地预裁定，承担本关税收风险防控推动工作。④

4. 现场海关

现场海关是直接面对进出口商的海关，负责利用见单见货优势核实处置价格风险。(1)开展验估作业，验核和处置进出口商品价格风险。(2)接收验估指令外的其他风险核查要求，处置估价管理风险。(3)监控本现场进出口应税商品价格风险，发现价格风险线索，会同关税职能部门和税收征管局，移交缉私或稽查。

5. 稽查部门、缉私部门

对企业开展进口后续稽核查、调查、刑事侦查。比如，在一起护肤品小样特

---

① 严审：《特殊关系影响电子元器件成交价格的估价实践》，载《海关审价》2022 年第 1 期。

② 高阳：《双边预约定价背景下海关审查特殊关系影响成交价格估价实践》，载《海关审价》2022 年第 7 期。

③ 海关估价职能重构及优化课题组：《试论海关估价职能的重构及优化——关于全面深化业务改革 2020 框架下海关估价工作的思考》，载《海关审价》2021 年第 1 期。

④ 《关税处》，载上海海关网 2021 年 6 月 24 日，http://shanghai.customs.gov.cn/shanghai_customs/423428/423439/nsjg/2448790/index.html。

殊关系影响成交价格估价案件[①]中，关税部门通过监控发现公司进口产品价格申报过低，遂将风险线索移交稽查部门，稽查部门基于风险线索有针对性地开展核查并成功实施估价补税。两部门协同配合进行税收风险防控。后续稽查部门同时对同行业存在类似情况的企业进行扩线核查补税。再如，在一起特殊关系影响快艇发动机成交价格估价案件[②]中，某海关稽查部门对属地企业展开稽查。现场海关收到稽查指令后，与稽查部门、关税部门协同合作，稽查部门负责数据收集，关税部门负责提供估价思路及技术支持，多方协作，完成稽查。

6. 海关估价技术委员会

海关估价技术委员会是经海关总署授权成立的非常设的海关估价专家组织。[③] 海关估价技术委员会于 1999 年成立，主要工作是研究 WTO 和 WCO 估价理论、估价技术以及估价管理经验，解决估价技术疑难问题，委员会还及时跟踪研究 WTO 估价委员会和 TCCV 的有关决定、解释、案例、评论意见等文件以及成员国的估价管理措施。[④]

（二）管理方式

我国海关将估价形成了前推后移且向纵深发展，多维度完善管理方式。

1. 海关内部管理

（1）成立专业工作小组。针对跨行业、跨商品、跨关区的转让定价海关估价技术问题成立专业小组，针对重点企业开展估价技术问题调研，通过个案突破带动全行业规范。[⑤] 如 2015 年后，关税征管司针对进口汽车、进口苹果品牌系列产品涉及的转让定价问题，成立专门工作小组，结合企业财务年报，每年集中审核，统一对外开展价格质疑与磋商，统一审价执法。[⑥]

（2）加强培训，提升估价水平及能力。开展估价理论系统培训，通过技能传承、案例研讨、课题研究等方式，夯实理论基础。举办转让定价估价技术研讨

---

① 马兆辉、李绮绯：《护肤品小样特殊关系影响成交价格估价实践》，载《海关审价》2022 年第 5 期。

② 陈慧、周怡琛：《特殊关系影响快艇发动机成交价格估价实践》，载《海关审价》2022 年第 7 期。

③ 关税司：《海关估价技术委员会成立》，载《中国海关》2000 年第 5 期。

④ 林倩余、姚青凌、杨卓：《中国海关估价的历史转变》，载《海关审价》2021 年第 9 期。

⑤ 海关估价职能重构及优化课题组：《试论海关估价职能的重构及优化——关于全面深化业务改革 2020 框架下海关估价工作的思考》，载《海关审价》2021 年第 1 期。

⑥ 林倩余、姚青凌、杨卓：《中国海关估价的历史转变》，载《海关审价》2021 年第 9 期。

班,邀请专家讲解审查评估程序。

(3)总结经验、创办刊物。海关总署创办有全国性审价刊物《海关审价》,为全国海关学习研究国际估价规则、交流估价管理经验提供平台。① 关税征管司委托税收征管局(广州)以“以案说法”的形式汇编海关估价案例,涵盖了全国海关估价热点、难点案例,及时共享估价技术研究成果,推动海关估价执法统一。②

(4)积极参与并推动估价领域的国际交流。派代表参与转让定价国际研讨会,参与国际估价规则的研究和制定,向世界贡献“中国方案”。③ 我国海关向 WCO 提交的 RPM 转让定价案例,在 2017 年 10 月 WCO 估价技术委员会第 45 次会议上正式通过,成为 WCO 指导性文件“案例研究 14. 2”,纳入《WCO 海关估价纲要》。

2. 企业管理

(1)属地纳税人管理和价格管理台账。近年来,中国海关已经在加强对跨国企业的监管,特别是那些在转让定价和海关估价方面存在潜在风险的大型企业。通过建立价格管理台账,海关能够更有效地追踪和分析企业的定价策略和交易行为,确保它们符合国际贸易和海关规定。

(2)对接企业 ERP(企业资源计划)、SAP(系统应用与产品)系统。对接企业的 ERP 或 SAP 系统是一个先进的措施,可以让海关直接获取企业的生产、经营和财务数据。这不仅有助于海关进行实时的监管和分析,也便于企业进行更加准确和及时的申报,减少合规风险。

(3)“互联网 + 智慧稽核查”系统。深圳海关的这一系统展示了中国海关如何利用现代信息技术来优化海关审计和稽查工作。通过这个系统,海关可以更高效地处理大量数据,提升审计查验的精确性和时效性。

(4)属地纳税人管理模块的建设与 ERP 系统对接试点。深圳海关依托已建成的“互联网 + 智慧稽核查”系统,建设属地纳税人管理模块,并试点对接供

---

① 林倩余、姚青凌、杨卓:《中国海关估价的历史转变》,载《海关审价》2021 年第 9 期。

② 林倩余、姚青凌、杨卓:《中国海关估价的历史转变》,载《海关审价》2021 年第 9 期。

③ 林倩余:《深入推进估价技术国际交流,中国海关走近世界估价舞台中央》,载《海关审价》2021 年第 1 期。

应链企业 ERP 系统。[①] 这表明深圳海关在探索如何通过技术整合提升海关管理的局部实践,特别是在供应链管理方面。这种对接试点项目有望扩展到其他地区和企业,进一步提高整个行业的透明度和合规性。

这些措施旨在常态化和机制化地防控价格风险,确保海关管理的公正和透明。

3. 行业管理

(1)行业分析与价格调研。结合分管商品和行业特点,税收征管局每年会对某些行业进行深度调研分析,通过与行业协会、诚信企业、资讯机构、驻华使领馆商务部门等合作,收集行业贸易模式、定价机制、价格行情等信息。结合价格行情资料对进口货物价格风险进行评估,结合商品、行业特点确定价格管理思路,必要时针对风险商品设置税收风险模型、风险参数。

例如,京津税收征管局对奶粉行业调研发现,进口企业主要是跨国公司在我国设立的中外合资、独资企业或者分销代理企业。进口价格通常由公司总部确定,存在为将利润进行转移,即把利润留在国内而低报价格的风险。基于此调研情况,海关针对奶粉行业建立价格管理体系,对企业财务信息予以备案,包括毛利率、营业利润率、完全成本加成率、贝里比率等。同时建立价格审核管理模型,制作奶粉行业企业价格问题自查表,鼓励企业定期开展合规自查。[②]

再如,广州税收征管局对天然气行业进行行业调研发现,我国天然气的主要进口集中于中海油、中石油、中石化三家进口商,而这些公司一般在境外设立有子公司,并由子公司负责全球天然气采购,然后再由境内有特殊关系的其他子公司申报进口,外贸合同上显示买卖双方存在特殊关系。这些交易可能存在双方内部的结算价格与申报价格不一致的问题。基于此调研情况,海关针对天然气等重点能源行业开展专项审核,重点审查买卖双方的定价方式是否符合行业惯例、成交方式是否符合贸易惯例等。同时,以龙头企业作为特殊关系风险管理的重点,挖掘其内部结算价格等要素,以规范行业内企业的合规申报。[③]

---

① 海关估价职能重构及优化课题组:《试论海关估价职能的重构及优化——关于全面深化业务改革 2020 框架下海关估价工作的思考》,载《海关审价》2021 年第 1 期。

② 高鹏:《关于奶粉的调研报告》,载海关总署编:《商品调研报告汇编 2019》(2019 年)。

③ 尹海云:《关于天然气行业的调研报告》,载海关总署编:《商品调研报告汇编 2019》(2019 年)。

(2)制发行业管理清单,促进行业合规。如京津税收征管局制发航空业管理清单、行业自律手册,形成行业标准规范,有助于促进行业自律合规,提升纳税遵从度。①

4. 大数据管理

近年来,中国海关还在推动使用智能化系统和大数据技术来优化海关操作,包括价格管理。这些系统旨在提高海关估价的效率和准确性,减少人为错误,同时加强对进出口商品价格的监管和分析能力。包括使用数据库处理与转让定价有关的海关估价问题。毕威迪(Bureau van Dijk,BVD)是一个全球知名的公司信息和商业智能平台,提供详尽的公司财务数据和其他相关信息。中国海关使用此类数据可以帮助比对和分析跨国公司在不同国家的经营状况,从而合理评估关联交易中的转让定价是否公平。OSIRIS 是一个提供上市公司全球详细财务信息的数据库,同样属于 Bureau van Dijk 公司的产品之一。通过分析这些数据,海关可以更好地理解和评估企业间的价格设置是否符合市场价值,特别是在关联企业之间的交易中。这些工具和系统的使用,使中国海关能够更加标准化、专业化和智能化地处理复杂的海关估价问题,包括那些涉及转让定价的案例。

二、基本程序

(一)申报"特殊关系确认""价格影响确认"

海关总署 2016 年第 28 号公告《关于修改进出口货物报关单和进出境货物备案清单格式的公告》(已失效)新增"特殊关系确认""价格影响确认"两项填报栏目,要求企业在进口通关环节,即在进口报关单上进行特殊关系项目勾选及价格影响的勾选。出口货物、加工贸易及保税监管货物(内销保税货物除外)免予填报。也就是说,企业需要根据《审价办法》第 16 ~ 18 条自行判断是否存在特殊关系及特殊关系是否影响成交价格。

① 海关估价职能重构及优化课题组:《试论海关估价职能的重构及优化——关于全面深化业务改革 2020 框架下海关估价工作的思考》,载《海关审价》2021 年第 1 期。

就特殊关系及其是否影响成交价格，海关与税务的规定存在差别，企业容易混淆。这些规定将技术性较高的问题交给企业自行判断，提高了企业的合规要求与违规风险。在威科先行网站上以特殊关系填报作为关键词搜索，可发现此类行政处罚非常多。比如，在斗门海关办理的一起行政处罚中[①]，当事人对一般贸易货物申报进口时，将报关单"特殊关系确认"项申报为"否"，但正确申报应为"是"。海关据此认定当事人申报不实，并对当事人罚款13,000元。

(二)价格质疑与补充资料

当海关认为买卖双方之间的特殊关系影响成交价格时，海关会启动价格质疑程序，制发《中华人民共和国海关价格质疑通知书》(以下简称《价格质疑通知书》)，将质疑的理由书面告知企业，并写明需要企业提供的相关资料。[②] 海关所需的资料会根据个案有所不同，一般来说海关对特殊关系影响成交价格的审核会要求以下资料[③]：

(1)企业的基本信息：主营业务模式，工商、税务登记证件；
(2)投资和经营合同、章程及可行性研究报告；
(3)年度会计报表、审计报告；
(4)进口情况，包括货物品名、规格、价格、供应商等；
(5)关联企业情况，包括组织结构、功能分工等；
(6)关联企业交易情况，包括关联企业间的采购、销售等；
(7)企业转让定价政策文件；
(8)可比公司情况及可比公司财务数据(利润水平)；
(9)此前被海关审核及补税信息；
(10)与进口货物价格有关的其他材料，如非贸付汇资料等。

中国海关已接受用税务机关已确定的转让定价政策来做销售环境测试。

① 中华人民共和国斗门海关行政处罚决定书，拱斗关缉违字(2020)0021号。
② 《审价办法》附件2。
③ 根据《海关对跨国公司转移定价估价指导意见》第4条及实务经验总结。

比如在一起化妆品转让定价估价案例[①]中,第三方审计公司确认的利润区间被税务机关否定后,企业按照税务机关要求的利润率进行了调整,并进行了备案。海关对营业利润率质疑,认为应该以第三方审计公司确认的利润区间作为合理的利润区间,但企业提出,税务机关在审核该利润区间时认为选取的企业不具有代表性,而后由税务机关根据其掌握的化妆品行业利润情况与企业多次协商后确定了最终的营业利润率。海关与税务机关沟通并获得了其比对方法,审核比对企业和比对原则后,认可了企业营业利润率的合理性。而经过税务机关实质性审核的 APA 有更高的可参考性。比如,在一起特殊关系影响进口手表价格估价案[②]中,海关认可 APA 中所明确的买方应获得的息税前营业利润率的合理范围,并据此审核进口货物价格。

企业在收到《价格质疑通知书》之日起 5 个工作日内,需要以书面形式提供相关资料或者其他证据,证明双方之间的特殊关系没有影响成交价格。如果存在客观情况(比如相关资料在境外总部,调取整理需要时间等),无法在上述期限内提供相关材料的,企业也可以以书面形式申请延期。[③]

(三)海关估价

根据《审价办法》第 16 条的 8 种定义以及企业提供的资料判断买卖双方存在特殊关系后,海关会使用测试价格法判断特殊关系是否影响成交价格。《审价办法》第 17 条所提到的几个测试价格[④]均要求企业举证。实践中,跨国公司的交易大多发生在关联公司之间,而且产品也具有特殊性,很难找到《审价办法》第 17 条所提到的“测试价格”。

海关还会运用销售环境测试法来判断特殊关系是否影响成交价格。由于《审价办法》中对“销售环境”并未作出详细的规定[⑤],实践中,中国海关会主要

① 广州海关:《化妆品转移定价估价案例》,载海关总署编:《海关估价案例汇编(7)》(2019 年)。

② 高阳:《双边预约定价背景下海关审查特殊关系影响成交价格估价实践》,载《海关审价》2022 年第 7 期。

③ 《审价办法》第 44 条第 1、2 款。

④ 相同或类似货物成交价格估价方法确定的完税价格、倒扣价格估价方法确定的完税价格、计算价格估价方法确定的完税价格。

⑤ 《审价办法》第 18 条规定:“海关经对与货物销售有关的情况进行审查,认为符合一般商业惯例的,可以确定特殊关系未对进口货物的成交价格产生影响。”

考虑是否符合《WTO 海关估价协定》第 1.2 条的注释的示例,即示例一审查"定价方式与所涉行业的正常定价惯例是否相一致"、示例二审查"与卖方售予与其无特殊关系的买方的定价方式是否相一致"、示例三审查"价格是否足以收回全部成本加利润,且该利润代表该公司在某一代表期间内(如按年度计)销售同级别或同种类货物所实现的总利润水平"。

无论哪种"销售环境"的测试都得由企业来提供证据。经过审查,海关"仍有理由怀疑"买卖双方之间的特殊关系影响成交价格的,也可以不接受这些证据材料及企业的申报价格。[①] 实践中"仍有理由怀疑"的情况比较普遍。2016 年 1~5 月全国通关环节一般贸易方式估价中,41% 是"仍有理由怀疑"的情况。[②] 如果海关认为特殊关系影响成交价格,则会依次使用成交价格方法以外的估价方法(相同货物成交价格估价方法、类似货物成交价格估价方法、倒扣价格估价方法、计算价格估价方法、合理方法)确定替代价格作为应税价格。如果经审核,海关认为特殊关系未影响成交价格,海关会适用成交价格法进行估价。

(四)价格磋商

价格磋商,是指海关不接受成交价格而在使用其他估价方法时与纳税义务人交换彼此掌握的用于确定完税价格的数据资料的行为。[③] 需要进行价格磋商的,海关应当依法向纳税义务人制发《中华人民共和国海关价格磋商通知书》。纳税义务人应当自收到通知之日起 5 个工作日内与海关进行价格磋商。纳税义务人在海关规定期限内与海关进行价格磋商的,海关应当制作《中华人民共和国海关价格磋商记录表》。

价格磋商的目的是交换数据资料,并依法审定货物的完税价格,保障企

---

① 《审价办法》第 45 条。

② 李茵鹏:《关于"仍有理由怀疑"条款的应用建议》,载《海关审价》2016 年第 15 期。"仍有理由怀疑"条款源于《WTO 海关估价协定》决定 6.1,主要目的是防止企业瞒报价格。但是该决定对如何使用"仍有理由怀疑"作了约束:"在作出最终决定之前,海关应将其怀疑进口商提供的具体材料或单证真实性和准确性的理由告知进口商,如进口商请求,应以书面形式告知,并给予进口商作出回复的合理机会。在作出最终决定时,海关应将其决定及相关理由以书面形式告知进口商。"但我国《审价办法》并未采纳这些表述,导致"仍有理由怀疑"条款。

③ 《审价办法》第 51 条。

业的合法权益。比如,在使用相同或者类似货物成交价格估价方法时,双方交换各自掌握的相同或者类似货物的成交价格;在使用倒扣价格估价方法时,双方交换各自掌握的进口货物或者相同、类似货物在境内第一销售环节销售的价格、该进口货物同等级或者同种类货物在境内销售时通常的利润和一般费用;在使用计算价格估价方法时,双方交换各自掌握的该进口货物的生产成本、向境内销售与该进口货物同等级或者同种类货物通常的利润和一般费用。

纳税义务人未在通知规定的时限内与海关进行价格磋商的,视为其放弃价格磋商的权利,海关可以直接使用其他估价方法审查确定进口货物的完税价格。[1]

(五)行政复议

当企业认为海关估价并不正确从而引发纳税争议时,可向海关行政复议机关提出复议申请,即可以向作出有关缴税决定或处罚决定的海关的上一级海关提出行政复议申请[2],从而请求重新审查原海关的估价决定。根据《海关行政复议办法》和相关实施细则,申请人可以在知道或应当知道海关行政行为之日起60日内提出行政复议申请,除非法律规定了更长的期限。申请人可以书面或口头提出行政复议申请。书面申请可以通过邮寄、互联网渠道或当面提交。海关总署和直属海关是行政复议机关,负责法治工作的机构是行政复议机构。海关行政复议机关在收到申请后5日内进行审查,决定是否受理。若受理,通知被申请人(海关)在规定时间内提出书面答复。海关行政复议机关根据普通程序或简易程序审理案件,可能包括书面审理、听证等。审理结束后,海关行政复议机关作出行政复议决定,可能包括撤销、变更或维持原行政行为等。

---

① 《审价办法》第47条第2款。

② 《关税法》第66条第1款。《海关行政复议办法》第17条第2款规定。对海关总署作出的具体行政行为不服的,向海关总署提出行政复议申请。

由于我国行政复议案例并不公开①,能够查找的海关估价方面的案例更有限。总的来说,我国行政复议的成功率可能受到案件性质、证据充分性、法律适用等多方面因素的影响。笔者作为代理律师亲身经办了一些关联交易海关估价案件的行政复议,不仅程序规范,而且在有的案件中海关总署要求直属海关重新作出估价并重新制作专用缴款书。

三、特别程序

(一)价格预裁定

2018 年为履行我国在《WTO 贸易便利化协定》项下的相关义务,《海关预裁定管理暂行办法》正式实施。2021 年上海海关共计完成价格预裁定 50 份,涉及玩具、化妆品、服装、机械等多个行业。②《海关预裁定管理暂行办法》第 3.7 条规定,在货物拟进口 3 个月前,申请人可以就进口货物完税价格相关要素(包括特殊关系以及其他与审定完税价格有关的要素)、估价方法申请预裁定。

申请预裁定可以通过中国电子口岸"海关事务联系系统"(QP 系统)或"互联网+海关"向备案地直属海关提交《中华人民共和国海关预裁定申请书》以及相关材料,比如基本贸易单证的合同、协议或者订单、发票、信用证、付款凭证。对于涉及"是否存在特殊关系""是否影响成交价格"的价格预裁定申请,公司还需要对照《审价办法》第 16~18 条进行详细说明,并提供比如审计报告,定价政策,转移定价报告、同期资料等证明材料。海关自收到《中华人民共和国海关预裁定申请书》以及相关材料之日起 10 日内审核决定是否受理该申请,制发相

---

① 《行政处罚法》第 48 条第 1 款规定:"具有一定社会影响的行政处罚决定应当依法公开。"最高人民法院《关于人民法院在互联网公布裁判文书的规定》第 3 条规定:"人民法院作出的下列裁判文书应当在互联网公布:(一)刑事、民事、行政判决书;(二)刑事、民事、行政、执行裁定书;(三)支付令;(四)刑事、民事、行政、执行驳回申诉通知书;(五)国家赔偿决定书;(六)强制医疗决定书或者驳回强制医疗申请的决定书;(七)刑罚执行与变更决定书;(八)对妨害诉讼行为、执行行为作出的拘留、罚款决定书,提前解除拘留决定书,因对不服拘留、罚款等制裁决定申请复议而作出的复议决定书;(九)行政调解书、民事公益诉讼调解书;(十)其他有中止、终结诉讼程序作用或者对当事人实体权益有影响、对当事人程序权益有重大影响的裁判文书。"

② 迮越、杨育欣:《上海海关多管齐下强化关区估价管理职能再创佳绩》,载《海关审价》2022 年第 1 期。

应的《中华人民共和国海关预裁定申请受理决定书》或者《中华人民共和国海关预裁定申请不予受理决定书》。自受理之日起 60 日内海关制发《中华人民共和国海关预裁定决定书》。预裁定决定有效期为 3 年。申请人在预裁定决定有效期内进出口与预裁定决定列明情形相同的货物,应当按照预裁定决定申报,海关予以认可。预裁定决定对于其生效前已经实际进出口的货物没有溯及力。[①] 预裁定决定是具体行政行为,对预裁定决定不服的,申请人可以寻求救济,比如可以向海关总署申请行政复议;对复议决定不服的,可以依法向人民法院提起行政诉讼。

(二)主动披露

企业如果在自查中发现有价格申报错误的情况,可以向报关地、实际进出口地或注册地海关主动披露。

根据海关总署公告 2023 年第 127 号——《关于处理主动披露违规行为有关事项的公告》的规定,自 2023 年 10 月 11 日起至 2025 年 10 月 10 日由价格申报错误引发的涉税违规行为在发生之日起的 6 个月内或超过 6 个月但在 2 年内(满足"漏税比例 30% 以下或漏税金额 100 万元以下")主动披露,企业可以免予行政处罚。经企业申请,还可以减免税款滞纳金。经主动披露并最终被处以警告或 100 万元以下罚款的,也不会影响企业的信用记录。若价格申报错误但未引发漏税(如前述未正确填报特殊关系及价格影响确认),也可通过主动披露以争取免罚。

(三)协同管理备忘录

2022 年 5 月 18 日,深圳海关、国家税务总局深圳市税务局联合发布《关于实施关联进口货物转让定价协同管理有关事项的通告》。《关于实施关联进口货物转让定价协同管理有关事项的通告》明确深圳海关和深圳税务局对企业关联进口货物的价格进行联合评估,协商一致后与企业联合签署《关联进口货物转让定价协同管理备忘录》(以下简称《协同管理备忘录》)并分别作出海关价格预裁定、税务预约定价安排。《协同管理备忘录》适用期间,企业任何一个年

---

① 《海关预裁定管理暂行办法》第 8、11、13、14、15 条。

度的实际财务指标应当按照备忘录确定的公平交易值域的中位值执行。如低于或者高于中位值的,企业需按照财务指标中位值进行价格后续调整。企业进行价格调整后,需及时告知主管海关和主管税务局,海关与税务局根据各自相关规定履行相应程序。①

《关于实施关联进口货物转让定价协同管理有关事项的通告》的适用对象需要在深圳注册,还需要满足海关预裁定制度以及税务预约定价安排制度的申请企业资质要求。即应当是与实际进出口活动有关,并且在海关备案的对外贸易经营者;且应当是在主管税务机关向其送达接收其谈签意向的《税务事项通知书》之日所属纳税年度的前 3 个年度每年度发生的关联交易金额为 4000 万元人民币以上的企业。② 适格企业需要同时向企业属地海关综合业务科与深圳税务局第四税务分局综合业务科提交申请表。两部门受理后,启动联合评估工作,就转让定价进行协商。两部门协商一致后,会与企业共同签署《协同管理备忘录》,如果不能协商一致的,则终止协同管理程序。

《关于实施关联进口货物转让定价协同管理有关事项的通告》发布后,2022 年 10 月,国家税务总局深圳市税务局和深圳海关在国家税务总局和海关总署指导下,以税务部门“单边预约定价安排”和海关“预裁定”的方式,联合完成全国首例税务、海关转让定价协同管理。③

(四)后续调整价格

除了 2022 年 5 月 18 日深圳海关、国家税务总局深圳市税务局联合发布的《关于实施关联进口货物转让定价协同管理有关事项的通告》中的规定外,我国目前没有进口后续价格补充申报规定。④ 企业有因后续调整以实现转让定价目

---

① 《关于实施关联进口货物转让定价协同管理有关事项的公告》第 5 条。

② 国家税务总局《关于完善预约定价安排管理有关事项的公告》(国家税务总局公告 2016 年第 64 号,2016 年 10 月 16 日发布)第 4 条。

③ 中国税务报:《深圳税务海关制定转让定价协同管理机制》,载国家税务总局深圳市税务局官网,https://shenzhen.chinatax.gov.cn/lhqswj/gzdt/202208/77c5dc8f98f34e30ada4448f170f4acd.shtml。

④ 海关估价职能重构及优化课题组:《试论海关估价职能的重构及优化——关于全面深化业务改革 2020 框架下海关估价工作的思考》,载《海关审价》2021 年第 1 期。

标而被指进口时申报不实的风险。[①] 为了避免处罚风险,有的企业会提前与海关进行协商。但往往调高进口价格时,企业需要相应补缴差额税款;而调低进口价格时,却无法取得退税。

如果进口企业以调整进口货物价格的方式,调节企业整体利润水平,导致进口货物的价格波动异常,常常会引发海关关注。实践中上海海关对价格5%及以上的差额会开展价格审查。[②] 企业须对因转让定价而作出的可预见的进口后调整的支持性文件保存完备以应对审查。

出于外汇管制等原因,进口企业有时难以及时进行转让定价政策下的价格调整。此时,海关可能据此认定成交价格受关联关系影响。比如,在一起化妆品转让定价估价案[③]中,第三方审计公司确认的利润区间被税务机关否定后,企业按照税务机关要求的利润率进行了调整。据此,该国内公司与国外出口商签订协议,其中约定当国内公司利润率超过税务部门要求的目标利润率时,出口商将调增下一季度出口价格,以满足全年利润水平达到目标利润。但海关审核发现,该公司在某一年份销售极佳,使得该年度实际利润总额大于目标利润,但通过比对进口报关单数据,发现其进口价格并没有按协议随季度调增。多出的利润,由出口商向该公司开具价格调增发票进行特别纳税调整。海关认为,调增款项实际是为了满足集团内部转让定价策略而对进口价格的调整,调增发票的金额应该计入完税价格,须重新估价。

第三节　两国海关估价流程的特点

总体上中美两国的价格申报、资料补充、行政复议等流程是大致相似的。值得我们比较分析的是以下几个方面。

---

① 《海关法》第24条规定:"进口货物的收货人、出口货物的发货人应当向海关如实申报,交验进出口许可证件和有关单证……"

② Deloitte, *The Link Between Transfer Pricing and Customs Valuation*: 2018 *Country Guide*, Deloitte, 2018, https://www2.deloitte.com/content/dam/Deloitte/global/Documents/Tax/dttl-tax-the-link-between-transfer-pricing-customs-valuation-country-guide.pdf, accessed Jan. 8, 2024.

③ 广州海关:《化妆品转移定价估价案例》,载海关总署编:《海关估价案例汇编(7)》(2019年)。

一、申报和举证要求均高，但守法能力差距大

中美海关都要求进口商在进口申报时对“特殊关系”及“价格影响”予以确认，并提供相应的证据。但美国海关在强调进口商“合理注意”时，强调“分担的责任”与“知情合规”，发布各种知情出版物，为进口商提供了丰富的业务指导。自 1989 年以来美国海关发布的所有预裁定均可通过 CROSS 系统检索，公开的案例及执法实践可以让企业了解海关处理思路，有助于美国海关估价活动的顺利进行。但是我国目前海关总署网站上仅能查询到归类预裁定，而价格相关的预裁定则无从查询。有关“销售环境测试”的估价执法案例更是仅供内部使用，企业都没有接触的渠道。实践中，我国不少进口企业对“特殊关系”及“价格影响”填报内容不了解也不认真对待，进而引发许多行政处罚、刑事案件。

二、对于估价的调整美国更注重进口商的程序性权利保护

从进口商作出申报到海关作出调整，美国海关通常要发出三份表格，进口商对表格 28 有 30 天的响应时间，对表格 29 有 20 天的响应时间。而我国无论是价格质疑通知还是价格磋商通知，进口商都仅有 5 天的响应时间。这对于涉及复杂文件和数据的关联企业转让定价的海关估价而言是远远不够的，有时联系一个外部数据都很困难。如果涉及“示例三”的运用，以 5 天完成举证就是“不可能的任务”。对于海关作出的估价决定的抗议程序，美国进口商可在征税后 180 天内提起。而在我国申请人通常得在收到专用缴纳书之日起 60 天内提起。相对而言准备时间也是较短的。

此外，抗议、进一步的抗议、任何阶段都可申请的行政裁定，使美国进口商有更丰富的行政救济资源。甚至，如果进口商获得的行政裁定与口岸海关的处理意见存在冲突，进口商可以使用该行政裁定来争取海关的重新考虑和调整他们的决定。当然，进口商需要确保所依据的行政裁定与争议的具体问题直接相关，且裁定的内容覆盖了争议点。行政裁定通常具有较高的权威性，因为它们

反映了 CBP 对相关法律和政策的官方解释。口岸海关在接收到行政裁定后,通常需要内部审议该裁定的适用性和有效性。如果行政裁定确实有效,并且适用于当前的具体情况,海关应根据该裁定调整它们的处理方式。

三、回溯性价格调整在我国仍有制度性障碍

目前,中国在价格后续调整(或称回溯性价格调整)方面的立法和实践尚存在一些问题,尤其涉及外汇管理及报关单修改方面,可能还存在一些制度障碍。相比之下,美国海关已经明确了相关的处理原则和程序,能更好地应对价格后续调整的情况。为了与国际趋势保持一致,并为企业提供更合法的通道,中国海关在立法过程中有必要对转让定价后续调整问题进行专门的制度设计。这将有助于规范企业的行为,提供合法通道来调整进口货物的价格,从而减少出现违规行为的风险,促进贸易的便利化和透明度。

四、我国的制度环境更有利于提升海关估价能力

我国自全国通关一体化改革与以税收征管局为特征的集中管理方式实行以来,各税收征管局掌握的价格信息更加集中。而且海关通过协调多政府部门进一步拓宽了信息来源。比如,在一些案例中美国海关参加了进口商与 IRS 之间的 APA 预备案会议,取得进口商向海关豁免允许其查阅在 APA 流程中提交给 IRS 的文件后,能在整个 APA 过程中获得进口商向 IRS 提供的信息。深圳海关、国家税务总局深圳市税务局便借鉴这一经验,更进一步地实行了经企业申请的协同管理。

此外,我国海关还直接通过对接龙头企业内部管理精准获取生产经营数据,通过与行业协会互动挖掘行业定价规律与特点。在此基础上,我国海关通过分析收集到的供应链上下游的成本、销售数据等信息进一步提高了估价能力。我国海关的这些措施在美国则是障碍重重,难以实现的。比如,美国海关通常不能直接通过对接企业内部管理来获取生产经营数据。美国的商业秘密和个人隐私法律保护了企业的商业机密和个人隐私信息,因此海关在获取企业

数据时必须遵循一系列程序和法律规定，以确保合法性和透明度。美国海关通常通过要求企业提供特定的文件、申报和报告来获取相关数据，例如进出口申报、财务报表等。此外，美国海关也可以依法与其他政府部门或机构进行合作，以获取必要的信息，但这必须在法律和隐私保护框架下进行，并可能需要获得相关法律机构的授权或批准。美国海关在与行业协会互动时，除需要尊重商业机密和个人隐私外，还需要遵守反垄断法，确保不会违反竞争法规定。美国反垄断法[《谢尔曼反垄断法》(Sherman Antitrust Act)和《克雷顿法》(Clayton Act)]禁止企业之间进行不当的信息共享，特别是涉及定价、销售策略等与竞争相关的信息。如果海关与行业协会共享了这些信息，可能被视为涉嫌垄断行为或破坏市场竞争。为避免潜在的民事诉讼与调查风险，美国海关及其官员在获取信息与数据方面十分谨慎。

第七章

中美关联交易海关估价案例与评析

第一节　美国海关执法案例与评析

美国审价实践中对待具体估价问题的判定和处理多以行政裁定以及法院裁判等书面形式公开。美国行政裁定以及法院裁判对此后相同法律问题处理具有不同程度约束力。它们为美国海关审价确立了一系列具体规则,也为进口商与相关从业人员处理关联交易海关估价问题提供了明确指引。

案例研究 9

概　要

在 546285 号裁定(1996 年 6 月 7 日)①中,美国海关采用《美国联邦行政法典》第 19 篇第 152 小节第 103 条第 1 款规定的“示例二”对进口商的申报价格进行审查,认为成交价格未受到关联关系的影响。

交易事实

进口商是境外供应商的子公司。境外供应商使用相同的价格表将其产品同时销售给关联进口商、非关联经销商和非关联零售商。境外供应商基于购买产品数量的不同给予不同折扣的政策同样适用于关联进口商和非关联经销商。但相较于非关联经销商的 10% 的贸易折扣,关联进口商收到的 20.91% 的贸易折扣要更高。关联进口商购买了境外供应商对美国出口产品总量的 50% ,其美

① HQ 546285, Jun. 7, 1996, https://rulings.cbp.gov/ruling/546285, accessed Jan. 8, 2024.

元交易量一度几乎是排名第二的非关联经销商的两倍。

问　　题

进口商与境外供应商之间的关联关系是否影响了进口产品的成交价格？

海关分析

经审查,CBP 发现境外供应商有一个既定的价目表,这是其向关联进口商、非关联经销商和非关联零售商销售的基础。从价目表中,贸易折扣既给予关联进口商,也给予非关联经销商。关联进口商和非关联经销商都大量购买产品以转售给其他零售商,但两种交易折扣之间的差异为 10.91%。对此差异,关联进口商解释是因为相较于非关联经销商所持有的产品数量和种类,关联进口商囤积了更多种类和更大数量的产品而导致仓储成本增加。美国海关认为关联进口商的解释具有说服力。此外,美国海关还注意到关联进口商承担了在美国市场进行产品营销和推广的职责。

估价结论及评析

当关联进口商的采购数量被调整后,给予关联进口商和非关联经销商的折扣不存在实质性的差异,因此美国海关裁定进口商和供应商之间的关联关系未影响成交价格,成交价格是可接受的。

通过本案例可看出,即使境外供应商销售给关联方和非关联方的价格存在差异,但进口商有合理理由可以解释该价格差异,则仍可通过示例二证明买卖双方之间关联关系未影响成交价格。

案例研究 10

概　　要

在 547019 号裁定(2000 年 3 月 31 日)[1]中,美国海关用示例二对进口商的申报价格进行审查,认为成交价格未受到关联关系的影响。

交易事实

进口商从外国供应商采购进口商品。进口商是外国供应商在美国的子公

---

[1] HQ 547019, Mar. 31, 2000, https://rulings. cbp. gov/ruling/547019, accessed Jan. 8, 2024.

司。该外国供应商在美国仅销售商品给进口商和其他关联方。在设定进口商品的价格时,外国供应商在向关联和非关联买方进行销售时使用了价目表和折扣评级系统。该折扣评级系统使用以下标准建立:(1)客户购买外国供应商商品的数量;(2)客户对备件库存的投资;(3)客户雇用的现场服务技术人员的技术能力;(4)客户与外国供应商之间的电子数据交换水平。根据这些标准,为每个客户分配一个评级代码。外国供应商每年评估客户的评级,并根据评级代码的变化调整提供给客户的采购折扣。

美国海关要求进口商提供支持其使用估价方法的文件。为此,进口商向美国海关提供了外国供应商向其他不相关的买方提交的发票,以证明使用了相同的折扣评级系统。

问　　题

进口商和外国供应商之间的关联关系是否影响了进口商品的成交价格?

海关分析

通过审查供应商向非关联买方开具的发票,美国海关发现卖方根据统一的价目表和折扣评级系统向关联和非关联买方提供折扣。

估价结论及评析

若卖方使用同时适用于关联买方和非关联买方的统一的定价方法来确定成交价格,则可证明符合示例二的要求。

案例研究 11

概　　要

在 548095 号裁定(2002 年 9 月 19 日)[①]中,CBP 在审查了关联交易的所有相关方面后,最终裁定提交的资料不足以判断关联关系不影响成交价格,成交价格不是可接受的估价基础。

交易事实

V 公司是 X 集团内的一家公司,负责经营美国精品店、向批发商和零售商销售商品,营销和品牌推广。V 公司从同属 X 集团的 S 公司处购买进口商品后

---

① HQ 548095, Sep. 19, 2002, https://rulings.cbp.gov/ruling/548095, accessed Jan. 8, 2024.

转售给美国非关联的批发商和关联的美国精品店。S 公司负责商品的生产周期,包括合同制造商管理,制造商的选择、质量控制和库存。V 公司从 S 公司进口的商品包括名牌服装、香水、化妆品、手表、眼镜和鞋子等。在 2000 年 12 月 26 日进口了各种材质的手袋、围巾和皮带后,美国海关在 2001 年 1 月 20 日要求 V 公司提供所涉进口商品的样品、有关样式的文件以及与交易有关的所有合同等。此外,美国海关还要求进口商回答一系列的具体问题。

对此,V 公司提交两份陈述及转让定价报告(进口商是转让定价报告的受测试方,可比利润法被选为评估公司间交易的最佳方法)的一部分、V 公司和 S 公司之间的分销、服务和供应协议、特许权使用费协议,以及 V 公司与第三方之间的许可协议。

问　题

进口商品的成交价格是否受到了 V 公司和 S 公司之间的关联关系的影响?

海关分析

因 V 公司没有提交证据支持存在测试价格法下的“测试价格”,仅提供了有关销售情况的信息,所以美国海关重点审查了 V 公司提供的转让定价报告。该转让定价报告选取了可比利润法(在美国转让定价规定中,可比利润法与交易净利润法相同,二者差异更多是理论上的),但美国海关仅基于以下特殊情况才对进口商基于可比利润法的转让定价报告给予一定的重视:(1)转让定价方法已通过 APA 计划获得 IRS 的批准;(2)美国海关参加了进口商与 IRS 之间的 APA 预备案会议,并在整个 APA 过程中获得了进口商向 IRS 提供的信息;(3)进口商向海关提供豁免,允许其查阅在 APA 流程中提交给 IRS 的文件;(4)进口商的所有进口产品均属于 APA 范围;(5)转让定价协议为双边协议且已获得两国税务机关的审查和接受。[①] 然而,经审查,本案中的进口商品包括高级时装和(或)设计师商品。但转让定价报告中选取的可比公司似乎并不从事高级时装和(或)设计师商品的销售。而且,美国海关还注意到这些可比公司也没有被定位为 V 公司或 S 公司的竞争对手。所以美国海关不清楚转让定价报告所提供的数据是否涉及相关行业的定价惯例。美国海关认为在缺乏相关行业正常定

① HQ 546979, Aug. 30, 2000, https://rulings.cbp.gov/ruling/546979, accessed Jan. 8, 2024.

价惯例的情况下,无法证明成交价格的确定方式符合相关行业的定价惯例。

此外,V 公司虽然提供了一份费用清单,但没有提供关于 S 公司的详细资料或文件,例如会计记录。而且,V 公司和 S 公司之间的分销协议表明,V 公司和 S 公司之间的价格不一定必须包括利润,只是 V 公司对国内零售商的价格必须包括 4% 的年利润。此外,该协议允许 V 公司和 S 公司之间的批发商品价格在必要时与“建议价目表”不同,以便确保 V 公司至少获得 4% 的利润。对此,美国海关认为无法确定成交价格是否足以确保收回所有成本以及相当于母公司在代表性期间内销售同种类或同等级商品的利润。

估价结论及评析

通过对 V 公司所提供的信息和交易的所有相关方面的审查,包括双方组织其商业关系的方式以及设定相关价格的方式,美国海关认为 V 公司提交的资料不足以判断 V 公司和 S 公司之间的关联关系不影响成交价格。美国海关将使用成交价格法之外的估价方法对进口商品进行重新估价。

通过本案例不难发现,美国海关会基于进口商提供的所有文件对交易的“销售环境”进行全面审查,而非仅测试其中某一示例。本案例中,美国海关便同时考察了示例一和示例三是否满足。

案例研究 12

概　　要

在 548482 号裁定(2004 年 7 月 23 日)[①]中,CBP 对关联交易的相关方面进行审查,最终裁定提交的资料不足以判断关联关系不影响成交价格,成交价格不是可接受的估价基础。

交 易 事 实

卖方 B 公司是买方 A 公司的关联方。B 公司负责协调美国境外的产品生产,从美国境外的关联方和非关联方采购产品,并销售给关联和非关联的批发商;而 A 公司负责在美国销售相关的销售、营销和分销职能,还经营配送中心、

① HQ 548482, Jul. 23, 2004, https://rulings.cbp.gov/ruling/548482, accessed Jan. 8, 2024.

仓储等设施。A 公司的大部分产品来自 B 公司，少量来自美国和非美国的其他关联方和非关联方。

CBP 要求 A 公司提交支持其使用估价方法的文件。A 公司提交了转让定价报告。

问　题

A 公司和 B 公司之间的关联关系是否影响了进口产品的成交价格？

海关分析

因 A 公司未提交关于先前接受的可作为"测试价格"的证据，所以 CBP 仅采用销售环境测试法进行分析。经审查，CBP 发现 A 公司提交的转让定价选取的可比利润法，并选取了 2000 家功能等同的公司作为可比公司。然而，对"功能"具有可比性的公司进行的审查不会导致 CBP 得出这些公司从事同种类或同等级商品销售的结论。事实上，在对转让定价报告中"功能上"具有可比性的公司进行审查后，CBP 发现仅有少部分可比公司涉及相关行业。因为该转让定价报告没有关于相关行业正常定价管理的任何讨论，所以 CBP 认为转让定价报告本身不足以确认成交价格是根据相关行业的正常定价惯例设定的。

之后，美国又审查了进口价格是否足以确保收回所有成本并获取利润。CBP 对进口商基于可比利润法的转让定价报告给予了一定的重视，但是基于以下特殊情况：(1) 转让定价方法已通过 APA 计划获得 IRS 的批准；(2) CBP 参加了进口商与 IRS 之间的 APA 预备会议，并在整个 APA 过程中获得了向 IRS 提供的信息；(3) 进口商向海关提供豁免，允许其查阅在 APA 流程中提交给 IRS 的文件；(4) 进口商的所有进口产品均属于 APA 范围；(5) 转让定价协议为双边协议且已获得两国税务机关的审查和接受。CBP 曾根据上述这些特殊情况确定关联成交价格已满足销售环境测试法的要求。但本案情况却截然不同。转让定价报告尚未得到 IRS 的批准，所以 CBP 不知道该报告所依据的假设和得出的结论是否会被 IRS 接受。更重要的是，示例三的重点是卖方的成本和利润，但转让定价报告未提供关于 B 公司成本和利润的必要信息。所以 CBP 认为 A 公司提交的信息无法得出成交价格符合示例三要求的结论。

估价结论及评析

CBP 虽曾对基于可比利润法的转让定价报告给予了一定的重视，但本案中基于可比利润法的转让定价报告未获得 IRS 的批准,且缺乏关于相关行业定价惯例的客观标准,也未提供卖方的成本和利润信息,CBP 裁定 A 公司提供的信息不足以证实双方之间的关联关系未影响成交价格,故该成交价格是不可接受的估价基础。显然,海关对于从转让定价报告中获取的信息会作出独立的判断。

案例研究 13

概　　要

在 H029658 号裁定(2009 年 12 月 8 日)[①]中,CBP 基于对于销售环境的整体考量最终裁定关联交易的成交价格未受到买卖双方之间的关联关系影响。

交易事实

进口商作为其母公司在美国境内的独家经销商,在美国销售从母公司采购的汽车和零部件。进口商在被 CBP 要求证实该进口汽车和零部件的定价符合公平交易的原则时,向 CBP 提供了详尽的关于销售流程和价格磋商的说明,以及美国税务机关和其母公司所在国的税务机关共同批准的双边 APA。

问　　题

进口商和境外母公司之间的关联关系是否影响了进口商品的成交价格?

海关分析

因进口商未提供关于测试价格的证据,所以 CBP 首先审查该成交价格的确定方式是否与卖方将商品销售给无关联的买方时的定价方式一致。尽管生产商在其他法域(特别是在南美)有一些独立的汽车经销商,但是因为每个国家的交易量、顾客偏好及政府规章各不相同,CBP 认为用其他国家的独立经销商的价格作为参考来确定成交价格是否可接受是毫无意义的比较。进而,CBP 转而讨论销售价格是不是按汽车行业的正常定价方式确定的。CBP 注意到在进口商请求裁定的申请中包含了一份由安永会计师事务所准备的标题为"汽车行业的定价方式"的报告。CBP 承认该报告提供了描述汽车行业是如何根据"市场驱动"的定价方式确定其汽车和零部件定价的证据,尽管该份报告不是"完全客

① HQ H029658, Dec. 8, 2009, https://rulings.cbp.gov/ruling/H029658, accessed Jan. 8, 2024.

观的"证据。可比数据的有效性问题未能得到解决。

CBP 审查了申报的进口价格是否足以确保收回所有成本并获取利润。由于双边 APA 所选择的 21 家可比公司没有一家是汽车经销商或生产商,所以 CBP 虽承认双边 APA 中可能提供一些证明成交价格足以确保收回所有成本并获取利润的信息,但该信息因可比公司都不是销售同等级或同种类的商品而变得没有价值。

最后,CBP 关注是否存在任何其他可证明买卖双方之间的关联关系未影响成交价格的因素。为此,CBP 再次转向了双边 APA。CBP 认为从总体上说,进口商递交给美国税务机关的信息和有双边 APA 存在的事实对评估销售环境都构成了有价值的信息。涵盖买方所有进口产品的 APA 的存在降低了买卖双方之间利润操纵的可能性。尽管 CBP 没有实际参加 APA 协商,但是 CBP 能够取得进口商在 APA 协商中所递交给 IRS 的所有文件。这些文件对证实该进口商所主张的销售环境提供了额外的支持。在 CBP 看来,外国税务机关也批准了 APA 的利润水平的事实表明了境外供应商也赚取到了足以覆盖其经营成本的利润。CBP 基于进口商提供的关于销售流程和价格磋商的详尽说明,认定买卖双方之间经过严格的价格磋商而确定的 FOB 价格(该价格使进口商的经营利润处于无关联的可比公司确立的利润范围内)是另一个表明买卖双方之间的关联关系未影响成交价格的因素。

估价结论及评析

尽管 CBP 不允许进口商仅仅依据双边 APA 主张成交价格可接受,但 CBP 基于对于销售环境的整体考量,包括对其销售过程的详细描述、经批准的双边 APA、进口商的经营利润处于无关联的可比公司确立的利润范围内,最终裁定进口商品的成交价格未受到买卖双方之间的关联关系影响。

通过本案例不难发现,CBP 会基于 APA 中的信息对交易相关方面进行全面审查。即使进口商或其聘请的第三方所提供的信息没有符合任一示例,但基于对于全部信息的考量和交易相关方面的审查,CBP 仍可能会裁定关联关系未影响成交价格。

案例研究 14

概　　要

在 H037375 号裁定(2009 年 12 月 11 日)[①]中,CBP 采用示例一对进口商的申报价格进行审查,认为成交价格未受到关联关系的影响。

交易事实

C 公司是一家美国上市公司,也是一家全球性公司集团的母公司。C 公司在美国的子公司 D 公司从在瑞士的关联制造商 E 公司进口其生产的一次性医疗产品后销售给美国境内无关联关系的客户。

D 公司和 E 公司之间关联成交价格是基于再销售价格法设定的,CBP 要求 C 公司提交支持其估价方法的文件。为此,D 公司向 CBP 提交了转让定价报告、D 公司和 E 公司之间的经销协议和内部可比结果。

问　　题

D 公司与 E 公司之间关联关系是否影响了进口医疗产品的成交价格?

海关分析

经审查,CBP 注意到虽然 D 公司提交的转让定价报告本身不足以表明关联成交价格对于海关而言是可接受的,但转让定价报告中的基本事实和结论可能包含与销售环境相关的信息。具体地,转让定价报告选取的 6 家可比公司均从事分销医疗产品业务。更重要的是,这些公司是 D 公司的直接竞争对手,所以 CBP 认为“相关行业”可由这些可比公司构成。基于上述信息,D 公司的毛利润处于可比公司的四分位数范围内,且 D 公司和 E 公司之间关联成交价格是基于再销售价格法设定的,证明了该成交价格的确定方式符合行业正常定价惯例。

此外,CBP 还发现根据 D 公司的内部可比结果,就销售相同商品,F 公司(F 公司是 D 公司的美国子公司)的毛利率低于 D 公司的毛利率。对此,D 公司解释是因为其在关联交易中承担了额外的市场和营销活动职能。CBP 认为,这一解释具有说服力,并确认 E 公司转售时赚取的毛利率与 F 公司在转售由非关联制造商生产的商品时赚取的毛利率相当。

---

① HQ H037375,Dec. 11,2009,https://rulings.cbp.gov/ruling/H037375,accessed Jan. 8, 2024.

估价结论及评析

基于所有可比公司都销售同等级或同种类的商品的事实，且 D 公司转售 E 公司医疗产品的毛利润位于可比公司的四分位数范围内，CBP 认定 D 公司与 E 公司之间的成交价格确定方式符合行业正常定价惯例，从而认定成交价格未受到关联关系的影响。

通过本案例不难发现，美国海关在处理有关行业定价惯例存在“矛盾”的信息时，并不是仅看受测试方的毛利率是否处于行业的四分位，还需要对毛利率内部比较信息的差异之处进行解释。

案例研究 15

概　要

在 H032883 号裁定(2010 年 3 月 31 日)[①]中，CBP 对关联交易的相关方面进行审查，认为被估价的受控交易中的“销售环境”符合示例二，成交价格未受到关联关系的影响

交易事实

美国母公司从其在加拿大的子公司进口工业纺织面料(包括成品和半成品)后转手给美国无关联客户。CBP 向美国母公司发送了海关表格 28，要求其就关联交易提供合同及采购订单的副本，关联交易有关的所有通信、组件的明细和估价方法，以及相关付款证明。为了证明关联关系未影响价格并证实符合示例三的要求，美国母公司提交了多份转让定价报告。

问　题

美国母公司和加拿大子公司之间的关联关系是否影响进口工业纺织面料的成交价格?

海关分析

经审查，CBP 发现美国母公司提交给 CBP 的转让定价报告未经 IRS 的审查，所以 CBP 不知道该报告所依据的假设和得出的结论是否为 IRS 所接受。而

① HQ H032883, Mar. 31, 2010, https://rulings.cbp.gov/ruling/H032883, accessed Jan. 8, 2024.

且,所有转让定价报告都选用可比利润法,且选取的7家涉及工业产品分销的可比公司,均未销售同种类或同等级的商品。此外,这些可比公司也并非美国母公司或加拿大子公司的直接竞争对手。因此,CBP认为转让定价报告可能会提供一些证据,但证明力较低,无法得出成交价格符合示例三的结论。

为了进一步证实符合示例三的要求,美国母公司提供了加拿大子公司的2007财政年度的分段损益表及加拿大子公司为被测试方的转让定价报告。该份转让定价报告选用了交易净利润法。CBP经审查发现加拿大子公司的转让定价报告选取了8家生产和销售同种类或同等级的工业面料产品的可比公司,且其中2家可比公司是加拿大子公司的直接竞争对手。而且,加拿大子公司的毛利润达到并超过了该8家可比公司毛利润的中位数值。此外,加拿大子公司的分段损益表表明,加拿大子公司销售工业纺织面料给加拿大无关联客户的毛利率低于其销售给关联方的毛利率,但因为加拿大子公司承担了向无关联第三方销售的销售费用,所以向非关联第三方销售的净利润与销售给关联方的净利润相似。在这种情况下,CBP认为加拿大子公司销售工业纺织面料给关联方与无关联方时的价格确定方式一致。

估价结论及评析

基于对交易的相关方面的审查,包括美国母公司和加拿大子公司组织其商业关系的方式,以及双方之间达成价格的方式,CBP最终裁定美国母公司和加拿大子公司之间成交价格符合示例二的要求,该价格未受关联关系的影响。

通过本案例不难发现,在转让定价报告中交易净利润法一直是最常用的转让定价方法。虽然案例研究14.1明确了海关估价下适用交易净利润法的可能性,但有人认为双边APA这一因素的存在显然对海关接受转让定价文档内容构成积极的影响。在没有双边APA时,是否该案例会存在不一样的结果,暂时无从假设。[①] 但本案例恰好说明了即使基于交易净利润法的转让定价报告未经IRS的审查,仍存在被CBP接受的可能性,只要转让定价报告中包含的信息足以证明买卖双方之间的关联关系未影响成交价格。

---

① 周重山:《海关估计对税务转让定价文档的运用——WCO》,载微信公众号“商务联”2017年3月22日,https://mp.wexin.qq.com/s/n989cdV4x3_zclhzsNYxVA。

案例研究 16

概　要

在 H258447 号裁定(2016 年 1 月 19 日)[①]中,CBP 采用示例三对进口商的申报价格进行审查,因 APA 考虑的是子公司的利润水平,而非母公司的利润水平,所以 CBP 认为不符合示例三的要求,关联成交价格不可被接受。

交易事实

M 公司是在美国的卡车制造公司,是总部位于瑞典的 W 公司的子公司。M 公司从 W 公司进口汽车零部件。口岸海关检查了 W 公司和 M 公司之间的转让价格,要求 M 公司提供支持其使用的估价方法的文件。为此,M 公司提供了进口商品摘要、零部件发票、付款明细、主服务协议(其中描述了基于可比利润法的"所有成本加利润"的转让定价方法)、APA 协议(2009 年、2010 年和 2011 年)、进口零部件的价格计算示例、进一步解释估价方法的电子邮件。

问　题

在销售环境测试下,W 公司和 M 公司之间的成交价格是否可被 CBP 接受?

海关分析

M 公司主张其成交价格足以确保成本加上代表性期间利润在其与 W 公司之间交易中实现,符合销售环境测试法下示例三的要求,并一再强调转让定价方法已被 IRS 接受。进口商的转让定价方法是否已通过 IRS 的审查和批准是 CBP 分析中一个重要因素,但这并不是决定性的因素。成交价格仍须符合销售环境测试法的要求。所以 CBP 重点审查 M 公司提交的支持其主张的三个主要证据:(1)产品成本计算,包括所有零件成本的详细分析;(2)与 IRS 签订的 APA;(3)转让定价政策。

经审查,CBP 同意 W 公司产品成本计算充分考虑了其在生产销售给 M 公司产品时产生的所有成本,且 W 公司将这些成本分配给特定产品的方法使 CBP 相信成本数据是准确的。但 CBP 发现 M 公司分配利润的方法取决于它自

---

① HQ H258447, Jan. 19, 2016, https://rulings.cbp.gov/ruling/H258447, accessed Jan. 8, 2024.

己的利润水平。例如，其转让定价方法涉及 4 个领域（制造、销售、研发和物流），每个领域都旨在分配与 M 公司自己在该领域的利润一致的利润或加价。但在示例三下，成交价格须反映的是母公司的成本加上相当于母公司在代表性期限内（例如每年）销售同种类或同等级商品所实现的利润。所以只有 W 公司（母公司）的利润是相关的。此外，CBP 还发现 M 公司分配的利润率不是按"销售同种类或同等级商品"来计算的，而是包括了所有制造活动。显然，M 公司提交的资料没有满足示例三的要求。

估价结论及评析

因 APA 考虑的是子公司的利润水平，而非母公司的利润水平，所以 CBP 据此裁定不符合示例三的要求，不接受 M 公司和 W 公司之间的成交价格。CBP 将使用成交价格法之外的一个可适用的估价方法（包括相同或类似货物成交价格估价方法、倒扣价格估价方法、计算价格估价方法、合理方法）对进口商品进行重新估价。

通过本案例可见，CBP 通常所考虑的关联交易方的综合利润指的是母公司在一定时期内销售同种类或同等级商品所实现的利润。可见，美国海关倾向于对示例三作狭义解释。

案例研究 17

概　要

在 H292026 号裁定（2018 年 2 月 1 日）①中，CBP 采用示例三对进口商的申报价格进行审查，因母公司向子公司销售商品的营业利润超过了相关期间销售同类商品的总体营业利润，所以 CBP 认为成交价格满足示例三的要求，成交价格未受到关联关系的影响。

交易事实

Z 公司是位于美国的 C 公司的母公司和关联供应商。C 公司从 Z 公司采购零部件后转售给无关联的美国各种汽车原始设备制造商。在 2014 财年，C

① HQ H292026, Feb. 1, 2018, https://rulings.cbp.gov/ruling/H292026, accessed Jan. 8, 2024.

公司从Z公司采购的产品占其关联方进口交易的65%以上。所以CBP要求C公司证实其从Z公司进口的交易公平。为此,C公司向CBP提供了样本交易的支持性文件,包括采购订单、商业发票、空运订单、送货单和付款证明。同时,C公司聘请了独立第三方出具了采用成本加成法的转让定价报告。

问　题

在销售环境测试法下,Z公司和C公司之间的成交价格是否可被接受?

分　析

因C公司主张其成交价格足以确保收回所有成本加上相当于Z公司在代表性期限内销售同种类或同等级商品所实现的总利润,所以CBP重点审查了第三方报告。CBP发现Z公司既是C公司的母公司,也是进口零部件的供应商。在第三方报告中,Z公司的总利润是通过分析其2014财年合并损益表确定的,使用成本加成法作为统一和最可靠的利润水平指标进行比较。根据2014年财务数据,Z公司向C公司销售的营业利润率超过了Z公司在争议期间内销售同种类或同等级商品的整体营业利润率。CBP据此认为买卖双方成交价格符合示例三的要求。

估价结论及评析

因发现在销售环境测试法下成交价格满足示例三的要求,所以CBP认定成交价格未受到关联关系的影响,C公司和Z公司之间的成交价格是可被接受的。

通过本案例不难发现,运用成本加成法进行转让定价的相关资料,在海关进行销售环境评估时对于示例三的运用往往可以提供直接的帮助。

案例研究18

概　要

在H287710号裁定(2020年8月12日)①中,CBP在审查了关联交易的所有相关方面后,裁定关联交易的成交价格受到了关联关系的影响。

---

① HQ H287710, Aug. 12, 2020, https://rulings.cbp.gov/ruling/H287710, accessed Jan. 8, 2024.

交易事实

卖方(法国实体)和买方(美国实体)是同一母公司的子公司。卖方生产用于饮料装瓶行业的瓶子成型和灌装设备。买方是卖方产品在北美的独家经销商和北美市场的技术服务中心。买方从卖方购买备件和重建组件后,将备件转售给美国和其他北美客户,使用重建组件为其客户重建磨损的设备。

产品价格是根据产品作为备件或重建组件的预期用途确定的。打算以进口状态转售给美国客户的备件价格,是根据进口国的建议销售价格和折扣率确定的。而重建组件价格是根据成本加成的方式确定的。美国海关要求买方提供支持买方使用估价方法的文件。为此,买方向美国海关提供了采购订单、发票、空运提单、产品图片、采用可比利润法的转让定价报告、买卖双方的财务报表以及交易谈判证据。

问　题

产品成交价格是否受到了买卖双方之间的关联关系的影响?

海关分析

因买方没有提交证据支持存在测试价格法下的"测试价格",仅提供了有关销售情况的信息,所以 CBP 首先审查了买方提供的转让定价报告。转让定价报告选取了可比利润法,可比利润法是将关联方的盈利能力与功能上具有可比性的公司(承担类似职能和风险的公司)的盈利能力进行比较,可比利润法通常与海关目的的相关性最小。而且,转让定价报告选取的可比公司并不销售与买方相同的、同种类或同等级商品,所以无法满足海关对产品相似性的要求。尽管在某些案例[①]中 CBP 在不存在类似产品的情况下接受了根据可比利润法设定的成交价格,但 CBP 都是在基于 APA 对交易的所有相关方面进行整体考量后方才得出关联关系不影响成交价格的结论。但在本案中,转让价格不是根据 IRS 批准的 APA 确定的。即使买方强调其转让定价政策在 2007 年接受了 IRS 的审计,但此类具有追溯力的审计并不等同于 APA。CBP 认为转让定价报告本身不足以确定成交价格是买卖双方之交易的正确评估方式。

之后,CBP 又审查了成交价格是否足以确保收回所有成本加上相当于母公

---

① 例如,HQ H228298(2014 年 6 月 3 日)和 HQ H029658(2009 年 12 月 8 日)。

司在代表性期限内(如每年)销售同种类或同等级商品所实现的总利润。尽管买方提供的财务报表显示其2016年的营业利润率与卖方相差不到1%,但买方没有提供有关卖方费用的信息,所以CBP无法确定成交价格是否允许卖方收回所有成本。

最后,CBP关注到买卖双方之间的交易谈判证据。在某些情况下,买卖双方之间的谈判证据确实可以作为确定双方关系是否影响价格的相关考虑因素。例如,在H029658号裁定中,CBP注意到买方和卖方之间的严格谈判,允许进口商的营业利润落在可比公司确定的四分位数范围内。然而,除谈判证据外,该案中的进口商还提供了其他证据以证明价格是公平的,包括:(1)对其销售过程的详细描述;(2)经批准的双边APA(进口商是APA下的受测试方,可比利润法被选为评估公司间交易的最佳方法);(3)由安永会计师事务所准备的标题为"汽车行业的定价方式"的报告,提供了有关汽车行业定价实践的详细信息。虽然该案不属于销售环境测试法的任一示例,但CBP考虑了销售环境整体情况认定关联关系不影响成交价格。但在本案中,买方没有提供关于行业定价惯例的文件。在缺乏相关行业定价惯例的相关信息的情况下,买卖双方之间的谈判证据就不足以表明成交价格是以公平的方式确定的。

估价结论及评析

在对买方所提供的信息和交易的所有相关方面进行审查后,CBP发现买方没有满足销售测试法的任一示例的要求,据此裁定成交价格不是买卖双方之间交易的正确估价方法。

通过本案例发现,转让定价报告的存在本身并不能免除CBP审查交易的销售环境以确定成交价格是否可以被接受。海关对于转让定价报告中的可比数据和结论的可靠性的考量在很大程度上取决于所选用的可比企业和转让定价方法。一般而言,基于可比非受控价格法的转让定价报告与海关估价的相关性较高,相对的,基于可比利润法(交易净利润法)的转让定价报告与海关估价的相关性较低。

第二节 中国海关执法案例与评析

近年来,我国海关在对跨国公司的转让定价审查上进行了大量实践,涉及电子产品、汽车、药品、医疗器械、日用品等多个行业,但没有像美国一样的案例公开机制。好在笔者是相关领域的专业人员,可以结合自身的办案经验、平时积累的其他专业分享开展分析。

一、与转让定价相关的海关估价案例与评析

案例研究 19

概　　要

海关通过对比受控交易与可比非受控交易,认为被估价的受控交易中的"销售环境"不符合示例二①,成交价格受到了关联关系的影响。

交 易 事 实

A 公司是境内药品经销商,与境外药品生产商 B 公司存在特殊关系。A 公司与 B 公司签订了 X 药品购销协议,该购销行为属于特殊关系下的关联交易。2012 年 6 月,A 公司向海关申报进口 X 药品,申报价格为 5 美元/盒。2012 年 7 月,C 公司向海关申报进口相同品牌、规格的 X 药品,申报价格为 6.5 美元/盒,该进口申报药品的出口商为境外生产商 B 公司,且境外生产商 B 公司和境内进口商 C 公司之间不存在《审价办法》第 16 条所列明的特殊关系。具体交易流程如图 1 所示。

① 与卖方制定的售予与其无特殊关系的买方的价格的方法是否相一致。

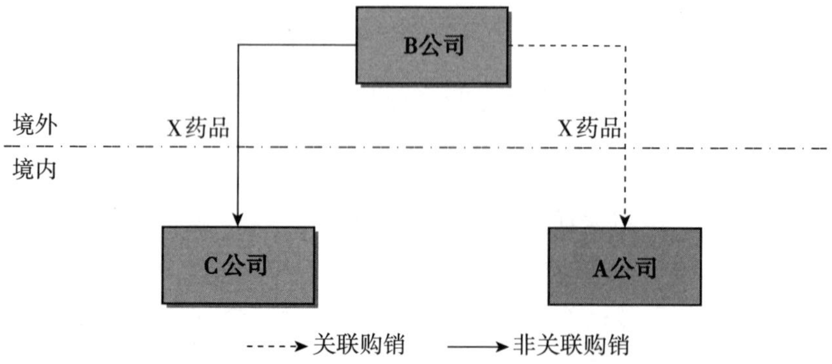

图1　交易流程

由于A公司进口货物的价格低于“同时或大约同时”(大约同时在《审价办法》附则中规定为海关接受货物申报之日前后45天内)进口相同货物的C公司的申报价格,且A公司的进口行为属于特殊关系下的关联交易,故在本案例中,海关对A公司的申报价格提出怀疑。

问　　题

第一,海关如何通过可比非受控交易来分析被估价的交易受到关联关系影响?第二,如果认定特殊关系对买卖双方的成交价格产生了影响,海关应当如何重新估价?

海关分析

在本案例研究中,根据A公司进口申报的特殊关系确认栏,海关可以确定进口商A公司与境外生产商B公司存在特殊关系。海关判断能否使用买卖双方成交价格时需要参考《审价办法》第8条第4项,即A公司与B公司之间的特殊关系是否对成交价格产生了影响。

为了验证特殊关系对成交价格的影响,在企业提供相关材料的基础上,海关审阅了A公司2012年6月进口申报时的购销合同、发票、装箱单、提单等贸易单证及其他资料(如海外生产商提供的与C公司的销售信息等)。通过对相同货物进口情况进行分析,海关了解到A公司与B公司的采购合同约定X药品的成交单价为5美元/盒,在过去一年里A公司共3次从B公司进口X药品,进口数量合计55,000盒;通过调取海关进口记录,海关获知C公司于同期间进口X药品数量为30,000盒,进口申报单价为6.5美元/盒。此外,A公司与C公司进口申报的监管方式均为一般贸易,成交方式均为CIF,发货人均为B公司,海关同时考虑了商业水平和进口数量的可比性。

综上所述,海关经审查认为买卖双方的特殊关系影响了成交价格,并最终按照非成交价格法中的相同货物估价对A公司申报进口的X药品进行完税价格调整,完税价格单价为6.5美元/盒。

估价结论及评析

海关在否定成交价格后,依据《审价办法》第6条第1款第1项,依次使用除成交价格估价方法以外的其他估价方法确定进口货物的完税价格。在本案例中,由于海关掌握同时或大约同时相同货物在相同交易环境下的成交价格,故在与A公司进行价格磋商后,海关最终采用《审价办法》第19条规定的相同货物成交价格估价方法估价。

本案运用可比非受控价格法进行"销售环境"测试审查。可比非受控价格法下对各项要素的可比要求都很高,一般情况下难以获取。本案中,海关通过调取进口记录,从产品、商业水平、进口数量、交易条款等要素出发确定受控交易与非受控交易的可比性,进而作出判断,审查流程合理规范。

案例研究20

概　　要

海关对比两个"受控"交易,认为存在特殊关系影响成交价格的风险。但之后根据相关证据认为两交易不可比,成交价格并未受到关联关系的影响。

交易事实

D公司是位于中国的一家外商投资企业,主要经营机械设备的销售业务。E公司是一家位于境外的生产商,其主要产品为齿轮、模具等各类基础机械设备及备件。D公司是E公司在中国的独家代理公司,D公司从E公司进口设备和备件后销售给中国境内无关联关系的客户。具体交易流程如图2所示。

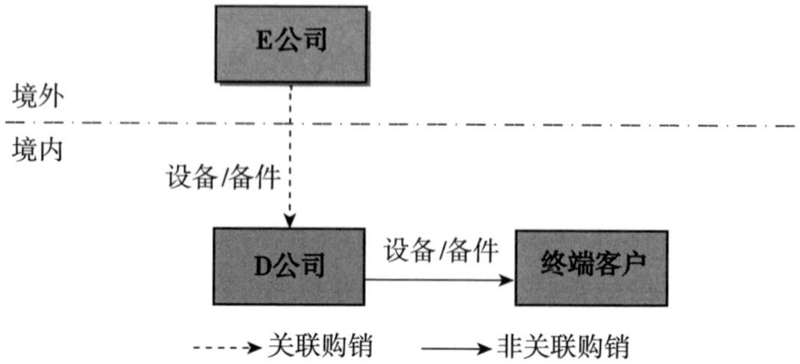

图2　交易流程

2019 年,海关发现,D 公司在进口设备时,不同批次进口的同一品牌同规格型号的备件进口申报价格差异较大。3 月,D 公司进口 1300 套备件,申报单价为人民币 355,000 元;4 月,D 公司进口货物中包括相同规格型号的备件,进口申报为 100 套,该批次设备进口申报单价为人民币 46,000 元。同时,此两个批次备件的进口时间小于 45 天。基于掌握的进口设备申报价格信息,海关认为 D 公司于 2019 年 3 月与 4 月进口相同设备的申报价格差异过大,遂对 D 公司的申报价格提出疑问,并向 D 公司下发了《价格质疑通知书》。海关认为买卖双方 D 公司与 E 公司在经营上相互有联系,D 公司是 E 公司的独家代理商,应当视为存在特殊关系。并且,由于进口货物的价格差异过大,海关认为特殊关系可能影响了进口货物成交价格。因此,海关要求 D 公司提交该交易涉及的相关数据和资料,对申报价格进行解释,并证明其申报价格构成货物成交价格的合理性。

由于 D 公司是 E 公司在中国境内的独家代理商,市场上所有的 E 公司品牌产品均是由 D 公司进行销售,因此,D 公司无法提供测试价格来证明其成交价格的合理性。海关据此认为 D 公司从 E 公司进口设备的申报价格受到了特殊关系的影响,应按照《审价办法》第 6 条的规定审查确定进口货物的完税价格。

问　　题

海关掌握了 D 公司进口备件的多个批次的申报价格。基于以上事实情况,海关能否采用相同货物成交价格办法,将 D 公司 2019 年 3 月进口备件的申报价格作为核定D公司2019年4月进口备件的价格依据？

争　议

海关观点：在认定买卖双方之间存在特殊关系并对成交价格产生影响的情况下，应依次使用除成交价格估价方法以外的其他估价方法。根据D公司提供的相关材料和海关所掌握的申报资料，海关了解到D公司两个批次中进口的备件均是由E公司在同一国家生产，设备的品牌商标、规格型号、生产方式和作用用途完全一致。并且，海关接受该两批货物的进口申报日期前后间隔在45天之内。因此，应当根据《审价办法》规定的相同货物的成交价格审查确定进口货物的完税价格，D公司于2019年3月进口的设备可以被认定为相同货物。

企业观点：不同批次的采购数量存在较大差异，进口量小的备件系用于售后服务，而进口量大的则系用于国内正常销售。由于企业内部对不同用途的产品采用不同的转让定价政策，因此，企业认为海关不能直接适用相同货物价格进行审查。

估价结论及评析

海关向D公司下发《价格质疑通知书》后，D公司向海关提供了进口合同、转让定价报告、订单记录、售后维修条款以及解释信等材料，并积极与海关进行沟通，证明了其进口存在备件价格差异的真实原因和申报价格的合理性。海关经审查D公司提交的材料，认可了D公司两批次进口备件不构成相同货物的观点，并且接受了D公司申报的成交价格。

除双方的争议焦点外，本案例中，对于特殊关系的认定值得商榷。海关认为买卖双方D公司与E公司在经营上相互有联系，D公司是E公司的独家代理商，就将双方视为存在特殊关系，与《审价办法》的相关规定不符。《审价办法》第16条第2款对于类似D公司与E公司的独家代理关系有特别规定，明确双方并不必然存在特殊关系，关键还是要依据第1款所列的8种特殊关系认定标准予以审核评判。

案例研究21

概　要

本案例中，企业通过对行业定价惯例的分析，证明了被估价商品的毛利率位于可比交易毛利率的四分位区间，受控交易没有受到关联关系的影响，海关最终接受了进口商申报的成交价格。

交易事实

A公司于2021年2月申报进口一辆原产于B国的2022款豪华汽车，进口申报价格为人民币60万元，境外发货人为位于B国的B公司，是境内A公司的全球母公司，进口货物报关单确认进出口商之间存在特殊关系。

在A公司进口2022款豪华汽车前一个月，C公司进口申报一辆汽车，该进口申报价格为75.2万元。根据C公司的进口记录，A公司和C公司进口的2022款豪华汽车均来源于相同的原产国，且来自相同的出口商。C公司与B公司不存在特殊关系。具体交易流程如图3所示。

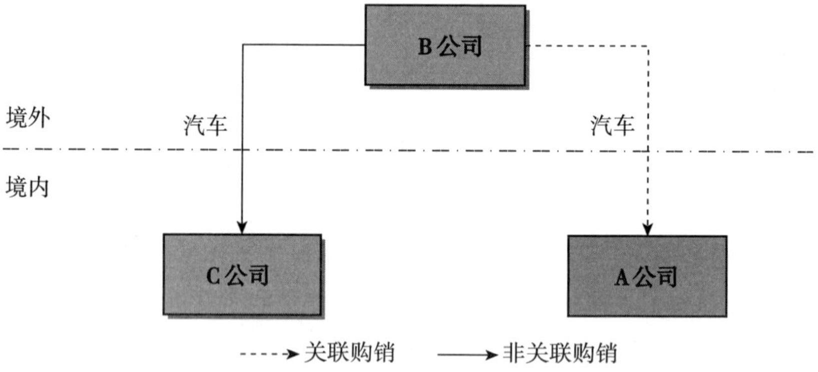

图3　交易流程

A公司与C公司进行货物申报日期接近，属于同时或大约同时进行货物申报。A公司与B公司在特殊关系下实施关联交易所产生的进口申报价格低于无特殊关系下C公司的进口申报价格。海关对A公司的申报价格提出质疑，向A公司下发《价格质疑通知书》，因买卖双方存在特殊关系，并且可能对成交价格有影响，要求核实该案件涉及的相关数据资料，由A公司对申报价格进行解释并证明其申报价格构成货物的成交价格。

问　　题

C公司进口2022款豪华汽车的交易，与A公司进口2022款豪华汽车的交易有何差别，可否确认为可比非受控交易？

分 析

海关观点:根据海关所掌握的申报资料,A 公司进口的 2022 款豪华汽车与 C 公司进口的 2022 款豪华汽车仅存在音响及其他车辆内饰的区别,其他方面没有区别。在认定买卖双方之间存在特殊关系并对成交价格产生影响的情况下,应依次使用除成交价格估价方法以外的其他估价方法。由于不存在相同货物成交价格的情况,海关认为可以根据《审价办法》规定类似货物的成交价格审查确定进口货物的完税价格。

企业观点:自 A 公司收到《价格质疑通知书》,A 公司对进口货物成交价格进行了内部梳理与自查。根据 A 公司提供的购货订单,商业发票和运费发票,A 公司申报进口 2022 款豪华汽车的成交方式为 FOB。除了同时或者大约同时的时期要求,应用类似货物成交价格估价方法需要考虑相同的交易环境。如果 A 公司和 C 公司进口类似货物的成交方式、数量都不同,则 C 公司的进口申报价格不能直接作为判断 A 公司进口申报价格不合理的依据。

同期资料详细阐述了搜索可比交易和可比公司的方法及结果。搜索的结果将被用来确定符合独立交易原则的利润区间以测试关联交易的价格或相关利润。搜索策略应同时体现功能和产品的可比性以提高搜索结果的可靠性。被视为 A 公司的可比公司应具有以下特征或符合以下可比性标准:

1. 公司为中国企业。不同地域的市场条件可能导致不同的利润,因而有必要确认被测企业所获的利润是否反映了中国市场的可比利润。

2. 标准产业代码(SIC)包括汽车及汽车零部件分销,机器、设备及零部件分销,其他耐用品分销。

3. 公司为独立公司,独立性指标为 A+,A,A-或者 U。在有母公司或者控股公司的情况下,企业可能会存在关联交易。

4. 有效的财务数据。为确保最后被选取的可比公司拥有足以支持我们分析的财务数据,我们只选择在 2018 年度至 2020 年度中至少有一年有数据的公司。

5. 公司销售相同或相似的产品。该公司的主营业务收入不应主要来源于销售不同于汽车或与其类似的产品。不可比的产品包括纺织品。

6. 公司执行相似的功能。该公司不应执行明显不可比的功能。例如,公司的主营业务收入不应主要来源于与分销活动不一致的功能(如生产或零售)。

出现以下情况之一的公司将被剔除:

1. 公司在2018年度至2020年度拥有有效财务数据的年度少于两年(为了使最终选取的可比公司有足够的财务数据,我们要求潜在可比公司在2018—2020年至少有两年财务数据);

2. 该公司在复核期间拥有财务数据的年度持续亏损;

3. 该公司执行的功能与A公司不可比(如该公司主要从事生产、零售或研发等);

4. 该公司分销的产品不具可比性(如该公司主要从事分销日用品或建筑机械等);

5. 其他对可比性具有实质性影响的情形(如停业等);

6. 无法获得足够信息来判断该公司的可比性。

根据以上可比公司搜索的结果,A公司最终选定了11家可比公司。依据A公司的财务信息,A公司2020年的毛利率不低于可比公司毛利率的四分位区间,且高于中位值。因此,从中国转让定价的角度,A公司在2020年的关联交易转让定价没有违反独立交易原则。根据A公司在境内第一环节销售该进口货物的成交价格和A公司独立交易下的目标毛利率,进口价格 = 再销售价格 ×(1 - 目标毛利率)/(1 + 关税率),A公司证明其在特殊关系下的关联交易并未对成交价格产生影响。

估价结论及评析

在海关向A公司下发《价格质疑通知书》后,A公司通过向海关提供合同、发票、转让定价报告以及书面情况说明的形式,证明了C公司进口货物的申报价格不能直接作为海关审价的依据,并证明了特殊关系下成交价格的合理性。

本案中,海关以A公司和C公司进口豪华汽车产品差异较小(仅存在音响及其他车辆内饰的区别)而直接认为两公司的交易可比,并进一步得出特殊关系影响成交价格的结论显得不严谨。受控交易和非受控交易进行对比的可比性要求高,并不仅限于产品特性可比。A公司同期资料详细阐述的搜索可比交易和可比公司的方法,因同时考虑到功能和产品的可比性,是更为可靠的。

案例研究 22

概　要

本案例中，海关在根据《审价办法》第 44 条审查买卖双方的特殊关系是否影响进口货物的价格时，参考了企业转让定价同期资料中的可比性分析结果，并在其基础上重新筛选了可比公司。

交易事实

Y 公司是欧洲一家制药企业，Y 公司主要产品为药品以及医疗用品。X 公司是 Y 公司在中国境内的关联公司，X 公司自 Y 公司以及其境内关联方 Z 公司采购原料药后进行包装并销售至非关联经销商及医院。其中，X 公司采购的用于生产的原材料主要来自 Y 公司，X 公司自境外关联方 Y 公司采购的原材料及原料药共有 3 种，自境内关联方 Z 公司采购的原料药有 1 种。X 公司在进口报关时，进口报关单上未勾选特殊关系对进口货物的成交价格产生影响。具体交易流程如图 4 所示。

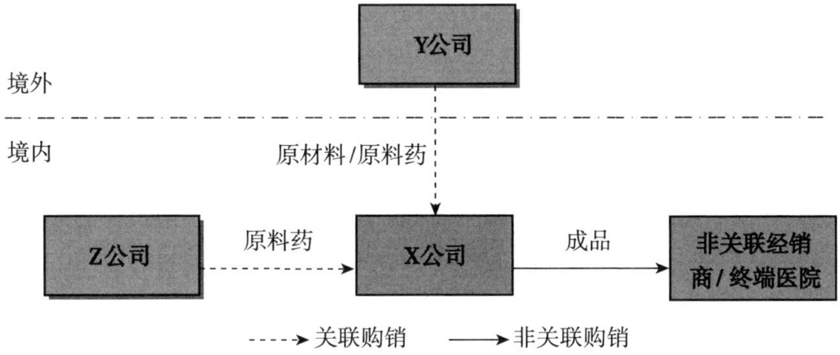

图 4　交易流程

2012 年，X 公司获得的毛利润率高于转让定价同期资料中的可比公司，海关认为毛利偏高是关联成交价格过低所致，因此质疑 X 公司进口货物价格偏低，并向 X 公司下达了《价格质疑通知书》，对 X 公司过去 3 年期间进口货物的申报价格的合理性提出了质疑。

在查阅了 X 公司提交的转让定价同期资料文档后，海关发现 X 公司近 3 年平均毛利率约为 55%，而 X 公司的可比公司毛利水平中位值约为 41%。据此，海关认为,X 公司的进口货物价格受到了关联关系的影响,需要 X 公司证明其价格的合理性。

X 公司的转让定价政策显示,X 公司与 Y 公司签订原料药采购合同,是按照再销售法的方式来确定进口价格,即根据国内第一销售环节的售价扣减合理利润和费用后推算出货物的进口价格。

X 公司的原材料主要通过关联方采购获取。经统计 X 公司的关联交易情况,在 X 公司 2009 年至 2012 年的采购中,从国外关联方进口占比超过 80%,从国内关联方采购的占比仅为 10%,仅 6% 左右的原材料通过第三方采购。

X 公司在收到《价格质疑通知书》并与海关进行了初步沟通后,向海关提交了企业近 3 年的财务数据和转让定价同期资料。资料显示,X 公司的毛利水平基本处于可比公司的上四分位区间。

问　题

当企业的息税前净利润率处于可比公司上四分位区间内,而毛利高于可比公司上四分位值时,海关应如何考虑?

分　析

在本案中,海关认为,用毛利来评估企业的特殊关系是否影响成交价格更为直接和可靠。基于此,由于本案例中企业的毛利水平恰巧高于可比公司的上四分位值,因此,海关有理由怀疑 X 公司的进口价格受到了特殊关系的影响。此时,企业需要考虑争取的方向是,该转让定价报告系为服务税务机关要求而选取的可比公司,基于海关估价的原则,本案例应对现有可比公司进行调整。

经进一步调查 X 公司的情况,海关了解到,X 公司主要经营的 4 种药品及医疗用品的作用、用途区别较大,产品的采购安排和贸易流向有所差别,但每种产品的采购、销售情形较为固定。X 公司在详细测算 4 种产品的毛利率后发现,其中一种进口原材料的毛利水平低于可比公司的中位值。据此,X 公司与海关磋商,阐明前述情况并提供材料以向海关证明其经营的 4 类产品在财务上分别核算,所以需要对各产品线的毛利水平分别进行分析。对于毛利率低于可比公司中位值的产品,无须计算并补缴税款。海关审查了 X 公司提交的相关材料并在与 X 公司进行充分沟通后,接受了 X 公司的以上主张。

排除一类毛利水平较低的产品后,海关在重点审查 X 公司其余 2 类进口货物时,就可比公司与X公司进行了如下磋商。

关于利润水平的磋商

海关观点:X公司其余两类进口产品的毛利水平偏高,要求其比照可比公司中位值计算进行补税。

企业观点:此2类产品为原研产品,市场占有率高,产品相比仿制药存在着较大优势,市场价格显著高于仿制药,毛利水平偏高是事实。但是,原研药品在前期研发阶段往往需投入大量的成本,因此在定价时,除了考虑常规因素外,为将前期研发成本收回,还需考虑研发支出。正因如此,其市场定价较高。X公司参与了此2类产品的前期研发工作,包括临床试验等,也投入了一定的成本。因此,在进行价格调整时,应该综合考虑以上情况。

磋商结果:海关对X公司上述情况予以确认,同意其关于原研药品的观点,并同意在调整价格时考虑该情况。因X公司除了生产功能外,还承担了部分研发功能,海关建议X公司调整可比公司的选择。

估价结论及评析

X公司基于磋商情况,重新从海关角度进行可比性分析,最终选取了6家同时具有生产功能和研发功能且其产品具有可比性的可比公司。海关接受了6家可比公司承担的功能和提供的产品与X公司类似,进口货物属于可比货物,被估价的交易的毛利率为44%,位于可比公司毛利水平的中位值。最终,被估价的交易的成交价格也为海关所接受。

从本案例可见,有的公司会涉及多个行业,其经营方式也存在多样性,而有的公司仅从事单一行业,这时税务角度认可的转让定价方法可能并不适用于海关角度的可比性分析。企业为便于海关估价,应当调整可比性方面的要求。除了对行业加以界定,还应考虑产品差别,对各项筛选条件不断地进行调整。

此外,本案例中,在对利润水平进行磋商时,海关直接要求企业比照可比公司毛利中位值进行补税有违《审价办法》的相关规定。根据《审价办法》第6条的规定,在无法适用成交价格时,应当依次以相同或类似货物成交价格估价方法、倒扣价格估价方法、计算价格估价方法、合理方法审查确定完税价格,海关直接跳过上述审查方法要求企业适用可比公司毛利水平予以确定完税价格显得不妥。

案例研究23

概　要

本案例符合TCCV发布的案例14.1，但海关在根据《审价办法》相关规定对企业进行审查时，就企业的高毛利水平与企业进行了磋商。

交易事实

M公司为位于美国的一家消费电子领域企业，N公司为M公司在中国的关联公司，O公司为N公司的境外非关联供应商，P公司为N公司的境内母公司。N公司从M公司进口产成品及售后件，从O公司进口产成品，并从P公司购买产成品及售后件。具体交易如图5所示。N公司从M公司、O公司和P公司进口或购买的产成品及售后件为同一品牌不同类型、不同系列的产品。具体交易流程如图5所示。

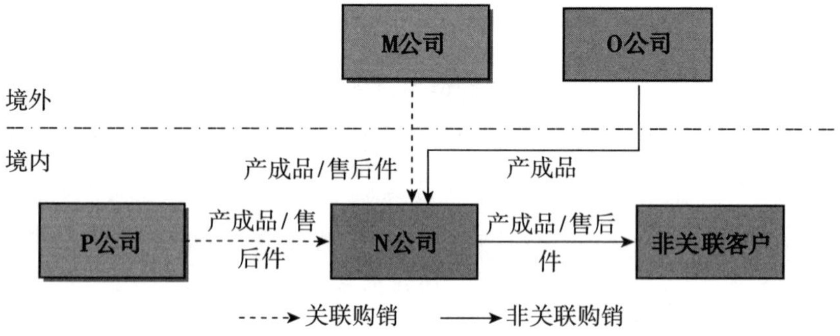

图5　交易流程

2021年5月，海关关注到N公司进口产品的进口价格大幅度波动，怀疑N公司进口申报价格的合理性，并进一步质疑其特殊关系影响了成交价格。基于此，海关开展价格调查工作，拟对N公司的关联交易整体利润水平进行评估。

N公司在收到海关下发的《价格质疑通知书》后，并未根据《审价办法》第17条的规定提供证据来证明特殊关系未对成交价格造成影响。应海关进一步提供信息的要求，N公司向海关提交了由第三方独立机构出具的2018年至2020年转让定价本地文档资料和采购合同。N公司进口货物价格采用交易净利润法制定。

海关在审阅N公司提交的资料时发现，N公司的毛利水平较高，高于转让定价文档中可比公司毛利率的上四分位值。同时，海关又发现，N公司与M公司在签订采购合同时，有专门针对汇率进行约定的条款。经与N公司进行沟通，海关了解到，针对进口的货物，N公司与M公司通常会在每财年初约定一个固定汇率。然而，由于国际环境的变化，近年来汇率波动较大，且该变动直接影响了M公司和N公司的毛利水平。

问　题

毛利偏高主要是汇率的波动所致，企业是否可以向海关主张计算企业毛利水平时剔除汇率的影响？

分　析

企业观点：N公司与M公司每财年初约定一个相对稳定的汇率，是出于结算方便的考虑。两公司往来十分频繁，采用实时汇率将对银行结算、财务记账造成较大麻烦。因此，企业为方便结算和减轻管理的负担，采用此种方式对汇率进行约定。同时，该约定汇率在每年度将根据实际汇率情况进行调整。N公司认为，该调整能够反映市场情况。

海关观点：从N公司的贸易安排来看，N公司同时从M公司和P公司进口或购买货物，但仅在与M公司的采购合同中约定了汇率条款并每年对汇率进行调整。从P公司购买的货物在结算时，N公司则采取常用的商业方式，并未约定相对稳定的汇率。由于近年来的汇率变动较大，故N公司与M公司的此种约定会很大程度影响到双方的利润水平。经测算财务数据，这一约定实际上增加了N公司的毛利，使N公司毛利率水平高于可比公司的上四分位值。此种约定，只有在特殊关系下才能做出，且M公司与N公司能在下一年就汇率进行约定时考虑双方利润情况，通过调整汇率以达到调节利润的作用。最终，海关采用了倒扣价格法进行估价。

估价结论及评析

本案例中，N公司向海关提交了由第三方独立机构出具的2018年至2020年转让定价本地文档资料和采购合同。资料显示N公司进口货物价格采用交易净利润法制定。海关分析了N公司提交的转让定价文档中的可比公司情况，并与N公司进行沟通后，认为这些可比公司承担的功能和提供的产品与N公司具有可比性，且进口货物属于可比货物。但由于合同中汇率稳定条款的差异,N 公司毛利较高。海关最终认为 N 公司自关联方进口的售后件价格受到了关联关系影响,应按照《审价办法》中相关规定,采用倒扣价格法进行估价。

笔者认为案例中海关的做法值得商榷。《WTO 海关估价协定》及其注释所规定"销售环境"测试具有弹性,以尽量促成成交价格法的适用为目的。本案例与案例研究 14.1 的情形相同,本可加以借鉴。而且,稳定汇率条款是国际贸易的常见条款,由此造成的损益在哪一方通常并不可测。海关应考察该条款的达成过程和双方的考虑因素是否符合独立交易的特征,而不应从结果来推定汇率稳定条款是关联企业用以操控毛利的方法。

案例研究 24

概　　要

本案例中,海关在审查买卖双方的特殊关系是否影响进口货物的价格时,参考了企业提交的转让定价策略建议书,但最终采用了计算价格估价方法。

交易事实

美国母公司 B 公司向位于中国的子公司 A 公司销售服装,A 公司是 B 公司在境内的唯一分销商。A 公司未向任何非关联方购买过任何产品,B 公司也不向任何非关联方销售相同级别或种类的服装。具体交易流程如图 6 所示。

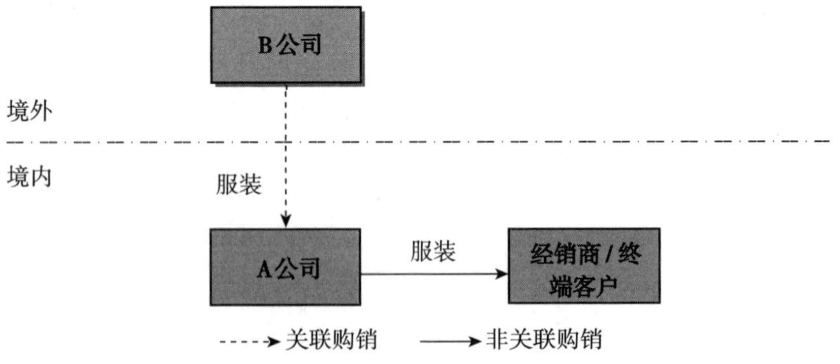

图 6　交易流程

2019 年 1 月,A 公司向中国海关申报进口女士成衣,按照其提交给海关的贸易单证进行申报,申报价格为 FOB 260 美元/件,数量为 1000 件,申报确认进出口商之间存在特殊关系。因买卖双方存在特殊关系,并且可能对成交价格有影响,海关向 A 公司制发了《价格质疑通知书》。

进口商 A 公司未能提供《审价办法》第 17 条规定的相关价格来证明成交价格未受到特殊关系的影响。应海关进一步提供信息的要求,A 公司联系了美国母公司 B 公司,获取并向海关提交了由第三方独立机构出具的《2018 年 A 公司中国转让定价策略建议书》。

B 公司最初拟定成衣的成交价格为 260 美元/件,转让定价方法为成本加成法,拟定的可比非关联交易成本加成率为 38%,并让第三方独立机构对这个定价进行分析。第三方独立机构根据中国税务相关规定的要求准备了符合 OECD 指南原则的《2018 年 A 公司中国转让定价策略建议书》,该建议书涵盖了 A 公司向 B 公司采购服装的所有交易。

建议书的转让定价分析结论认为 B 公司拟定的毛利偏高。根据 B 公司拟定毛利 98. 8 美元,计算出的贝里比率①为 2. 53。根据经验,位于亚洲的采购代表平均贝里比率一般介于 1. 08 至 1. 22,B 公司 2. 53 的贝里比率远高于该范围。

最终,B 公司采纳了建议书的方案,接受了 1. 22 的核定贝里比率,将成交价格设置为 CIF 207. 78 美元/件,A 公司的申报价格也是 207. 78 美元/件。此番调整使得 B 公司能够获得目标营业利润,该利润处在作为亚洲采购代表功能

---

① 贝里比率 = 毛利/(营业费用 + 管理费用) ×100%。《特别纳税调查调整及相互协商程序管理办法》第 20 条规定:"交易净利润法以可比非关联交易的利润指标确定关联交易的利润。利润指标包括息税前利润率、完全成本加成率、资产收益率、贝里比率等。具体计算公式如下:(一)息税前利润率 = 息税前利润/营业收入 ×100%;(二)完全成本加成率 = 息税前利润/完全成本 ×100%;(三)资产收益率 = 息税前利润/[(年初资产总额 + 年末资产总额)/2] ×100%;(四)贝里比率 = 毛利/(营业费用 + 管理费用) ×100%;利润指标的选取应当反映交易各方执行的功能、承担的风险和使用的资产。利润指标的计算以企业会计处理为基础,必要时可以对指标口径进行合理调整。交易净利润法一般适用于不拥有重大价值无形资产企业的有形资产使用权或者所有权的转让和受让、无形资产使用权受让以及劳务交易等关联交易。交易净利润法的可比性分析,应当特别考察关联交易与非关联交易中企业执行的功能、承担的风险和使用的资产,经济环境上的差异,以及影响利润的其他因素,具体包括行业和市场情况,经营规模,经济周期和产品生命周期,收入、成本、费用和资产在各交易间的分配,会计处理及经营管理效率等。关联交易与非关联交易在以上方面存在重大差异的,应当就该差异对利润的影响进行合理调整,无法合理调整的,应当选择其他合理的转让定价方法。"

的合理贝里比率区间内。

问　题

根据 OECD 指南制作的《2018 年 A 公司中国转让定价策略建议书》给出的定价策略,适用交易净利润法中的贝里比率计算的关联交易采购价格能否被视为 A 公司进口申报的公平成交价格?海关是否需要采用除成交价格法以外的估价方法进行审价?

争　议

企业观点:A 公司向母公司的采购行为属于特殊关系下的关联交易,而关联交易的采购价格由全球母公司单方面统一制定,A 公司接受定价方式并执行 B 公司的指令。

海关观点:在对“销售环境”进行审查时,海关对成交价格的确定是否符合行业正常定价惯例进行了审查,并参考了转让定价策略建议书的相关内容。适用贝里比率需要公司的营业费用和毛利水平同步变化。只有当 A 公司能够从它经营收入中得到对所承担功能的补偿时,营业费用和毛利才会同步增减。贝里比率只考虑因营业费用支出而获取了利润的情况,它假设分销商获取的所有利润都与营业费用支出有关。本案并不适用贝里比率。

海关在确定了买卖双方之间的特殊关系对成交价格产生影响后,采用非成交价格法进行重新估价。在不具有相同或者类似货物成交价格的情况下,海关依次采用计算价格估价方法、倒扣价格估价方法。考虑到 A 公司作为境内分销商的功能和交易类型,且计算价格估价方法是我国转让定价调整方法中的规则之一,故海关在认可境外生产商基本成本数据真实性的基础上以计算价格估价方法进行了分析。

B 公司生产成衣所使用的料件成本和加工费用之和为 161.2 美元/件。根据 B 公司目前惯例,销售女士其他配件的成本加成率设置在 30%,本次估价将采用相同的成本加成率对女士成衣进行估价。根据以上信息,得到女士成衣的进口完税价格 =(产品成本 + 管理费用)×(1 + 成本加成率)= 260.26 美元/件。核算的相关单证到深圳口岸的相关运费、保险费、杂费占 4.3%,则 A 公司进口服装 CIF 价格为 271.45 美元/件,A 公司应就 2019 年 1 月以 CIF 207.78 美元/件申报的 1000 件女士成衣进行补税。

估价结论及评析

海关在按照《审价办法》第 17 条审查 A 公司与 B 公司之间与货物销售有关的情况时，通过审核转让定价策略建议书，得出以下结论：进口申报价格的制定与行业内正常定价惯例不一致，受到买卖双方之间特殊关系的影响。由此，完税价格应依次使用其他估价方法予以确定。

本案例体现了不同的转让定价方法对海关估价的影响。如果 A 公司具有复杂功能，运用成本加成法进行转让定价则更合理些。仅就成衣的销售与进口功能而言，A 公司运用交易净利润法并设定合理的贝里比率来进行转让定价似无不妥。案例中，海关因成衣的进口报关价格下降便不接受交易净利润法下的转让定价值得商榷。

案例研究 25

概　　要

在关联交易中，一种海关估价方法不能适用于多种流向的货物的情况下，可结合两种不同的海关估价方法，以客观可量化的数据资料为基础审查确定进口货物完税价格。

交易事实

P 国 B 公司的全资子公司 A 公司，位于中国，是一家综合性的制造业公司。A 公司的业务覆盖了个人消费产品、办公、工业产品及商务解决方案四大领域，主要进口货物为电子消费品。B 公司作为集团总部，负责从全球代工厂进行集中采购，并面向全球关联方销售。A 公司是 B 公司在中国的唯一进口商，且 A 公司进口的电子消费品均从 B 公司购入。

A 公司的业务包括手机和电脑两条业务线。其中，手机业务线的进口货物从海外直接进口，为从中国境外的起运港起运的货物。由 B 公司在境外进行集中采购后，B 公司与 A 公司签署销售协议，货物从境外第三方加工厂直接向 A 公司发运。手机业务线的具体交易流程如图 7 所示。

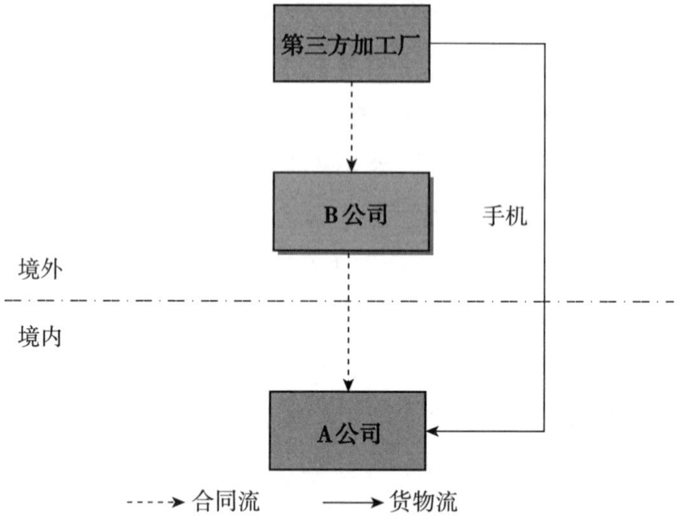

图 7　手机业务线交易流程

电脑业务线的进口货物分为两种不同的贸易流向,即从海外直接进口和从保税物流园区进口。从海外直接进口的货物,为从中国境外的起运港起运的货物,由 B 公司在境外进行集中采购后,B 公司与 A 公司签署销售协议,货物从境外第三方加工厂直接向 A 公司发运。自保税物流园区进口的货物,B 公司在境外进行集中采购后,B 公司与 A 公司签署销售协议,贸易流上第三方境内工厂先行将货物运送至区内,再由 A 公司从区内进口。电脑业务线的具体交易流程如图 8 所示。

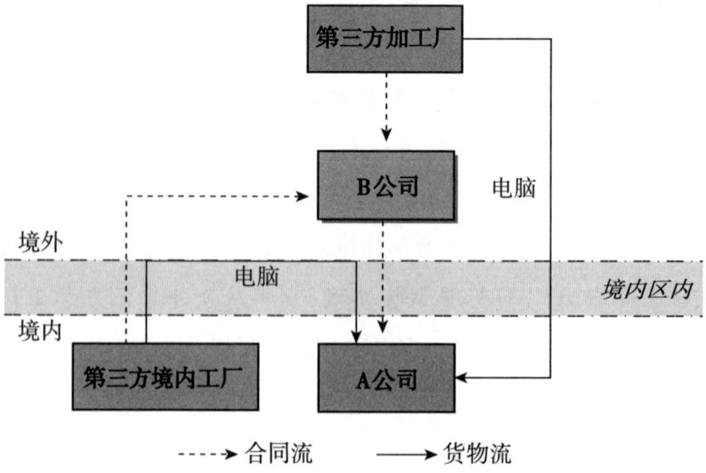

图 8　电脑业务线交易流程

对于保税物流园区入区和出区的货物,在相同商品名称、海关编码、成交方式的情况下,海关监测到第三方境内工厂至B公司的入区价格与A公司自B公司的进口货物的出区价格出现了几种不同的情况,相同货物的入区价格低于、等于或高于出区价格。通常来说,货物的买方购入货物后留存一定利润后对外销售,而B公司的商品购进价格高于或等于销售价格,并不符合合理的商业安排。海关因此对A公司全线业务线的进口完税价格合理性提出了疑问,并对A公司的整体进口价格重新进行评估。

通过审阅A公司关联交易同期资料,A公司自关联方采购的价格是由双方参考终端消费市场的销售价格,结合双方各自整体的成本费用和应得的合理利润协商决定的。具体的定价过程是,A公司根据国内的再销售价格预测成本费用以及应得的合理利润后,向B公司或其他关联方提出采购价格,B公司在收到A公司提出的采购价格后考虑自身的成本费用和应得的合理利润,与A公司进行协商并确定最终成交价格。

B公司认为电脑产品进口价格产生倒挂是因为境内A公司的利润受到挑战(A公司与税务机关签订了单边APA),通过调整成交价格,A公司可以达到合理利润。由于是同一集团内的关联公司,B公司于是通过调整关联采购的价格来调整各个公司之间的利润水平趋于合理。

问　　题

对于这种调整,海关是否可以直接确定特殊关系影响成交价格?

海关分析

A公司的进口货物定价政策在行业中十分少见。A公司申报的进口货物买价高于售价是因为受特殊关系影响,海关应当实施海关估价,对其进口完税价格进行调整。

由于A公司两条业务线的产品和贸易流向不同,海关在估价过程中对两条业务线分别展开了分析。

对于电脑业务线保税物流园区进口货物,海关掌握B公司从第三方境内工厂进口货物的完税价格,即B公司的采购成本。A公司当年度关联交易同期资料报告提供了A公司的可比性分析和可靠的利润率指标。在没有相同或类似货物成交价格的情况下,计算价格估价方法是更被认可的方法。对手机业务线、电脑业务线的海外直接进口货物,由于 B 公司从境外第三方进口货物,海关无法获取并印证 B 公司的采购价格。因此,采用倒扣价格法还原 A 公司海外进口货物的完税价格。

因此,对于 A 公司进口货物的估价方法,需要根据两条业务线贸易流向的不同而采用,并不是《审价办法》第 19 条至第 25 条中的某一种估价方法。最后,结合企业的实质以客观量化的数据资料为基础,海关确定以合理方法①审查确定进口货物完税价格。

针对电脑业务线从海外直接进口和从保税物流园区进口的两种情况,采用不同的估价方法调整进口货物的完税价格。针对海外直接进口货物,通过调整 A 公司进口货物完税价格,将此部分毛利率调整至可比公司毛利率中位值的方式进行测算;针对保税物流园区货物,采用成本加成的方式测算调整后的进口货物完税价格。

电脑业务线的可比公司方案包括了电子筛选和人工审阅,选取的可比公司:

1. 经营地或注册地位于亚太地区;

2. SIC 行业代码为办公设备,电脑、电脑外围设备和软件,其他商业设备(未被归入以上类型),其他专业设备和补充品(未被归入以上类别)以及电子产品的上市公司;

3. 独立性指标为 A+,A 或者 A-和 U;

4. 数据完整,因为使用多年度数据可以降低短期市场波动对转让定价分析的影响,故排除了缺少两年或两年以上有效财务数据的公司;

5. 持续经营,因为有连续亏损的独立公司对于 A 公司这样持续经营的公司而言,不具备足够的可比性,故排除了两年连续亏损的公司;

6. 不为自己开发,或者拥有重大的无形资产,为了排除实质上从事开发生产型无形资产或营销型无形资产的公司,故排除了加权平均研发费用占净销售

① 《审价办法》第 26 条规定:"合理方法,是指当海关不能根据成交价格估价方法、相同货物成交价格估价方法、类似货物成交价格估价方法、倒扣价格估价方法和计算价格估价方法确定完税价格时,海关根据本办法第二条规定的原则,以客观量化的数据资料为基础审查确定进口货物完税价格的估价方法。"

收入的比重大于3%的公司；

7. 功能具有可比性，排除了承担的功能与A公司存在显著差异的公司；

8. 产品具有可比性，排除了提供的产品与A公司存在显著差异的公司；

根据电子筛选和人工审阅，最后有11家公司入选成为A公司电脑业务线的可比公司。11家可比公司承担的功能和提供的产品与A公司类似，且进口货物属于可比货物。

手机业务线从海外直接进口货物，对进口货物的完税价格进行调整，将此部分毛利率调整至可比公司毛利率中位值的方式进行测算。手机业务线的可比公司方案包括了电子筛选和人工审阅，选取的可比公司：

1. 经营地或注册地位于亚太地区；

2. SIC行业代码为专业和商业设备批发和电器产品批发的上市公司；

3. 独立性指标为A+，A或者A−；

4. 数据完整，因为使用多年度数据可以降低短期市场波动对转让定价分析的影响，故排除了缺少两年或两年以上有效财务数据的公司；

5. 持续经营，因为有连续亏损的独立公司对于A公司这样持续经营的公司而言，不具备足够的可比性，故排除了两年连续亏损的公司；

6. 不为自己开发，或者拥有重大的无形资产，为了排除实质上从事开发生产型无形资产或营销型无形资产的公司，故排除了加权平均研发费用占净销售收入的比重大于3%的公司；

7. 功能具有可比性，排除了承担的功能与A公司存在显著差异的公司；

8. 产品具有可比性，排除了提供的产品与A公司存在显著差异的公司；

根据电子筛选和人工审阅，最后有6家公司入选成为A公司手机业务线的可比公司。6家可比公司承担的功能和提供的产品与A公司类似，且进口货物属于可比货物。

A公司保税物流园区进口货物的完税价格根据B公司进口货物完税价格和可比公司毛利率而计算调整。A公司通过保税物流园区进口电脑的完税价格计算公式为：进口价格＝关联交易的合理成本×(1＋可比非关联交易成本加成率)×(1＋关税率)。

A公司海外直接进口货物的完税价格根据再销售价格和可比公司毛利率

的中位值而计算调整。A 公司海外直接进口手机和电脑的完税价格计算公式为

进口价格 = 建议再销售价格 × (1 − 目标毛利率)/(1 + 关税率)。

估价结论及评析

本案中,由于其他替代方法并不适用,海关决定采用了《审价办法》第 26 条规定的合理方法进行估价。

值得讨论的是 A 公司的单边 APA 并不必然为海关所接受。案例中,海关重新选取并考查了 A 公司的可比公司并确定了合理利润的范围。发现 A 公司的手机和电脑业务线的实际毛利均高于其非关联交易可比公司独立交易下的毛利值域区间,从而据此对应税价格作出了相应的调整。

案例研究 26

概　要

在本案例中,海关根据《审价办法》第 44 条审查买卖双方特殊关系是否影响进口货物的价格时,在参考了类似货物成交价格法和计算价格估价方法的估价思路的同时,使用了《审价办法》除成交价格估价方法以外的其他估价方法即第 26 条的合理方法。

交易事实

C 公司位于中国,B 公司位于美国,C 公司和 B 公司存在关联关系。2000 年至 2001 年,C 公司从 B 公司进口药品,包括成品药和大包装半成品药品。C 公司进口的成品药、半成品药品为名称相同、商标相同、适应症相同的药品,主要区别在于两种药品的包装规格不同。半成品药品需要进一步加工,分包装制成成品后方可上市销售,而成品药无须进一步加工即可直接进行销售。C 公司进口的药品为 B 公司研发,B 公司拥有该药品专利,目前市场上无相同药品,也尚未出现仿制药。

C 公司自 B 公司进口半成品药品后,将在本地进行分包装生产为成品,并在中国境内销售;C 公司从 B 公司进口成品药,进口后以直销或经由经销商销售给境内的终端客户。具体交易流程如图 9 所示。

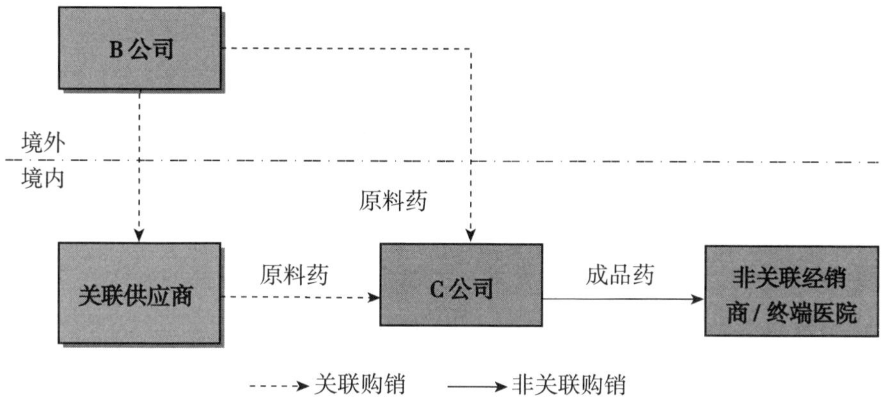

图9　交易流程

C公司对半成品药品的加工为简单的分包装加工，并非实质性增值加工，也未改变药品的性能、用途和商标；C公司进口成品药后进行单纯的销售，不对产品进行再加工。考虑到以上商业安排事实情况，C公司使用再销售价格法来确定与境外关联公司B公司的转让定价方法。同时，在2001年，C公司向当地税务机关报告了其与境外关联企业之间的内部交易与收支往来所涉及的转让定价方法，经磋商后，与当地税务机关签订了APA。

2003年至2004年，C公司向海关申报进口B公司生产的半成品药品总计约为3000千克，申报单价为CIF1200美元/20克；C公司向海关申报进口B公司生产的成品药总计约为5000千克，申报单价为CIF 600美元/4克。

海关注意到，C公司进口的成品药的单价远高于进口半成品药品的单价，且C公司未根据《审价办法》第17条要求提供相关证明材料，来证明特殊关系未对成交价格造成影响。海关对C公司申报价格的真实性、准确性持有疑问。2003年3月，根据《审价办法》第44条规定，针对C公司从B公司进口半成品药品的申报价格，海关对C公司下达了《价格质疑通知书》。

问　　题

本案例中，对于已被加工的进口商品如何用再销售价格法下的转让定价报告审查其销售环境，并判断关联关系是否影响成交价格？

海 关 分 析

本案例中C公司进、销的货物实际属于不同生产阶段的同一产品，由于商品状态和包装规格有差异,无法在实际使用中进行互换。C 公司进口的药品无平行进口货物,也不存在外部商业中可比交易。故 C 公司使用再销售价格法来确定与境外关联公司 B 公司的转让定价方法时需要考虑到进、销货物的差别。

然而,C 公司对半成品药品的加工为简单的分包装加工,并非实质性增值加工,也未改变药品的性能、用途和商标,C 公司进口的成品药的单价却远高于进口半成品药品的单价,因此海关认为转让定价未能准确反映进、销货物的差别,C 公司的进口商品价格受到了关联关系的影响。

海关认为 C 公司的两种进口货物,虽然在包装规格上存在差别,但从海关估价角度而言,具有类似性。故根据类似货物成交价格法,海关考虑 C 公司进口货物在进口包装状态上不相同的客观事实,结合相关案例经验,认为应当根据客观量化的数据资料,对 C 公司进口半成品药品在分包装过程中产生的一般费用(包括直接费用和间接费用)、实现的合理利润及比美国工厂节省的成本来做出相应调整。

综上,海关借鉴了类似货物成交价格法和计算价格估价方法的估价思路,按照合理方法审查确定 A 公司进口半成品药品的完税价格。

估价结论及评析

海关认为 C 公司进口半成品的申报价格与类似商品相比太低,重新进行了海关估价。

本案例中值得讨论的问题是海关直接弃用 APA 并要求 C 公司根据《审价办法》第 17 条①要求提供相关证明材料是否妥当。如果海关能对 APA 中是否存在将成品与半成品进行区分的转让定价进行分析,则在法律逻辑上更为严谨和连贯。

① 《审价办法》第 17 条规定:“买卖双方之间存在特殊关系,但是纳税义务人能证明其成交价格与同时或者大约同时发生的下列任何一款价格相近的,应当视为特殊关系未对进口货物的成交价格产生影响:(一)向境内无特殊关系的买方出售的相同或者类似进口货物的成交价格;(二)按照本办法第二十三条的规定所确定的相同或者类似进口货物的完税价格;(三)按照本办法第二十五条的规定所确定的相同或者类似进口货物的完税价格。海关在使用上述价格进行比较时,应当考虑商业水平和进口数量的不同,以及买卖双方有无特殊关系造成的费用差异。”

案例研究 27

概　　要

本案例中,海关运用双边 APA 所提供的信息判断买卖双方的成交价格受到特殊关系的影响。

交易事实①

买方 A 公司是 B 公司在上海成立的全资子公司,负责旗下各品牌商品在国内的分销业务。卖方 C 公司是一家成立于瑞士的公司,也是某手表集团的总部。B 公司是 C 公司在亚太地区的全资子公司。

A 公司从 C 公司采购各类货物,完税清关后在国内进行分销,包括向关联零售公司进行销售,以及向第三方分销商进行销售。关联零售公司以及第三方分销商销售给最终客户的销售价格都以 C 公司统一制定的零售指导价格为依据,两种分销模式下的进口货物申报价格一致。A 公司从 C 公司购入的货物的定价主要基于集团内部转让定价安排,使用的方法是交易净利润法。交易流程如图 10 所示。

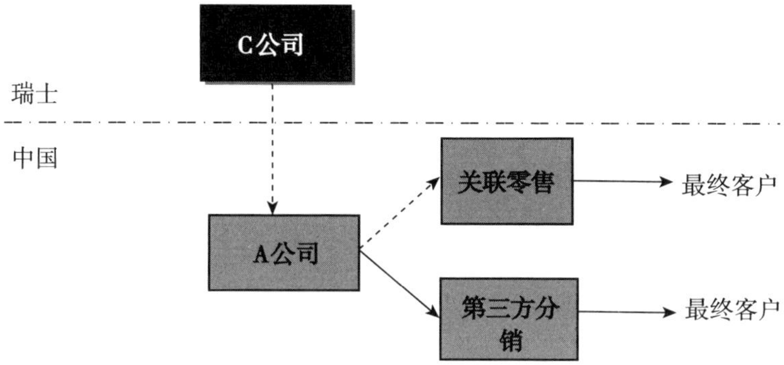

图 10　交易流程

此外,我国国家税务总局与瑞士联邦财政部国际金融事务委员会于 2014 年 12 月签署《双边预约定价安排》(以下简称中瑞 APA),在中瑞 APA 中,中瑞两国税务主管当局明确了 A 公司从 C 公司采购货物的价格,应确保 A 公司在

① 高阳:《双边预约定价背景下海关审查特殊关系影响成交价格估价实践》,载《海关审价》2022 年第 7 期。

中国进行分销的息税前营业利润率能在中瑞 APA 合理范围内，即 7.50% ~ 8.13%，中间值为 7.83%。如果 A 公司的息税前营业利润率不在区间内，需要按照中位值进行调整。2019 年 A 公司财报显示该年度息税前营业利润率达 18.88%。

问 题

双边 APA 所提供的信息能否作为海关特殊关系影响成交价格审核的参考？

分 析

本案中，C 公司 100% 投资 B 公司，B 公司 100% 投资 A 公司，买卖双方 A 公司和 C 公司符合《审价办法》第 16 条"一方直接或间接地受另一方控制"的特殊关系情形。双方对特殊关系的认定没有争议。

对于成交价格是否受到特殊关系影响，海关首先以测试价格法进行审查。但因为 A 公司是相关产品的国内总代理，相关品牌产品均是由 A 公司进口，不存在向境内无特殊关系买方出售相同或类似货物的情形。海关也尝试调取相关产品的进口记录，发现少量该品牌产品的平行进口记录，但是这些平行进口商的商业水平和进口数量与本案例中的 A 公司存在较大差异，因此测试价格无法适用。

海关进一步采用销售环境测试法来审查双方定价是否符合行业定价惯例。首先，海关对相关产品行业进行调研，发现以国内分销环节价格作为基础，扣除一定的净利（交易净利润法）或毛利（再销售价格法）的定价方法是该行业常用的转让定价方法，本案的定价方式符合行业惯例。其次，海关审查了中瑞 APA，将两国税务主管机关认可的息税前营业利润率区间与海关所掌握的相关产品行业的利润区间对比，也基本相符。

A 公司 2019 年息税前营业利润率达 18.88%，不在中瑞 APA 所规定的独立交易区间内，因此海关认定双方的交易受到特殊关系影响。海关和 A 公司磋商，最终以中瑞 APA 中所约定的息税前营业利润率中位值 7.83% 予以重新估价。

估价结论与评析

本案例中，A 公司 2019 年息税前营业利润率达 18.88%，不在中瑞 APA 所规定的独立交易区间内,海关认定双方的交易受到特殊关系影响。海关对中瑞APA中所提供信息还进行了独立判断,即主动进行行业调研了解行业使用的转让定价方法以及行业利润区间进而与中瑞APA提供的信息对比,显示了中瑞APA提供的信息对于海关估价具有意义后方加以采信。

值得注意的是,本案例中中瑞APA要求A公司在利润超出合理范围时进行调整。但是,A公司却没能完成调整,这与案例研究14.2所述的情形类似。因此,需要进一步了解的情况是,A公司是否主动向海关发起过价格调整?如果A公司曾经发起但因为客观原因无法完成,则需要进一步探讨如何完善相应的价格调整的配套法规,而不应仅“头痛医头,脚痛医脚”,拒绝转让价格、重新进行海关估价。

案例研究28

概　要

本案例中,转让定价报告显示进口公司毛利率高于可比公司四分位区间,但是净利率却在合理区间内,通过客观可量化的管销费用的扣减,对进口公司毛利率做合理调整后再进行比较。

交易事实

A公司为国内某奢侈品公司,从境外B公司进口服装等货物,而后在国内销售给无关联分销商。A公司和B公司均是某奢侈品公司的子公司。A公司在境内还承担营销推广等职能。相关交易流程如图11所示。

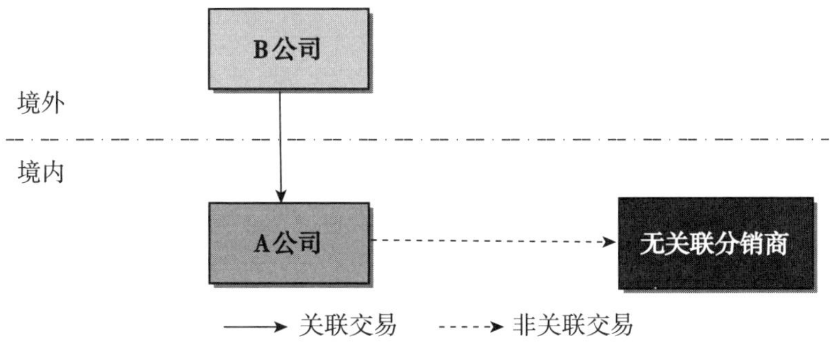

图11　交易流程

A 公司的进口价格被海关质疑后,A 公司向海关提供了转让定价报告。报告显示转让定价使用的是交易净利润法,同时有 A 公司的毛利率和净利率数据。报告中还提供了可比公司数据,显示可比公司的净利率及毛利率的四分位区间(中位值是 58%,上四分位值是 65%)。经对比,A 公司的净利率在四分位区间内。毛利率则高于四分位区间的上四分位值。海关据此认定特殊关系影响了成交价格,并以合理方法(可比公司毛利率中位值)来对 A 公司的进口价格进行调整,重新估价并要求补税。另外,根据转让定价报告,A 公司的管销费用比为 65%,而可比公司管销费用比中位值是 50%。

问　题

海关是否可以毛利率偏高来确认特殊关系对成交价格存在影响?

评　析

本案例中首先应厘清的是可比公司的毛利率是否合理?不同于可比公司的是,A 公司承担的功能更多,产生的管销费用更多,高出可比公司的中位值 15%。A 公司毛利率高的原因是管销费用较多。且案例中管销费用支付给非关联第三方公司,是客观公允的。考虑相关管销费用,将 A 公司毛利率调整后再看其是否合理才更为妥当。

考虑到功能差异,将 A 公司毛利率水平下调 15% 后为 60%,正落在可比公司毛利率四分位区间内。可见特殊关系并没有影响双方的成交价格的公允性。海关以合理方法进行重新估价并不可取。

案例研究 29

概　要

本案例中口岸海关收到税收征管局调查联系单而对某批次货物展开价格审核,进口企业通过提交情况说明、转让定价方法等相关材料证明特殊关系未影响成交价格,口岸海关接受进口企业的解释而未对企业展开进一步调查。

交易事实

A 公司是注册在我国境内的一家从事不锈钢冷轧加工的工厂,货物主要供应给国内汽车排气管、电梯、集装箱、家电等行业。B 公司是 A 公司在境外的母公司。商务部相关不锈钢产品的反倾销裁定以及 B 公司向商务部提交的价格承诺文件均要求B公司需要每季度向商务部提供过去一个季度向中国出口不锈钢产品的数量和价格等信息，且只能通过其关联公司（包括A公司）进行销售。

2022年，A公司接到口岸海关的电话告知海关对其某批次进口热轧黑皮价格质疑，要求A公司提交情况说明及相关材料。该批次热轧黑皮的进口流程是B公司先销售给A公司，A公司再出售给C公司（也是B公司在国内投资的子公司），C公司最终将产品出售给无关联公司。该批次热轧黑皮进口流程中，A公司仅承担转售职能，未对热轧黑皮进行加工。交易流程请见图12。

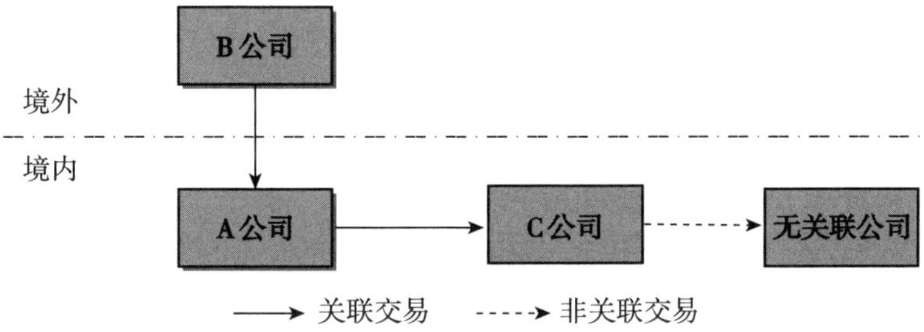

图12　交易流程

A公司向口岸海关提交了一次情况说明和材料，提到B公司的定价模式是：原材料成本加销售管理费及利润。热轧黑皮加工成冷轧白皮的国内加工费用是2400元/吨。

接着，海关进一步要求A公司提交B公司的原材料（钢坯或洛铁镍铁）的购买费用、销售管理费用。海关还提到其已向国内某大型不锈钢工厂了解过市场行情，热轧黑皮加工成冷轧白皮的加工费2400元/吨过高，加工费比例一般为12%。此外，海关还要求A公司提供与B公司之间的定价周期。

问　题

A公司相关进口不锈钢商品的价格是否受到特殊关系影响？

分　析

海关要求A公司提交B公司的原材料（钢坯或洛铁镍铁）的购买费用、销售管理费用等，是想审核成交价格是否符合销售环境测试的示例三。A公司进一步提交了相关费用信息，但是未能提供行业一般利润率等材料。

海关要求A公司提供与B公司之间的贸易合同,希望进一步了解两公司间的成交价格是否固定不变,是否符合一般商业惯例。A公司提交的材料显示A公司和B公司依据实际需求逐票采购,成交价格也根据当时的市场行情而变化。

至于海关提出的加工费用过高问题。A公司解释,其冷轧加工所使用的压延机年生产能力远低于某大型不锈钢工厂。而且热轧到冷轧卷过程,经过每条线的衔接方式也不同。A公司是卸卷再上卷过程,某大型不锈钢工厂则是连续衔接,能够减少卸卷、上卷等浪费。因此,生产方式及能力都差距较大,加工费不具有可比性。

估价结论与评析

A公司提供上述资料后,口岸海关接受了公司解释。本案的价格质疑过程中,海关通过电话与A公司联系要求A公司提供一系列材料,未说明具体需要哪些材料以及为何质疑,导致企业最初在资料准备时无重点也无针对性,未能令海关满意,沟通效率很低。

沟通中海关对加工费的质疑显得比较随意。首先,本次交易仅是转售,加工费无从谈起。其次,海关人员口头提到市场行情加工费比例为12%,也不清楚此比例的基础为何。最后,即使进行过加工,加工能力的差别也难以证明特殊关系影响了成交价格。

案例研究30

概　要

本案海关通过审查转让定价报告中可比企业利润率,认定公司转让定价政策不合理,不符合公平交易原则。

交易事实①

D集团是一家化学品公司,F公司是D集团全资子公司,M公司为F公司全资子公司。

① 严德龙:《属地纳税人管理模式下跨国公司再销售价格法影响反渗透膜元件成交价格的估价实践》,载《海关审价》2022年第12期。

在反渗透膜元件的进口贸易中,M 公司为分销商,F 公司为生产商,产品价格由 D 集团根据转让定价政策制定。D 集团所采用的是再销售价格法,关联成交价格是由当地市场价格(独立第三方销售价格)减去一个公允的折扣价格(公允折扣率为 14.5%)得出。折扣率是根据交易净利润法及可比利润法计算得出的,用以确保 D 集团的分销公司在销售产品时,获得与其执行的功能及承担的风险、使用资产相匹配的利润水平。

海关在对全国进口数据进行比对时,发现 M 公司进口的反渗透膜元件与其他非关联方进口的同型号元件申报价格存在较大差异,因此对 M 公司的进口成交价格产生质疑。

价格审核及结论

根据 M 公司提供的资料,M 公司进口反渗透膜元件的公允折扣率为 14.5%,按照公司财务数据,反渗透膜元件销售的一般费用约为 3.5%,净利润约占 11%。根据 M 公司提供的 2020 年度的转让定价同期资料和审计报告,采用 2020 年度转让定价同期资料中可比企业的数据进行比对,可比的公司利润率为 4%(下四分位数)至 6.5%(上四分位数),中位数为 5.5%。M 公司的利润率远高于可比公司的中位数,该公司转让定价政策存在明显不合理之处,不符合公平交易原则。海关据此认为成交价格受到双方特殊关系影响,并使用成交价格以外的方法重新估价。

海关认为无法通过相同或类似货物成交价格法直接估价。原因是 M 公司反渗透膜元件的国内销售价格与国内其他公司的进口价格不相近,且进口数量也远高于国内其他公司,商业水平确实存在差距。除此之外,M 公司也无法提供通常利润率及具体的一般费用,无法用倒扣价格法或计算价格法估价。最终经磋商,海关适用合理方法重新估价。

评　　析

M 公司净利润率达 11%,远高于可比公司利润率,企业没能就此作出解释,并证明折扣率公允。但值得注意的是,由于交易条件不同,海关无法通过相同或类似货物价格直接对 M 公司的进口反渗透膜元件估价,那么之前考察利润率区间合理性而选取的可比公司的准确性也就令人生疑了。是否产品具有可比性,是否功能一致?这些都可能成为 M 公司净利润率高的原因。

案例研究 31

概　　要

本案中特许权使用费估价和转让定价问题交织，公司完全成本加成率高于可比公司上四分位值，海关认为该交易非独立交易，并将特许权使用费一并考虑分摊调整。

交易事实①

A 公司是由美国母公司 R 公司在中国投资设立的外商独资企业。A 公司的主要经营范围为研究、设计、开发、生产音频、视频设备及其相关部件、配件，销售自产产品并提供产品的售后服务和技术咨询服务，以及从事上述产品及其同类商品(特殊商品除外)的进出口业务、批发业务及其他相关配套业务。

A 公司提交的特许权使用费资料显示，该公司与商标使用许可人 R 公司签订了独占且不可转让的《商标使用费协议》。《商标使用费协议》许可双方一年一签，约定单年商标使用费对价为 610 万美元。在该协议中还明确约定："A 公司同意从 R 公司取得，R 公司同意向 A 公司授予注册商标的许可权利，用于且仅在于出售、分销产品时使用，与 A 公司向 R 公司采购的货物无关。"

A 公司从 R 公司采购中间品，在国内加工成产成品后，一部分销往国内终端用户，而另一部分将出口至 R 公司位于欧洲、澳大利亚等国家和地区的其他子公司。A 公司从进口采购价格到产成品销售价格实际均由 R 公司整体控制。

价格审核及结论

海关首先对 A 公司特许权使用费情况进行审核。因协议明确排除了特许权费用支付和进口货物的相关性，海关转而审查公司的关联交易。

海关通过审查企业提供的转让定价报告及审计报告，同时从数据库中选取了与 A 公司产品相近的企业经营数据进行分析。A 公司采用交易净利润法，2019 年完全成本加成率为 19.67%，可比公司 3 年加权平均完全成本加成率上四分位值为 10.85%，而中位值为 9.05%。A 公司远超可比公司完全成本加成率的上四分位值。

① 陆逸舟:《音频、视频设备部件受特殊关系影响成交价格估价实践》，载《海关审价》2022 年第 4 期。

据此，海关认为，A公司每年的销售与采购的财务指标直接受R公司控制，根据公司在贸易链中承担的职责，A公司留存的利润偏高，且与可比企业分析结论偏差较大，不符合公平交易原则。

海关最终重新估价。对于特许权使用费，海关认为实质是R公司后续调节A公司整体可取得利润的工具，应在对A公司利润分析时一并考虑且按分摊比例调整。

评　析

对同时存在特许权使用费支付和转让定价的企业开展价格审核中，按照《审价办法》的规定，应当先审核申报价格是否符合成交价格定义，包括审查关联关系是否影响成交价格的公允性；对于不符合成交价格定义的使用其他估价方法，而对于符合的则考虑是否存在需要增加或减少的项目。特许权使用费是作为成交价格调整项目计入完税价格的。本案中，特许权使用费和转让定价估价问题交织，海关先考虑特许权使用费是否需要计入完税价格，后审查成交价格是否受特殊关系影响，次序颠倒，执法逻辑不够严谨。

案例研究32

概　要

本案是一起特殊关系影响加工贸易内销价格的估价案件。加工贸易产出的副产品销售价格与市场价格存在较大差距，海关据此认定特殊关系影响内销价格。

交易事实[①]

A公司开展铜精矿加工贸易业务，铜精矿冶炼过程中会产生副产品硫酸。硫酸属于危化品，不易长途运输，一般在当地销售。为解决副产品硫酸产量大而当地硫酸需求量低的矛盾，A公司与某公司合资成立B公司消耗A公司产出的硫酸。A公司产出的硫酸主要销售给B公司（占80%～100%），还有少量销售给非关联公司（占0～20%）。销售给B公司时，A公司按照与B公司的内销

① 黄俊民、游陈琦等：《特殊关系影响加工贸易副产品内销成交价格的估价实践》，载《海关审价》2022年第1期。

价格向海关申报征税。

价格审核及结论

A公司拥有B公司45%的股权,双方存在特殊关系。

海关还发现,A公司销售给B公司的硫酸平均单价200元/吨,而销售给非关联方的硫酸平均单价350元/吨。而同期国内市场信息显示硫酸现货价格行情超过500元/吨。

A公司解释其定价公式为:进口硫磺生产硫酸的成本-某系数×运杂费。硫酸生产成本计算符合行业惯例,运费补贴则是双方磋商结果。

海关认定A公司申报价格偏低,受到特殊关系影响。

评　析

本案中硫酸是铜精矿冶炼过程中产出的副产品,基本没有成本,以硫酸市场价来评定特殊关系对成交价格是否存在影响显然欠妥。此外,本案A公司虽然存在与非关联公司的交易,但是总量很小,商业水平与关联交易也并不可比。因此本案中海关认定A公司申报价格受到特殊关系影响而偏低的理由似乎并不充分。

案例研究33

概　要

海关创新性地将多个关联方功能合并审核并予以重新估价。

交易事实[①]

A集团总部从事电子元器件研发和生产,并销售给B贸易公司。B贸易公司是A集团总部在中国设立的投资公司,A集团总部100%控股。C销售公司是A集团总部在中国设立的销售公司,由B贸易公司100%控股,负责向国内客户销售A集团产品。

一般交易流程是(见图13):C销售公司根据国内客户的需求向B贸易公司发送订单,B贸易公司再将相关订单发送至A集团总部。A集团总部收到订单后,组织生产,并将产成品运至中国,B贸易公司负责办理进口报关相关手

---

① 严审:《特殊关系影响电子元器件成交价格的估价实践》,载《海关审价》2022年第1期。

续，并将货物直接运至C销售公司仓库。

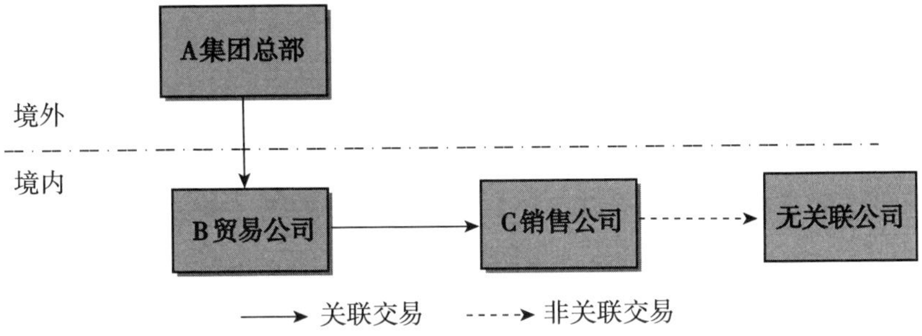

图13　交易流程

A集团总部采用交易净利润法确定转让定价。基本测算公式为：产品采购价格＝预估售价－预估管销费用－固定利润。进口价格测算需要进行两次。第一次按照C销售公司的预估销售额、管销费用和其固定的息税前利润率（2%），计算出C销售公司向B贸易公司的购买价格；第二次按照B贸易公司的预估销售额、管销费用和其固定的息税前利润率（3%），计算出B贸易公司向A集团总部的购买价格。

B贸易公司和C销售公司在整个集团中的定位都是具有分销职能的分销公司，因而确定转让定价时选用相同的可比公司。但是B贸易公司实际并不承担分销职能甚至没有销售部门，其销售仅面向关联方，销售费用仅占收入的0.2%，远低于其他分销公司。

海关分析

海关审核发现B贸易公司2019年进口货物转售息税前利润率是5.44%，明显高于可比公司四分位区间（0.01%～3.13%）。B贸易公司解释其实际不承担市场营销职能。2019年销售情况好于预期，销售额高，所以利润偏高。

海关认为B贸易公司实际职能类似于进出口报关代理，若以此标准寻找可比公司，B贸易公司的实际利润率更远高于可比利润率。因此特殊关系影响了成交价格。最终，海关认为B、C两者整合后的职能与可比公司更接近，故将B贸易公司和C销售公司的功能合并视为一体，予以重新估价。

评　　析

本案中运用合理方法进行重新估价时，海关对关联交易的各环节进行了全面的梳理,从而对转让定价资料进行了创造性运用。

二、与转让定价相关的海关行政处罚案例与评析

中国海关要求企业对是否存在特殊关系,以及特殊关系是否影响成交价格在申报时即予以确认,增加了企业“如实申报”的义务和未如实申报的风险。由此引发的行政处罚案例不少,而企业对相关行政处罚及后果的认识并不充分。

(一)相同行为处罚依据多样

在黄埔海关的一行政处罚中①,当事人向海关以一般贸易方式申报进口一批货物,特殊关系确认及价格影响确认项目均申报为“否”,且未申报运杂费。后经海关调查发现,当事人与卖方存在特殊关系,该关系影响进口货物成交价格。经计核,共漏缴税款人民币 78,347.37 元。当事人申报不实行为影响国家税款征收,最终黄埔海关根据《海关行政处罚实施条例》第 15 条第 4 项②对当事人科处 5 万元人民币的罚款。

在斗门海关的一行政处罚中③,当事人以一般贸易方式向海关申报进口智能读取器、电子标签等共 84 票货物。申报进口时,报关单“特殊关系确认”项申报为“否”,正确申报应为“是”。斗门海关认定,当事人报关单“特殊关系确认”项申报不实的行为已构成《海关行政处罚实施条例》第 15 条第 2 项④所规定的违规事实,并据此决定对当事人科处罚款人民币 13,000 元。

---

① 中华人民共和国黄埔海关行政处罚决定书,埔关缉违字(2021)1320002 号。

② 《海关行政处罚实施条例》第 15 条规定:“进出口货物的品名、税则号列、数量、规格、价格、贸易方式、原产地、启运地、运抵地、最终目的地或者其他应当申报的项目未申报或者申报不实的,分别依照下列规定予以处罚,有违法所得的,没收违法所得:……(四)影响国家税款征收的,处漏缴税款 30% 以上 2 倍以下罚款……”

③ 中华人民共和国斗门海关行政处罚决定书,拱斗关缉违字(2020)0021 号。

④ 《海关行政处罚实施条例》第 15 条规定:“进出口货物的品名、税则号列、数量、规格、价格、贸易方式、原产地、启运地、运抵地、最终目的地或者其他应当申报的项目未申报或者申报不实的,分别依照下列规定予以处罚,有违法所得的,没收违法所得:……(二)影响海关监管秩序的,予以警告或者处 1000 元以上 3 万元以下罚款……”

在松江海关的一行政处罚中[①]，当事人以一般贸易方式申报进口两批货物，报关单的特殊关系申报为“否”。后经海关调查发现，实际应当申报为“是”，与申报不符。松江海关认定上述事实已构成违反海关监管规定的行为，应根据《海关行政处罚实施条例》第15条第1项[②]之规定予以行政处罚，但是考虑到当事人的违法行为轻微并及时纠正，没有造成危害后果，最终对当事人不予行政处罚。

上述三个行政处罚案例都是企业在报关时对“特殊关系确认”“价格影响确认”栏目未如实填报而引起的行政处罚，处罚依据分别是《海关行政处罚实施条例》第15条第1、2、4项。第一个案例，特殊关系影响了成交价格造成漏缴税款，因而以影响国家税款征收条款处罚。第二、三个案例，情节一致，即未如实申报“特殊关系”，斗门海关是以影响海关监管秩序条款作为处罚依据，而松江海关则是以影响海关统计准确性条款作为处罚依据。

（二）同一依据下处罚有轻有重

在香洲海关的一行政处罚中[③]，当事人以一般贸易方式从香港及保税区进口女式帆布休闲鞋等商品，未如实向海关申报其与境外发货人存在特殊关系，当事人特殊关系申报不实的行为违反海关监管规定，香洲海关根据《海关行政处罚实施条例》第15条第2项的规定，决定对当事人科处罚款人民币15,000元。

在洋山海关的一行政处罚中[④]，海关发现当事人向海关申报进口一般贸易项下的输送机1台，特殊关系确认申报为“否”，实际买卖双方存在特殊关系。海关据此认为当事人的行为已构成违反海关监管规定的行为，并根据《海关行

---

① 中华人民共和国松江海关关于德克尔马豪吉特迈（上海）机床有限公司申报不实不予行政处罚决定书，沪松江关不罚字（2020）005号。

② 《海关行政处罚实施条例》第15条规定：“进出口货物的品名、税则号列、数量、规格、价格、贸易方式、原产地、启运地、运抵地、最终目的地或者其他应当申报的项目未申报或者申报不实的，分别依照下列规定予以处罚，有违法所得的，没收违法所得：（一）影响海关统计准确性的，予以警告或者处1000元以上1万元以下罚款……”

③ 中华人民共和国香洲海关行政处罚决定书，拱香关缉违字（2020）0002号。

④ 中华人民共和国洋山海关关于范德兰德物流自动化系统（上海）有限公司申报不实行政处罚决定书，沪洋关缉违字（2017）96号。

政处罚实施条例》第 15 条第 2 项之规定,对当事人予以警告。

在外高桥港区海关的一行政处罚中①,当事人委托货运代理公司向海关申报从日本进口一般贸易项下辊式连续输送机等货物,特殊关系确认申报为"否"。经查,当事人与国外发货商有特殊关系,特殊关系确认栏应勾选为"是"。海关认为上述事实已构成违反海关监管规定的行为,根据《海关行政处罚实施条例》第 15 条第 2 项的规定,对当事人科处罚款人民币 28,000 元。

上述三个行政处罚案例均有相同的申报不实行为,且处罚依据都是影响海关监管秩序条款,该条款的处罚范围是:警告或者处 1000 元以上 3 万元以下罚款。上述三个案例中,洋山海关给到的处罚最低,即警告,外高桥港区海关给到的处罚接近顶格罚。

(三)多环节有处罚风险

《海关进出口货物报关单填制规范》(部分失效)要求企业在进口通关环节,即在进口报关单上进行特殊关系项目及价格影响的勾选,同时也明确出口货物、加工贸易及保税监管货物(内销保税货物除外)免予填报。但如企业填报了且填报错了,则有构成申报不实的违规风险。在外高桥港区海关的一行政处罚中②,海关发现当事人申报出口至日本一般贸易项下的模具 8600 千克,申报特殊关系为"否",经查买卖双方存在特殊关系,海关认定相关事实已构成违反海关监管规定。根据《海关行政处罚实施条例》第 15 条第 2 项之规定,海关对当事人作出警告。

除通关过程外,特殊关系申报不实如在后续的常规或专项稽查中被发现,也有处罚风险。比如,在泉州海关的一行政处罚中③,海关对当事人开展稽查,发现当事人在稽查时间范围内,以一般贸易方式申报自越南进口的 74 票货物,买卖双方实际存在特殊关系,但报关单特殊关系确认申报为"否"。海关认定当事人进口货物特殊关系确认申报不实,影响海关监管秩序,并根据《海关行政处罚

---

① 中华人民共和国上海外高桥港区海关关于瑞光(上海)电气设备有限公司申报不实行政处罚决定书,沪外关缉违字(2016)0205 号。

② 中华人民共和国上海外高桥港区海关关于内田祥事贸易(上海)有限公司申报不实行政处罚决定书,沪外关缉违字(2017)212 号。

③ 中华人民共和国泉州海关行政处罚决定书,泉州法制罚字(一般)(2019)0078 号。

罚实施条例》第 15 条第 2 项之规定,对当事人科处罚款人民币 25,000 元。再如,在东山海关的一行政处罚中①,东山海关稽查部门对当事人开展常规稽查时发现当事人与供货商董事长及第三方贸易商股东(持股 50%)均为同一人,买卖双方存在特殊关系。当事人向海关申报进口货物时,“特殊关系确认”栏目填报“否”,构成申报不实,影响海关监管秩序。东山海关后根据《海关行政处罚实施条例》第 15 条第 2 项规定,决定对当事人科处罚款人民币 25,000 元。

(四)处罚后续影响大

对于特殊关系及价格影响的申报,许多企业并未认真对待,以为填写的是无关紧要的栏目,或者并不理解特殊关系究竟指什么。上述案例中虽然处罚金额不多,但是行政处罚的影响绝不仅体现在金额方面。

首先,行政处罚无论大小都会在海关官网上公布,还可能在企业信用信息公示系统上公布,对企业声誉及信用造成影响。其次,在政府采购、工程招投标、国有土地出让、授予荣誉称号等工作中,都将企业信用作为重要考量因素。②最后,公司若有上市需求,行政处罚对公司上市也会有影响。③

第三节　两国海关执法实践的特点

一、两国海关利用“销售环境”测试进行估价的差别大

美国海关开展“销售环境”测试的实践丰富,已经形成了成熟、标准、完整的

---

① 中华人民共和国东山海关行政处罚决定书,东山法制罚字(一般)(2018)0042 号。

② 《企业信息公示暂行条例》第 19 条规定:“县级以上地方人民政府及其有关部门应当建立健全信用约束机制,在政府采购、工程招投标、国有土地出让、授予荣誉称号等工作中,将企业信息作为重要考量因素,对被列入经营异常名录或者严重违法企业名单的企业依法予以限制或者禁入。”

③ 《首次公开发行股票注册管理办法》第 13 条规定:“发行人生产经营符合法律、行政法规的规定,符合国家产业政策。最近三年内,发行人及其控股股东、实际控制人不存在贪污、贿赂、侵占财产、挪用财产或者破坏社会主义市场经济秩序的刑事犯罪,不存在欺诈发行、重大信息披露违法或者其他涉及国家安全、公共安全、生态安全、生产安全、公众健康安全等领域的重大违法行为。董事、监事和高级管理人员不存在最近三年内受到中国证监会行政处罚,或者因涉嫌犯罪正在被司法机关立案侦查或者涉嫌违法违规正在被中国证监会立案调查且尚未有明确结论意见等情形。”

审核步骤;而"销售环境"测试纳入我国立法已近十年,但是运用很少。我国海关关员还是倾向于直观简单的数字比较,比如是否有测试价格、利润率是否在行业利润区间内等。究其原因,"销售环境"测试对海关估价人员专业素质与执法能力的要求比较高,在没有具体指引、足够的数据库资源①及较强的专业分析能力的情况下,基层海关关员执法的信心及意愿显得不足。显然,中国海关在"销售环境"测试的应用方面还有改进的空间,还需要更多的培训与资源的支持。

二、我国海关在估价时并不太注意法律逻辑的严密性

我国海关在执法实践中常常存在逻辑跳跃的问题。除以上案例分析中提出的一些问题外,还存在片面使用转让定价材料,或在使用转让定价可比信息时出现双盲或互否现象②;未充分考虑交易对象的特性、交易各方的功能与风险、经济环境、交易所涉及无形资产等因素对选取的可比对象做出合理的调整。实践中,海关与企业之间就相关数据的有效性和公允性争议较多。

为解决估价人员水平参差不齐,各自对规则的理解和运用不同,各地海关执法不一的问题,很多专家建议应尽快完善销售环境测试立法指引及具体细则,包括审核转让定价的基本资料、转让定价审核的基本逻辑及转让定价方法的概括、关联企业及关联关系如何确定、关联交易的类型、常用转让定价审核方法、关联企业间业务往来的审核要点、审核对象的选择、纳税调整的方法等。③

三、在我国的关联交易估价中少有接受成交价格的案例

估价补税直接关系到纳税义务人的经济利益,企业关注度极高。尤其是转

---

① 转让定价数据库(如 OSIRIS)。

② 于茜:《加强估价管理制度研究 促进更高水平对外开放——基于转让定价视角》,载《海关审价》2019 年第 11 期。

③ 郑东军、李君:《转让定价海关价格管理制度建设探索》,载《海关审价》2020 年第 12 期。

让定价复杂、隐蔽的特征更是决定海关不能“一刀切”。[①] 然而，就可查询的资料，与美国海关执法情况不同，我国几乎所有因转让定价被海关质疑的案件最后都以“合理方法”补税结案，海关接受成交价格的案例很少。未来还应在进口估价环节平衡好海关权力与进口商权利的关系，平衡好维护进口商的合法利益与防止国家税款流失之间的关系。

---

① 于茜：《加强估价管理制度研究 促进更高水平对外开放——基于转让定价视角》，载《海关审价》2019年第11期。

第八章

争议解决的司法复审

第一节　美国关联交易海关估价争议的司法复审

1980年，美国国会颁布了《美国海关法院法》（United States Customs Court Act）将海关法院（Customs Court）改名为国际贸易法院（Court of International Trade，CIT）。《美国海关法院法》明确了国际贸易法院在美国联邦司法层级中是与地区法院同等级别的法院；它除有对于海关估价和归类案件的专属管辖权外，对于征收反倾销税与反补贴税的行政机构行为也具有专属管辖权。[1] 1982年，美国国会又通过《联邦法院促进法》（Federal Court Improvement Act），设立了联邦巡回上诉法院取代原来的海关与专利事务上诉法院（Court of Customs and Patent Appeals），并授予该法院对于国际贸易法院的案件的专属上诉复审权。[2]

一、国际贸易法院对于事实问题的"重新审理"标准

在欧尔顿公园案中，美国最高法院指出，通常除非"行政机构的行为具有司法性并且该机构的事实调查程序不充分"或者"在为强制执行一项非司法性质的行政行为的司法复审中提出了未向行政机构提出的新问题"，法院才需依"重

① 28 U. S. C. §1581.
② 28 U. S. C. §1295(a)(3).

新审理”的标准进行审查。[1] 也就是说,美国最高法院认为就行政决定一般不重新审查事实问题。但国际贸易法院对此有所突破。《美国海关法院法》第 2640 节之中规定了国际贸易法院所应适用的审查标准[2]:

> 第 2640 节　范围与复审标准
>
> (a)国际贸易法院对于属于以下类别的民事诉讼应当根据递交给法院的记录自行作出决定:
>
> (1)不满根据《1930 年关税法》第 515 节提起的行政复议被否决而提起的民事诉讼;
>
> ……

对于这项“自行作出决定”规定,美国国会指出其立法意图在于要求国际贸易法院对依据《1930 年关税法》第 515 节提起的民事诉讼(此类民事诉讼大多数涉及海关估价或归类问题)应进行“重新审理”[3]。这项“重新审理”标准既适用于对事实问题的审理,也适用于对法律问题的审理。但根据《美国海关法院法》第 2643 节的规定,国际贸易法院去重新审理事实问题(非只就法律问题作简易判决)的前提条件是它不能根据现有证据材料作出正确结论。[4]

> 第 2643 节　救济
>
> ……
>
> (b)如果国际贸易法院不能根据在民事诉讼中提交的证据作出正确结论的话,法院可以要求出于任何目的的重新审理,或者如果法院认为是达成正确决定所必需的话,可要求进一步的行政或司法程序。
>
> ……

---

① Citizen to Preserve Overton Park v. Volpe, 401 U. S. 402(1971).

② 28 U. S. C. § 2640.

③ H. R. Rep. No. 1235, reprinted in 1980 U. S. C. C. A. N. at 3370 [“Subsection (a)(1) of section 2640 provides for a trial de novo in the Court of International Trade in a civil action commenced pursuant to section 515 of the tariff Act of 1930. This provision restates existing law.”]

④ 28 U. S. C. § 2643(b).

此外,根据《美国海关法院法》的规定,由于行政主管机关的决定应被假定为正确,故质疑方提出有力证据说明海关等行政主管机关的裁定存在重要事实问题时,国际贸易法院才批准重新审理。①

> 第 2639 节　举证责任与证据价值
>
> (a)(1)除按本小节第 2 款的规定,在根据《1930 年关税法》第 515、516 节或者第 516A 节所提起的任何民事诉讼中,财政部部长、行政主管机关或者国际贸易委员会的决定应被假定为正确。提出不同主张的举证责任在于对于该决定提出异议的一方。
>
> ……

实践中,国际贸易法院批准重审的理由包括:(1)法律或程序错误或不合规;(2)严重的证据缺陷;(3)存在过去即使勤奋也无法发现的新证据;(4)不可预测的意外或不可避免的错误损害了一方充分陈述案情的能力。②

二、国际贸易法院对于法律问题的"重新审理"标准

"重新审理"是否意味着国际贸易法院可不必理会海关对法律的解释?在现代国家中,法院应如何对待执法部门对于法律的解释呢?

尽管《美国法理学》(第 2 版)第 277 节明确解释"CBP 对海关条例的解释必须得到复审法院的重视",③但在杰那瑞案④中国际贸易法院指出海关的裁定不是对《1979 年贸易协定法》的可接受的解释。在国际贸易法院看来《1979 年贸易协定法》的规定并无含糊之处,其中对于"实付与应付价格的"增加项目作出了具体的规定,而并没有提到其他项目也可以被增加到实付与应付价格之中。海关将配额费计入进口商品的应税价格中缺乏成文法上的依据。最终,国际贸易法院拒绝了海关所提出的行政解释应当得到尊重、估价决定必须得到支

---

① 28 U. S. C. §2639.

② Kerr-McGee Chem. Corp. v United States, 14 CIT 582, 583(1990).

③ 21 A Am. Jur. 2d Customs Duties, Etc. §277.

④ Generra Sportswear Co. v. United States, 905 F. 2d 377, 380 (Fed. Cir. 1990).

持的观点。

三、举证责任与证据价值

就事实问题,《美国海关法院法》作出了一项可反驳的假设:

第 2639 节　举证责任与证据价值

(a)(1)除按本小节第 2 款的规定,在根据《1930 年关税法》第 515、516 节或者第 516A 节所提起的任何民事诉讼中,财政部部长、行政主管机关或者国际贸易委员会的决定应被假定为正确。提出不同主张的举证责任在于对于该决定提出异议的一方。

…………

也就是说,在国际贸易法院受理的行政诉讼中,如果海关受到有力质疑,国际贸易法院才会审核 CBP 向其提出的任何法律论据和事实信息。[①]

在其他的民事诉讼及刑事诉讼指控中,CBP 承担不同的举证责任。如 CBP 指控进口商疏忽,CBP 须以"优势证据"(这是最常用的民事诉讼证据标准,要求证据的总体质量和影响力超过对方的证据)[②]证明进口商提交的进境文件和发票存在重大不实陈述或遗漏。如 CBP 指控进口商存在重大过失,CBP 须证明进口商肆无忌惮地无视或不关心入境文件中的信息的遗漏或其法定义务。此类指控同样需依据"优势证据"标准,要求证据显示进口商的行为远离常规谨慎标准。[③] 如作出欺诈指控,CBP 须通过明确且令人信服的证据证明欺诈行为。这是一种更严格的标准,通常用于涉及重大指控(如欺诈)的情况。在刑事诉讼中,举证责任则由 CBP 配合美国司法部完成,需要达成排除一切合理怀疑的证据规格才能进行有效指控。

---

① 21 A Am. Jur. 2d Customs Duties, Etc. § 276.

② 优势证据是指比相反的证据更有说服力的支持性证据。Hale v. FAA, 772F. 2d 882, 885 (Fed. Cir1985).

③ Mach. Corp. of Am. v. Gullfiber AB, 774F. 2d467, 473 (Fed. Cir1985).

四、行政诉讼

案例研究 34

M 公司诉美国案[①]

案件事实

M 公司属于 B 集团,负责 B 集团的进出口活动,而在尼加拉瓜的生产商 K 公司也属于 B 集团,专门负责生产男装。K 公司是 B 集团在尼加拉瓜唯一的男士西装式夹克制造商,K 公司的存在只是为了服务 M 公司,K 公司没有无关联买家。M 公司将切好的原材料运往 K 公司,K 公司在尼加拉瓜制作成夹克后运回给 M 公司,M 公司将这些夹克出口给美国非关联客户,包括 Sears 和 JCPenney 等。

M 公司和 K 公司的成交价格是由 B 集团当时的首席运营官 Looby 先生制定的,从 1998 年开始生产到 2007 年停止运营 K 公司一直处于亏损状态。而且,与 K 公司不同,M 公司的其他无关联供应商可以在确认 M 公司的订单能为其带来利润后自行决定是否接受 M 公司的订单;而 K 公司无权拒绝 M 公司的订单,且必须按照 Looby 先生设定的价格履行订单。据此,M 公司认为其和 K 公司的关联关系影响了成交价格,海关使用"成交价格法"来评估进口夹克是不合适的,故主张使用"倒扣价格法"对进口夹克进行重新估价。

海关审查了 M 公司提交的资料和工作表,然后提请美国海关总署提供内部咨询意见。根据 2001 年 9 月 M 公司致美国海关总署的信,1999 年,K 公司的进口夹克的价格是与 B 集团"经过公平谈判"确定的。据此,美国海关总署基于"销售环境"测试认定 K 公司和 M 公司之间的关联关系未影响成交价格。因此,美国海关总署在 2004 年 3 月 25 日做出内部建议,进口夹克的正确估价基础是成交价格加调整项目。[②] 对此内部建议,M 公司提出了抗议,但仍然被美国海

① Macclenny Pioducts v. U. S. ,2F. Supp. 2d 1348(2014).
② HQ 548475,Mar. 25,2004.

关拒绝。随后,M 公司向国际贸易法院提起诉讼。

争议焦点

进口商从关联生产商进口的男士西装式夹克的价格的确定方式是否符合服装生产行业的正常定价惯例?

各方观点

海关观点:尽管 M 公司和 K 公司之间存在关联关系,但 B 集团首席运营官 Looby 先生设定价格的方式"符合相关行业的正常定价惯例"。理由是 Looby 先生在"男士定制服装业务方面拥有数十年的价格设定经验,完全有能力评估合理的价格",而且 Looby 先生在确定进口夹克的价格时依赖于详细的年度预算。

企业观点:K 公司和 M 公司之间的价格不是根据任何商定的价格,公布的价格或其他客观显示的独立标准确定的,所以 K 公司的价格不符合相关行业的正常定价惯例。

法院分析:海关并无"相关行业正常定价惯例的客观证据"。其他证据也没有专门针对服装生产行业,故不足以将 K 公司的价格设定方式与服装生产行业的正常定价惯例进行比较。因为 K 公司的定价并不基于市场价格或其他独立标准,法院驳回了美国海关要求维持使用成交价格的简易判决的动议。

评　　析

在本案中,海关认为尽管存在关联关系,但该关系并未影响成交价格,这是一个不同寻常的情况。然而,进口商与海关持不同意见,认为 K 公司的定价并不符合行业惯例。在这种情况下,如果海关未能充分证明关联关系未影响成交价格,国际贸易法院在复审过程中经重新审理最终推翻了海关的结论。这是由作为进口商的异议方提出司法复审,并能有力反驳海关裁定的例子。

案例研究 35

VWPA 公司诉美国案

案件事实

VWPA 从其加拿大面料制造商和母公司 VWPC 进口羊毛面料。由 VWPA

分销给美国客户。VWPA 没有办公室，也没有仓库和库存，在美国仅有一名雇员维护 VWPA 的财务记录。美国海关在 1990 年开始对 VWPC 和 VWPA 之间的关联交易进行审计。美国海关认定 VWPA 和 VWPC 之间没有善意的销售，所有权直接从 VWPC 转移给美国客户，故美国海关认为进口面料的完税价格应是 VWPA 与美国客户之间的销售价格。VWPA 随后向美国国际贸易法院提起诉讼，主张进口面料的成交价格接近相同商品的倒扣价格和计算价格，海关应采用 VWPA 和 VWPC 之间的成交价格作为估价基础。

争议焦点

VWPA 和 VWPC 之间的成交价格是否可作为进口面料的估价基础？

法院分析

美国海关要求用于验证成交价格的任何测试价格都必须是经海关估价后已经被海关接受的价格。尽管 VWPA 提供了相同产品倒扣价格和计算价格的报表，但仅是摘要信息而非原始文件，无法证明是海关已接受的价格。法院认为缺乏原始文件核对 VWPA 主张的计算价格或倒扣价格，也无法推断 VWPA 和 VWPC 的利润符合同种类织物的进口商和(或)生产商的利润水平，因此，有必要让 VWPA 有机会在合理时间内提供足够的信息，海关可以审核确认 VWPA 和 VWPC 之间的成交价格是否非常接近 VWPA 主张的测试价格。

判　　决

如果国际贸易法院无法根据诉讼中提出的证据作出正确的决定，其可以出于任何目的下令重审。据此，国际贸易法院发回海关重审。

评　　析

VWPA 对海关决定提起司法复审，主张进口面料的成交价格接近相同商品的倒扣价格和计算价格，但没能提供测试价格是已为海关所接受的价格的证据原件。国际贸易法院无法根据现有双方提交的证据作出正确的认定时，不急于以现有证据作出判决，而是要求进一步的行政程序。这是由作为进口商的异议方提出司法复审，但还只能初步证明海关裁定未必正确的例子。

案例研究 36

LPF 公司诉美国案[1]

案件事实

La Perla Fashions, Inc.（LPF）从其在意大利的母公司 Gruppo La Perla, S. p. A.（GLP）进口三种款式的女装，然后转售给美国的零售商。但在 LPF 成立前，GLP 是通过销售代理直接向美国无关联买家销售服装。而且，在 LPF 成立后，GLP 仍直接向美国无关联的客户销售服装。

美国海关根据 LPF 与其美国客户之间的成交价格减去国际运费、保险费、关税和其他各种费用来评估女装的价值。LPF 认为正确的海关估价应是其与 GLP 之间的价格，并向海关提出抗议。随后向国际贸易法院提起诉讼。

法院分析

意大利母公司 GLP 向美国无关联客户直接销售相同的商品，且 GLP 与 LPF 之间的销售价格比 GLP 直接销售给无关联美国客户的价格低。对此价格差异，尽管 LPF 解释并提交了相关摘要信息，但美国海关无法核实摘要信息中关键事实资料的客观证据。法院认为在相同货物向无关联第三方出售的成交价格高于关联交易的价格的情况下，海关按倒扣价格法和计算价格法确定商品完税价格是正确的。

判　　决

基于 GLP 直接向美国无关联客户的销售价格与 GLP 和 LPF 之间的成交价格的比较，法院认定 LPF 与其美国客户之间的价格是进口女装的正确估价基础，并据此驳回 LPF 的诉讼请求。

评　　析

本案案情与前一案例类似，但除与关联分销商的交易外意大利母公司仍直接有与无关美国买方进行的销售。LPF 提起司法复审，却未能充分解释并证明相同产品的关联交易与非关联交易差价的合理性。因此，法院支持了美国海关

---

① La Perla Fashions, Inc. v. United States, 9 F. Supp. 2d 698（1998）.

的认定,认为关联关系影响了成交价格,驳回了 LPF 的诉讼请求。这是比较典型的由异议方进口商负担举证责任,却没能成功挑战被假定为正确的海关裁定的例子。

五、民事诉讼与刑事诉讼

(一)诉讼风险

在美国,利用关联交易进行价格低报如存在账外付款等欺诈行为则将面临民事欺诈诉讼甚至刑事指控的风险。[①] 以下是一个买卖双方配合向 CBP 进行价格低报欺诈的案例。

> HIGH LIFE 从外国供应商处购买服装,而供应商又与海外工厂签订合同来生产服装。2015 年 12 月 CBP 扣留了多批 HIGH LIFE 货物,之后 HIGH LIFE 决定转变其业务模式,不再按照到岸完税(LDP)条款购买服装,开始以船上交货(FOB)方式购买。
>
> 作为登记进口商,如果满足某些标准,HIGH LIFE 可以根据供应商向工厂支付的价格(首次销售价格)而不是 HIGH LIFE 向供应商支付的价格申报进口货物的价格。首次销售价格应用的标准是,货物是供应商和工厂之间善意销售的标的物,货物的明确目的地是出口到美国,并且工厂与供应商间是公平交易,不存在影响销售价格合法性的任何非市场因素。
>
> 从 2016 年 1 月 21 日至 6 月 1 日,在从 LDP 条款过渡到 FOB 条款的过程中,HIGH LIFE 开发了一个公式,该公式从之前商定的 LDP 价格倒推计算 HIGH LIFE 想要的 FOB 价格和首次销售价格,然后使

---

① U. S. Attorney's Office, Southern District of New York, *U. S. Attorney Announces $1.3 Million Settlement of Civil Fraud Lawsuit Against Apparel Importer For Underreporting Value of Goods to Avoid Paying Customs Duties*, Justice. Gov., Jan. 31, 2023; Tycko & Zavareei Whistleblower Practice Group, *Fraud Doesn't Suit You: Whistleblower Reports Menswear Company Customs Fraud*, Natlawreview. com, Aug. 18, 2022.

用该首次销售价格来申报67批进口货物的价值。HIGH LIFE用于海关申报目的的价格是在服装订单下达、定价结构协商后以及服装投入生产后才另行确定的。借此,HIGH LIFE严重低报了67批进口货物的价值。

涉嫌欺诈的证据还有:HIGH LIFE要求供应商推迟至算好首次销售价格后发货。2015年12月24日,HIGH LIFE的生产经理要求供应商"保留尽可能多的货物,直到我们完成首次销售价格的确定"。

从2015年12月下旬开始,一直持续到2016年1月,HIGH LIFE指示供应商应用HIGH LIFE的公式来计算HIGH LIFE将向CBP报告的首次销售价格。

在供应商通过电子邮件向HIGH LIFE发送所谓反映标的订单首次销售价格的电子表格后,HIGH LIFE一名成员向供应商发送了一封电子邮件,指示他们"重新根据HIGH LIFE预估运费计算你们的FOB价格和首次销售价格"。收到这些电子邮件后,供应商在24小时内回复HIGH LIFE,并修改了标的订单中所含商品的首次销售价格。

美国司法部指出,使用这些价值申报进口商品是不恰当的,因为这些价格并非基于供应商与海外工厂之间的善意销售,也不是这些供应商与工厂在没有任何非正当理由的情况下公平谈判的结果。如果HIGH LIFE根据HIGH LIFE本身为标的订单中所含商品支付的价格向CBP缴纳关税,而不是根据供应商根据HIGH LIFE的指示报告的所谓首次销售价格计算关税,那么HIGH LIFE将已为标的订单支付了高出十万多美元的关税。

最终,美国司法部宣布,已达成和解协议解决针对HIGH LIFE的民事欺诈诉讼。该和解解决了HIGH LIFE少报67批服装货物价格以避免支付所欠全部关税的指控。根据美国地区法官Victor Marrero批准的和解协议,HIGH LIFE同意向美国支付130万美元,并承认政府诉状中指控的某些行为。

以上案例中美国司法部选择了对HIGH LIFE进行民事欺诈诉讼。在美国,选择以民事诉讼而非刑事诉讼来处理关联交易中的价格低报案件通常取决于几个因素:第一,证据标准。民事欺诈诉讼中尽管“明确且令人信服”的证据标准比一般的民事诉讼标准更为严格,但是它仍然没有达到刑事案件所需的“无合理怀疑”的高度。这意味着,在一些严重的民事欺诈案件中,尽管证据需要非常充分和强大,但法院仍不需要像刑事案件那样完全没有任何合理的怀疑。比如,在刑事案件中,必须证明被告有意图犯罪(故意或恶意)。因为可能涉及复杂的财务和会计决策,这在商业交易中尤其难以证明。第二,目的和结果。民事诉讼主要目的是恢复损失,即通过财务赔偿来纠正不公行为,而不是对被告实施刑事惩罚。在关联交易低报价格的案件中,政府可能更倾向于快速有效地回收所逃税款,而不是追求刑事定罪。第三,处理速度和成本。民事诉讼通常比刑事诉讼更快速且成本较低。政府可能会选择民事途径以更经济、更有效率地解决问题,尤其是在证据可能不足以支持刑事定罪的情况下。

然而如果美国司法部决定进行刑事指控的话,以下为利用关联交易进行低报并进行账外付款主要可能涉及的罪名:第一,税务欺诈。如果价格低报用以逃避关税或其他税收,可能构成税务欺诈。第二,洗钱。如果账外付款涉及非法资金的掩饰、转移或隐瞒,可能涉嫌洗钱。第三,证券欺诈。如果这些行为涉及上市公司,并影响了公司的财务报表或投资者决策,可能会涉及证券欺诈。第四,阻挠司法公正。如果在调查过程中故意销毁、篡改或隐藏证据,可能会涉及阻挠司法公正的指控。第五,如果进口商不仅故意低报了商品价格,还采取措施隐藏货物,如未向海关申报某些货物,或使用虚假的文件和标签以误导海关,这还可能构成走私罪。走私罪是一种更为严重的刑事犯罪。

(二)联合执法

美国司法部通常在以下几种情况下会介入低报海关价格的案件进行调查:(1)重大欺诈行为:如果涉嫌低报的金额巨大,或该行为是有组织、有系统进行的,尤其是涉及跨国操作或大规模逃税,美国司法部通常会介入进行刑事调查。(2)涉及多个司法管辖区:如果案件涉及多个州或跨国界,涉及复杂的法律和管辖问题,美国司法部可能会介入。(3)公众利益:如果案件涉及重大公众利益,例如涉及大量消费者或可能影响整个行业的公平竞争,美国司法部也可能介入。(4)请求联邦援助:如果海关或其他初级执法机构在调查中遇到技术或资源上的限制,它们可能会请求美国司法部提供额外的支持或完全接管案件。(5)与其他严重犯罪相关联:如果低报价格的行为与其他犯罪活动(如洗钱、贿赂或其他形式的腐败)有关,美国司法部通常会介入,以综合调查所有相关的非法活动。

在民事诉讼与刑事诉讼过程中,CBP 的角色是:第一,负责进行初步调查。识别可能的违规行为,如关税欺诈、低报价值等。第二,收集与进口交易相关的所有必要文件和证据,包括发票、运输文件,以及进口商的记录。第三,进行初步裁决。如果 CBP 发现有充分的证据表明存在违规行为,它将采取行动,可能包括征收未支付的关税、罚款或其他行政措施。美国司法部的角色是:第一,调查。如果 CBP 的初步调查揭示了重大违规行为,或者涉及复杂的欺诈案件,美国司法部可能介入进行调查。这包括通过联邦调查局(FBI)或其他联邦执法机构进行更深入的调查。第二,起诉。如果有足够的证据支持指控,美国司法部将负责起诉涉嫌违规、犯罪的公司或个人。第三,法庭审理。美国司法部将代表政府在法庭上进行案件的起诉和指控、辩论。

此外,执法机构间会有信息共享机制,确保在调查过程中能够交换关键信息和证据。在一些大型或复杂的案件中,CBP 和美国司法部可能会组成联合调查团队,共同工作,以确保法律的全面执行和效率。

(三)审理与刑罚

国际贸易法院的“专属管辖权”,实际上并不覆盖所有关税相关的法律问题。例如,涉及关税欺诈、违规的民事诉讼、刑事诉讼初审通常由联邦地区法院处理。这是因为这些诉讼超出了国际贸易法院传统的就技术性问题行政复审范畴。此外,由于这些案件违反的是联邦法律,如《虚假申报法》(False Claims Act)、《关税法》(Tariff Act)和《走私法》(Smuggling Act)[①],故也不由州法院管辖。

---

① 《走私法》是指被纳入《美国法典》的刑事法典中的以下几个章节:1. Title 18 – Crimes and Criminal Procedure(第 18 章　犯罪与刑事诉讼);2. Title 19 – Customs Duties(第 19 章　海关税项);3. Title 21 – Food and Drugs(第 21 章　食品和药物);4. Title 22 – Foreign Relations and Intercourse(第 22 章　外交关系与交往);5. Title 26 – Internal Revenue Code(第 26 章　国内税收法)。

审理涉及关税的民事和刑事案件时,法院的角色包括以下几个方面:第一,审理由检察官提起的指控,包括关税欺诈和走私等。审理过程中,法院将评估所有的证据,包括 CBP 以及其他执法机构提交的证据。第二,裁决责任。比如在刑事诉讼过程中,法官需要确定被告是否违反了相关的联邦法律,并作出有罪或无罪的裁定。第三,判定刑罚。如果被告被判有罪,法院将决定相应的刑罚,这可能包括罚款、监禁或其他刑事制裁。第四,审理上诉。如果一方对初审法院的决定不满意,可以向上级法院提起上诉,最终可能上诉至美国最高法院。第五,强制执行。美国海关自身没有直接执行罚款等行政裁决的法定权力。如果进口商或相关当事人未自愿履行海关的罚款裁决,美国海关需要通过美国司法部向联邦法院提起诉讼,以便通过法律程序实现强制执行。对于已生效的民事或刑事判决,美国的法院拥有多种强制执行手段,确保判决得到履行,包括但不限于:财产扣押。法院可以授权扣押被执行人的财产,如银行账户、房产等,以满足判决金额。工资扣押。法院可下令从被执行人的工资中直接扣除一定金额,用于支付赔偿金或罚款。罚款和监禁。对于拒不履行判决的当事人,法院可能会因藐视法庭而处以罚款或短期监禁。强制执行。法院可以发出具体的命令,要求被执行人在一定时间内完成某些行动,如支付款项或交付特定财产。

根据《美国法典》第十八篇,进行关税欺诈可能被判处高达 5 年的监禁以及罚款。走私的刑事处罚更严重,尤其是当走私活动涉及禁止或受限商品时,如毒品或武器,涉及的刑期可能高达 20 年。[①] 关税欺诈和走私犯罪的刑事处罚的严厉程度还取决于违法行为的性质、涉及金额的大小、犯罪行为的预谋程度、被告的前科以及是否存在其他减轻或加重的情节。

如果企业或个人在调查开始前自行向 CBP 或美国司法部报告违法行为,可能会在一定程度上减轻罪责。在调查和诉讼过程中,全面合作可以作为减轻处罚的依据。这包括提供关键信息、协助调查其他涉案人员等。在一些案件中,被告可能与政府达成和解协议,同意支付罚款和(或)赔偿,以换取较轻的刑事处罚或撤销部分指控。建立或改进企业的合规计划也可能作为减轻处罚的条

① Title 18 of the United States Code, Section 542, 545.

件之一。在某些情况下,如果被告能够提供对检方有重大帮助的证据,可能会通过证人保护计划获得免刑。

(四)双重追诉原则

在美国,涉及价格低报的案件的当事人可能既受到海关处罚也受到刑事追诉。美国法律体系允许在这两种不同的法律框架下对同一行为进行处罚,因为它们各自独立,针对的是不同方面的违规行为。这种做法在法律上被称为“双重追诉原则”(Dual Sovereignty Doctrine)。①

第二节　中国关联交易海关估价争议的司法复审

一、行政诉讼

在我国海关估价争议作为税收争议,进口商不服海关的缴税决定或处罚决定,可以提起行政复议②与行政诉讼③,但在行政诉讼之前需要先行提起行政复议。④ 目前在我国没有公开行政复议决定书的要求,⑤而与海关估价有关的行

① Bartkus v. Illinois,359 U. S. 121 (1959).

② 《行政复议法》第2条第1款规定:“公民、法人或者其他组织认为行政机关的行政行为侵犯其合法权益,向行政复议机关提出行政复议申请,行政复议机关办理行政复议案件,适用本法。”

③ 《行政诉讼法》第2条第1款规定:“公民、法人或者其他组织认为行政机关和行政机关工作人员的行政行为侵犯其合法权益,有权依照本法向人民法院提起诉讼。”

④ 《海关审理行政复议案件程序规定》第11条规定:“有下列情形之一的,申请人应当先向海关申请行政复议,对海关行政复议决定不服的,可以再依法向人民法院提起行政诉讼:(一)对海关当场作出的行政处罚决定不服;(二)认为海关未履行法定职责;(三)申请政府信息公开,海关不予公开;(四)同海关发生纳税争议;(五)法律、行政法规规定应当先向海关申请行政复议的其他情形。对前款规定的情形,海关在作出行政行为时应当告知公民、法人或者其他组织先向海关行政复议机关申请行政复议。”

⑤ 《行政处罚法》第48条规定:“具有一定社会影响的行政处罚决定应当依法公开。”最高人民法院《关于人民法院在互联网公布裁判文书的规定》第3条规定:“人民法院作出的下列裁判文书应当在互联网公布:(一)刑事、民事、行政判决书;(二)刑事、民事、行政、执行裁定书;(三)支付令;(四)刑事、民事、行政、执行驳回申诉通知书;(五)国家赔偿决定书;(六)强制医疗决定书或者驳回强制医疗申请的决定书;(七)刑罚执行与变更决定书;(八)对妨害诉讼行为、执行行为作出的拘留、罚款决定书,提前解除拘留决定书,因对不服拘留、罚款等制裁决定申请复议而作出的复议决定书;(九)行政调解书、民事公益诉讼调解书;(十)其他有中止、终结诉讼程序作用或者对当事人实体权益有影响、对当事人程序权益有重大影响的裁判文书。”

政诉讼案例也是罕见的。

（一）行政诉讼的审查标准

在我国行政诉讼中法院应对行政行为从事实认定到法律适用等方面进行全面的“合法性审查”。具体地，《行政诉讼法》第 6 条规定：“人民法院审理行政案件，对行政行为是否合法进行审查。”第 69 条规定：“行政行为证据确凿，适用法律、法规正确，符合法定程序的，或者原告申请被告履行法定职责或者给付义务理由不成立的，人民法院判决驳回原告的诉讼请求。”第 70 条规定：“行政行为有下列情形之一的，人民法院判决撤销或者部分撤销，并可以判决被告重新作出行政行为：（一）主要证据不足的；（二）适用法律、法规错误的；（三）违反法定程序的；（四）超越职权的；（五）滥用职权的；（六）明显不当的。”最高人民法院《关于审理国际贸易行政案件若干问题的规定》第 6 条规定：“人民法院审理国际贸易行政案件，应当依照行政诉讼法，并根据案件具体情况，从以下方面对被诉具体行政行为进行合法性审查：（一）主要证据是否确实、充分；（二）适用法律、法规是否正确；（三）是否违反法定程序；（四）是否超越职权；（五）是否滥用职权；（六）行政处罚是否显失公正；（七）是否不履行或者拖延履行法定职责。”此外，行政诉讼中被告行政机关只能提交行政程序中已收集的证据，但原告当事人却不受此限。当事人有权在法定期限内提交证据，包括之前未能提交的证据。法院也有权根据案件实际需要，通知当事人补充提供证据或自行调查取证。①

根据以上规定，在对海关估价案件进行司法审查时法院应以自身对事实和法律的独立判断来衡量海关的理解。②

然而实践中，我国法院往往只对海关作出行政行为是否程序合法进行审查，至于实体问题则不予干涉。③

（二）案例研究

以下以三个案例来观察在我国与关联交易有关的海关估价案件的行政

① 《行政诉讼法》第 35、36、39、40 条。

② 徐宁：《论我国海关估价司法审查标准》，对外经济贸易大学 2007 年硕士学位论文。

③ 丁丽柏：《海关估价制度研究》，法律出版社出版 2008 年版，第 147 页。

诉讼。

案例研究 37

广东省肇庆市外贸开发公司诉肇庆海关海关估价行政纠纷案

该案完整经历了行政复议、行政诉讼的一审和二审，是我国加入 WTO 以来的首例海关估价行政诉讼，被称为中国海关估价行政诉讼第一案，并最终成为最高人民法院公报案例。

案件事实

2002 年 11 月 27 日，广东省肇庆市外贸开发公司（以下简称外贸开发公司）以一般贸易方式向肇庆海关申报进口 3 票货物。经审核报关单及附随单证，肇庆海关发现外贸开发公司申报的进口价格低于海关设定的价格风险参数，肇庆海关随即向外贸开发公司发出《价格质疑通知书》，要求外贸开发公司作出书面情况说明，并提供证明申报价格真实、准确的相关资料。外贸开发公司、广东省肇庆市翱思科技有限责任公司（以下简称翱思科技公司）向肇庆海关提交了境外供货商香港翱思公司与境内实际收货单位、该案第三人翱思科技公司之间业务往来的说明、外贸开发公司代理进口电子元件协议、报关单及随附单证、销售合同及发票、集成电路价格行情信息等资料。肇庆海关进一步通过询问、磋商、谈话等方式，向外贸开发公司了解进口货物申报价格信息，并向海关总署广州商品价格信息办公室了解了同型号集成电路价格行情和信息。经肇庆海关审查相关资料，他们认为买卖双方（境内实际收货单位翱思科技公司与境外供应商香港翱思公司）之间存在特殊关系，公司提交的材料采信度不高，不能有效证明进口申报价格的合理性，双方特殊关系影响成交价格，遂根据 2001 年《审价办法》第 34 条[①]的规定，决定不接受进口货物申报价格。经肇庆海关重新估价，

---

① 2001 年《审价办法》第 34 条规定："海关有理由认为买卖双方之间的特殊关系影响成交价格时，应当书面将理由告知进口货物的收货人，要求其以书面形式作进一步说明，提供相关资料或其他证据，证明双方之间的关系未影响成交价格。自海关书面通知发出之日起 15 日内，进口货物的收货人未能提供进一步说明，或海关审核所提供的资料或证据后仍有理由认为买卖双方之间的关系影响成交价格时，海关可以不接受其申报价格，并按照本办法第七条至第十一条的规定估定完税价格。"

其作出《代征缴款书》和《估价通知书》。外贸开发公司不服上述决定，向广州海关申请复议，复议决定维持肇庆海关的《代征缴款书》和《估价通知书》。外贸开发公司向肇庆市中级人民法院提起行政诉讼，一审判决仍是维持。外贸开发公司及翱思科技公司进一步向广东省高级人民法院上诉。

争议焦点

(1)翱思科技公司(实际买方)和香港翱思公司(卖方)之间是否存在特殊关系。

外贸开发公司、翱思科技公司观点：提交的验资报告显示，香港翱思公司不是翱思科技公司的股东，买卖双方之间不存在控制关系。

肇庆海关观点：在价格质疑过程中两公司曾经多次承认，翱思科技公司与香港翱思公司存在特殊关系。比如翱思科技公司出具的“关于翱思科技公司与香港翱思公司的业务说明”中，承认其与卖方香港翱思公司是分公司与总公司的关系；肇庆海关制作的询问笔录和翱思科技公司出具的“关于翱思科技公司购销集成电路的说明”中，翱思科技公司也承认，其与香港翱思公司存在着共同经营、利润分成的事实。

(2)双方的特殊关系是否影响了成交价格。

外贸开发公司、翱思科技公司观点：公司提供了大量的包含测试价格数据的详细的价格资料供肇庆海关审查，但是肇庆海关未积极主动地审查，而是以“采信度不高，不足以证明申报价格真实性、准确性”为由不予采纳，并直接认定特殊关系影响了成交价格违反法定程序。肇庆海关没有证据证明其质疑的理由，但一审法院却认定特殊关系影响成交价格，一审法院认定事实错误。

肇庆海关观点：两公司虽然提供了说明及相关资料，但这些资料存在多处矛盾和瑕疵，比如，部分增值税发票存在买价高于卖价的价格倒挂现象，有违常理；部分订单上载明的含税价格，与增值税发票上的不含税价格相同，不符合逻辑；有的资料是由曾因走私、价格瞒骗等行为受过海关查处，存在企业诚信问题的一些公司提供，不足为据。除此之外，对能直接反映国际贸易价格的对外付汇情况或者集成电路行业的国际贸易价格资料，两公司也始终不向海关提供。

(3)肇庆海关使用合理方法估价，是否违反2001年《审价办法》的规定。

外贸开发公司、翱思科技公司观点：在审定完税价格过程中，海关没有依照法定次序执行几种估价方法,而是直接采用合理方法估价,严重违反法律。

肇庆海关观点:海关依照2001年《审价办法》第7条和第11条的规定,在无法适用其他价格方法的情况下,根据海关的价格资料,使用合理方法估定了完税价格。

法院分析及审判结果

(1)翱思科技公司(实际买方)和香港翱思公司(卖方)之间是否存在特殊关系。

一审二审法院均认为,2001年《审价办法》第16条规定了存在特殊关系的8种情形,买卖双方为股东投资关系,是其中一种情形。验资报告虽显示香港翱思公司不是翱思科技公司的股东,但不代表实际经营过程中两个公司之间不存在符合其他特殊关系认定的情形。

经查明,翱思科技公司由香港翱思公司的注册人李兆汉和翱思科技公司的法定代表人冯炜恒共同经营,翱思科技公司的部分流动资金由香港翱思公司提供,与香港翱思公司保持着分公司与总公司的关系。双方口头约定,对翱思科技公司的销售利润,翱思科技公司分三成,香港翱思公司分七成。而且,翱思科技公司提交的相关说明,员工被海关询问时的回复也都承认公司与卖方香港翱思公司有共同经营、利润分成的事实。法院基于此认为双方存在特殊关系。

(2)双方的特殊关系是否影响了成交价格。

一审法院认为虽然外贸开发公司和翱思科技公司提供了大量价格资料,但这些资料存在着不同程度的矛盾和瑕疵,无法说明其自身真实、合理,因此也就不具有证明申报价格真实、合理的作用;海关价格办公室出具的意见称:涉案货物申报价格低于海关掌握的同型号集成电路实际成交可比价格,低于国际集成电路权威网站的报价,低于集成电路生产成本价格。作为海关进口货物商品价格信息的专业管理部门,海关价格办公室掌握了大量的价格信息资料。与外贸开发公司、翱思科技公司提供的资料相比,海关价格办公室出具的价格意见更具可信性,应当采纳。

二审法院进一步认为公司提交的资料无法证明成交价格符合当时生效适用的《审价办法》第6条第1款(测试价格法)规定的条件,因此肇庆海关不接受外贸开发公司、翱思科技公司主张的成交价格,于法有据。肇庆海关据此认定涉案货物买方与卖方之间的特殊关系影响了成交价格,是正确的。

(3)肇庆海关使用合理方法估价,是否违反2001年《审价办法》的规定。

一审二审法院均认为,在适用相关方法时,需要满足一定的条件,比如采用相同或类似货物成交价格估价方法时,应首选同一生产商生产的相同或类似货物,如果没有同一生产商,则可退一步使用同一生产国或地区其他生产商生产的相同或类似货物。该案中,海关与公司掌握的价格材料均不满足上述条件,因而无法适用上述方法。采用倒扣价格法,双方所掌握的材料又不满足2001年《审价办法》所规定的"境内第一销售环节""以该价格销售的货物合计销售总量最大"等要求。采用计算价格法,双方提供的材料中均无客观可量化的境外生产商生产成本及费用数据,因此也无法适用。经依次排除适用上述方法后,肇庆海关以海关掌握的国内其他口岸相同型号规格产品的实际进口成交价格资料为基础,采用合理方法进行估价,符合2001年《审价办法》的程序要求和估价原则。

综上,二审法院驳回上诉,维持原判。

案例研究38

广州泛亚聚酯有限公司诉高栏海关征税行政纠纷案

该案完整经历了行政复议、行政诉讼的一审和二审,并从司法审判角度再次确认特殊关系影响成交价格的举证责任在企业。

案件事实

2007年9月27日,广州泛亚聚酯有限公司(以下简称泛亚公司)向我国高栏海关申报进口我国台湾地区产乙二醇3002.707吨,申报成交单价每吨1060美元,总价为3,182,869.42美元。高栏海关审核泛亚公司的申报后,以泛亚公司申报的价格与其掌握的价格存在差异,以及买卖双方存在特殊关系并可能对成交价格有影响为由,向泛亚公司发出《价格质疑通知书》,要求原告泛亚公司提供有关成交的书面情况说明、《中华人民共和国海关进口货物价格申报单》、厂商发票、业务函电、信用证及上一手成交相关单证资料。泛亚公司在规定期限内作出了进一步说明,并提交了相关的单证资料。高栏海关经审核,不接受泛亚公司的申报价格,拟重新估价,遂与泛亚公司进行了价格磋商,并形成了《中华人民共和国海关价格磋商记录表》。之后,高栏海关向泛亚公司发出《海关估价告知书》,告知将根据2006年《审价办法》第25条的规定,对泛亚公司所进口乙二醇按合理方法进行估价。同日,高栏海关作出了《海关进口关税专用缴款书》《海关进口增值税专用缴款书》。泛亚公司不服,向拱北海关申请行政复议。拱北海关作出拱北海关复字(2008)003号行政复议决定,维持了高栏海关作出的审价征税行为。泛亚公司不服行政复议决定,向珠海市中级人民法院提起行政诉讼。珠海市中级人民法院作出(2008)珠中法行初字第9号行政判决,维持高栏海关作出的审价征税行为。泛亚公司不服,向广东省高级人民法院上诉。

争议焦点

关于买卖双方的特殊关系高栏海关与泛亚公司均无异议,泛亚公司自行提交的情况说明以及在庭审过程中的自认都表明这一事实。双方的主要争议焦点在于特殊关系是否影响成交价格。

高栏海关观点:泛亚公司对特殊关系未影响其成交价格证明不力,应依法承担不利的法律后果。

泛亚公司观点:已向海关提交了所要求的资料并说明了双方特殊关系没有影响成交价格。

法院分析及审判结果

一审法院认为,根据2006年《审价办法》"仍有理由怀疑"条款,高栏海关对泛亚公司申报的价格有怀疑,经泛亚公司书面说明并提供有关资料后,高栏海关仍有理由怀疑双方特殊关系对成交价格产生了影响,不接受泛亚公司申报的价格,并依照有关规定重新估定完税价格。高栏海关作出的上述行为证据确凿,适用法律正确。

二审法院认为,根据2006年《审价办法》第17条"举证责任在进口商"的规定,高栏海关向泛亚公司发出《价格质疑通知书》后,泛亚公司应当依法向高栏海关证明买卖双方虽存在特殊关系但未对进口货物的成交价格产生影响。但由于泛亚公司未能提供足够的证据证明,因此,高栏海关拒绝接受其申报的成交价格作为完税价格合法合规。综上,二审法院驳回上诉,维持原判。

案例研究 39

进口车企巨额关税行政复议、诉讼案

本案例中,海关与企业关于售后服务费用是否应当计入价格产生争议。本案涉案税款达到数亿元,经过两轮行政复议、一轮行政诉讼,最终如愿成功和解,达到共赢的结果。该案入选“上海市涉外法律服务十大经典案例”。

案件事实

美国A公司是世界知名汽车制造商,其在中国的子公司B公司是A公司的非独家经销商,在中国境内销售进口汽车。2015年3月至11月,某直属海关对B公司就进口车辆海关估价问题开展海关稽查。2015年11月,海关向B公司下达了《稽查结论》和《稽查补缴税款告知书》。该稽查结论认定自2012年3月25日至2015年3月24日,B公司以一般贸易方式申报进口整车相关的售后服务费用(包括基本保修、延保、善意补偿和召回费用),已构成“实付、应付”条件,应计入进口整车的完税价格。据此,向B公司追征税款及滞纳金合计高达人民币4亿多元。

B公司一方面与海关就补税金额继续进行沟通,递交了多份情况说明和报告。另一方面,向海关总署提交行政复议申请及相关证明材料,以证明进口后发生的售后服务费用不应计入进口整车的完税价格。

经过行政复议,海关总署决定撤销某海关原稽查结论,并要求某海关重新作出具体行政行为。之后,某海关重新作出《稽查结论》及《稽查补缴税款告知书》,要求B公司补缴税款及加收滞纳金,合计约2.7亿元,减少了约1.3亿元。但某海关仍然认为,B公司在货物进口后发生的善意补偿和召回费用,应计入进口车辆的完税价格。B公司继续提起第二轮行政复议申请,后以某海关和海关总署为被告向北京市第二中级人民法院提起行政诉讼。本案最终成功和解。

争议焦点

该案与关联交易相关的争议焦点是:某海关认为B公司是A公司的子公司,受到A公司的“管控”,B公司无法自主决定车辆的基本保修、延保等售后服务费用,其计提的售后服务费用构成“实付、应付”条件,应当计入完税价格。

B公司的观点则是:“管控”与否实际上是在讨论成交价格法是否应当适用,即买卖双方之间的特殊关系是否对成交价格产生影响。如果结论是影响,则不能适用成交价格法,而应依次适用其他方法予以估价。本案的售后服务费用是作为成交价格调整项目计入完税价格的。某海关既考虑受控交易不适用成交价格,又直接要求依成交价格调整项补税,显然这种做法在法律逻辑上是欠考虑的。

审判结果

审判阶段,B公司与海关总署、某海关达成和解。

(三)案例评析

以上案例均为真实且罕见的在我国发生的有关海关估价并涉及关联交易行政诉讼案例。其中体现的我国法院的审查标准尤其值得评析和了解。

1. 海关对“参考价格”的使用比较任意,法院也欠缺审查。

案例研究37和案例研究38的核心问题比较类似,即特殊关系是否影响成交价格,海关掌握的参考价格是不是海关“仍有怀疑”的适当理由。

如何判定特殊关系对成交价格存在不当影响?2001年及2006年《审价办法》中没有规定销售环境测试,只规定了价格测试。① 案例中进口企业对测试价格进行了举证,但海关并不满意。如案例研究37中,肇庆海关指出纳税义务人提交的资料存在某些“不足”:(1)部分增值税发票存在买价高于卖价的价格倒挂现象,有违常理;(2)部分订单上载明的含税价格,与增值税发票上的不含税价格相同,不符合逻辑;(3)有的资料是由曾因走私、价格瞒骗等行为受过海关查处,存在企业诚信问题的一些公司提供,不足为据。肇庆海关在否定了企业

① 2001年《审价办法》第6条规定:“买卖双方之间有特殊关系的,经海关审定其特殊关系未对成交价格产生影响,或进口货物的收货人能证明其成交价格与同时或大约同时发生的下列任一价格相近,该成交价格海关应当接受:(一)向境内无特殊关系的买方出售的相同或类似货物的成交价格;(二)按照本办法第九条的规定所确定的相同或类似货物的完税价格;(三)按照本办法第十条的规定所确定的相同或类似货物的完税价格。海关在使用前款价格作比较时,应当考虑商业水平和进口数量的不同,以及本办法第四条、第五条所列各项目和交易中买卖双方有无特殊关系造成的费用差异。”2006年《审价办法》第17条规定:“买卖双方之间存在特殊关系,但是纳税义务人能证明其成交价格与同时或者大约同时发生的下列任何一款价格相近的,应当视为特殊关系未对进口货物的成交价格产生影响……”

提供的“部分”资料的可信度后，并没有说明其他未被质疑的资料与“测试价格”的关系。法院的分析中也只是重复了肇庆海关的观点，未作进一步分析。

继而，肇庆海关根据 2001 年《审价办法》第 34 条规定，即海关审核所提供的资料或证据后，仍有理由认为买卖双方之间的特殊关系影响成交价格时，海关可以不接受其申报价格，并按照本办法第 7 条至第 11 条的规定估定完税价格，便排除了成交价格的适用。肇庆海关仍有的“理由”便是中国海关系统内的参考价格。

“参考价格”并不是《WTO 海关估价协定》或我国《审价办法》中的概念。理论上，法院是否应接受参考价格作为证据应取决于具体情况。如果海关能够提供充分的证据来支持其参考价格，并且能够解释为什么这些价格具有可比性并更符合货物实际价值，那么法院可接受这些参考价格作为证据。但案例材料显示法院认为“作为海关进口货物商品价格信息的专业管理部门，海关价格办公室掌握了大量的价格信息资料。与肇庆外贸开发公司、翱思科技公司提供的资料相比，海关价格办公室出具的价格意见更具可信性，应当采纳”。显然，案例中法院并没有详细分析这些参考价格可比性便确定了它的权威性。

然而，这种未经详细论证便接受了“参考价格”作为怀疑成交价格的理由，进而继续接受海关以合理方法进行估价的做法是值得探讨的。案例材料显示：

> 一审、二审法院均认为，在适用相关方法时，需要满足一定的条件，比如采用相同或类似货物成交价格估价方法时，应首选同一生产商生产的相同或类似货物，如果没有同一生产商，则可退一步使用同一生产国或地区其他生产商生产的相同或类似货物。该案中，海关与公司掌握的价格材料均不满足上述条件，因而无法适用上述方法。采用倒扣价格法，双方所掌握的材料又不满足 2001 年《审价办法》所规定的“境内第一销售环节”“以该价格销售的货物合计销售总量最大”等要求。采用计算价格法，双方提供的材料中均无客观可量化的境外生产商生产成本及费用数据，因此也无法适用。经依次排除适用上述方法后，肇庆海关以海关掌握的国内其他口岸相同型号规格产品的实际进口成交价格资料为基础，采用合理方法进行估价，符合 2001 年

《审价办法》的程序要求和估价原则。

对法院的此段分析，人们不禁产生疑问，海关既然掌握了同型号集成电路实际成交可比价格又为什么排除适用“相同或类似货物成交价格法”？如果海关掌握的不是可替换产品的“参考价格”，那又是怎么用来“怀疑”进口商提出的成交价格法？这种证据使用方法似乎显得“武断和反复无常”，但一律被法院接受了。

根据《行政诉讼法》，被告（行政机关）应当提供作出该行政行为的证据和所依据的规范性文件。[①] 这意味着，在涉及海关估价的行政诉讼案件中海关负有举证责任。提出“参考价格”作为理由后，海关必须详细论证从怀疑成交价格法到依次排除适用其他估价方法的过程，才能适用“合理方法”进行估价。先用“参考价格”作为工具否定进口商的主张，然后声称没有相关数据而适用其他估价方法的做法，在逻辑上是站不住脚的。但在案例研究 37 和案例研究 38 中，海关与法院似乎均忽视了《行政诉讼法》的这一规定，没有讨论《审价办法》与《行政诉讼法》中确定的举证标准的关系。

2. 测试价格法下纳税义务人要对自身并不掌握的数据进行举证。

《审价办法》第 17 条被普遍解释为是要求纳税义务人来举证海关已接受的对其他企业的估价数据。案例研究 38 中，泛亚公司提交了厂商发票、业务函电、信用证及上一手成交相关单证等一系列资料。但海关及法院仍认为泛亚公司未能提供足够的证据，特别指出有些资料来自信用不佳的企业，不可取。案例研究 37 中，海关要求外贸开发公司提交的直接反映国际贸易价格的对外付汇情况或者集成电路行业的国际贸易价格资料，也是企业所难以完成的。既然海关数据库中已有其他企业相同或类似产品成交价格，且价格也为法院所接受，理应在脱敏处理后便提供出来，以便原告，即进口企业借助这个数据库来完成证明任务。[②]

---

① 《行政诉讼法》第 34 条规定：“被告对作出的行政行为负有举证责任，应当提供作出该行政行为的证据和所依据的规范性文件。被告不提供或者无正当理由逾期提供证据，视为没有相应证据。但是，被诉行政行为涉及第三人合法权益，第三人提供证据的除外。”

② 《关于行政诉讼证据若干问题的规定》第 69 条规定：原告确有证据证明被告持有的证据对原告有利，被告无正当理由拒不提供的，可以推定原告的主张成立。

3. 纳税义务人应特别注意审查证据的一致性。

综上所述,纳税义务人在提交证据材料时应特别注意不要搬起石头砸自己的脚。案例研究 37 中翱思科技公司坚称其与外方香港翱思公司没有特殊关系,但是翱思科技公司在配合估价过程中向海关提交的相关情况说明以及海关询问笔录中的陈述均显示双方具有特殊关系。此外,翱思科技公司虽然提交了大量的数据资料,但是各材料间有矛盾和瑕疵。这些都成为法院支持海关的理由。案例研究 39 中,B 公司配合海关调查时提交了与 A 公司之间的经销协议及其译文,其中部分条款的中文翻译对 B 公司不利,但行政复议和行政诉讼中企业难以改变翻译内容。

4. 我国海关对于《WTO 海关估价协定》以及我国《审价办法》的条款的含义及条款之间相互关系也都还在摸索之中。

这一点在案例研究 39 中非常明显。本来案例研究 39 会是一个法院审查与事实无关的法律争议的好例子,但最后双方和解结案并且法院只作了裁定没有作出判决。因此,外界也就无从得知我国法院将如何评价海关对《WTO 海关估价协定》的解释。

二、刑事诉讼

在中国,如果关联交易中定价偏低,并且有账外的付款或类似安排,进出口商还存在较大被指犯走私普通货物、物品罪[①]的风险。

---

① 《刑法》第 153 条规定:"走私本法第一百五十一条、第一百五十二条、第三百四十七条规定以外的货物、物品的,根据情节轻重,分别依照下列规定处罚:(一)走私货物、物品偷逃应缴税额较大或者一年内曾因走私被给予二次行政处罚后又走私的,处三年以下有期徒刑或者拘役,并处偷逃应缴税额一倍以上五倍以下罚金。(二)走私货物、物品偷逃应缴税额巨大或者有其他严重情节的,处三年以上十年以下有期徒刑,并处偷逃应缴税额一倍以上五倍以下罚金。(三)走私货物、物品偷逃应缴税额特别巨大或者有其他特别严重情节的,处十年以上有期徒刑或者无期徒刑,并处偷逃应缴税额一倍以上五倍以下罚金或者没收财产。单位犯前款罪的,对单位判处罚金,并对其直接负责的主管人员和其他直接责任人员,处三年以下有期徒刑或者拘役;情节严重的,处三年以上十年以下有期徒刑;情节特别严重的,处十年以上有期徒刑。对多次走私未经处理的,按照累计走私货物、物品的偷逃应缴税额处罚。"

案例研究 40

北京美缇商贸有限公司、北京亚信华泰商贸发展有限公司等涉嫌走私普通货物案①

案件事实

2013 年 3 月至 2016 年 4 月，被告单位北京美缇商贸有限公司(以下简称美缇商贸公司)作为分销商向宝格丽爱尔兰公司、菲拉格慕香水公司采购宝格丽、菲拉格慕品牌香水等产品，并将货物自意大利运至中国香港。之后，经美缇商贸公司执行董事、被告单位北京亚信华泰商贸发展有限公司(以下简称亚信华泰公司)实际出资控制人、香港 PEAKSTAR 公司董事长张某决定，亚信华泰公司以从香港 PEAKSTAR 公司采购宝格丽、菲拉格慕品牌香水的名义实施进口，并安排员工制作并使用 PEAKSTAR 公司给亚信华泰公司开具的发票等报关单证，以低报价格(外商价格的 55%左右)的方式将事先运抵香港的宝格丽、菲拉格慕品牌香水向北京海关申报进口，而后再内销给美缇商贸公司。美缇商贸公司向亚信华泰公司付货款，亚信华泰公司会按照报关价格将相应的外汇汇到 PEAKSTAR 公司的香港账户上，PEAKSTAR 公司再向外商支付货款，差额货款则由张某丈夫实际控制的维尔京群岛 MEDCHINA 公司支付给外商。

争议焦点

庭审中，辩护人提出：PEAKSTAR 公司、亚信华泰公司、美缇商贸公司各方的买卖是真实的交易，PEAKSTAR 公司、MEDCHINA 公司是香港的分销商，亚信华泰公司进口货物采用零售价倒推(国内标准零售价格乘以某系数)的定价方式，符合中国海关的货物进口计价方式，亚信华泰公司如实申报了进口货物的实际成交价格，不存在低报进口成交价格的情况，无走私偷逃税款的主观犯罪故意。即使因特殊关系影响成交价格，也应当先启动重新审核价格程序，不能直接认定为犯罪。

裁判说理

法院则认为：张某对亚信华泰公司申报进口的价格、亚信华泰公司与美缇

① 北京市第四中级人民法院刑事判决书，(2017)京 04 刑初 31 号。

商贸公司的成交价格及资金往来均有决定支配权，公司间存在特殊关系。被告单位美缇商贸公司、亚信华泰公司及被告人张某等人均明知美缇商贸公司与欧洲品牌商之间的交易关系和成交价格，但张某仍决定让亚信华泰公司使用香港PEAKSTAR公司的发票等报关单证，以亚信华泰公司和香港PEAKSTAR公司之间所谓的香水交易进行低于真实成交价格的虚假进口申报。该行为不仅违背一般商业惯例，更违反向海关如实申报的法定责任，具有逃避海关监管的故意，构成走私犯罪。亚信华泰公司与香港PEAKSTAR公司之间所谓买卖交易是共同犯罪中的具体分工配合，并非《海关法》意义上的关联交易，不适用《关税条例》中关于确定关联交易成交价格的规定。

案例研究 41

深圳市科立贸易有限公司、伟禄国贸有限公司等涉嫌走私普通货物案[①]

案件事实

自2008年起，被告单位伟禄国贸有限公司（以下简称伟禄公司）自路易老爷公司订购洋酒，而后再销售给深圳市科立贸易有限公司（以下简称科立公司）。被告人陆某（伟禄公司、科立公司股东）负责管理科立公司，负责伟禄公司向境外供应商采购货物，与境外供应商约定将涉案货物价格拆分为L/C（75%）、T/T（25%）两部分，并指使员工根据其计算出的报关价格（以L/C形式发票上的价格加上香港部分的费用、利润）制作报关单证，委托代理报关公司将涉案货物低报价格报关进口到国内销售。科立公司向代理报关公司支付货款，代理报关公司再按报关单上价格付汇给伟禄公司。差额货款方面，通过其他途径支付，比如伟禄公司的所有运营费用（包括员工工资、会议支出等）全部由科立公司开支，这样伟禄公司可以节余一部分资金抵销一部分货款；陆某想办法带港币现金到伟禄公司，伟禄公司再支付给路易老爷公司。

争议焦点

辩护人认为：本案的贸易进口报关中的价格是伟禄公司和科立公司（两公

---

① 广东省广州市中级人民法院刑事判决书，(2015)穗中法刑二初字第190号。

司为关联公司)都认可且真实执行的价格,不存在低报行为。即便涉案贸易存在"低报价格",亦不属于走私行为,而是属于"申报不实",海关依法应通过价格质疑、价格磋商手段或者径直审查确定完税价格,从而挽回国家损失。

裁判说理

法院则认为:被告单位、被告人不向海关提供真实合同、发票,与境外供应商约定拆分两套形式发票,以自己计算的货物价格制作单证,低报价格向海关申报进口,明显具有走私故意。以关联公司为交易方将涉案货物报关进口,故意隐匿向境外供应商采购货物的真实成交情况,属走私行为。

案例研究 42

北京奥琦宇化工有限公司、萨宜凯(上海)投资有限公司等涉嫌走私普通货物案[①]

案件事实

2013 年 12 月至 2015 年 5 月香港赫普友公司向巴西供应商采购棕榈蜡,而后销售给北京奥琦宇化工有限公司(以下简称奥琦宇公司)、林克公司、广州赫普友公司。上述四个公司均由被告人陈某实际控制和负责管理经营。其中,香港赫普友公司在香港无实际办公地点和工作人员,其业务由广州赫普友公司实际负责。进口过程中,陈某决定利用其控制的香港赫普友公司开具低价发票,虚构货物由外商卖给香港赫普友公司,再由香港赫普友公司卖给奥琦宇等公司的购销关系,从而实现以低价发票向海关申报进口货物。陈某确定低报价格,并安排员工制作虚假报关单证提供给报关代理公司用于向海关申报进口货物。低报价格所产生的差额货款,则通过境外公司及部分员工的个人银行账户支付给香港赫普友公司,而后由香港赫普友公司向外商支付。

争议焦点

庭审中,辩护人认为:本案进口方均根据实际成交价格如实向海关申报,进口货物的报关价格就是香港赫普友公司与几家进口公司买卖双方之间确定的

① 上海市第三中级人民法院刑事判决书,(2016)沪03刑初39号。

实际成交价格,系如实申报,不构成走私普通货物罪。

裁判说理

法院认为:陈某把自己实际控制的香港赫普友公司作为名义上的外商,将实际从巴西外商处采购的棕榈蜡通过员工制作低价发票的形式转手卖给自己控制的三家国内公司,之后提供低价单证给报关代理公司报关进口,从中偷逃了应缴税额。香港赫普友公司实际上是作为开具低价发票的工具以达到被告单位及被告人低价报关进口、偷逃税款的目的,完全符合走私普通货物罪的构成要件。

分析以上案件可以看到这类以关联交易掩饰的走私案件通常展现以下特征:

第一,构造承担特殊目的的香港公司。上述三个案例的交易流程均是由香港公司自实际的外国供应商处购买涉案货物,而后销售给境内公司。这些香港公司通常无专职员工或专职员工很少且没有实际的办公地点,其存在的主要目的是作为名义"外商",通过"洗单"(将原供应商的高价单证隐去而以自己的名义制作新的低价单证)为低价进口提供依据。

第二,出现"价格倒挂"的两套定价与两套单据。具体来说,涉案的香港公司与真正的外国供应商之间有一个"善意"的成交价格,而与国内公司的交易则采用一个较低的报价,这种情况下通常会出现上游供应价格高于下游报关价格的倒挂现象。为了支持这种定价,往往还需要香港公司制作高进低出的两套发票和单据。

第三,非正常的余款支付安排。由于支付给实际外国供应商的金额高于报给中国海关的价格,所以在支付过程中会有差额。这种差额可能通过运营费用抵销,或是通过境外其他公司或个人代付的方式来处理。

如果存在上述表现特征,我国海关、司法机关通常认为买卖双方不是正常的关联交易,而是具体、分工明确的共同犯罪。

然而,值得注意的是,我国 2006 年及 2013 年的《审价办法》中明确海关对于关联交易可以不适用成交价格法而采用其他方法另行估价。[1] 海关从 2016 年开始要求进口企业在进口时便明确申报“特殊关系确认”与“价格影响确认”。[2] 因此，案例中进口方并不会在进口时对关联关系存在隐瞒。如在接受调查时进口商又坦诚买卖双方的特殊关系的话，海关便能够评判价格影响并作出调整而不会造成国家税款流失的结果！故海关如果仅以上述三项特征来证明进口商有逃税的主观故意其实是存在“合理怀疑”的，尤其当余款支付是通过母子公司的费用抵销或利润分配实现时。这也是 HIGH LIFE 这类案例中美国司法部多用欺诈的民事诉讼而非刑事指控的一个原因。

第三节　中美司法复审的特点

首先，虽然对于海关估价案件同样存在行政诉讼，同样适用“重新审理”的司法审查标准，但这些相同的概念在中美两国含义相差甚远，实行效果也不一样。

由美国国际贸易法院管辖的行政诉讼其实是对国际贸易方面专门技术问题的复核，它不像我国法院除海关技术问题导致的税收争议外还会对海关所作的行政处罚内容进行审核。这是因为，美国国际贸易法院前身[1890 年设立的美国估价总署（U. S. Board of General Appraisers）以及 1926 年到 1956 年美国海关法院]并不是《美国宪法》第 3 条下的一般的司法机关，而是行政机构内部的由专业人员组成的复审机关。所以美国国际贸易法院专门且有能力复审归类、估价和原产地等海关技术问题，能真正做到“重新审理”。上述案例研究 34 和案例研究 35 中美国国际贸易法院都没有支持海关的裁定。与之不同，我国并没有这样的专门的国际贸易法院。涉及海关的案件中级以上的人民法院便可受理一审，它们对海关专业问题有时并不熟悉，会回避对技术性强的海关问题作出判断，并不能真正做到“重新审理”。案例研究 37 与案例研究 38 中法院

---

① 2006 年《审价办法》第 34 条与 2013 年《审价办法》第 8 条。

② 《关于修订〈中华人民共和国海关进出口货物报关单填制规范〉的公告》（海关总署公告 2016 年第 20 号，已失效）。

对海关任意使用参考价格的尊重就是例子。

其次,对于纳税义务人未及时履行的海关行政处罚,在美国是由海关来推动司法复审,而我国是由纳税义务人来提起救济。

具体地,对于疏忽、重大过失、欺诈等原因造成的违规案件,美国海关可以作出处罚,但当当事人不履行时,美国海关只能通过美国司法部向联邦地区法院提出民事诉讼来进一步主张。联邦地区法院也将在诉讼中进一步审查美国海关作出的裁定。在我国,对于海关作出的行政处罚,当事人如果不履行又没有及时[①]提出行政复议或行政诉讼,海关便可以自行强制执行,而不必经过司法复审。虽然两国都为纳税义务人提供了不服海关行政处罚的司法救济途径,但显然中国对纳税义务人提出了更高的要求。

最后,对于关联关系下的价格低报案件,在美国通常不会引发刑事追查风险,而在我国则刑事风险较高。

在美国有“首次销售规则”,海关通常会关注首次销售的价格,故在最后进口到国内的环节构造特殊目的公司并无太大意义。即使如 HIGH LIFE 案中所示存在对首次销售价格的欺诈,也并不会必然导致刑事指控,而是更可能被提起民事欺诈的诉讼。当然,在美国了结民事欺诈诉讼要付出高昂的经济代价。HIGH LIFE 最后付出的和解金是其逃避的税金的 10 倍。我国是以最后销售到中国海关境内的实付、应付价格为海关的完税价格,所以有的企业会通过在香港地区构造特殊目的公司的方式来低报价格。如果还有账外付款等证据,则进口商会被认为有走私的故意而面临刑事风险。

经过以上比较可以看出,美国对于关联交易的海关估价案件的司法复审能

---

① 《海关审理行政复议案件程序规定》第 7 条规定:“公民、法人或者其他组织认为海关行政行为侵犯其合法权益的,可以自知道或者应当知道该行政行为之日起六十日内提出行政复议申请;但是法律规定的申请期限超过六十日的除外。申请人因不可抗力或者其他正当理由耽误法定申请期限的,申请期限自障碍消除之日起继续计算。海关作出行政行为时,未告知公民、法人或者其他组织申请行政复议的权利、行政复议机关和申请期限的,申请期限自公民、法人或者其他组织知道或者应当知道申请行政复议的权利、行政复议机关和申请期限之日起计算,但是自知道或者应当知道行政行为内容之日起最长不得超过一年。”《行政诉讼法》第 46 条规定:“公民、法人或者其他组织直接向人民法院提起诉讼的,应当自知道或者应当知道作出行政行为之日起六个月内提出。法律另有规定的除外。因不动产提起诉讼的案件自行政行为作出之日起超过二十年,其他案件自行政行为作出之日起超过五年提起诉讼的,人民法院不予受理。”

有效地限制海关行政权力的滥用并保障纳税义务人得到司法救济的机会。而我国的司法机关似乎有尊重行政权并往往试图更有力地支持海关的征税的倾向。这里既有制度设计的原因,但也是司法复审能力有限以及行政权处于优势地位所致。显然,从我国进一步改善营商环境的"透明度"和"可预期性"的角度来说,可以考虑借鉴美国的一些做法让司法复审的作用进一步发挥出来。

结　　语

《WCO 海关估价与转让定价指南》是一部来之不易的国际文件，它的出台，是国际社会和国际组织多年合作的成果，具有很大的意义。本书对两版《WCO 海关估价与转让定价指南》发布以来的实践做了最新的跟进，以期与读者共同探讨转让定价与海关估价这一复杂而有趣的话题。

虽然海关估价和转让定价的竞合现象从来都存在，但以往只是局限在国内法范围，处理与否以及如何处理，则是各国自己裁量。但进入 21 世纪以来，海关估价和转让定价的竞合问题日益深刻化，各国也认识到其已经成为困扰跨国公司和各国海关及税务机关的一大问题，WCO 和 OECD 从 2005 年开始合作研讨。国际商会也提供了大量重要的建议，WTO 也积极进行配合。在包括 WCO、OECD、WTO 以及成员国海关、税务机关和商界代表在内的海关估价和转让定价焦点小组对相关的问题进行深入探讨的基础上，TCCV 发挥了主导作用，发布了评论 23.1。在开始阶段，美国的案例和实践起到了很大的作用。在 TCCV 后来的会议上，中国等国海关也做出了很多贡献。在此基础上，TCCV 发布了案例研究 14.1 与案例研究 14.2，为《WCO 海关估价与转让定价指南》的最终形成打下了基础。中国也渐渐来到舞台中央。

协调海关估价与转让定价的基础是对独立交易原则的认同。独立交易原则是被 OECD 指南和《WTO 海关估价协定》共同认同的。这就为《WCO 海关估价与转让定价指南》确认独立交易原则以解决海关估价与转让定价的竞合冲突打下了基础。有了这个基础，就是解决如何证明独立交易的方式问题了。海关证明独立交易的方式之一就是“销售环境”测试。海关证明独立交易的另一方式是“测试价格”。其中“销售环境”测试更为实用和重要。独立交易原则的前提就是可比性分析。OECD 指南提及的相关经济特征或可比性因素对海关评价"销售环境"的影响有：商品特征；功能分析；合同条款；经济环境；商业战略。用于比较分析的数据跨度是，合并的交易、公平交易区间以及多年的数据。

审查"销售环境"有效方法之一便是借鉴依不同 OECD 转让定价方法制定的转让定价报告。《WTO 海关估价协定》第 2、3、5 条和第 6 条规定的不同于成交价格法的其他海关估价方法，也不等同于 OECD 指南推荐的方法。在分析"销售环境"时，第 2、3、5 条和第 6 条规定的重要性是远不如 OECD 指南的。第一种是可比非受控价格法，两套估价体系都认可可比非受控价格法。但也要考虑需要比较的因素。交易不可比的后果出现时，进口商和海关并不能用非受控交易中的价格替代受控交易中的价格。必须通过依次应用《WTO 海关估价协定》第 2、3、5、6、7 条确定完税价格。第二种是再销售价格法。海关一般对运用这种方法的转让定价报告的接受度比较高。在转售之前商品被进一步加工或合并到更复杂的商品中可以使用超级倒扣法。还要考虑购买和转售的间隔。第三种是成本加成法。其应用首先计算供应商在关联方交易中因将货物转让给关联买方而发生的成本，然后计算适当的成本加成率，从而取得根据执行的功能和市场条件获得的适当的利润。它也要进行内部和外部的比较，要求商品具有可比性。但成本加成法有其局限性，在审查销售环境时还要考虑相对效率问题。第四种是交易利润法。它又分两种，一种是交易净利润法，另一种是交易利润分割法。

借鉴 OECD 指南审查销售环境时要注意各类调整问题，首先要进行《WTO 海关估价协定》调整项目的审查。审查的项目有关税税基；折扣；利息费用；买方佣金；协助、特许权许可费或使用费；后续转售；处置或使用收益；运输相关费用；扣除项目。其次是要关注价格复核条款与年终调整。年终调整对于海关和税务机关具有完全不同的意义。

《WCO 海关估价与转让定价指南》并非强制性国际法律文件，它来自各国国内海关和税务机关的实务，并在各国代表充分酝酿基础上形成，最后也在各国国内相关法律修改中得到不同程度体现。在这个过程中，美国和中国关于海关估价与转让定价的国内立法相比其他各国立法而言显得尤其重要，具有国内法方面代表性。美国相关立法历史悠久，经验丰富，案例资源充实。美国关于成交价格法下关联交易的估价规定源于 1930 年《关税法》，在历次立法中不断完善。中国的海关估价法规有《海关法》、《关税条例》、《审价办法》、《海关审定内销保税货物完税价格办法》、《关于内销保税货物审价问题的公告》以及若干内部文件。它们在不同法规层级发挥着作用，对关联交易的定义、测试价格法、销售环境测试等都作出了原则规定，但欠缺公开的、足够的案例研究与规则指引，各地的执法仍在摸索中。此时要求进口商准确申报“特殊关系”与“价格影响”便显得与其守法能力不符。而美国海关的“分担的责任”“知法合规”“合理注意”的执法、守法原则便显得更具透明度与合理性。

对关联交易进行海关估价也是一个程序问题，因此国内实务操作的流程也是实现《WCO 海关估价与转让定价指南》的重要环节。美国的国内海关估价的机构是 CBP。它隶属于国土安全部，取代了过去的隶属于财政部的海关总署。其中的商业与贸易便利化部的估价和特别项目处负责海关估价。其一般程序是价格申报、海关信息请求、价格审核、抗议、进一步抗议审查。特别程序有海关行政裁定、海关内部咨询、事先披露、APA、价格后续调整。中国的海关估价组织架构是海关总署关税征管司领导全国海关估价工作，并成立专门监控小组对价格进行全面监控。税收征管局负责全国性价格风险防控。直属海关关税处负责关区层面价格管理工作，指导关区现场验估部门开展审价工作，为现场海关、稽查、缉私部门提供估价技术支持。现场海关和后续稽查、缉私部门也参与海关估价实务。海关估价技术委员会拥有解决海关估价疑难问题的专家队伍。海关估价的一般程序是：价格申报、价格质疑、价格审核、价格磋商。特别程序有价格预裁定、主动披露、APA、价格后续调整。此外，我国海关在转让定价评估管理上做出了很多努力，借助制度优势，通过协调内外部、对接企业、与行业协会互动等措施多维度全方位提升估价能力和水平，这是值得肯定的。

《WCO 海关估价与转让定价指南》是实务性很强的国际文件，其如何应用，是需要案例来充实的。在该指南形成过程中，就对若干重要的案例进行了探讨，并发表于 WCO 官网上。体现该指南的国内案例，才如实反映了该指南的实际效果。这方面，美国和中国的国内案例具有重大参考价值。本书精选了若干美国和中国的典型案例并加以统一逻辑评析，可以为海关、税务机关和商界认识提供参考。

在《WCO 海关估价与转让定价指南》的国内实践中，争议解决和法律救济是不可缺少的最后一环。在这方面，美国有着比较深厚的积累，值得各国参考。而且估价与转让定价更多是技术性问题，与政治和政策并无多少直接关系，受政治和国际关系影响较少，这点也是要注意的。中国的争议解决和法律救济中，与转让定价相关的行政处罚对企业而言，存在着同一依据处罚轻重不同、多环节有处罚风险、处罚后续影响大的现象。对此如进口商可以提起与转让定价之海关估价相关的有效行政复议和行政诉讼将有助于改善中国营商环境评价。

附　　件

海关估价与转让定价指南(2018 年版)[①]

第一章　简　　介

1.1　谁应该阅读本指南?

本指南关注海关估价和转让定价的关系问题。本指南的首要目的是帮助负责海关估价政策制定或者对跨国企业进行审计和管理的海关关员。私营企业及税务机关等关心该议题的部门也可以阅读本指南。

本指南并没有为解决该问题提供一个确定的方法,在本指南撰写之时,海关估价技术委员会——即负责对海关估价问题进行技术性解释的机构,仍在就该问题进行讨论。但是,本指南介绍技术背景和提供解决问题可能的途径,并分享观点和国家实践,包括来自商界的意见。

2018 年版中修改部分

2018 年版更新了 OECD 在转让定价方面的工作,包括 OECD/G20 税基侵蚀与利润转移(BEPS)项目(第三章),海关估价技术委员会最近通过的估价文件(第四章),更新各国实践(附件一)和行文上作出细微的变化。

① 本附件系官方文本的中文翻译版。

1.2　问题所在?

为海关估价目的,同一跨国企业集团[①]内部两个不同并且法律上独立的实体之间的进口交易被视为“关联交易”。海关可能对此类交易进行审查,以确定进口商品申报的价格是否受到关联关系影响。换言之,商品的销售价格是否低于双方不存在关联关系并且经过自由协商的价格。

进口货物完税价格适用从价税率,其确定方法遵循《关于实施 1994 年关税与贸易总协定第 7 条的协定》(下称《WTO 海关估价协定》)中的规定。WTO 成员均有义务执行《WTO 海关估价协定》并适用该方法。一些非 WTO 成员也选择采用该方法,因此,该方法适用于绝大部分国际贸易。详细内容见第二章。

跨国企业就其公司利润在世界大多数国家负有直接纳税义务。确定该集团内部成员之间购买和出售的货物、服务和资产价格的机制被称为“转让定价”。OECD 基于“独立交易原则”制定了为直接税目的设定和测试转让价格的指南。“独立交易原则”已被普遍接受,成为转让定价的国际标准,为商界和税务机关所使用。关于转让定价的详细内容见第三章。

多年以来,海关估价和转让定价的关系问题在各种国内和国际的论坛上讨论(见第四章)。商界已经重视此问题,尤其是倡议海关在审查关联交易的时候,考虑为直接税目的而准备的现有的转让定价信息,同时考虑转让定价调整对于海关估价的影响。鉴于税务和海关的估价方法所基于的现行法律体制的不同,人们认识到现阶段任何关于二者趋同或者合并的建议都是不现实的。因此,该议题的核心体现为以下问题:主要为税务目的准备的转让定价同期资料,能够在多大程度上为海关提供有用信息,供其判断进口货物的申报价格是否受到交易关系影响,从而最终确定完税价格?

海关估价技术委员会确立了一个基本原则,即转让定价同期资料可以在个案具体分析的基础上就关联交易为海关提供有用信息(见第四章)。现在的重点是如何进一步指引海关来审核和理解有用的转让定价同期资料。另一个关

---

① 跨国企业集团的定义:由关联企业所组成的集团,这些关联企业在两个或两个以上的国家拥有营业场所(《OECD 转让定价指南(2010)》)。

键问题是转让定价的调整(进口后)的影响;如果存在调整,在什么情况下海关在确定进口货物完税价格时应当予以考虑?

另外,WCO 与 OECD、世界银行进行合作,鼓励海关和税务机关建立双向交流以交换信息、技术和数据,帮助海关和税务机关对跨国集团的业务、合规记录有最广泛的了解,和能够对应纳税额做出正确的计算。

1.3 好处何在?

进一步理解该议题并且分享不同的观点和解决方案,将为政府和企业提供更多确定性,同时促进解决方案的一致性、税收计征的准确性。企业的负担也因通过这种更加联合的方法减轻,这是促进贸易便利化的重要措施。

第二章 海关估价和关联交易

2.1 海关估价方法的背景

本章提供海关估价方法的技术信息,尤其是关于成交价格法的规定及其应用于关联交易的条件。想了解海关估价更多方面的信息,可以访问 WCO 的网站 http://www.wcoomd.org/en/topics/valuation/overview.aspx 和 WCO 书店的链接 http://wcoomdpublications.org/valuation.html。

适用从价税率时,进口货物的完税价格主要用作确定进口货物的关税金额的基础。税则归类和优惠原产地是确定应纳税款所必需的其他要素。估价、归类和原产地对于国际贸易统计也至关重要。

海关估价方法规定在《WTO 海关估价协定》中。《WTO 海关估价协定》规定了不同估价方法的位阶,并且将成交价格法作为估价的首要方法。《WTO 海关估价协定》的一般介绍性说明写道:

> 1. 本协定规定的完税价格的首要基础是第 1 条规定的"成交价格"。第 1 条应和第 8 条一起来理解,第 8 条特别规定,如被视为构成完税价格组成部分的某些特别要素由买方负担,但未包括在该进口货物实付或应付价格中时,则应调整实付或应付价格。第 8 条还规定在成交价格中应包括的某些

> 对价,包括以特定货物或服务的形式,而非以货币的形式由买方转给卖方的对价。第 2 条至第 7 条规定了在根据第 1 条的规定不能确定完税价格时确定完税价格的各种方法。

而且,《WTO 海关估价协定》的序言中写道:“认识到为完税目的的货物估价的基础应尽量是该估价货物的成交价格。”很多国家称其成交价格应用于 90% ~95% 进口货物海关估价中。

综上所述,成交价格有两个主要的组成部分:

一是第 1 条中所说的出口国家向进口国家出售货物时实际支付或者应当支付的价格;

二是未包含在发票价格中的一系列成本因素(称为调整项),在满足一定的条件下,加在按照第 1 条规定确定的价格之上,以确定成交价格。这些调整项规定在第 8 条中。

第一步是确定所涉货物是不是存在出口销售。咨询意见 1.1 认为“销售”这一术语应当尽可能广义地理解。该意见也给出进口货物不被视为销售的实例情形,例如,免费寄售的货物、租赁进口的货物以及不是独立法律实体的分支机构进口的货物。

关于上述最后一种情形,需要注意的是,同一跨国企业内的子公司往往是独立的法律实体,而不是分支机构,因此在这种情形中,母、子公司之间的销售应当视为《WTO 海关估价协定》第 1 条意义上的销售。

第 1 条也列出了影响实付或者应付价格可接受性的条件和限制。其中的标准就包含了销售方和购买方是关联方的情形。《WTO 海关估价协定》第 15.4 条中给出的关联方的定义如下:

> 4. 就本协议而言,仅在下列情况中,方可被视为存在关联关系的人:
>
> (a)他们互为企业的高级职员或者董事;
>
> (b)他们是法律上承认的商业上的合伙人;
>
> (c)他们是雇主和雇员;
>
> (d)直接和间接拥有、控制或持有他们 5% 或 5% 以上在外流通的拥有

投票权的股票的任何人；

(e)其中一人直接或者间接控制另一人；

(f)他们直接或者间接被同一第三方控制；

(g)他们共同直接或者间接控制第三方；或者

(h)他们是同一家庭的成员。

《WTO 海关估价协定》明确规定，即使确定买方和卖方具有关联关系，关联关系本身也不能成为认定成交价格不可接受的理由。如果该种关系未影响价格，成交价格仍然可被接受。如果根据已有的信息，海关有理由认为该种关系影响了价格，在作出结论之前，海关应对进口商展开进一步的调查。关于海关和进口商需要遵守的程序的详细内容规定在 1.2 条中；以下是重点摘录。

第 1 条以及其解释性说明列出在具体案件中审查关联交易是否受到该种关系影响的两个主要方法：

Ⅰ.“销售环境”审查

第 1 条第 2 款(a)项

(a)在根据第 1 款确定成交价格是否可接受时，买方和卖方属于第 15 条意义上的关联关系事实本身不能成为认定成交价格不可接受的理由。在这种情况下，应审查“销售环境”，如果该种关系未影响价格，成交价格应被接受。

第 1 条第 2 款注释

2. 第 2 款(a)项规定当买方和卖方存在关联关系时，应审查“销售环境”，如果该种关系未影响价格，应接受将成交价格作为完税价格。这并不意味着在买方和卖方存在关联关系的所有情况下均要审查有关情况。仅在怀疑价格的可接受性时方可要求此种审查。如果海关不怀疑价格的可接受性，则应接受该价格而不再要求进口商提供进一步的信息。例如，海关以往已经对此种关系进行过审查，或海关可能已经获得了买方和卖方的详细的信息，并且可能已经通过此种审查或信息中确信该种关系未影响价格。

3. 当海关不进一步调查则不能接受成交价格时,应当给予进口商提供审查“销售环境”可能所必需的进一步详细信息的机会。在此种情形下,海关应做好准备以审查销售环境,包括买方和卖方组织商业关系的方式,达成所涉价格的方式,以便确定该种关系是否影响价格。如审查表明,买方和卖方虽然属于第 15 条规定的关联关系,但是双方之间的相互买卖如同不存在关联关系一样,这表明价格未受到该种关系影响。例如,如果定价方式与所涉行业的正常定价惯例一致或者与卖方售予无特殊关系买方的定价方式相一致,则表明价格未受到该种关系影响。又如,如果价格足以覆盖所有成本加利润,该利润代表该企业在一代表期内(如按年度计)销售同级别或者同种类产品所实现的总体利润,则表明价格未受到影响。

Ⅱ.“测试价格”

第 1 条第 2 款

(b)在关联方之间的销售,只要进口商证明成交价格非常接近在同时或大约同时发生的下列价格之一,该成交价格应予以接受,并且按第 1 款的规定确定完税价格:

(ⅰ)向同一进口国无关联关系的买方出售的相同或类似货物的成交价格;

(ⅱ)按第 5 条规定确定的相同或类似货物的完税价格;

(ⅲ)按第 6 条规定确定的相同或类似货物的完税价格;

在应用上述测试价格时,应适当考虑商业水平、数量水平、第 8 条所包含因素,以及在买方和卖方不存在关联关系的销售中卖方承担的而在双方有关联关系时其不承担的那些费用。

(c)第 2 款(b)项中规定的测试价格应在进口商主动要求下使用,并且仅出于价格比较目的。根据第 2 款(b)项规定所得的测试价格不得被作为替代价格。

第 1 条第 2 款注释

4. 第 2 款(b)项给予进口商机会证明成交价格与海关以往接受的“测试”价格非常接近,因此按照第 1 条的规定是可接受的。如果符合第 2 款

(b)项规定的测试价格,则不必按照第 2 款(a)项审查影响的问题。如果海关已经获得充分的信息,而不需进一步询问即可确定第 2 款(b)项中规定的测试之一已经符合,则海关没有理由要求进口商证明符合测试价格。第 2 款(b)项中的"非关联买方"是指在任何情况下都不与买方构成关联关系的买方。

第 1 条第 2 款(b)项注释

在确定一种价格是否非常接近另一价格时,必须考虑诸多因素。这些因素包括进口货物的性质、行业本身的性质、进口货物的季节以及进口货物的价格上的差异在商业上是否有重大意义。由于这些因素可因情况不同而不同,无法对每种情况作出一个统一的标准,如固定百分比。例如,在确定成交价格是否非常接近第 1 条第 2 款(b)项中规定的测试价格时,在涉及一种货物的情况下,价格上较小的差异可能是不可接受的,而在涉及另一种货物案件中,价格上较大的差异可能是可以接受的。

以下是对这两种方法的进一步分析,首先分析后者。

2.2 关联交易:"测试价格"

第 1 条第 2 款(c)项规定,测试价格应在进口商主动要求下使用。因此,它们的使用情况取决于进口商获得和向海关提供相关价格数据的能力。同时可以看到,满足第 1 条第 2 款(b)项(ⅰ)、(ⅱ)和(ⅲ)目规定的标准要求所产生的价格必须是针对相同或者类似的产品。

但是,货物通常包含专属于跨国企业的技术和知识产权,因此通常可比价格并不存在。而且,跨国企业内部销售的货物通常不会卖给非关联方。因此,这种方法在实务中极少使用。

2.3 关联交易:"销售环境"

这种方法允许海关从更广义的角度来审查价格是如何达成的。《WTO 海关估价协定》规定不是在买方和卖方存在关联关系的所有情况下均需对有关情况进行审查,仅在海关对货物价格的可接受性存疑的情况下才需要进行审查。

如海关决定进行询问时,应当给予进口商提供审查销售环境必需的进一步的详细信息的机会,以便确定价格是否受到该种关系影响。

如前所述,注释以问题的形式针对此种情况提供的建议和实例,可以归纳如下:

1. 定价方式与所涉行业的正常定价惯例一致?

2. 与卖方售予无关联买方的定价方式相一致?

3. 是否能够证明价格足以覆盖所有成本加利润,该利润代表该企业在一代表期内(如按年度计)销售同级别或者同种类产品所实现的总体利润吗?

这些方法在本指南后面的内容中会有更为具体的分析。

海关审查销售环境的实例——《案例研究 10. 1——第 1 条第 2 款的适用》

海关估价技术委员会的此项法律文件讨论了海关审查关联方之间两种不同产品销售的环境。

在第一个案例中,卖方将货物销售给进口国的关联买方,同时以更高的价格销售给非关联买方。出口商将货物销售给关联和非关联买方承担的费用是相同的。进口商不能说明两个销售的价格为何不同,同时也没有足够的理由支持其价格差异并不重大的观点。

另一个案例中,货物仅在关联方之间销售,海关认定卖方向关联买方收取的价格足以覆盖卖方的所有成本,包括购置成本、重新打包成本、整理和运费,和企业在一代表期内的总体利润。因此,在本案中,成交价格是可被接受的。

附件五附案例的全文。

2. 4　成交价格——实付或者应付价格的调整

《WTO 海关估价协定》第 8 条详细列举了在实付或应付价格之外应当计入成交价格的其他调整项。

这些调整项包括:

——佣金和经纪费用但不包括买方佣金。

——为进口的货物生产加工和出口销售而免费或者以低于成本价格由买方直接或间接提供的、按适当比例分摊的下列货物或者服务的价格,只要该价值未包含在实付、应付价格中。包括:

o 包含在进口货物中的原料、组件、部件和类似货物；

o 进口货物制造过程使用的工具、模具和模子等和类似货物；

o 进口货物制造过程中所消耗的原料；

o 在进口国之外开展的且进口货物制造所必需的任何工程、开发、工艺、设计、计划和制图等；

此类信息被称为“协助”。

——买方必须支付的与估价货物相关的特许权使用费和许可费，无论直接还是间接地作为被估价货物销售的一个条件，只要这些特许权使用费和许可费未包含在实付或者应付价格之内。

——卖方直接或者间接从买方进口货物任何随后的转售、处置或使用所获得的任何收益。

另外，WTO 成员有权决定是否包含以下项目：

(a)进口货物运至进口港或者进口地的费用；

(b)与进口货物运至进口港或者进口地相关的装卸费和处理费；以及

(c)保险费。

大部分 WTO 成员选择将上述项目包含在完税价格中，也被称为以 CIF(成本、保险、运费)价为基础。少数成员选择未包含上述项目，被称为 FOB(离岸)价估价体系。

在某一个具体案件中，决定完税价格是否应当包含第 8 条规定的调整项目是一个复杂的过程，在作出决定前通常需要咨询进口商以获得所有相关信息。可能涉及大额税款，尤其是存在特许权使用费这样的因素的情况下。《WCO 估价纲要》汇总了很多海关估价技术委员会出台的与此话题有关的实用法律文件，帮助理解具体的情形。

同时需要注意，在此种情况下，上述的一些项目，例如，佣金、特许权使用费以及和设计图相关的“协助”可能被认为是“服务”或“无形资产”。尽管海关针对进口的实体货物来判定完税价格和计算海关关税，但是一些特定的无形资产项目也可能需计入货物的完税价格中。

2.5 其他估价方法

其他估价方法仅在成交价格不能适用时使用。主要有三种情况导致此种情况发生:

1)成交价格因为不满足第 1 条中一个或者多个条件而被拒绝适用;或者

2)成交价格因为适用《WTO 海关估价协定》决定 6.1 的程序而被拒绝适用,即海关对进口商的申报价格的真实性和准确性存疑,并且在经过了适当的咨询程序后,海关的怀疑仍然存在;

3)没有销售行为发生(例如租赁货物、赠品、分支机构之间货物移让等)。

仅在上述情况下,才能考虑使用其他估价方法。其他估价方法有如下几种:

——相同货物的成交价格法(第 2 条);

——类似货物的成交价格法(第 3 条);

——倒扣价格法(第 5 条);

——计算价格法(第 6 条);

——合理方法(第 7 条)。

第 2 条和第 3 条规定的方法需要有其成交价格之前已经被海关接受的可比货物作为参照。《WTO 海关估价协定》规定了界定相同和类似货物的标准,包括货物本身、进口的时间、货物的商业水平等。对于类似货物的标准要比相同货物的标准宽松,可供比较的货物的范围更加宽泛。如果存在满足第 2 条和第 3 条中所涉标准的可比货物,并且这些货物以成交价格通关,则该价格可以作为完税价格使用。

第 5 条规定的方法,被称为"倒扣价格法",是基于进口货物(或相同或类似货物)在国内市场销售的价格。这种方法根据进口后的相关活动和价值要素,例如进口后的运输和存储成本、利润以及一般费用(如果适用的话,按照第 8 条第 2 款的调整项规定)来确立一种"单价"。第 5 条确定的完税价格是基于扣减后的价格。

第 6 条规定的方法,被称为"计算价格法",是基于构成制造的货物的全部价格要素的组合价格。这些要素包括原料、组件等成本、制造成本、利润以及一般费用和运输费用。此种方法典型的特点是使用极少,因为该方法要求的数据对于制造商来说可能属于商业秘密,不愿意将其提供给进口商或进口国的海关。

第 7 条非正式名称为“合理方法”,其本身不是某一特定的方法,而是在不能适用上述方法时提供确定完税价格的可能途径。该条款还列举了协定明确规定禁止使用的方法(如不得使用最低限价或者武断、虚构的价格)。

上述方法必须按照《WTO 海关估价协定》明确规定的顺序适用,如仅在第 2 条不能适用时,才能考虑适用第 3 条,以此类推。需要注意的是,第 5 条和第 6 条的适用顺序可以颠倒,如果进口商这样要求。当成交价格不能适用,并且前面的方法由于缺乏数据和可比价格而不能适用时,适用第 7 条。

值得注意的是,使用其他估价方法时,海关和进口商应该进行磋商,以确定为完税目的价格的恰当基础。《WTO 海关估价协定》不仅规定了估价的方法,同时也规定了一些额外要求,包含一系列确立进口商的权利义务和海关的权利的贸易便利化措施。

如需获取成交价格的方法,其他估价方法和其他海关估价信息,请参阅本章开头的网页链接。

第三章　转让定价简介①

3.1　什么是转让定价?

跨国企业(MNE)在一个新的市场成立或收购一家当地子公司或新设一家分支机构时,当地子公司或分支机构通常与该集团内部其他成员企业交易,由此产生相当多的国际贸易发生在跨国企业集团内部。

因为同一跨国企业集团的成员之间具有共同的所有权、管理和控制关系,他们之间的交易并不完全受制于公平的市场力量(交易发生在完全独立的交易各方之间)。收取的价格(称为转让定价),可能被操纵,或者其设定价格的方

① 本章由世界银行集团友情提供,且本章基于世界银行集团即将出版的《国际转让定价与发展中国家:从实施到应用》的修订摘要。本章的内容并不必然反映世界银行集团或其成员国的观点。

式,不能被特定利益相关方接受。

这种现象并不限于跨国企业集团内部的交易。它也发生于任何其他各方之间的交易,例如家庭成员之间或企业与大股东之间,这些关系可能影响交易的条件。

交易各方关联方的关系可能影响交易条件——他们之间的交易可能涉及货物或服务的提供,资产的使用(包括无形资产),以及提供资金,上述的一切都需要被定价(见图 1.1)。

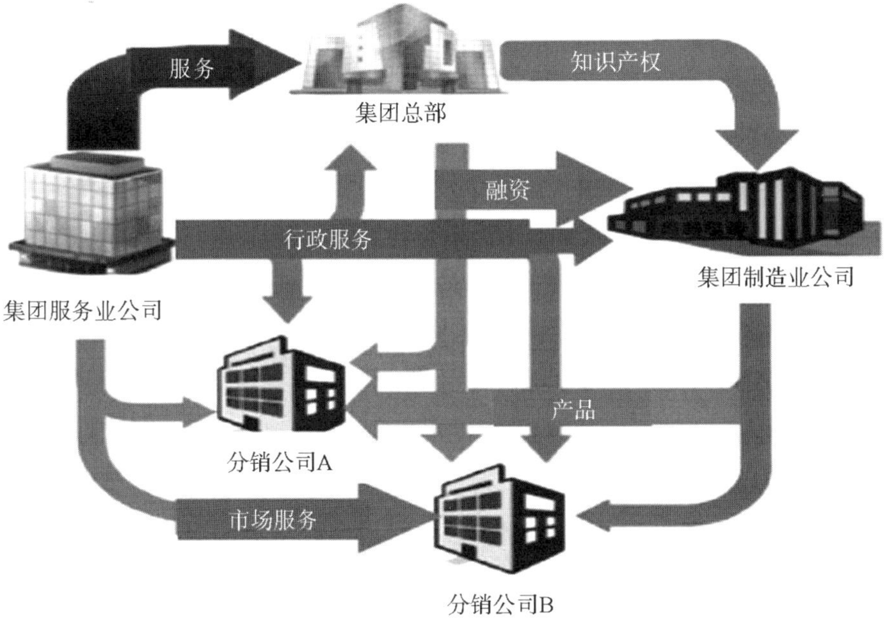

图 1.1　跨国企业集团内部的典型交易

实践中如何确定转让价格,可能对各种监管和非监管因素极为重要,同时也受到这些因素的影响,这些因素特别包括各种国内税(例如企业所得税)和关税。[①]

转让定价是一个中性的概念,仅指关联方之间交易的转让价格的确定。正如税收正义联盟所指出:“转让定价本身并不是指非法或滥用。所谓的非法或

① 例如外汇监管、会计标准与核算要求、公司法、贸易统计、合同要求以及其他。

滥用是指错误的转让定价,也称为转让定价操纵或滥用转让定价。”(税收正义联盟)

如何确定转让定价对于明确公司税基础(直接征税)非常重要,但是,在一些情形下,这对于以下管制和非管制作用来说,也非常重要:

国内税和关税(如增值税、关税、采矿特许权使用费和石油和资源税);

公司法(如董事责任、小股东保护);

合同规定(如投资合同);

法定会计准则;

外汇管制;

会计准则;

内部业绩管理和评价;

员工利益分享要求;

竞争法;

官方贸易统计。

确定合适的转让价格经常也需为子公司准备独立经营的法定账目,以符合当地报告要求之目的。虽然确定这些转让价格的标准或方法可能或可能没有在当地规定为公认会计原则,但是基本上,关联交易的价格通常需要在账目的说明中单独披露,与之相关的任何不确定的税务情况也可能需要披露。

为直接税目的转让定价监管一般涉及转让定价标准或方法的规定。例如,直接税的转让定价法规一般要求关联企业之间交易的转让价格根据独立交易原则(下文详述)确定。不符合这些法规通常会导致应纳税额调整和被处罚金和利息。

Cools(2003 年)一项实证研究发现,“由于现实存在的审计和处罚威胁,转让定价的税务要求在跨国企业的决策程序中起到了重要作用”(见图 1.2)。越来越多的国家引入转让定价立法,同时提升审计能力(如下),这个趋势只会有增无减。

为海关(确定完税价格)和增值税目的的转让定价监管也通常涉及必须符合的具体的定价标准和方法。但是,这些标准和方法一般与直接税目的规定的标准和方法不同,而且适用范围较窄。

不仅各种国内税和关税的规定,外汇管制、合同要求和其他法规和管理规程都可能对转让价格的确定产生实质的影响。

由于监管的和非监管的各种因素都能影响转让价格的确定,跨国企业集团有时会面临相冲突的要求。尽管协调一致在理论上是可以做到,但是跨国企业集团可能出于不同的目的,记录和申报的转让价格可能不尽相同。

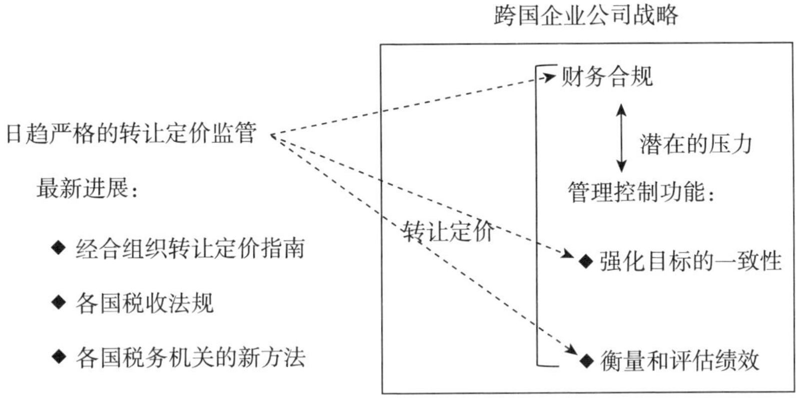

图 1.2　转让定价在公司战略中的作用

资料来源:Cools 2003。

说明:考虑到直接税法律在确定转让价格中的支配地位,“转让定价”这一术语通常用于描述直接税目的(如公司税、所得税、利润税等)中关于转让价格的监管。

3.2　历史和现状

独立交易原则是各国偏好的有关转让定价税收法律规定的基础(如下),作为处理直接税中转让定价问题的国际通用准则,最早可追溯至 20 世纪初期,其被法国、英国和美国接受。该原则在国际上首次被《国际联盟关于跨国企业利润和财产分配的协定草案》(1933 年)第 3 条采纳。该原则后来被《OECD 税收协定草案》(1963 年)采纳,并为之后的 OECD(以及联合国)的税收协定范本所采纳。

首部国际转让定价指南由 OECD 于 1979 年制定,即《OECD 财政事务委员会关于跨国企业转让定价的报告》。该报告旨在“为税收目的确定转让价格的普遍认可的实践”提供证明文件。随着跨国企业集团的数量和规模以及国际贸易的发展,对于转让定价的关注与日俱增,OECD 于 1995 年发布了修订后的指南——《跨国企业和税务机关转让定价指南》。这些指南在全球范围内,对影响转让定价的立法和实践起到了引领作用。在其发布后的数年中,1995 年版《OECD 转让定价指南》[简称《TPG(1995)》]仅增加了新的章节以对某些特定事项提供指南,如无形资产(1996 年)、服务(1996 年)及成本分摊协议(1997 年)。

经过对特定事项(如可比性以及基于利润方法的使用)的大量公开咨询,加之受益于《TPG(1995)》10 余年的实践应用,在 2010 年,指南的修订版发布[《OECD 转让定价指南(2010)》]。与 1995 年版本相比,主要的修改包括:删除了应用利润法作为"最后的方法"的地位,修订了转让定价方法的选择指南(引入了"案件实际情况最恰当的方法"),增加了可比性分析指南,以及增加了与企业重组转让定价有关的章节。

但是,引人注意的是由于过度强调合同对功能、资产和风险的分配,实施独立交易原则容易受到操纵。因此,OECD/G20 的 BEPS 行动计划一些专项行动(第 8、9 项和第 10 项行动)均集中于修正《OECD 转让定价指南》,重点关注一些问题领域,如在缺乏合理商业理由的背景下的无形资产交易、风险分担或利润分配。指南修订版本强调了应对交易作准确描述。描述始于交易各方达成的合同协议,但是更强调他们实际行为优先和合同实质内容。对于无形资产来说,仅仅具有法律上的所有权并不意味着最终可以获得该无形资产使用收益的任何权利。从集团内获得的报酬是基于集团内各成员的实际的贡献。相似地,一方根据合同承担风险,但是却不能有效控制这些风险或承担相应的财务后果,那么这些风险可能要重新分配给可以且能够承担的那一方。

BEPS 行动计划第 8、9 项和第 10 项行动的结果都包含在《OECD 转让定价指南(2016)》中,完全修订和整合的版本于 2017 年出版。

为了保护各自的税基,大量的国家已经在其税收法律中引入有关转让定价的规定,并且引入该制度的国家数量还在增加,而且许多国家已经或正在增加对其税务机关转让定价专业人才建设的资源投入。在 20 世纪初期只有几个国家在其税收法律中引入了基于独立交易原则的转让定价条款,绝大多数的国家是在过去的20年间(见图1.3)引入的这些规定。例如,在1994年至2014年,有效实施转让定价法规的国家数量由4个增加到超过80个(见图1.4)。

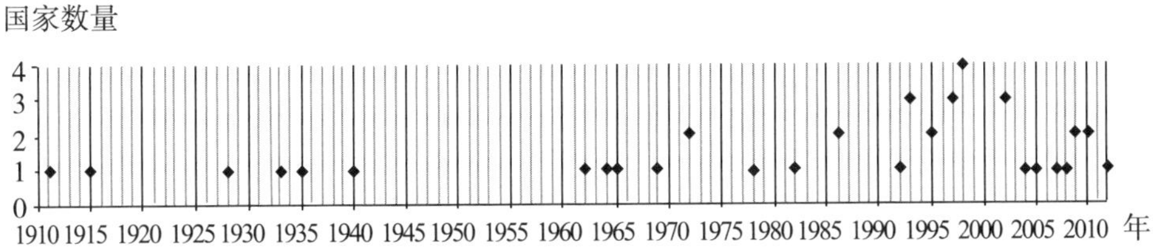

图1.3 部分国家引入独立交易原则的时点

资料来源:OECD 2012。

注:国家包括:阿根廷、澳大利亚、奥地利、比利时、加拿大、智利、中国、哥伦比亚、捷克共和国、丹麦、爱沙尼亚、芬兰、法国、德国、匈牙利、印度、印度尼西亚、爱尔兰、以色列、意大利、日本、韩国、卢森堡、马来西亚、墨西哥、荷兰、新西兰、挪威、波兰、葡萄牙、俄罗斯、新加坡、斯洛伐克共和国、斯洛文尼亚、西班牙、南非、瑞典、瑞士、土耳其、英国和美国。

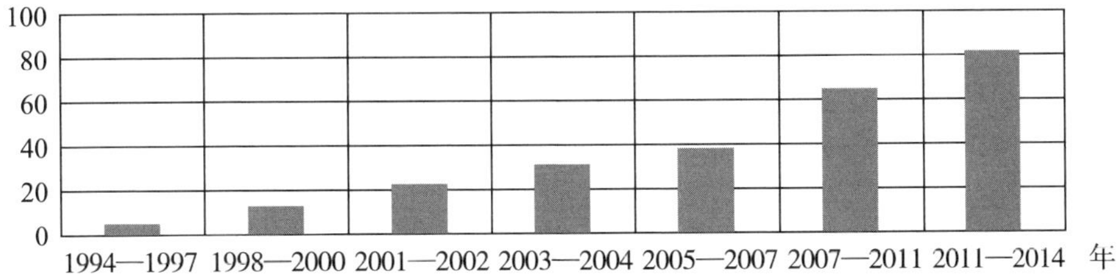

图1.4 有效实施转让定价同期资料规定的时间轴(1994—2014)

资料来源:根据小行星(2008)和普华永道(2014)。

注:"有效"是指该国存在特定的法律、法规,或至少有其他指南,严格规定必须提供与转让定价有关的同期资料。

3.3 法律框架

尽管在纯粹的国内环境下(如关联居民纳税人之间的交易),可能也确实会产生转让定价问题,但转让定价规定主要涉及国际征税问题。因此,当考虑转让定价的法律框架时,有必要同时考虑国内法律和相关国际法律框架。以下是对国内法律、税收协定和其他相关材料的概述,例如,《OECD转让定价指南》和联合国《发展中国家转让定价操作手册》。

3.3.1 国内法律

为监管涉直接税的转让定价需要在国内税法中作出相关规定。虽然主权国家在理论上可自由采纳它们认为符合目的的任何法律，但这种自由可能被其国际义务剥夺，并且经常受到许多的经济因素和其他国家实践的影响。就转让定价来说，并没有一部单独的国际法律或一部特定的国际法律文件（海关估价同样如此），但是，存在大量的双边税收协定以及各种来源的指南塑造了有关转让定价国内立法。

时至今日，各国一直致力于在各自有关转让定价的法律中采纳相对一致的规定，即要求这些法律基于独立交易原则，和大多数情形下基于《OECD 转让定价指南》（详见下文）所详细描述的关键概念。[①] 尽管基本原则通常是相同的，但各国国内法律规定之间的差异也很常见。常见的差异包括：规定的适用范围（如关联方的定义以及关联交易所涵盖的类型）和管理要求（如转让定价同期资料的规定）。

3.3.2 税收协定

双重征税[②]通常被认为是国际贸易和投资的障碍。因此，为促进贸易和投资，各国主要通过签署税收协定以避免或消除双重征税。这些协定（大部分是双边的）是各缔约方（各缔约国）之间有关征税权分配（如各缔约国对特定事项征税的程度）和其他事项（如情报交换和其他管理程序）的条约。税收协定的数量一直以来不断增加，目前仍然有效的协定超过 3000 个。

就转让定价来说，税收协定能够通过设定各缔约国国内税法的适用边界，为避免和消除经济性双重征税提供国际法律框架，从而为纳税人关联交易的税务处理提供了一定程度的确定性。税收协定包含了根据《OECD 税收协定范本》第 9 条第 1 款（如下）和《联合国税收协定范本》的规定，当适用于某一特定

① 在本章撰写时，需要注意的是，巴西例外，巴西的转让定价管理方式，可见《联合国发展中国家转让定价操作手册(2013)》第 10 条第 2 款。

② 双重征税可能是法律性的（同一纳税人取得的同一项所得被多国征税），也可能是经济性的（两个不同纳税人取得的同一项所得均被征税）。

交易或一系列交易时,将独立交易原则作为各缔约国适用各自国内税法有关转让定价规定的“边界”。

《OECD 税收协定范本》第 9 条

1. 在下列任何一种情况下:

a)缔约国一方企业直接或间接参与缔约国另一方企业的管理、控制或资本,或者

b)相同的人直接或间接参与缔约国一方和缔约国另一方企业的管理、控制或资本,且两个企业之间在其商业或财务关系中确定或施加的条件不同于独立企业之间本应确定的条件,并且由于这些条件的存在,其中一个企业没有取得本应取得的利润,则可以将这部分利润计入该企业的所得,并据以征税。

2. 缔约国一方计入该国企业利润,并据以征税——该利润是缔约国另一方的企业已在该国纳税的企业利润,在两个企业是独立企业关系的情况下,这部分利润本应由该缔约国另一方企业取得,那么缔约国另一方应对这部分利润所征收的税额加以调整。在确定调整时,应对本协定其他规定予以注意,如有必要,缔约国双方主管当局应相互协商。

一般来说,税收协定并不是在各缔约国国内法所规定的征税权之外创设新的征税权;相反,税收协定的作用在于按照协定中经协商一致的征税权分配,限制各缔约国的征税权。因此,主流的观点是,《OEOD 税收协定范本》第 9 条本身并不是税务机关实施转让定价调整(“初次调整”)的法律基础,而且,税务机关实施该调整需要国内法律基础。因此,基于第 9 条第 1 款的协定规定的作用是为纳税人在其范围内的关联交易的税务处理提供确定性,并在一定程度上防止经济性双重征税。

尽管第 9 条名为“关联企业”,但并未详细阐述该术语,仅仅提到“直接或间接参与管理、控制或资本”,而且《OEOD 税收协定范本》和注释对于何时视为符合这一标准并未提供任何见解。按照《OEOD 税收协定范本》第 3 条第 2 款的规定,当一个术语未被定义时,有必要参考国内法律,而这可能导致相冲突的解释。[①]

---

① 由于各国的国内法定义可能,而且的确存在明显差异,缔约国对于本条的适用性有不同立场的情形就会产生,这些情形可能导致经济性双重征税,而缔约国对此却没有清晰或明确的解决途径(Rotondaro,2000)。但事实上,这些情形的发生概率很小。

基于《OECD 税收协定范本》第 9 条第 2 款和《联合国税收协定范本》的协定规定，为根据独立交易原则实施的转让定价调整引起的经济性双重征税提供了救济机制。第 9 条第 2 款规定的经济性双重征税救济机制，通常是指相应调整（或《联合国税收协定范本》下的“相关调整”），而且通常涉及缔约国另一方按照已征税金额进行调整，以救济经济性双重征税。

税收协定通常包括其他重要的转让定价条款。例如，《OECD 税收协定范本》中的相关条款包括：第 25 条（相互协商程序）（详见下文）、第 26 条（信息交换）以及其他独立交易原则的相关条款（第 7 条、第 11 条和第 12 条）。[①]

3.3.3 《OECD 转让定价指南》

《OECD 转让定价指南》是转让定价领域最具影响力的渊源，其为跨国公司和税务机关就独立交易原则的实践应用提供指南。正如 3.2 所述，《OECD 转让定价指南》最开始于 1995 年发布，包含一系列转让定价问题，自此以后，对许多情形进行了修正和补充。

该指南本身并非法律文件，因此，该指南在法律和实践中的运用，在不同国家之间千差万别，而且可能取决于包含基于《OECD 税收协定范本》或《联合国税收协定范本》（如上）第 9 条的关联企业条款的税收协定的适用性。

如果适用的税收协定包括基于《OECD 税收协定范本》或《联合国税收协定范本》第 9 条的关联企业条款，在适用该条款时，通常会参考《OECD 转让定价指南》（如在相互协商程序过程中）。就这一点而言，有关《OECD 税收协定范本》第 9 条的注释的第一段注明，该指南代表“国际上协商一致的原则，而且对独立交易原则的运用提供指南，而第 9 条则是对独立交易原则的权威陈述”。但是，这句话出现在范本注释中，其自身的地位在不同的国家之间差异显著，而且引发极大的争议。

一直以来，OECD 委员会建议各 OECD 成员国税务机关遵循《OECD 转让定价指南》，并鼓励纳税人也遵循该指南。在部分 OECD 成员国，该指南的地位

---

① 例如，第 7 条（营业利润）要求归属于常设机构的利润应按照独立交易原则确定，而且第 11 条（利息）和第 12 条（特许权使用费）均述为仅适用于符合独立交易原则的利息金额或特许权使用费收入。

清晰,并在法律中明确引用(如澳大利亚、英国、爱尔兰)。但在其他成员国,毫无疑问的是,该指南在实务中具有高度的相关性,但在法律上的相关性却并不那么确定。但是,即使在相关国内法中没有明确引用该指南,该指南也至少在 OECD 成员国中被普遍视为具有高度的说服力,并经常在实务中被税务机关和私营企事业单位和部门引用。

在非 OECD 成员国,情况却不那么明了。在许多非 OECD 成员国,如阿尔巴尼亚、格鲁吉亚、纳米比亚、菲律宾、塞尔维亚和南非,其法律或管理指南均或暗或明地引用《OECD 转让定价指南》,因此它们的相关性是清晰的。

但在许多其他非 OECD 成员国,并未引用《OECD 转让定价指南》,尽管事实是在许多情况下国内转让定价法律大部分是以《OECD 转让定价指南》中的指南为基础的。

在许多国家,虽然在国内法以及税收协定的适用方面缺乏参考,但《OECD 转让定价指南》至少被视为纳税人、税务机关甚至司法机关的相关参考来源。正如 Alnashir Visram J in Unilever Kenya 有限公司诉肯尼亚税务专员案(所得税上诉案,2003 年第 752/753 号)所述:“……任何一家法院无视国际上普遍认可的商业原则,只要这些原则与我们自身的法律不相违背,这种行为都是鲁莽的。若一意孤行,则是极其短视。”因此在一个国家,如果不存在明确相冲突的法律或指南,则有理由认为《OECD 转让定价指南》在该国转让定价实务中具有重大影响是合理的。

3.3.4 《联合国发展中国家转让定价操作手册》

联合国税收事务国际协作与专家委员会在其 2009 年的年会中组建了“转让定价小组委员会——实践问题”。该小组委员会经授权制定基于下列原则的转让定价操作手册(联合国 2012):

(a)应当反映《联合国税收协定范本》第 9 条的操作,且应体现独立交易原则,并与《联合国税收协定范本》的相关注释保持一致;

(b)应反映发展中国家所处能力建设相关阶段的实际情况;

(c)应特别关注其他发展中国家的经验;

(d)应利用其他论坛所开展的工作。

在该手册的前言，提到该手册是“一本操作手册，而非一种立法范式”，该手册“关键性的‘增值’在于其实践性……”，且在制定该手册过程中，“一直致力于与《OECD 转让定价指南》保持一致……”（联合国 2017）。

专家委员会通过了所递交的手册，第 1 版于 2013 年 5 月面世。该手册被描述为“……一本活的著作，随着时间的推移，仍需进一步总结更多的经验和专业知识，以改进和增加其内容”（联合国 2012）。手册的第 2 版于 2017① 年出版，反映了更多新的发展，包括 OECD/G20 的 BEPS 项目的成果，比如，增加集团内劳务、成本分摊协议和无形资产处理的章节。

手册对转型和发展中国家在转让定价实践的发展方面起着越来越重要的作用。由于手册并不是法律文件，因此，它的地位和影响都取决于各国国内法的引用和实践。同时，非常重要的是，该手册并未被所有的联合国成员国一致采纳，仅被专家委员会（由各国政府提名的 25 名成员组成，但以各自的个人专业能力开展工作）认可。

3.3.5 其他

除了《OECD 转让定价指南》和《联合国发展中国家转让定价操作手册》，还有其他几个与特定国家相关的国际及地区性指南。包括《欧盟仲裁公约》以及各种软性法律文件和报告，这些报告和文件或由欧盟转让定价联合论坛提交，②并由欧洲委员会批准，以及太平洋地区税收征管协会③的转让定价同期资料和相互协商程序操作指南。

3.4 独立交易原则及其实践应用

本节概述了独立交易原则及其实践应用。特别解释了可比性的基础性的概念以及转让定价方法。本节主要基于《OECD 转让定价指南》而且引用了《联合国发展中国家转让定价操作手册》以及任何在实务中通常遵循的特定方法。

3.4.1 独立交易原则

独立交易原则要求关联方之间的交易条件（价格、利润率等）应与两个独立

---

① http://www.un.org/esa/ffd/wp-content/uploads/2017/04/Manual-TP-2017.pdf.

② 公约内容见 http://ec.europa.eu/taxation_customs/taxation/company_tax/transfer_pricing/forum/。

③ 澳大利亚、加拿大、日本以及美国。

的交易方在相似情形类似交易中的交易条件相同。该原则可用多种方式表述和适用[①],但是最常引用的表述是《OECD 税收协定范本》和《联合国税收协定范本》中第 9 条第 1 款,两个范本均写道:

"……两个企业之间在其商业或财务关系中确定或施加的条件不同于独立企业之间本应确定的条件,并且由于这些条件的存在,其中一个企业没有取得本应取得的利润,则可以将这部分利润计入该企业的所得,并据以征税。"

总之,独立交易原则要求关联方相互之间的交易价格如同完全独立的交易各方之间的交易价格。

3.4.2　可比性

独立交易原则的运用,主要是基于受控交易的条件与独立方之间"可比"交易的条件之间的比较。这种运用方法必然要求识别可比交易,进而进行可比性分析。也就是说,该方法将关联方之间交易(受控交易)的条件与独立方之间被认为可比的交易(非受控交易)的条件进行比较。

许多发展中国家在进行可比性分析时面临着一系列实际挑战,包括有限的可比信息和行政能力限制。为保障在这种情况下适用独立交易原则的转让定价制度得到实际执行,国际货币基金组织、OECD、联合国和世界银行集团联合发起的税务合作平台,最近出版了协助税务当局处理这些问题的工具包。它概述了可比性分析的步骤,并提出了解决信息限制的相关政策选项。[②]

根据平台工具包、《OECD 转让定价指南》、《联合国发展中国家转让定价操作手册》以及大部分拥有成熟转让定价法规的国家的法律或指南,适用独立交易原则的可比性分析并不要求被比较的交易完全一致。相反,可比性要求任何被比较交易之间的差异(价格或利润率)不会对采用转让定价方法所审查的交易条件产生任何实质性影响,或当这些差异存在,可以采用合理准确调整(可比性调整)以消除此差异对审查条件所造成的影响。

---

① 许多国家的转让定价法规使用诸如"市场价格"或"公平市场价值"的术语。当用于相似情景时,这些术语对于独立交易原则通常有相同或相似的解释。但需要注意的是,当术语"市场价格""公平市场价值"运用于财务估价等情形时,却具有与独立交易原则不同的概念。

② http://documents. worldbank. org/curated/en/447901498066167863/pdf/116573-REVZSED-PVBLZC-toolkit-on-comparability-and-mineral-pricing. pdf.

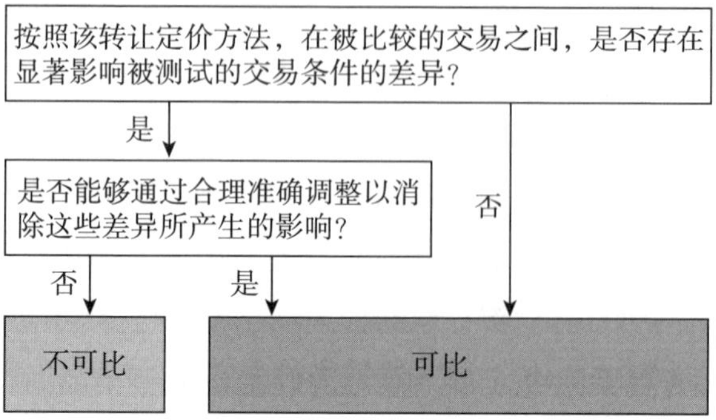
按照该转让定价方法，在被比较的交易之间，是否存在显著影响被测试的交易条件的差异？
是
否
是否能够通过合理准确调整以消除这些差异所产生的影响？
否
是
不可比
可比

可比性流程

可比性因素

在确定被比较的交易之间是否存在任何实质上影响审查条件的差异时，有5个由《OECD 转让定价指南》和《联合国发展中国家转让定价操作手册(2013)》指定需要重点识别的可比性因素：

■合同条款；

■功能分析；

■产品或服务的特性；

■经济环境；

■经营战略。

这5个可比性因素在大部分已经建立转让定价规则的国家的法律或指南中，均直接或间接被提及。为了解决由于过度强调合同中对功能、资产和风险分配所造成操纵频发状况，对《OECD 转让定价指南》第一章的最新修正强调在进行可比性分析时，对交易的真实的描述的重要性。这要求确定实际执行的功能、承担的风险和相关交易各方贡献或使用的资产。修正部分强调在进行可比性分析时，发现事实和审查合同条款之外情况的重要性。在必要时补充合同条款，或替换合同条款。① 在解决以上提到的可比数据获取困难时，平台工具包提供了可比性分析中相关步骤详细的综述，包括 OECD 和联合国指南中相关章节

① 参见第1章D节第1.36小节的修订。2015年10月 BEPS 行动最终报告对第8~10项的修订："根据价值贡献对转让定价结果进行调整。"

的案例和互相参照部分。

合同条款

合同安排通常作为描述一项交易的起点,但是可能需要被交易各方在他们商业或财务关系(实际执行的功能、贡献或使用的资产、承担的风险等)中实际行为的信息补充(或代替)。所达成交易等合同条款将影响独立交易各方之间功能和风险的划分,进而影响收取的价格和所赚取的利润率。因此,受控交易与非受控交易中合同条款的差异需要确定和分析。

跨国企业集团的好处之一是,除了产生协同作用之外,降低交易成本(协商成本和起草合同)。因此,不足为奇的是跨国企业集团并没有为部分集团内交易准备正式的合同。如果不存在正式的合同安排,为转让定价目的,条款可能需要从交易各方之间的经济关系和他们的行为中推导出来。如果存在正式的合同安排,重要的是检查合同的条款在实践中是否实际被遵守以及是否与交易各方的行为相符。

独立交易各方之间的潜在可比交易的合同条款的细节经常是有限的或者不可获取的。缺乏这些信息对于可比性的影响取决于所使用的转让定价方法,受审查的交易以及特定事实和交易环境。就这一点来说,需要充分了解这些信息后再进行判断。

可能影响价格或利润的合同条款,可能包括但不限于①:

■订单数量的差异;

■有关支付条款的差异(如 30 天内付款与 90 天内付款);

■运输条款(如 FOB 与 CFR 或 CIF);

■与无形资产许可相关的地理区域、独占权及持续期间;

■与金融交易相关的货币、担保、看涨期权和还款方式。

功能分析

目前,可比性分析可视为独立交易原则运用的基础,而功能分析(包含分析所执行的功能、承担的风险以及使用的资产)则可视为可比性分析的基础。

独立方进行交易时,价格往往能反映出交易各方所执行的功能、使用的

① 参见联合国手册关于可比性分析章节。

资产以及承担的风险。例如,在交易中的一方所执行的功能越多,其所承担的风险越大,和所使用与交易有关的资产价值越高,其在交易中预期所获取的报酬会越大。因此,就某一交易(或系列交易)而言,交易中一方的报酬和盈利潜力,一般与其在交易中所执行的功能、承担的风险以及使用的资产密切相关。①

功能分析 – 举例说明功能、资产和风险

功能	· 设计 · 制造 · 组装 · 研发 · 服务 · 采购 · 分销 · 行销 · 广告 · 运输 · 融资 · 管理
资产	· 厂房和设备 · 有价值的无形资产 · 金融资产 **说明**:年限、市场价值、地点、产权保护等;同时也应考虑有价值的无形资产的法律所有权、经济所有权以及受益所有权
风险	· 诸如输入和输出价格波动的市场风险 · 伴随对财产、厂房和设备的投资和使用的损失风险 · 研发活动成功或失败的风险 · 诸如货币汇率和利率波动所引发的财务风险 · 信用风险

资料来源:基于《OECD 转让定价指南(2017)》。

被审查交易各方所执行的重大经济功能、承担的风险和使用的资产的分析不仅是评估可比性的必要步骤,对于准确描述一项交易(或多项交易)和由此确

① 仅仅履行更多的功能,承担更大的风险和投入更多的资产并不一定会带来高利润率。相反,承担更多风险意味风险有可能转化为现实,从而导致利润率下降甚至亏损。

定应如何设定或测试选择转让价格(例如选择最适合适用的转让定价方法)也发挥着重要作用。

实务中,进行功能分析经常涉及大量的检索和分析,高度依赖从各种资源中获取的准确而足够详细的信息。通常在进行审计时,这不仅只是涉及书面审查,可能还需要相关人员(操作层)访谈。如果确实缺乏相关信息,分析外部可比交易时通常是这样的情况,可能需要专业判断这些交易是否足以可比。

确定和量化所承担的风险可能在进行功能分析时会提出实践方面重大的挑战。因此,《OECD 转让定价指南》最近的修正版增加了交易中的风险承担的指南。根据对经济本质和对交易的准确描述的强调,修正部分强调仅在其与风险有关的控制功能的执行和承担风险的能力相符合时合同中风险分配才被接受。以融资为例,修正部分明确控制资金风险的法律实体无权获得与经营风险有关的收益,除非其对这些经营风险实施控制。

产品或服务的特性

在公开市场上,特定产品或服务的特性对附于其的价值产生影响。因此,有必要考虑被比较交易中的产品和(或)服务的特性,以确定是否存在任何实质上影响被审查条件的差异,如果有,是否可以实施恰当的调整以消除该影响。下表列举了可能需要重点考虑的产品或服务的特性。

产品或服务的特点 – 举例说明	
有形资产	· 物理特性 · 质量和可靠性 · 可获得性和供应量
服务	· 服务的性质 · 服务的范围
无形资产	· 交易的形式(如销售或特许) · 资产的类型(如专利权、商标或者专有技术) · 期限和保护的程度 · 使用后预期获得的收益

资料来源:基于《OECD 转让定价指南(2017)》。

经济环境

在独立方之间的交易中，交易所处的经济环境（包括交易发生所在的市场）可能对定价产生重大影响。例如，支付相同商品或服务的价格可能由于交易所发生的地理位置或行业（或子行业）而显著不同。但是，经济环境中的差异是否对审查条件产生实质的影响，将取决于具体的事实和环境。例如，对于某些产品和服务来说，其全球市场已经形成，因此，地理位置对定价的影响可能有限甚至根本没有。① 但是，对于许多产品或服务来说，在市场规模、竞争以及监管方面的差异可能对地区或国家特定层级的定价产生重大影响。

举例说明可能需要重点考虑的经济环境因素，包括但不限于②：

■地理位置；

■市场规模；

■准入门槛；

■市场层级（批发、零售等）；

■竞争；

■是否存在替代产品及其有效性；

■地域特殊成本；

■政府监管；

■所处行业的经济条件；

■客户的购买能力；

■经济、企业或产品生命周期。

经营战略

交易（或一系列交易）各方所采用的特定经营战略可对定价产生重大影响。这些战略可能包括：市场渗透战略、市场扩张战略、市场维持战略和多样化经营战略。

---

① 例如，澳大利亚税务局长诉 SNF Australia Pty Ltd. 案［澳大利亚（2011）ATC 20－265］，Ryan，Jessup 及 Perram J. J. 认为"……表明存在一个全球化市场"，而且"有证据显示，几乎毫不惊讶地得出结论：案件所涉产品广泛用于世界各地各行业的大量的工业化学品，且本身便于运输。很难看出该市场不是一个全球化的市场"。

② 进一步参见《OECD 转让定价指南（2017）》第 1 章及《联合国发展中国家转让定价操作手册》关于可比性分析章节。

在实务中实施可比性分析

可比性分析的目标,除了确认并分析受控交易的重要经济指标外,还要识别与所审查的受控交易充分可比的非受控交易,以便能够适用某种转让定价方法,确定独立交易的价格或利润,或者更常见的是,以便确定价格或利润的范围(如下)。

实际业务处理的程序将取决于具体案件中的具体事实、环境,可获取的资源。《OECD 转让定价指南》详述了在这个领域被认为是良好做法的典型的九步处理程序。《联合国发展中国家转让定价操作手册》的可比性分析一章详述了一套类似而略有不同的程序。

可比性分析:《OECD 转让定价指南》中典型的九步法

■第一步:确定比较的年份。

■第二步:广泛分析纳税人的情况。

■第三步:尤其要从功能角度出发理解被审查的受控交易,从而(如需)选择受测方,确定最恰当的转让定价方法及受测的财务指标(在交易利润法下),并确认必要的重大可比性影响因素。

■第四步:审议现有的内部可比交易(如果有)。

■第五步:当需要考虑外部可比交易时,确定相关交易可获取的信息来源,并考虑其相对可靠性。

■第六步:选择最恰当的转让定价方法,并依据该方法,确定相应的财务指标(例如在采用交易净利润法下确定相应的净利润指标)。

■第七步:确定潜在的可比交易:基于步骤 3 中所述的相关因素和第 1.38 ~ 1.63 段提出的可比性因素,确定非受控交易成为潜在可比交易所应符合的关键特征。

■第八步:如有需要,确定并实施可比性调整。

■第九步:解释和使用所收集的数据,确定符合独立交易原则的报酬。

可比信息的来源

独立交易原则的适用相对较灵活,其信息来源是可靠的,根据公认的信息条件要求,非关联交易信息必须是公开可获取的(如下),并满足可比性标准(如上)。

一般而言,"内部可比交易"与"外部可比交易"有很大的差异:

■内部可比交易:可比交易是发生于受控交易一方和独立一方;

■外部可比交易:可比交易是发生于两个独立方之间,他们彼此无关,或与受控交易的任一方无关。

在存在内部可比交易时,可能与被审查交易具有更加直接的关系。而且可能实施可比性分析的所需资料更加容易获取和完整。因此,与外部可比交易相比,内部可比交易可能更加容易和便于识别和获取有关信息。但是,由于大多数跨国企业集团高度一体化,实务中内部可比交易并不常见。通常,当一个实体从事潜在的可比非受控交易时,经严格审查,这些非受控交易并不满足可比性标准。这经常是由于可比因素存在差异,如市场层次、市场所处地理位置、合同条件及购销数量等不同。

有很多不同的信息来源可用于识别和获取外部可比交易信息。但是,这些信息的可获取性高度依赖于诸多因素,包括被审查的交易类型、适用的方法、受测方所在的国家(地区)。普遍使用的信息来源包括商业数据库(将公开可用的信息整理成用户友好型和容易搜索的形式,但是如下文所述,在发展中国家通常涵盖范围有限)、政府机构采集和发布的本地实体的法定的财务报表、公司网址、更普遍的互联网信息(例如,可用来获取年度报告,企业营业活动和经营战略的一般信息)。纳税人和税务机关均可使用这些信息来源。①

3.4.3 转让定价方法

《OECD 转让定价指南》详述了 5 种转让定价方法,可用于"确定或验证独立交易原则":

■可比非受控价格法;

■再销售价格法;

■成本加成法;

---

① 例如,美国国税局在其关于预约定价协议(2011 年 3 月 29 日)的宣布和报告中披露使用以下可比信息来源(使用频率各异):电子计算机会计数据,信息披露;Mergent;Worldscope;Amadeus;Moody's;澳大利亚企业 Who's Who;IO 资本;Global Vantage;SEC;Osiris;日本账户与企业数据(JADE);以及"其他"。参见 http://www.irs.gov/pub/irs-utl/2010statutoryreport.pdf。

■交易净利润法;

■利润分割法。

前 3 种方法是通常所称的“传统交易法”,后两种方法称为“交易利润法”。这些方法见于《联合国操作手册》和几乎所有已确认转让定价的国家国内法律或管理指南中。同时参考《OECD 转让定价指南》,也可以使用其他方法确定转让价格,只要适用结果符合独立交易原则。是否可使用其他转让定价方法取决于可供适用的国内法。

以下是各种方法的基本说明。

可比非受控价格法(CUP)

可比非受控价格法是将一项受控交易所收取的价格与可比的货物或服务(包括融资、无形资产的条款)在非受控交易中所收取的价格相比较。当价格有差异时,表明受控交易中的条件不符合独立交易原则。

价格比较可以在内部非受控交易或外部非受控交易(如上)之间作出,取决于这些交易的存在形式以及相关信息的可用性。当适用可比非受控价格法时,所审查的条件是商品或服务的价格(包括融资、无形资产的规定)。因此,在评估可比性时,重要的是考虑到即使微小的可比性差异也可能对审查条件产生实质的影响。在这方面,适用可比非受控价格法所要求的可比性标准比其他转让定价方法的标准要高。

可比非受控价格法的主要优势是交易的实际价格是可比/分析的对象,不是一种单向分析(它对选择受测方没有要求,见下文)。但是,可比非受控价格法对可比性差异较为敏感,这意味着该方法不太适用于复杂的交易和包含非实体货物、服务和无形资产交易。

实务中可比非受控价格法成功适用的共同模式:

■存在内部可比的事实(有形货物、服务及特许权使用费费率);

■商品交易,特别是存在同质和标准化商品市场信息;

■融资交易(贷款利率等);

■使用共同无形资产的权利(特许权使用费费率、许可费)。

图解可比非受控价格法

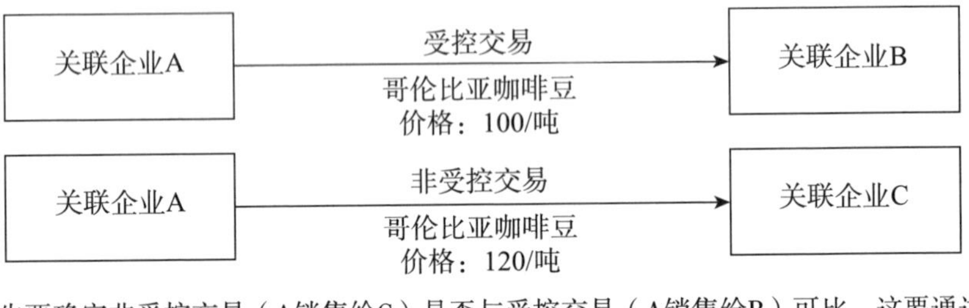

首先要确定非受控交易（A销售给C）是否与受控交易（A销售给B）可比，这要通过可比性分析（审核5大可比性因素）进行。

上述两项交易价格的不同，可能反映了某一可比性因素的差异（例如，比之于与B的交易，A与C交易中要履行额外的功能或承担额外的风险）。在这种情况下，该差异的影响应尽可能通过可比性调整予以消除。

如果该两项交易可比，价格的差异可能暗示受控交易不符合独立交易原则，且税务机关转让定价调整应相当于20/吨。

资料来源：OECD秘书处，转让定价方法(2010)。

再销售价格法

再销售价格法以受控交易的产品再次销售给独立方的价格(“再销售价格”)为起点，减去此销售中合理的毛利率(再销售价格毛利率)，以确定独立交易价格。合理的毛利率要参照可比非受控交易的毛利率(见附录1)确定。因此，再销售价格法使用的可靠性对会计方法的一致性要求很高。

符合独立交易原则的价格 = 再销售价格 ×(1 - 再销售价格毛利率)

如果再销售价格毛利率 = 毛利率，则定义为毛利对销售收入的比率。

适用再销售价格法的检验条件是货物再销售方的再销售价格毛利率，因此，其是一个单向方法(如下)。由于适用再销售价格法的起点是再销售价格，测试方必须是从受控交易中购买商品、后用于再销售的一方。

再销售价格毛利率体现了相关产品的再销售方考虑到其执行的功能、使用的资产以及承担的风险，寻求弥补营业费用的利率。合理的再销售价格毛利率确定，要参照内部可比的非受控交易取得的毛利率，或独立方在外部非受控交易中取得的毛利率。可比再销售价格毛利率可用于比较受控交易是否符合独立交易原则或作为设定受控交易价格的参照。

为适用再销售价格法而评估可比性时,应着重考虑产品特征的微小差异可能不会实质上影响检验条件——再销售价格毛利率,例如,与利润率相比,微小的产品差异更可能实质性地影响价格。但是,功能分析却非常重要,再销售价格法的主要前提是当事方的可比功能(考虑资产和风险)会取得相似的回报。

再销售价格法的主要优势是检验条件是毛利率水平,在受控交易中与转让定价无关的变量较少(与后面的交易净利润相比),其起点是一独立的价格(再销售价格)。但是,再销售价格法是单向(选用一方价格)方法,因此需要选择一个受测方。因为仅交易一方进行测试,有可能一方的独立交易再销售利润率导致对受控交易其他交易方产生极端结果(亏损或极端利润),可能不再符合独立交易原则。而且,再销售价格法对哪类金额在计算毛利率时应考量,或者哪类金额是作为销售支出或还是其他营业支出非常敏感。由于毛利率数据可能未被披露,加之会计处理方法的差异不能可靠调整,这些数据可能不可获取或再销售价格法(如下)中不合宜使用。

实务中成功应用再销售价格法的普遍模式包括:

■再出售方从关联方和独立方购进产品后再次销售,但是因产品差异可比非受控价格法无法适用;

■再出售方(分销商)从关联方购进用于再次销售的产品没实质性增值,如产品物理性能改变、有价值的无形资产的贡献、重大市场营销活动;

■佣金收取人和代理人(不承担重大市场营销活动)。

再销售价格法(图解)

销售给独立客户的价格	1000	以再销售价格法测试
再销售利率(毛利率)(如40%)	400	← 根据非受控可比交易确定
商品销售成本:转让价格	(600)	← (从关联方的采购价格)
销售和其他营业费用	(300)	
营业利润	100	

资料来源:OECD 秘书处,转让定价方法(2010)。

成本加成法

成本加成法首先是受控交易中资产或服务供应商负担的成本，然后加上适当的成本加成额以确定独立交易价格。恰当的成本加成率参照可比非受控交易中的毛利率确定。因此，在适用成本加成法时，特别强调会计方法要保持一致，尤其是成本构成口径一致。

> 符合独立交易原则的价格 = 成本基础 ×（1 + 成本加成率）
> 如果成本加成率 = 毛利率，则定义为毛利对相关成本基础的比率

成本加成率体现了相关货物或服务的供应商考虑到其执行的功能、使用的资产以及承担的风险，寻求弥补营业费用的利率。合理的成本加毛利率参照内部非受控可比交易或独立方外部非受控可比交易的毛利率来确定。可比的成本加毛利率可用于比较受控交易是否符合独立交易定价原则或作为设定受控交易价格的参考点。

适用成本加成法时所检验的条件是产品或服务供应商取得的成本加成率；因此，它是一个单向方法，要求选择一个受测方。由于成本加成法适用的起点是供应商发生的产品或服务成本，受测方必须一定是受控交易中货物或服务供应商。

计算的成本是产品生产或服务提供的直接和间接成本，不包括营业成本。这些成本是整个计算的起点，因此这些成本是与独立方交易中负担的成本，或者是确定符合独立交易定价原则的成本。

成本加成法的主要优势是将毛利率水平作为检验条件，因此对受控交易的转让价格产生的影响幅度较小（与后面的交易净利润法相比），与可比非受控价格法相比，非受控方有时以成本作为价格确定的参照值，同时可比信息也可获取。

由于毛利率数据可能未被披露，加之会计处理的差异不能可靠调整，成本加成法在很多情况下并不适用。适用成本加成法所需的可靠的毛利率数据的可获取性可能在实务中产生诸多问题，尤其是考虑到确保成本基础是建立在交易的可比性这一重要条件下（如下）。

实务中成本加成法成功适用的普遍模式包括：

■受控交易中货物或服务供应商存在与独立方的类似商品或服务交易，但由于商品或服务中存在的差异，可比非受控价格法不能适用；

■出售产品的制造商没有贡献有价值的无形资产或引发实质性风险(如合同制造商等);

■集团内劳务;

■合约研发安排。

成本加成法（图解）

原材料成本	200	
其他直接或间接生产成本	100	
总成本基础	300	
成本加成率（如20%）	60	以成本加成法测试；根据非受控可比交易确定
转让价格	360	（比如向关联企业的销售价格）
日常管理费用和其他营业费用	（40）	
营业利润	20	

资料来源:OECD 秘书处,转让定价方法(2010)。

交易净利润法①

交易净利润法审查受测方在受控交易实现的一项适合的财务指标(基于净利润),并将之与非受控交易实现该指标相比较。适合的财务指标因交易事实和环境及受测方(如下)选择的不同而不同。恰当的财务指标要参考可比非受控交易中取得的净利润指标确定(营业利润率)(见附录 1)(不同于再销售价格法或成本加成法中使用的毛利率)。下表设定了普遍使用的财务指标样本。

财务指标		受测方	运用举例
营业利润率(也称为“总税前营业利润率”)	营业利润*/销售收入	获取销售收入的一方	分销企业
总成本回报率(也称为“完全成本加成率”)	营业利润/完全成本	发生成本的一方	服务提供商和制造商

① 某些国家(如美国)采用一种与交易净利润法稍有不同的方法,即可比利润法(CPM)。该方法与交易净利润法很相似,主要区别在于美国法规明确可比利润法是对非受控公司的利润率进行比较,而《OECD 转让定价指南》指出交易净利润法比较的对象是受控交易与非受控交易。尽管理论上的区别显而易见,但在实践中交易净利润法常常使用公司整体的利润率或部门的利润率(只要能满足可比要求)。

续表

财务指标		受测方	运用举例
贝里比率	营业毛利/营业费用	发生营业费用的一方	分销企业
资产回报率	营业利润/资产**	持有并使用资产的一方	资产密集型经营活动
投资回报率	营业利润/投入的资本***	投入资本的一方	资产或资本密集型经营活动

说明：营业利润率、完全成本加成率和贝里比率的计算举例详见附录1。

* 不包括所得税和利息的净利润，也称为息税前利润。

** 一般指有形营运资产。

*** 比如，总资产减流动负债或固定资产加营运资本。

为适用交易净利润法而评估可比性时，着重考虑产品或服务特性的微小差异也许不会对检验条件——净利润率，产生实质影响，这就好比与净利润率相比，产品或服务的微小差异更可能对价格或毛利率产生实质影响。功能可比性非常重要，其作为交易净利润法主要前提，即可比的功能交易各方取得相近回报，但是功能上相对微小的差异可能不会对净利润率产生实质影响，或能够通过合理调整来解决，因为这些微小的功能差异可能反映在营业费用的差别上。

交易净利润法的一个优势是以净利润率水平作为检验条件，与可比非受控价格法、再销售价格法和成本加成法相比，该净利润率水平有潜在更多的可比信息来源。

净利润率同样不太可能受到产品或服务特性差异或微小功能差异的实质影响，并且净利润率信息一般可从报告中取得（财务报表）和不太可能受到会计差异的实质影响。交易净利润法应用很灵活，净利润可与不同的基数相比，依赖所选财务指标，例如，允许受控交易中供应方或购买方作为受测方。由于该方法的灵活性和信息的相关可用性，交易净利润法是（库伯、阿加瓦尔，2011）发达国家与发展中国家实务中最普遍使用的方法。

对交易净利润的主要批评是净利润率受到转让价格以外的其他因素的影响，因此重要的是要确保在进行可比性分析时，考虑到其他非转让定价因素，和确保其他可能影响净利润率（如支付服务）的受控交易与独立交易定价原则相一致。

交易净利润法成功应用的普遍模式包括：

■有形产品销售给分销商（不承担重大营销功能或没有贡献有价值的无形

资产),当使用再销售价格法数据不可获取时;

■制造商销售有形产品(承担日常的生产功能且没有贡献有价值无形资产或承担重大风险),当不能使用成本加成法时;

■尽管毛利润率数据可靠,但由于存在会计差异而不适合使用;

■集团内劳务,包括合约研发安排。

图解再销售价格法和交易净利润法运用于分销商的差别

销售收入(向独立客户销售)	1000	
商品销售成本(从关联企业购买)	(400)	
销售毛利(如毛利率60%)	600	← 运用再销售价格法测
销售及其他营业费用	(400)	
营业利润(如营业利润率20%)	200	← 运用交易净利润法测
金融项目	+10	
特殊项目	(30)	
税前利润(EBT,税前收益)	180	
所得税	(60)	
净利润	120	
股息/留存收益		

资料来源:OECD 秘书处:《OECD 转让定价指南(2010)》。

图解成本加成法和交易净利润法运用于合约制造商的区别

原材料成本	200	
其他直接或间接生产成本	100	
总成本	300	
成本加成(如成本加成率20%)	60	← 运用成本加成法测
转让价格	360	
日常管理费用及其他营业费用	(45)	
营业利润(如完全成本加成率5%)	15	← 运用交易净利润法测

资料来源:OECD 秘书处:《OECD 转让定价指南(2010)》。

交易利润分割法(PSM)[①]

交易利润分割法首先要计算源自受控交易的相关利润(或亏损),然后应基于经济上有效的基础在关联方间分割这些利润。理想状态下,经济上有效的基础应获得市场数据的支撑,但是这并非总是可行的,因此如有必要,也需要客观运用内部数据,如分配因素。

在适用利润分割法时,可使用不同的方法确定交易各方之间恰当的(符合独立交易原则的)的利润分割。

■可比利润分割法——按照独立企业间的类似分割,对利润(或亏损)进行分割;

■贡献分割法——依据关联方在受控交易中各自的贡献,对受控交易的利润(或亏损)进行分割;

■剩余利润分割法——一种两步法,首先对关联方非特殊(常规)活动分配利润,然后将剩余利润(如果有)基于经济上有效的基础进行分割,如适用贡献分割法。

由于在适用利润分割法时,检验条件要求对利润进行分割,因此利润分割法不是一种单向方法,因为该方法对受控交易各方的交易结果都进行了考虑。然而,对利润分割法的适用要求采用其他单向方法(如再销售价格法、成本加成法和交易净利润法)作为确定合理分割的步骤之一,这主要取决于所采用的具体分割方法。

实务中,利润分割法通常运用于受控交易高度相关的情形:

●交易各方作出的独特和有价值贡献不能参考可比非受控交易而被可靠测量,比如以无形资产的形式;和/或

●高度一体化,因此不能被作为一个独立的部分时;

●交易各方共同承担与这些交易有关的重大经济风险。

3.4.4 转让定价方法的选择

在确定适用何种转让定价方法时,首先必须参考相关国内法规定(如果

---

① 适用交易利润分割法的修正指南目前 OECD 正处于发展之中,正如 BEPA 行动计划 8—10 最终报告(2015 年)规定的那样。

有)。就这一点而言,国内法可能设定适用转让定价方法的位阶[①];一种"最佳方法"标准,或者更常见的情况是一种"最适合个案的具体情形的转让定价方法"的标准。后一种方法被规定于《OECD 转让定价指南》。[②] 但是,无论国内法如何规定,实务中一般表明应适用的转让定价方法的是客观存在的现实和限制,如与可比交易相关的可获取的信息,受控交易各方的功能概况,以及交易的类型。在这一方面,《OECD 转让定价指南》提供了适用于具体情形的最适合方法的选择的指南,该指南建议考虑以下因素[③]:

■各种转让定价方法的优势和劣势;

■考虑受控交易性质选择合适的方法;

■借助功能分析进行特别考虑;

■适用于被选方法以及(或)其他方法所需要的可靠信息(特别是与非受控交易相关的)的可获得性;

■受控交易与非受控交易之间可比性的程度,包括为了消除受控与非受控交易之间实质差异所需要进行的可比性调整的可靠性。[④]

尽管《OECD 转让定价指南(2017)》采纳了最适合方法标准,但是当可比非受控价格法与其他方法均可以"同等可靠的方式"适用时,该指南仍然明确了可比非受控价格法的优先适用。同样地,当成本加成法或再销售价格法与交易净利润法能够以同等可靠的方式同时适用时,也应优先适用成本加成法或再销售价格法。

图解适用于具体个案情形的最恰当转让定价方法的选择		
如果可比非受控价格法和其他方法能够以同等可靠的方式适用	→	优先适用可比非受控价格法

① 在 2010 年之前,《OECD 转让定价指南》含有适用转让定价方法时的位阶,其中交易净利润法和利润分割法被规定为最后的方法。在对这些方法的运用进行了广泛的公开讨论后,这种明确的位阶在 2010 年被删除。

② 《OECD 转让定价指南(2017)》段落 2.2"转让定价方法的选择往往旨在为某个特定案例找到最适合的方法"。

③ 参见《OECD 转让定价指南(2010)》第 2.1 ~2.10 段。

④ 《OECD 转让定价指南(2017)》第 2.2 段。

续表

图解适用于具体个案情形的最恰当转让定价方法的选择		
	若非如此:	
当交易中的一方执行“可比”功能(如制造、分销、服务,即存在可比交易),且没有做出任何有价值的、独特的贡献(尤其是没有贡献独特、有价值的无形资产)	→	单向方法
	→	选择受测方(卖方或买方):一般选择具有相对简单功能风险的一方。
受测方为卖方(如合约制造或服务提供)	√可适用成本加成法	→如果成本加成法和交易净利润法能够以同等可靠的方式适用:那么应优先适用成本加成法
	√可适用以成本为基础的交易净利润法(如测试净利润/成本)	
	√可适用以资产为基础的交易净利润法(如测试净利润/成本)	
受测方为买方(如市场营销或分销)	√可适用再销售价格法	→如果再销售价格法和交易净利润法能够以同等可靠的方式适用:那么应优先适用再销售价格法
	√可适用以销售收入为基础的交易净利润法(如测试净利润/销售收入)	
如果交易各方均对受控交易作出了有价值的,独特的贡献交易高度整合以致无法可靠单独评估;交易主体共同承担与交易有关的重大经济风险	→应适用双边方法	
	√可适用交易利润分割法	
如果跨国企业保留运用上述未列明“其他方法”的自由,假设这些其他方法均符合独立交易原则,在这种情形下,拒绝上述方法并选择“其他方法”应视为合理	→应适用其他方法	

资料来源:OECD 秘书处:《OECD 转让定价指南(2010)》。

3.4.5 受测方的选择

在适用单边转让定价方法(再销售价格法、成本加成法和交易净利润法,如上)时需要选择一个受测方。受测方是指在相关方法下的受检验的条件(毛利率、毛利率加成、净利率等)应测试的一方。受测方的选择对于选择应适用的转

让定价方法和交易净利润法中应使用的财务指标至关重要。《OECD 转让定价指南》对于选择受测方提供了以下指南:①

受测方的选择应当与交易的功能分析相一致。一般而言,所选择的受测方应当能够以最可靠方式适用一种转让定价方法并且能够找到最可靠的可比交易,即功能分析不太复杂的企业通常被选择作为受测方。

实务中,受测方通常是符合如下条件的交易当事方,其功能性外观最不复杂并且可获取的信息最可靠。例如,如果审查一个使用无形资产的(如专利或者商标)复杂制造商所销售的产品,其将产品卖给承担一般日常功能和最低风险并且不拥有任何无形资产的分销商,在这种情况下,很可能分销商是合适的受测方,应对其适用再销售价格法或者交易净利润法。但如果是相反的情形,一个制造商承担日常功能和最低风险,而分销商承担了很高价值功能,例如广泛的营销以及拥有有价值的无形资产(如有价值的商标),这种情形下,很可能制造商将是合适的受测方,应对其适用成本加成法或者交易净利润法。

受测方可以是受控交易中的国内一方或者是境外一方。但是在实务中,由于对境外一方信息可用性和可靠性的疑虑,一些国家可能会出现不接受不位于该国境内的受测方(所谓的境外受测方)问题。

3.4.6　独立交易区间

虽然选用一种最合适的转让定价方法可获得一个独立交易价格或者利润,但是在实务中,这种最合适转让定价方法的运用,往往可以获得一个可接受的独立交易区间的结果。这个区间主要是通过如下途径获得的:②

■使用单一的方法,独立交易原则仅仅是产生了一个建立在独立交易企业的近似条件,并且基于此,被审查的可比交易可能会导致不同的结果。

■当使用了不止一个方法时,不同方法的属性差异,以及适用于不同的方法的相关数据都会造成不同的结果。

在实际操作中,独立交易范围更可能是由于识别出多个具有相同可靠性的可比对象,从而产生不同的独立交易价格或利润率(见图 1.5),而不是因为使

① 《OECD 转让定价指南(2017)》第 3.18 段。

② 《澳大利亚税务裁定 TR 97/20》第 2.83 段。

用了多种方法,因为同时应用多种方法的情况并不常见。

如何确定和适用独立交易区间是一个国内法上的问题,和/或者说是行政管理实践的要求。比如说,一些国家一般采用了全区间,另一些则采用了统计的方法,例如四分位法(见图 1.5)。

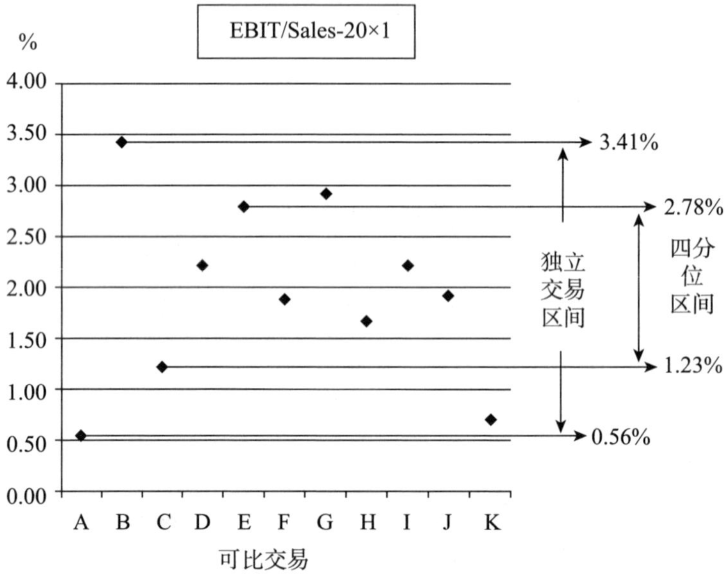

图 1.5 图解"完全"独立交易区间和四分位区间

3.4.7 转让定价调整

下列表格是关于转让定价的不同类型调整方式,采取何种方式要根据具体的案件,可适用的国内法和税收协定而定。

调整的类型	描述
初次调整	税务机关根据独立交易原则,对纳税人应纳税所得额所做的增加(或减少)的调整
补偿调整(实际价格调整)	纳税人对实际转让价格作出的以独立交易原则为目的的自我调整。其所涉及的价格调整,将被记录在纳税人的账目以及所签发的收/付款通知单中
补偿调整(仅为税收目的)	纳税人为税收目的作出的对转让价格的自我调整,其所报告的经调整后的转让价格(符合独立交易原则)与关联企业实际支付的价款不同

续表

调整的类型	描述
相应调整	对某一关联企业的纳税义务所作的调整,该调整对应于另一关联企业因与其发生的关联交易所受到的初次调整,从而确保两企业之间的利润分配保持一致
二次调整	调整源于对二次交易课税(所谓二次交易,采取推定交易的方式使得利润的实际分配与初次调整相一致)

对于初次调整而言,在大多数国家,受控交易中的价格或者利润只要在独立交易区间内(如上),一般不会对该交易进行转让定价调整。但是,如果价格或者利润不在独立交易区间内,则需要在独立交易区间内选择一个恰当的参考点。

实务中,采用各种方法来选择独立交易区间内最恰当的参考点。《OECD 转让定价参考指南》指出:“确定这个点,使得(两点之间)的区间包含的结果相对公平和具有较高的可靠性,该区间之内的任一点都符合独立交易原则的要求。”因此,实务中,该区间中恰当的参考点的选择应当基于事实和具体情形,将各种定性因素都考虑在内。然而,在缺乏任何支持区间内某一个特定参考点的交易事实或者具体情形,或者当存在可比信息缺陷的情形(由于缺乏信息或使用了“不准确”的可比信息)下,实务中经常描述或遵从集中趋势(例如平均值、中值或加权平均值)措施的适用(见图 1.6)。

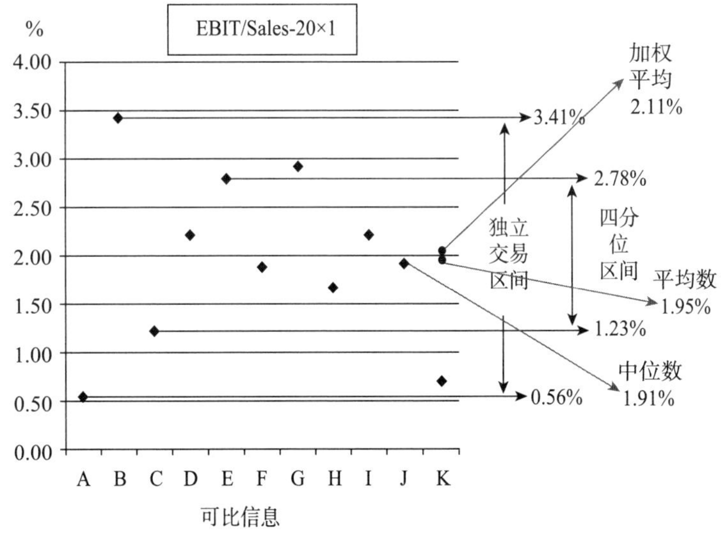

图 1.6　图解集中趋势措施

3.5 避免和解决争议的办法

在此有两种具体的机制可用于避免和解决转让定价争议,作为一国避免和解决税收争议的典型手段的补充。

3.5.1 预约定价安排

在未来一段时间内通常针对特定的纳税人或纳税集团的一个特定或一组特定交易处理转让定价提前约定的一套适当标准的安排。这些约定的标准通常会是:未来会采用的转让定价方法、使用的可比交易(或者从这些可比交易得出的独立交易区间)、所需要的相关调整及特定的有关未来情况的关键假设。一个预约定价安排一般涵盖3~5年的时间,或长或短,取决于案例的特殊性和相关国家的规则和惯例。

按照参与方的数量分类,有以下几种类型的预约定价安排:

■单边的预约定价安排涉及纳税人和税务机关之间的安排;

■双边的预约定价安排涉及两个税务机关和在这两个国家的关联企业之间的安排;

■多边的预约定价安排涉及多个税务机关和在各个国家的关联企业之间的安排。

有预约定价安排流程(提供预约定价安排)的国家的数量稳步增加,预约定价安排变得很常见。预约定价安排除了用于作为争议避免工具,还可通过参照过去或将来的处理方法使得各方达成协议,在解决现时争议上发挥作用。

3.5.2 相互协商程序

双重征税协定(见3.3.2节)中的相互协商程序条款通过为缔约国的主管部门提供一个法律框架,与缔约国另一方主管当局一起尽力解决“征税不符合公约规定”的情况,在消除双重征税方面起着至关重要的作用。虽然相互协商程序同样适用于非转让定价案件,例如,关于常设机构存续和利润分配、税收居民和预提税等争议,从历史上看,这些案例大多数都涉及转让定价问题。

相互协商程序的结果可能涉及做了初次调整的缔约国减少或消除调整或者其他缔约国做对应调整以消除经济上的双重征税,或者以上二者结合。然而大多数目前有效的综合税收协定的相互协商程序条款不要求主管部门达成协议,只要它们尽力这样做。因此,在这样的协议下,不能保证任何由转让定价调整产生的经济性双重征税可以被消除。OECD/G20 BEPS 程序的成果在于通过履行承诺来执行具体措施("最低标准")以及时、有效且高效地解决基于条约的各类争端,因此,努力加强双边协商程序的效力已成为该程序的一个关键要素。①

近年来起草的相互协商程序条款越来越多地包括有约束力的仲裁条款。②此外,《为实施税收协定相关措施以防止税基侵蚀和利润转移的多边公约》的缔约国还可选择采取具有约束力的仲裁措施。在适用的情况下,包含这样条款的协议可能要求缔约国应该实施一种解决方案以消除重复征税。《欧洲仲裁公约(1990)》特别处理关联企业利润调整相关的消除重复征税,规定了就该公约的缔约各方之间争议的强制性仲裁。

除了规定解决纠纷的机制,相互协商程序条款也为主管部门与特定纳税人(如上)双边和多边预约定价安排进行谈判,提供了法律基础,实务中不太常见,更多的是总协议包含一个特定交易类型或行业。

3.6　部分实践问题

以下是我们挑选的一些重要的实务考量因素,用以理解转让定价和海关估价的关系。

3.6.1　获得可比信息的困难

在实务中,获得独立、公开、符合可比性标准的数据可能非常困难。企业一般不会公开信息,除非它们被要求这样做,而且由于跨国企业集团的规模和数量,非关联方之间的交易越来越少,因此获得有关可比交易的信息是转让定价实际应用中面临的最大的困难之一。实践者利用在这种硬性构架中可以获得的信息。通常可获取的信息是有关企业公开报告的信息,也就是财务报表,但

---

① 《OECD/G20 税基侵蚀和利润转移(BEPS)》第 14 项行动计划最终报告(2015):"让争端解决机制更加有效。"

② 包括在《OECD 税收协定范本(2010)》第 25 条(5)和《联合国税收协定范本(2011)》第 25 条 B 中的范本条款。

是在一些税收管辖地内也有许可协议和金融交易的细节。某些产品会公开交易(如大宗商品),这就提供了一个潜在的交易信息的来源,但是,这样的产品数量有限。

但是,实务中需要找到解决办法,最近出版的“解决获取转让定价分析可比交易数据困难的工具包”①给出了帮助检索潜在可比交易的实用工具,调整有缺陷的可比交易的常见方法,并且讨论了各国可考虑的解决相关数据难以获取时可采取的政策(使用安全港、参考商品销售中的报价、防范避税方法的选择性使用)。

3.6.2 秘密的可比信息

税务机关通常会有途径获得纳税人和他们交易的非公开的信息,这些信息通常是税收保密法的保护对象。使用这样的信息(通常被称为使用“秘密可比信息”)来确定和支持转让定价调整是一个有争议的问题,在一国国内法背景下也许可能或也许不可能。就这一点而言,《OECD 转让定价指南》反对使用秘密可比信息。②

税务机关可能从对其他纳税人的审查过程中或其他信息途径获得可用的信息,这些信息不会透露给纳税人。然而,采用基于这种数据的转让定价方法可能不公平,除非税务机关在其国家机密要求的限制下可以将这些信息泄露给纳税人,这样纳税人就有充分的机会为自己的立场辩护并保障法院的有效司法控制。

在实务中,各国采用了一系列不同的途径来使用秘密可比信息。但是,在绝大多数情况下,秘密可比信息在法律和行政法规中被明确禁用,或者税务机关在实务中不依靠它们。

3.6.3 使用实体整体财务作为可比信息

实务中最可靠的可比信息来源之一是商业数据库。商业数据库是在便于

① 税务合作平台(2017):《解决获取转让定价分析可比交易数据困难》,http://documents.worldbank.org/curated/en/447901498066167863/pdf/116573-REVISED-PUBLIC-toolkit-on-comparability-and-mineral-pricing.pdf.

② 《OECD 转让定价指南(2017)》第 3.36 段。

查找的形式下整理和呈现出来交易的详细记录或账目。尽管这些数据需要付费订阅(可能是在资源有限的发展中国家一种特殊的限制),但它们通常可提供一个性价比高的途径来识别外部比较数据。不同类型的典型商业数据库展现公司实体整体的财务数据(公司的财务报表)和特定交易类型的数据[如财务往来(贷款)和特许权协议]。这种数据库的局限性在于所包含的信息基于公开的信息,这些信息在很多国家是有限的或不存在的(如上)。

大多数公开可用信息最常见的来源是整个公司实体的财务报表,这经常是为转让定价目的必须依赖的信息。然而这不意味着批量比较独立实体利润率是可行的。而是,与被分析的受控交易相比,将该(独立)实体作为一个整体进行可比性评估,考虑全部 5 个可比性因素。当独立实体作为一个整体与受控交易存在实质上影响转让定价方法规定的审查条件的差异(例如,执行功能的差异,实施不同种类的交易)时,除非这些差异可以调整,这个独立实体会被认为不可比。在这一点上,《OECD 转让定价指南》提供了如下指南:①

在实务中,可获取的第三方数据经常是基于可适用的会计准则的全公司层面或分部层面的加总数据。这种非交易第三方数据能否为纳税人的一个受控交易或一组加总交易与第 3.9 ~3.12 段的指南相一致提供可靠的可比信息,尤其取决于第三方是否执行一系列实质上不同的交易。尽管分部信息被认为会带来不同分部费用分配的问题,但由于交易更集中,当分部信息可以提供比总公司、非分部层面更具有可比性的数据时它们是可使用的。类似的是,在某些情况下,第三方总公司会提供比第三方分部更好的比较数据,例如,当可比数据中反映的活动与纳税人的一系列受控交易相符时。

3.6.4　使用基于利润的转让定价方法

在实务中,除了一些行业以外,适用可比非受控价格法的必要的交易信息和再销售价格法或成本加成法的可靠毛利率水平的信息很少。要求信息应该处于公共领域,而且涉及独立各方,和满足考虑的 5 个可比性因素,这就大幅度限制了可获取信息的数量。

由于财务报表是最现成的潜在可比信息来源(如上),实务中基于利润的转

① 《OECD 转让定价指南(2017)》第 3.37 段。

让定价方法(交易净利润法)是最可靠的方法。尤其是,利用财务报表中呈现的净利润率信息的交易净利润法被广泛使用。虽然财务报表可能也包括毛利信息,但是由于会计准则的差异和选择,在应用成本加成法或再售价格法时,这种信息的可靠性经常被质疑。

当可以依靠基于利润的方法时,需要考虑与受控交易无关的其他经济因素(例如,功能差异、无效性和营业成本的高低)对利润率的影响。作为可比性分析的一部分,营业模式和功能的任何差异连同一系列会潜在影响净利润率的其他因素应被考虑。仅在不存在实质上影响净利润率的差异,或当这些差异存在,但可采用可靠的调整(可比性调整)消除此差异对净利润差异的影响时,信息才会被认为是可比的。

确定在交易净利润下与受控交易相关的可比较信息,通常需要对不同业务部门、交易或产品种类营业成本进行分摊。而且必须保证其他任何可能会影响营业成本水平的受控交易,例如向关联企业支付服务费,符合独立交易原则。

3.6.5 加总受控交易

尽管转让定价方法一般适用于交易为基础的交易,但实务中通常为了应用独立交易原则而将交易加总,在一个生产线或者分部的基础上进行分析。在加总时需要谨慎,特别是采用再销售价格法、成本加成法或交易净利润法时。以下几点需要特别注意:

■加总受控交易和非受控交易。如果将受控交易和非受控交易加总,看似符合独立交易原则,实则不是。例如,受控交易实现的利润率可能会被非受控交易实现的利润率掩盖。

■加总不可比的受控交易。加总不可比的受控交易不能为应用独立交易原则提供恰当的基础。例如,同时提供特殊服务和基本行政服务时(通常前者获得的报酬比后者多),加总收入和费用会导致行政服务价格被高估,特殊服务价格被低估。

■多个关联方的相似交易。多方从事相似的交易可能是不恰当的。例如,如果一个分销商实体从两个关联方购买它们向当地市场提供的相似的产品时,交易价总会掩盖这样的事实:分销商向关联一方购买产品支付的价格比独立交易价格高,向另一方支付的价格比独立交易价格低。

3.6.6 业务重组和典型业务模式

典型的业务重组包括职能、资产(特别是无形资产)、风险和相关盈利潜力的集中化。从"全能制造商"转变为合约制造商,从全能型分销商转变为有限风险的分销商或代理商变得越来越普遍,这些是业务重组的典型实例。

结果是导致跨国企业集团的营业方式显著影响了国际贸易。特别是资本实体、剥离风险分布和业务模式的应用,导致货物的实物流通常与这些货物相关的法定所有权的流向不匹配的情况。

3.7 转让定价合规

3.7.1 年度报告计划

世界各个国家的税务机关采用了多种方法来收集评估转让定价风险需要的信息,从要求企业在年度申报表中披露相关信息到要求企业完成与关联交易相关的特别详细说明。通常情况下,转让定价信息披露要求企业按照年度报送如下信息:①

- 业务的经济分类/业务活动内容;
- 关联方的位置;
- 关联交易的数量和类型;
- 转让定价的方法;
- 贷款余额;
- 现有的同期转让资料。

除了通常的年度信息披露要求外,一些税务机关还尝试收集特别的与某些或者某类纳税人相关的更多详细信息或者某类业务信息。有时会使用为此目的专门设计的调查问卷。

3.7.2 转让定价同期资料

转让定价同期资料是由纳税人或者其顾问编制的一类特别的文件,旨在向

① OECD, *Public Consultation: Draft Handbook on Transfer Pricing Risk Assessment*, OECD Publishing, 2013.

税务机关报送他们识别转让定价风险和评估纳税人转让定价合规性的信息。转让定价同期资料中包含的很多信息描述了纳税人的业务活动和关联交易的细节。①

作为 OECD/G20 的 BEPS 项目的一部分，转让定价同期资料要求根据第 13 项行动进行审查，并于 2015 年 10 月同意引入统一的同期资料标准。三层级的方法现在规定在《OECD 转让定价指南》第 5 章，旨在提高全球范围内的一致性和透明度，其中包括一份所有与某一特定实体有关的公司内部交易信息的当地文件，一份跨国企业集团活动高级的全球信息的主文件和一份包含所在实体和税收管辖区信息的分国别报告。《联合国发展中转让定价操作指南》第二章规概述了不同的方法和关键问题。

转让定价同期资料结构概要见附件十。

附录 1：财务指标计算范本

利润表

报告期末 12 月 31 日

	附注	2011	2010
持续经营			
销售收入	5	211,034	112,360
销售成本	6	77,366	46,682
毛利		133,668	65,678
销售费用		52,529	21,213
管理费用		29,895	10,426
其他收入	7	2750	1259
其他净收益（损失）	8	90	63
营业利润		53,904	35,361
财务收入	11	1730	1609
财务成本	11	8173	12,197

① 附录 2 规定了可能与海关估价相关的转让定价同期资料一般内容。

续表

	附注	2011	2010
财务净成本 联营企业利润(亏损)分配额	11 12b	6443 215	10,588 145
所得税前利润		47,676	24,918
所得税费用	13	14,611	8670
本年度来自持续经营的利润		33,065	16,248
非持续经营 本年度来自非持续经营的利润 (归属于公司股东)	25	100	120
本年利润		33,165	16,368

资料来源:普华永道,Illustrative IFRS Consolidated Financial Statements for 2011 Year Ends, https://pwcinform. pwc. com/inform2/show? action = informContent&id = 1148143710136176。

以下是应用上面讨论的转让定价方法时相关的财务指标的计算实例:

毛利率(再销售价格毛利率):

=[毛利/销售收入]×100%

=[133,668/211,034]×100%

=63.34%

成本加成率:

=[毛利/销售成本]×100%

=[133,668/77,366]×100%

=172.77%

营业利润率(也称为“息税前利润率”):

=[营业利润/销售收入]×100%

=[53,904/211,034]×100%

=25.54%

总成本回报率(也称为“完全成本加成率”) =[营业利润/完全成本]×100% =[营业利润/(销售成本+销售费用+管理费用-其他收入+其他净收益/损失)]×100% =[53,904/(77,366+52,529+29,895-2750+90)]×100% =[53,904/157,130]×100% =34.31%

贝里比率 =[营业毛利/营业费用] =[营业毛利/(销售费用+管理费用-其他收入+其他净收益/损失)] =[133,668/(52,529+29,895-2750+90)] =[133,668/79,764] =1.676

附录 2:参考资料

Cools M.:《增加的转让定价规章:转让定价的管理角色为何》,载《国际转让定价杂志》2003 年 7/8 月刊第 10 卷第 4 期,第 134 ~ 140 页。

Cooper J.,R. Agarwal:《实务中的交易净利润法:预约定价安排的调查研究报告》,载《国际转让定价杂志》2011 年 1/2 月刊。

阿姆斯特丹国际财政文件局:《双重征税法律惯例介绍》,Lang M. 出版社 2010 年版。

OECD(经济合作和发展组织):《OECD 观察:BEPS:为何你比国际集团公司交税多》,2013 年。链接:http://oecdinsights.org/2013/02/13/beps-why-youre-taxed-more-than-a-multinational/。

OECD(经济合作和发展组织):《现行转让定价标准方法的多国分析》,2012 年 5 月 22 日,税收政策和管理中心,巴黎。

OECD(经济合作和发展组织):《OECD 跨国企业与税务机关转让定价指南》,2017 年,巴黎。

OECD(经济合作和发展组织):《转让定价方法》,2010 年,巴黎,链接:http://www.oecd.org/ctp/transfer-pricing/45765701.pdf。

Oosterhoff D.:《全球转让定价趋势》,载《国际转让定价杂志》2008 年 5/6 月第 15 卷第 3 期,第 119 ~ 125 页。

普华永道:《国际转让定价》,2014 年。

税收正义联盟:《转让定价》,链接:http://www.taxjustice.net/cms/front_content.php? idcat = 139。

Rotondaro C.:《艺术的应用,第 3 条第 2 款"在各国税法对关联企业定义不同的情况下":协定解释的问题和一个可能的解决方法》,载《国际转让定价杂志》2000 年第 7 卷第 5 期。

联合国贸易和发展会议:《世界投资报告 1999:外国直接投资和发展的挑战》,纽约和日内瓦:贸发会议。链接:http://www.unctad.org/en/docs/wir1999_en.pdf。

联合国 2013 年"联合国成员国",链接:https://www.un.org/en/members/。

2017 年版发展中国家转让定价操作手册,链接:http://www.un.org/esa/ffd/wp-content/uploads/2017/04/Manual-TP-2017.pdf。

第四章 转让定价与海关估价之间的联系

4.1 背景

从第二章和第三章的描述中可以看出,海关估价和转让定价方法的目的十分相似:海关的目的是确认成交价格是否受到交易各方之间关系影响,而税务机关的目标是寻求一个独立交易价格。两者都是为了确保该价格是按照交易双方不存在关联关系,且在正常商业条件下谈判得出的价格定价的。

值得一提的是 WTO 和 OECD 各自制定的《海关估价协定》和《转让定价指

南》存在许多显而易见的相似之处。例如，WTO 的倒扣价格法（第 5 条）和 OECD 的再销售价格法均基于货物的再销售价格；WTO 的计算价格法（第 6 条）基于生产该货物所使用的原材料和加工成本加上销售货物的通常利润等各项总和计算的价格，与 OECD 的成本加成法十分相似。虽然这是一个有趣的现象，但是并不与所讨论的问题直接相关。正如第二章说明所述，海关的焦点是成交价格法以及在买方和卖方存在关联关系时，申报价格是否受到影响。因此，在这种情况下，多数海关会审查转让定价数据，而不是采用 WTO 的其他估价方法。

从已经确定的类似概念中可以看出，两个体系下的估价方法和其目标互为镜像。

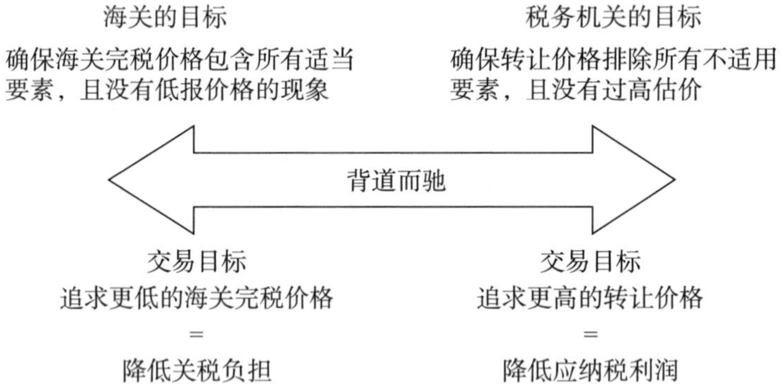
海关的目标
确保海关完税价格包含所有适当要素，且没有低报价格的现象
税务机关的目标
确保转让价格排除所有不适用要素，且没有过高估价
背道而驰
交易目标
追求更低的海关完税价格
=
降低关税负担
交易目标
追求更高的转让价格
=
降低应纳税利润

关于进口货物价格审查的目标冲突

海关和税务机关的估价方法之间也存在许多差异，这些差异会在第五章进行具体探究。

《OECD 转让定价指南（2017）》中包括以下内容：

D.5　海关估价的使用

1.137　总的来说，独立交易原则也被许多海关用作比较关联企业进口货物价格（可能受到他们之间特殊关系影响）与独立企业进口货物价格的一个原则。虽然海关估价的目的可能与 OECD 所认可的转让定价方法目的不一致，但海关估价对税务机关评价关联交易的转让定价是否符合独立交易原则非常有帮助；反之亦然。当海关官员掌握有关转让定价方面的同期资料(尤其是该资料还由纳税人亲自提供),而税务机关同时掌握记载交易详细信息的转让定价同期资料时,上述特点体现得尤为明显。

1.138　纳税人在为海关和税收目的设定价格时可能具有的激励因素是相互冲突的。一般来说,从关税方面考虑,纳税人希望对进口货物制定低价,由此降低海关进口关税(同样的考虑也适用于增值税、营业税、消费税),从国内税方面考虑,纳税人希望对同一商品申报更高价格以增加可扣除的成本(尽管这同时会增加卖方在出口国的销售收入)。在转让定价评估方面,一国的海关管理部门与所得税管理部门的合作变得越来越普遍,这有助于避免一方的估价结果不被另一方接受的局面。进一步增强双方在这方面的信息交流是非常有用的,而且在海关管理部门与所得税管理部门已经合并的国家,这也并不困难。在关税与所得税分开管理的国家,管理部门应考虑修订信息交流制度,保障两个部门间的信息沟通更加顺畅。

《联合国发展中国家转让定价操作手册》于 2012 年 10 月获得通过,2017 年更新(得益于 WCO 所做的贡献),手册主要针对非 OECD 成员的发展中国家(详见第三章)提供了一个类似于 OECD 指南的估价方法,具体如下:

"……基于避免双重征税的双边条约,这两个范本均认可在跨国企业交易定价时采用公平交易标准(本质上近似于市场导向定价)。"

B. 2. 4. 7. "海关估价的使用"写道:"……海关和税务机关在理解'收入'的含义以及动机之间存在固有冲突。"

而且,"值得注意的是,WTO 和 OECD 在制定各自的指南时均遵循独立交易原则,且都致力于确定'公平的价格',但海关和税务机关所采取的方法常常会因为自身动机、理论框架、文档规定其他因素存在差异而有所差别,甚至互相矛盾。因此,当务之急是通过两者之间更好地进行协调和信息交流,促使转让定价和海关估价的融合"。

4.2　转让定价同期资料的实际运用

在核查跨国企业的关税额/纳税额时,建议海关和税务机关基于风险提示选择进行合规性稽查。这涉及对公司财务制度、财务报表和支付记录等的审查,这个方法也被认为是海关管控最为有效的方法。WCO 已提供了《海关稽查控制指南》。

跨国企业准备转让定价报告,主要是为税务稽查(内部和外部)目的而提供公司活动和财务等相关信息。

鉴于转让定价报告可就进口货物关联交易提供有用信息,近几年也有将此类研究报告供海关稽查使用的提议。由于报告已包含相关信息,企业无须为了海关而特地准备资料,可能减轻企业的负担。但是,这并不意味着海关必须只依靠转让定价同期资料;其他稽查/核实调查所必需的证明材料也有可能被要求提供。

由此产生的问题是,就这一点来说,转让定价信息对海关是否有用?如果有用,海关如何诠释和使用此类数据呢?

第二个重要的问题是为转让定价目的所做的各类调整(见第三章)。在多大程度上以及在什么情况下,转让定价调整的确会对完税价格产生影响?

4.3 WCO－OECD 的联合会议/WCO 讨论小组

WCO 和 OECD 分别于 2006 年和 2007 年举办过两次联合会议以帮助更好理解这个议题。来自海关、税务机关和私营企事业单位和部门的专家出席了会议,并且讨论了对这些议题的看法和建议,比如针对扩大互认范围和其他技术性议题等。

2007 年第二次会议结束后,一个由海关官员、税务官员和商界代表组成的讨论小组正式成立,旨在探讨会议中出现的关键议题。

一些发言人建议 WCO 和 OECD 估价方法采取正式的互认制度,或者合二为一。但是在联合会议及讨论小组会议召开之后,这些协调方案被认为是一项不切实际的提议,特别是考虑到适用《WTO 海关估价协定》中的估价方法是成员国的一项法律义务,且在短时间内该协议未计划修改或者更新。因此目前所面临的挑战是在目前的《WTO 海关估价协定》地域限制范围内找到可能的方案。

《WTO 海关估价协定》在第 1 条第 2 款(b)项和(c)项中规定的审查关联交易测试价格的方法不太可能适用于那些通常销售独特货物的跨国企业。换言之,根据《WTO 海关估价协定》规定的相同或类似货物的严格标准而推导出测试价格很有可能并不存在。因此,第二章提到的“销售环境”分析才是重点所在。

除了考虑其他因素,讨论小组也建议将以下技术要点纳入海关估价技术委员会检查和考量的范围之内:

ⅰ.《WTO 海关估价协定》第 1 条第 2 款(a)项中的“销售环境审查”在转让定价中的适用情形;

——考虑海关估价处理的情形:当转让定价协议显示,为实现预定的利润率,在将来的某个时间将会对申报的完税价格做必要的调整(被称为价格复核条款)。这可能是对委员会之前的价格复核条款工作的发展。

4.4　海关估价技术委员会(TCCV)的工作

自 2007 年讨论小组座谈会之后,“《海关估价协定》和《转让定价指南》项下的关联交易”这一议题就被纳入了海关估价技术委员会的议程中,且从第 26 次会议(2008 年春季)开始就一直是一个常规性议题。

目前所取得的一项关键进展是《注释 23.1》的通过,即海关估价技术委员会认可在个案中,转让定价报告可以适用于审查关联交易中的完税价格。该文件(见附件Ⅲ)确认的原则是转让定价报告可以作为海关参考的信息来源之一,这毫无疑问是重要的第一步。

海关估价技术委员会后来通过了它的第一个案例研究——《案例研究 14.1》(见附件六),《案例研究 14.1》的转让价格是基于交易净利润法订立的。另一个案例——《案例研究 14.2》(见附件七)则是基于再销售价格法,海关估价技术委员会在 2017 年 10 月举办的第 45 届会议中批准通过,并将在 2018 年 6 月提交 WCO 理事会最终审议。制定这些案例研究的目的是:呈现一些具体情形,即此情形下转让定价研究报告的分析已经为海关提供了信息,使其能够就成交价格是否受到了买方和卖方之间关系的影响作出结论。

4.5　WCO 与 OECD 和世界银行集团的合作

为了更深入地从海关层面和税务机关层面理解这一问题,WCO 已经与

OECD 和世界银行集团开展了密切的合作。

在技术层面上,OECD 已经多次作为观察员出席海关估价技术委员会的会议,为关于转让定价和海关估价的讨论提供技术信息资源。WCO 也以观察员的身份参加了 OECD 第六工作组。

上述三个机构联合组织了一个区域研讨会项目,集结了海关估价和转让定价领域的专家官员,目的是提高国家、区域和国际层面对于该问题的关注,并且相互分享出色的理论和实务经验。

4.6 私营企事业单位及部门的观点——国际商会政策声明

作为一个国际性商业组织,国际商会代表全球各个行业的企业同权威部门进行交流。目前国际商会发表了一则政策声明(2015 年更新版),概述了一系列意见和建议,体现了转让定价和海关估价关系。讨论小组已经意识到以下两方面将关涉到企业的商业利益,其中之一是使用转让定价数据证明买方和卖方之间的关系未影响成交价格,而另一个方面则是关于转让定价调整的处理。首先,如果企业依据独立交易原则确定关联交易的成交价格,倡议海关在参照转让定价报告的基础上应该认可企业已证明为完税目的价格未受到买方和卖方之间的关系的影响。其次,国际商会建议海关充分认识交易后转让定价调整(包括上调和下调)对完税价格所可能造成的影响,并且同意按照所建议的简化程序来复核完税价格。

国际商会政策声明——要点①

■海关认可根据独立交易原则(《OECD 税收协定范本》第 9 条)制定关联交易价格的企业已证明交易各方的关系并未影响以成交价格作为估价基准的已付或应付价格,因此该价格确立了完税价格的估价基准。

■海关认可交易后转让定价调整(上调或下调)。认可应适用于:

(1)两个关联企业之间达成合意后主动做出的补偿调整;

① 国际商会政策声明中所述的观点和意见并不代表 WCO 或其成员国的观点和意见。

(2)基于税务审计做出的调整。

■在进行交易后转让定价调整(上调或下调)时,建议海关同意根据进口商所选择的下列任一种方法进行完税价格的复核:

(1)采用加权平均关税税率;

(2)根据税则目录中的具体税号进行分配。

■在进行交易后转让定价调整(上调或下调)时,建议企业应免于承担:

(1)针对每份最初提交的报关单提供一份修改后的报关单的义务;

(2)因转让定价变动所引起的罚款。

■建议海关认可根据 OECD 转让定价方法所作的转让定价报告记录的交易各方所执行的功能及承担的风险对于销售环境的经济评估至关重要。

海关认可相关转让定价同期资料可作为证明进口货物成交价格未受到交易各方关系影响的证据。

本政策声明全文见附件八。

国际商会也参与了海关估价技术委员会的座谈会讨论。

第五章　使用转让定价信息审查关联交易

5.1　介绍

本章主要围绕讨论小组在第四章中提出的两个关键领域进行探讨,《注释 23.1》体现出的原则已经认可了转让定价报告信息对于海关的价值,随之而来的逻辑问题是:为了证明成交价格未受到该种关系影响,转让定价报告中哪些常见信息是有价值的?考虑到相关的转让定价调整,海关又应该如何确定完税价格?

为此,海关官员要有足够的知识水平来解释转让定价同期资料和获取相关信息。最为有效的方法是海关稽查和相关业务合作。在法律允许的范围内,向负责转让定价的国内税务官员咨询,寻求专家意见以及从税务角度了解公司的直接相关知识,这些方法都对海关有所裨益。

5.2 使用转让定价同期资料审查《WTO 海关估价协定》第 1 条第 2 款 a 项下的“销售环境”

5.2.1 背景

正如第二章所述,第 1 条的解释性说明为关联买方和卖方之间买卖情形下成交价格是否受到该种关系影响的确认提供了指南,并且附上了实例。需要重申的是,这样的审查仅应在海关怀疑成交价格可接受性的情况下实施。

该解释性说明指出海关应该准备审查交易的相关方面,包括:

——买方和卖方组织商业关系的方式,以及

——所涉成交价格达成的方式。

例如,如果显示买方和卖方虽存在关联关系,但是双方之间的相互买卖如同不存在关联关系一样,则表明价格未受到该种关系的影响。

在转让定价报告和同期资料中包含了许多有助于海关开展此类分析的信息。最终,海关会基于“所有证据”作出决定,而这些证据可能有多个来源。但是在有些案件中,海关可能主要依据转让定价的数据作出决定。税务机关对功能分析的信息(包括对各方执行的职能、使用的资产以及承担的风险的审查)通常包含在转让定价报告中,对海关审查销售环境有所帮助。

5.2.2 主要挑战

由于海关和税务机关的方法存在诸多差异,因此,两者的相似性比较变得非常困难。

ⅰ. 单一产品与系列产品

海关的目的是确保进口货物的价格真实,因此,主要挑战之一便是确保转让定价数据与所涉进口货物有关。如果转让定价信息涵盖了一系列产品,则需要谨慎考虑成本、利润率等可利用信息是否增强了进口货物价格的可信程度。

如果是单一产品的商业交易,则在此情况下的比较应该是相对直接的。此外,如果转让定价报告涵盖了一系列产品,则转让定价的数据可能仍与海关相关。

例如,假设进口货物是品牌电水壶,而转让定价报告涵盖的系列货物是某品牌家用电器(包括微波炉、搅拌机和电水壶)。

在这个案例中,转让定价报告将这些产品作为一个整体,确定了一个可接受的独立交易区间。海关可能会考虑销售环境测试法下的第三种方法,即销售同级别或同种类货物的所有成本加利润。《WTO 海关估价协定》第 15 条第 3 款规定"同级别或同种类货物"指的是属于某一具体行业,或行业部门生产的一组或一系列货物中的货物,包括相同或类似货物在内。

转让定价报告和其他研究可能使海关相信本案中的电水壶和其他家用电器可被认为是同级别或同种类货物。因此,产品范围内的成本和利润细节有可能与在该类产品内每个产品(包括电水壶)有关。

ⅱ. 数据区间

一般情况下,海关和税务机关在进行稽查时,会检查不同的时间段。海关有可能会在所涉的货物进口后的 3 年或 4 年内进行稽查(这取决于国家立法所设定的追缴未支付的进口关税或偿还多支付关税的时限①)。税务稽查可能在进口后的数年后才进行(例如在完成年度决算和审计后等)。因此,海关应确保转让定价数据与海关稽查所审查的时期有关。例如,如果海关稽查 2013 年进口的货物,则转让定价报告中参照的相关信息也必须与 2013 年的交易有关。

解释性说明中对三个实例的评论如下:

1. 定价方式是否与所涉行业通常定价惯例一致?

此类信息可以从转让定价报告中获得,或是通过独立研究特定行业部门获得。建议海关至少首先将转让定价同期资料中已有的信息纳入参考范围。

值得注意的是,《WTO 海关估价协定》并没有定义"行业通常定价惯例";这可能需要考虑货物本身的性质与买方和卖方当事人扮演的角色及履行的职能。

2. 定价方式是否与卖方售予与其无特殊关系的买方的定价方法相一致?

这种方式的适用范围有限,因为,在很多关联交易中,进口商可能是某商品在该税收管辖地内唯一的分销商,也就是说不存在非关联方之间的交易,因而没有进口货物的可比价格。尽管如此,如果存在这样的可比交易,那么这可以

---

① 例如,欧盟的追溯时限为 3 年。

作为审查销售环境的一种方法。

3. 是否可以证明报关价格足以覆盖所有的成本加利润,该利润代表了该企业在一代表期内(例如按年度计)销售同级别或者同种类产品所实现的总体利润?

本实例关注的是审查中究竟如何根据所有已包含要素(尤其是利润)确定价格。

海关可能会要求进口商提供出口商/卖方的利润信息,但是很可能关联企业不愿意与其分销商/进口商分享利润信息,因此,这样的请求可能是徒劳的。建议海关首先考虑在进口国已有的可用信息,尤其是转让定价同期资料,以审查销售环境。

该案并没有定义利润是毛利润还是营业利润,但这赋予海关审议这两种利润的弹性自由,取决于何种利润信息被认为是有用的。一般来说,由于营业利润是扣除所有成本后企业的收益,所以在衡量真实利润时使用营业利润是更好的方式。而且有关于独立方的营业利润信息大多数情况下很容易获得。营业利润也是在使用可比利润法/交易净利润法时最常见的利润水平指标。

海关和税务机关所选择的"受测方"会存在明显的不一致。在使用基于利润的转让定价方法,例如交易净利润法时,受测方通常是进口商(鉴于其在交易中体现的功能不那么复杂,可比数据也更容易获得),测试的关注点是跨国公司在进口国获得的利润(应纳税人的销售)。正如第四章解释所述,可将上述交易与可比非受控交易进行比较测试,继而判定所涉价格是否符合独立交易原则。

该实例参考的公司总体利润被认为是卖方(出口商)的利润。但是转让定价数据仅与进口商而不是卖方的利润有关,因此,这样的数据对于海关而言是否仍然存在关联性?

恐有争议的是进口价格是计算进口商利润的起点,从进口商利润衍生出来的信息可能使海关确信出口商/卖方的利润是可接受的,进而确认进口货物的进口价格足以覆盖所有成本加利润,因此进口价格未受到该种关系的影响。

下面的实例可以阐明这个观点:

1. 进口商的有关数据,I 公司:

——售价 100.0

——销售成本(向 X 公司的实付价格/应付价格)	82.0
——毛利润	18.0
——营业费用	15.5
——净营业利润	2.5
——净营业利润率(衡量基准)	售价的 2.5%

2. 基于上述信息:

——进口商的销售数据是可靠的,因为 I 公司只卖给独立方(而且假定 I 公司在与独立方交易时合理寻求利润最大化)。

——由于营业费用是由 I 公司承担,I 公司寻求成本最小化且没有证据证明成本中有费用是在卖方请求下支付的,故该营业费用金额是可靠且可被接受的。

——通过该实例中的可比性研究(也就是基于针对独立进口商的可比性研究),我们可以确定像 I 公司这样的进口商,其独立交易净营业利润率是售价的 2.5%。

——I 公司的购售成本(向 X 公司的已付或应付价格)不是出于独立交易(因此可能不可靠)。但是,从 2.5% 的独立交易净利润率可以反向推导出独立交易的销售成本金额。

因此,如果被推导出来的销售成本等于相应的申报成交价格,则可以此推断该成交价格未受到买方和卖方之间的关系影响。

另一个相关实例见于《案例研究 14.2》,《案例研究 14.2》描述了进口商 I 公司向海关提供的基于再销售价格法转让定价报告。该案中使用再销售价格法,因为 I 公司是一个简单和常规分销商,并不增加货物的实质性价值。I 公司目标毛利率与进口国和 I 公司执行相似功能、承担相似风险、不使用任何有价值的无形资产的可比公司进行比较。

基于提供的信息:

——I 公司的毛利率与可比公司的毛利率的对比能够表明申报价格是否根据与行业正常定价做法相符的方式设定的。

——I 公司和所选可比公司之间并无重大差异,因为这些可比公司:

●均位于进口国;

●执行相似的分销功能,承担相似的风险,而且并不使用任何有价值的无形资产,这些均与I公司相似;

●进口的可比产品在出口国制造方式相似。

——此外,对产品可比性也进行了审查,相关可比企业符合海关估价要求。

根据转让定价报告,I公司的目标毛利率确定为40%。但是I公司被审查当年的实际毛利率是64%,比I公司转让定价政策所述的毛利率要高。所选可比公司被审查当年所赚取毛利率的独立交易(四分位)区间是35%~46%,中位数是43%。

因此,由于I公司的毛利率没有落在可比公司毛利率的独立交易区间,可以推断出进口价格不是根据与行业正常定价相符的方式设定的。

总之,规定在《WTO 海关估价协定》中的解释性说明中的上述实例并非详尽无遗;海关可能考虑以其他方式来审查销售环境,要求提供并考量所有可获得的且与交易相关的证据。

而且,《注释23.1》声明:

"针对使用转让定价报告作为检查销售环境的基础之一,我们应该结合具体案例做具体分析。因此进口商提供的任何相关信息和文件都有可能被用来审查销售环境。转让定价报告可以作为信息来源之一。"

5.2.3 预约定价安排(APAs)和海关估价预裁定的使用

预约定价安排(有时称为预约定价协议),使税务机关和企业有机会提前就某项特定交易或某系列交易的转让定价处理方法达成一致意见,从而证明该定价符合独立交易原则(详见第三章)。一些国家的海关已确认预约定价安排可以为其在审查关联交易时提供有用信息。在筹划预约定价安排时,关于海关估价需求也可以被纳入考虑范围。

WCO 鼓励海关开展海关估价预裁定。《WTO 贸易便利化协议》第三章也记载了上述要求,另外还要求海关提供针对归类和原产地的预裁定。如果有相应的机构,企业就可在货物进口之前向海关申请针对某笔关联交易(或一组交易)的预裁定。海关可能审查企业提供的相关信息(该信息可能来自转让定价报告或预约定价安排)并作出适用于那个具体销售环境的决定。上述裁定可以明确所涉价格是否受到买方和卖方之间关系影响,如果今后所有货物的交易背景都与该裁定相同,且符合限定条件(如有效期),则同样可适用本裁定。关于预裁定的更多信息可参见世界海关组织关于归类、原产地和估价预裁定的技术指南。

5.3 针对转让定价协议载明在日后调整申报完税价格之海关估价的处理方法

5.3.1 背景

正如第三章解释所述,转让定价调整[①]是跨国企业定价政策的共同特征。这也说明调整可因不同原因而发生,得到不同的结果。因此,海关有必要理解不同类型的转让定价调整,并考虑哪些调整会对完税价格产生影响,以及应如何处理这类调整。

可以认为,转让定价调整的效果是为了实现独立交易价格,在一些案例中,经过调整后的价格会更接近用于海关估价目的"未受影响"的实付或应付价格。在另外一些案例中,例如转让定价纳税调整,该调整证明了价格事实上受到了买方和卖方之间的关系影响。但同时也说明,海关仅在调整被做出(或被量化)后,才能对价格影响问题做出最终决定。因此,海关关心的是转让定价调整对完税价格的影响。

但是目前世界各地的海关对转让定价调整的处理并不一致。有些海关会考虑价格的上调或者下调,以及适当地进行相应的关税调整,而另一些则没有这种想法,或者只考虑向上的调整(支付额外的关税),但不考虑向下的调整(关税的返还)。有些海关会考虑税收上的调整,然而其他则只考虑调整实际价格。这种不一致性是目前商界表示的主要担忧。

因此,理想做法是,当海关考虑转让定价调整对完税价格的影响时,力求实现更为一致的处理方法。

海关估价技术委员会在其法律文件中确立了一个重要原则,即《注释

---

① 注意:为避免混淆,理解"调整"一词的不同使用语境的差别很重要。"调整"被用在如上述的有关于海关估价的转让定价的背景下,则该"调整"是针对《WTO 海关估价协定》第 8 条所指的实付或应付价格作出的。该表述也可以用来描述关税的调整,如进口时实际支付的关税随后被海关调整,则需补交关税或退还关税。

4. 1——价格复核条款》(见附件四)。该文件考量了货物买卖合同对完税价格的影响,即合同价格只是进口时的暂定价格:“应付价格的最终确定取决于合同条款中规定的某些特定因素是否发生。”

总之,这样的条款“不应该排除适用《WTO 海关估价协定》第 1 条规定的估价”。这个情况类似于在进口时按转让价格向海关申报,但随后就可能面临调整(例如为实现预期利润率)的情形,换言之,进口时已存在转让价格调整的可能性。

修订后的《京都公约》确立了海关多征收关税情形下影响关税返还的基本原则:

> 修订后的《京都公约》:《关于简化和协调海关业务制度的国际公约》:附约,第四章,关税和税收
>
> C. 关税和税收的返还
>
> 4. 18 标准
>
> 如果由于估价时的错误多征收关税和其他税收,则多征收部分应予以返还。

5. 3. 2 海关对转让定价调整可能采取的措施

正如第三章所述,转让定价调整产生的原因多种多样,引起的方式也各不相同。

当调整由纳税人发起,并被记录在其账目及签发的借款/贷款清单中时,站在海关估价的角度上,我们可以认为上述调整对进口货物的实付或应付价格产生了影响(取决于该调整的性质)。在其他一些案例中,尤其是当调整是由税务机关发起时,调整可能仅仅对纳税义务产生影响,而不涉及货物的实付或应付价格。

一方面,如果调整发生在货物进口之前,则应被纳入向海关申报的价格之中。

另一方面,如果调整发生在货物进口之后(调整在海关放行后被记录在纳税人的账目、签发的借款/贷款清单中),则海关可能考虑完税价格应基于调整后的价格确定,适用《注释 4. 1》确立的原则。

对于仅影响纳税义务的转让定价调整(货物已付价格无实际变化),海关可

能会考量其是否为价格受到影响的一种迹象。换句话说,虽实付价格未被调整但仍可认定价格不符合以转让定价为目的的独立交易原则。

5.3.3　转让定价调整后的完税价格的最终确定

假定海关认为完税价格应该以经转让定价调整和后续财务/会计调整后的价格为基础,则为处理这种情形,海关有必要考虑设定适当的程序。

《注释 4.1》参考了《WTO 海关估价协定》第 13 条,为推迟做出完税价格的最终确定提供了可能。第 13 条要求在提供担保的条件下,海关为进口商提供便利使其提取货物,如有必要在清关时延迟做出完税价格的最终确定。

由此产生的问题是,要求进口商提交载有临时申报价格的报关单,以及提供与潜在应缴关税等额的保证金是否必要。这会牵扯到大量的资源利用,因为企业和海关都需要参照会计和对账程序进行操作,尤其是处理大量的报关单。

这个问题已成为业界关注的担忧。国际商会的政策声明正如提案 2 中所述:

"企业应该被允许进行完税价格调整,且不被要求制定临时性的估价程序,或由于估价调整而受到处罚。"①

关于这点,目前国际上还没有统一的指南,各国海关应该自行制定适用于这些情况的海关程序。清楚的是,作为海关对完税价格调整的一个基本要求,转让定价政策在有关货物进口或清关放行以前就应准备就绪,载明用以确定最终转让价格的标准(或公式)。海关可能会要求进口商在进口前就提供现有的转让定价政策。该政策可能是在预约定价安排的框架下建立的。通常海关也会要求企业报告附有调整的细节的最终转让价格,这应是做出上调时的强制性的要求。关于各国在这方面的实例请参见附件二。

海关在货物进口后的另一个重要考量因素是处理《WTO 海关估价协定》第 8 条规定的调整。通常这些调整是在海关稽查过程中被发现并量化的。因此海关应该考虑是否将进口后向母公司或者进口后为了母公司利益而做出的其他支付(如设计和研发费用贡献),或者供应商基于后续对进口产品的再销售、处理或使用而获得的利益所做的其他支付,以便确定他们是否应当计入完税价格。

---

① 国际商会政策声明中所表述的观点和意见并不反映 WCO 或其成员国各政府机构的观点和意见。

5.3.4 实务中的挑战

对于某项在海关看来是适当的完税价格调整,海关有必要确定其原理和计算方法。海关的关注点是单笔交易,然而转让定价数据体现的却是总体水平。因此有必要找到一种计算方法,将总价格合理地分摊到每批货物上。

国际商会提出本提案:

国际商会提案 3

采用加权平均关税率:加权平均关税率的计算方法是将年度总关税除以该年度进口总额。其中可能包括在年底发生的一次性调整。例如在年底时,因转让定价调整而产生一笔额外费用需支付给卖方,则我们建议进口商就该笔一次性调整的金额进行申报。海关就可以将上述金额分配到本年度内申报的所有进口货物中去,而关税调整率就是加权平均关税率。

参照税则目录,和根据进口商提供的信息或海关披露的所有商品税号、统计数据中的相关进口数据等信息,进行转让定价调整的分配。

另一个问题是海关稽查的时点:如果某项预期的转让定价调整在海关稽查时尚未实施,海关应怎样处理? 海关需要决定等到转让定价调整实施后再稽查,或者当机立断下结论。

第六章 认识的提高以及更紧密的合作

6.1 前言

在本指南的开篇已提到,海关估价技术委员会有义务对因《WTO 海关估价协定》引发的技术性问题进行解释并提供意见。

值得注意的是,目前出现的大量问题,尤其是因海关对转让定价调整的处理而引发的问题,更多地涉及海关的程序和手续,而不是对《WTO 海关估价协定》的解释(例如,通知海关可能发生调整的方式和将关税调整分摊到相关的进口贸易中的方式)。

基于上述理由,在进一步的指南出台之前,我们鼓励海关考虑如何在国家层面处理此类问题,也可以考虑签订双边或区域性协议。如下所述,至关重要的第一步,便是与税务机关中对应人员建立起联系,详述见下文。

众所周知,发展中国家面临着许多特殊的挑战:

- 许多国家的海关缺乏进行清关后稽查的能力,关注点集中在对跨国企业货物进出口的边境管制,然而这难以对跨国企业实现有效管理;
- 《联合国发展中国家转让定价操作手册》注明该手册"应真实反映发展中国家在相关阶段的实际发展水平";
- 许多国家的税务机关仍在完善转让定价立法,提高技术能力水平;
- 从其他公司普遍难以获得可比数据,从而限制了特定转让定价方法的使用,导致问题更加复杂。

实务中有许多方法有助于鼓励紧密合作并分享知识、技术及信息,值得大力推广。

6.2　海关估价政策管理者优秀的实践经验

➢在国家层面,评估从事进口的本地跨国公司在与国外关联公司交易中的参与程度。这有助于管理所需投入的行政成本。

➢确保海关估价专业人员(特别是政策制定和稽查团队)可以获得这个议题合适的培训机会。

➢转让定价数据的使用:遵循《注释 23.1》所确立的原则,提倡海关在审查关联交易时,从现有的转让定价报告中获取可用信息。根据个案评估已获得的信息是否足以得出结论,或者仍需要补充数据。

➢关注和参与海关估价技术委员会的讨论。

➢发展/加强与国家税务机关之间的联系和合作:

——建议举办提高认识/强化技术(税务机关为海关提供培训;反之亦然)的研讨会。

——讨论信息交换的各种方法。

——考虑临时性或永久性的工作人员交流,或者雇佣拥有税务背景的工作人员。

——建立关注跨国公司的大型业务团队。如果海关是税务机关的一个分支,那么一个单独大型的业务团队就可以处理所有的税务和海关问题,甚至可以考虑实施海关和税务的联合稽查。但鉴于海关和税务机关关注的时间段不同,联合稽查可能不切实际。

——考虑与税务部门建立涵盖上述要点的谅解备忘录。

➢就下文列举的良好的实践经验提出建议,并同企业界进行交流。

6.3 企业的优秀实践经验

➢鼓励从事进口的跨国公司确保其海关和税务顾问(内部或外部)能够就海关和税务机关在转让定价和海关估价方面的相互需求进行沟通交流。

➢在准备转让定价同期资料时,将海关的要求纳入考虑范围。

➢在签署预约定价安排时,将海关的要求纳入考虑范围。

➢如果在进口后可能实施调整,则应保证按照本国的程序性规定提前通知海关。

➢若符合程序,考虑向海关请求预裁定。

➢与海关紧密合作,提供并帮助解释与进口货物有关的转让定价分析和数据。

6.4 税务机关的良好实践

➢发展/加强与海关之间的联系和合作:

——建议举办共同提高认识/强化技术研讨会。

——讨论信息交换的各种方法。

——建立关注跨国公司的大型业务团队。如果海关是税务机关的一个分支,那么一个单独大型的业务团队就可以处理所有的税务和海关问题。

——考虑与海关部门建立涵盖上述要点的谅解备忘录。

➢考虑企业如何确定进口货物的完税价格。

注:国际商会在其政策声明中建议:"作为一个基本原则,……税务机关应评估和理解企业是如何达成其申报的完税价格(反之亦然)。"①

---

① 国际商会政策声明所表述的观点和意见并不代表 WCO 或其成员国的观点和意见。http://www.customs.gov.au/practice_statements/broder/ind.asp。

附件一 各国实践方案

许多国家的海关现在都在考虑如何处理这个问题。在很多国家,海关与税务机关之间已经建立了沟通渠道,例如,为转让定价事宜,通过设立工作小组或例会的方式交换信息及互相学习知识和技能。

以下是来自澳大利亚、加拿大、韩国、英国以及美国的国家实践的实例,为帮助海关在本国政策的完善方面提供了实践范例。

1. 澳大利亚

2013 年,澳大利亚海关与边境保护局(现在是移民和边境保护部,DIBP)公布实施了一项政策,旨在将现行的涉及转让定价的海关估价政策更加程序化与透明化,从而给予商界更大的便利,也给予交易者更大程度的弹性自由证明关联交易并未影响交易价格。声明基于个案解释描述了一些情况,海关在审查关联交易时可能考虑转让定价报告中取得的资料。进口商可以就协调转让定价与海关估价问题向海关寻求一份估价建议(预裁定的一种)。在做出转让定价的调整之后,这份估价建议为海关向上和向下调整完税价格提供了基础。要强调的是,在对完税价格做出任何调整之前,相关交易必须有实际发生的跨境资金流进或流出澳大利亚。

下面是关于价格调整文书节选,完整版本请查看注释链接。①

澳大利亚海关与边境保护局公告 2013/19(节选)

补税

当转让定价估价建议做出且海关对进口产品的估价进行向上调整时,货物进口申报时也应对价格调整部分补缴相应税款。

退税

当转让定价估价建议做出且海关对进口产品的估价进行向下调整时,申请人或进口商有权要求退还多缴的税款。

---

① http://www.customs.gov.au/webdate/resources/files/ACN2013 Transfer Pricing Practice Statement FINALFINAL.pdf.

2. 加拿大

加拿大边境服务局关于转让定价调整政策规定详见备忘录 D13 –4 –5。下面是关于价格调整文书节选,完整版本请查看注释链接。①

加拿大边境服务局公告 D13 –4 –5(节选)

转让定价调整

20. 当卖方与关联关系买方之间存在书面转让价格协议,且在货物进口时依然生效,加拿大边境服务局就认为公司间的转让价格未影响进口货物到实付和应付价格。

21. 为使价格不受影响,买方必须向加拿大边境服务局申报其向卖方支付的价款和/或货物进口后的价格调整。

22. 可能对转让价格做出多种类型的调整,例如为遵守转让价格协议的条款而调整实际转让价格的补偿调整。这涉及进口商账户记录以及根据向上或向下调整向进口商签发的借记单或贷记单据。这可能在会计年度期间,在会计年末或者该会计年度结束之后发生。

23. 当某个会计期间发生转让定价总净值的上调或者下调,关税额的更正信息必须上报至加拿大边境服务局。正是在这样一个特定时刻,进口商有理由相信更正申报信息是十分必要的。

……

28. 加拿大边境服务局会审查任何由购买方直接或者间接支付给卖方或者为卖方利益所做的支付,或者基于后续的再次销售、处置或者进口货物的使用归属于卖方的支付,证明支付是否属于合理的可查明的服务,以及支付是否通常包含在非关联交易的销售价格之中。所有支付非属于合理可查明的服务的价款将会纳入进口货物的应纳关税额中。想要了解更多进口后支付或者费用的处理,参见备忘录 D13 –4 –3"海关估价:实付、应付价格"以及备忘录 D13 –4 –13"进口后支付或者费用"(后续收益)。

① http://www.cbsa-asfc.gc.ca/publications/dm-md/d13/d13-4-5-eng.html.

3. 韩国

为了在海关与纳税人之间制定出一个平衡的方法,韩国海关(KCS)引入了大量的合作计划,对所有形式的逃税行为采取严厉措施,与此同时,韩国海关鼓励企业自主做到税收合规。韩国海关期望缩小转让定价和海关估价之间的差距,因此积极地执行如下相关具体的计划。

A. 预约海关估价安排(ACVA)

韩国海关在 2008 年实行了预约海关估价安排项目。该项目旨在降低由清关后稽查及其复议引发的应纳税额问题的担忧,以此确保可预测和稳定的商业经营。该项目旨在根据纳税人的请求,通过海关和纳税人之间的相互磋商,预先确定涉及母子公司关联交易中货物的完税价格。韩国海关鼓励参与关联交易的企业使用 ACVA 项目,这对于为补偿调整等目的应纳税额的预先协调或者临时价格申报至关重要。

《海关法》第 37 条(摘录)

完税价格确定的事前审查方法

如果应该申报纳税的义务人就完税价格的确定,询问了以下事项,他/她可以在提交价格报告之前,向韩国海关专员申请事前的审查。

……

3. 在关联关系人之间交易货物的完税价格确定的方法

B. 应纳税额预先协调项目

应纳税额预先协调项目于 2015 年确立,当纳税人同时向海关提交 ACVA 申请和向税务当局提交 APA(仅限单边)申请时,应纳税额预先协调项目可使海关和税务当局能够协调提交的申请的审批。尽管用于确定完税价格和计算独立交易价格方法的不同,纳税人也可以申请这个项目。海关与税务当局需要将它们对申请的审批结果通知纳税人和企划财政部。

《海关法》第 37 -2 条(摘录)

确定完税价格和预约定价安排的方法

根据第 37(1)3 条,由于调查了在关联关系人之间交易货物完税价格确定的有关事项,申请转让定价安排的人,可以同时向韩国海关专员申请计算

> 独立交易价格的方法的事先批准(单边 APA)。在这样的情况下,韩国海关专员应该事先确定关税的完税价格,同时与国税局专员磋商后,事前确定关税的完税价格和国内税的独立交易价格。

C. 纳税后协调计划

根据 2012 年发起的纳税后协调项目,在成交价格和完税价格不同时,纳税人可以向海关署长提交修正申请,不论这个价格差异是出于国税局调整了相关进口货物的成交价格,确定或施加了对关税基础以及关税额的修正,或者由于授予追溯性调整申请的事前批准。如果海关认为没有遵循《WTO 海关估价协定》的原则,海关当局可以驳回这个主张。在这种情况下,纳税人可以向企划财政部要求价格调整。

> **《海关法》第 38 –4 条(摘录)**
>
> **调整后进口货物完税价格的修正**
>
> 如果进口货物的成交价格与作为计算根据本法已付或矫正的所得税额的基础的完税价格不同,因为当地有管辖权的税务厅专员或者有管辖权的税务厅已经调整了相关进口货物的成交价格同时采用一种处置方式来确定或修正关税基础以及关税额,或者因为国税局专员批准了与相关进口货物成交价格有关的事前的追溯性申请,应该支付关税的人可以在他/她知道该处置方案或者事前批准之日起 3 个月内(如果他/她被告知征税或者事前批准,以他/她被告知之日)或者总统令中规定的从第一次提交关税申报表之日起 5 年内,向海关署长申请修正关税额。

D. 为补偿调整目的的临时价格申报

2017 年,韩国海关发起了临时价格申报的补偿调整项目。跨国公司设定关联交易的营业利润率,如果在年末,它们的营业利润率超标完成或者没有完成,就要调整实际的转让价格以便符合独立交易原则。根据这个新发起的项目,调整后的价格可被申报为海关估价目的的实付或应付价格。鉴于补偿性调整一般发生在货物进口后,纳税义务人应在进口申报环节申报一个暂定价格。对于临时价格申报来说,纳税人必须满足特定的要求,比如已经制定了调整进口货物成交价格的计划。一旦纳税人在做出任何补偿调整后,申报最终的完税价格,纳税人需服从后续的退税或者补税。

> 《海关法》第 28 条临时应纳关税额的申报。海关法 16 的执行令(摘要)
>
> 如果完税价格在价格申报时尚不确定,应该缴纳关税的人可以申报临时关税价格,比如关联交易进口货物的价格在进口后会调整为独立交易价格。

4. 英国

英国税务与海关总署就追溯性的价格调整提供了以下指南:

> **30.3　追溯性价格调整(关联或非关联交易)**
>
> (节选自 252 号公告)①
>
> 在货物进口后,出于各种各样的原因,需要支付给卖方的进口货物的价格被修改或重新协商。一旦发生这种情况你必须考虑海关估价及其相关的关税影响。
>
> 在进口时,你可以选择与卖方签订合同,载明存在发生追溯性价格调整的可能性,那么有关货物的发票价格实际上是临时性的。
>
> 这意味着在进口时不能达成一个最终的完税价格。因此,你应该提供担保(见 2.5 节)。
>
> 或者你可以选择向我们申请一个进口时缴纳关税的安排。这个安排包括了关于价格调整你将通知海关的保证。而我们也将根据任何事后通知的达成一致的价格调整,合理地上调或下调你的关税应纳税额。
>
> 当存在追溯性的成交价格上调,我们会将它视为你为进口货物而向卖方支付总货款的一部分。因为这表明你确认在购买货物时,适用了合同安排或者是你和卖方之间就价格调整达成了共识。那么我们将会根据 C18 的规定向你印发补税通知。
>
> 当追溯性价格调整可能会导致你多缴纳了关税,你有权申请退税。申请退税时你需要提交包括关于合约安排充分的细节材料,以及卖方开具的款项支付证明。

---

① 完整版本链接:http://www.gov.uk/government/publications/notice-252-valuation-of-imported-goods-for-customs-purposes-vat-and-trade-statistics。

5. 美国

2012 年,美国海关与边境保护局(CBP)根据正式的转让定价政策或预约定价安排(APA)更新了对关联交易处理的政策,其中涉及对货物进口后初始转让价格的调整。需要注意的是,转让定价政策用以审查关联各方之间的交易价格是否符合为税收目的的独立交易原则以及评价交易各方税收效果。

复核政策之后,美国海关与边境保护局建议对成交价格中的允许事项进行更加宽泛的解释,如果符合一定的标准,允许转让定价政策或预约定价安排成为在转让定价语境下的公式。

值得注意的是,由于海关对独立交易原则的测试[(1)销售环境审查,(2)测试价格]与国内税局的并不相同,因此转让定价政策很可能为完税目的而调整。为了在成交价格基础上对交易价格进行上下调整,美国海关与边境保护局强烈鼓励进口商用和解方案解决最终的申报价格问题。

下面是关于 2012 年政策说明的节选,完整版本链接请查阅脚注。[①]

美国海关与边境保护局政策声明(节选)
美国海关与边境保护局的立场是:在符合一定条件的情况下,对交易价格的评估方法将包括关联交易中货物进口后的价格调整,调整的依据是关联交易中的一般转让定价方法及商品的具体申报价格信息。这些调整,不论是提高或降低,在确定最终的商品成交价格时,都会考虑这些调整。

附件二　布鲁塞尔转让定价讨论小组会议(2007 年 10 月 26 日)——建议

以下由讨论小组做出的建议,也将是今后工作的方向:

●这些建议的总结将会提交海关估价技术委员会(TCCV)第 26 次会议,供成员参考。

●这些展示以及案例分析除了呈现给讨论小组外,也将作为信息提供给海关估价技术委员会成员。

●建议海关估价技术委员会在其下一次会议中考虑以下的技术难点并考

① 完整版本链接:http://www.cbp.gov/bulletins/Vol_46_No_23_Index.pdf。

虑是否有必要出台新文件：

——《WTO 海关估价协定》第 1 条第 2 款(a)项中的短语“销售环境”在转让定价中的运用；

——考虑海关估价不同情形的处理：当转让定价协议显示，为实现预定的利润率，在将来的某个时间将会对申报的完税价格做必要的调整(被称为价格复核条款)。这可能是对海关估价技术委员会之前的价格复核条款工作的发展。

●来自私营企事业单位和部门的讨论小组成员也可通过国际商会或海关估价技术委员会主席的邀请，就上述海关审价与转让定价问题进行讨论。

●鼓励海关与税务部门之间更高层次的会谈。

●OECD 将会继续提供支持。

附件三　海关估价技术委员会评论 23.1

关于运用转让定价报告对《协定》条款 1.2(a)中的“销售环境”进行审查的研究意见

1. 本评论试图提供一份使用依《OECD 转让定价指南》准备并由进口商所提供而作为《WTO 海关估价协定》第 1 条第 2 款(a)项“销售环境”审查的基础转让定价报告的指引。

2. 根据《WTO 海关估价协定》第 1 条，当买方和卖方不存在关联关系时，或者如果存在关联关系，该种关系未影响成交价格可被接受为完税价格。

3. 当买方和卖方存在关联关系，《WTO 海关估价协定》第 1 条第 2 款提供了两种不同的方法确定可接受的货物成交价格：

(1)货物的销售环境应当受到审查，以确定该种关系是否影响了成交价格[第 1 条第 2 款(a)项]；

(2)进口商有机会证明价格非常接近 3 种测试价格中的一种[第 1 条第 2 款(b)项]。

4.《WTO 海关估价协定》第 1 条第 2 款的解释性说明规定：

这并不意味着在买方和卖方存在关联关系的所有情况下均应审查销售环境。仅在怀疑价格的可接受性时方可要求此种审查。

如果海关不怀疑价格的可接受性,则应接受该价格而不再要求进口商提供进一步的信息。

5. 鉴于此,当海关对货物成交价格产生怀疑时,海关可以根据进口商提供的信息审查销售环境。

6. 第 1 条第 2 款的解释性说明规定当海关需要进一步审查,否则不能接受成交价格时,应该给予进口商提供审查销售环境可能所必需的进一步详细信息的机会。说明中还举出实例论证如何确定买方和卖方之间的关联关系未影响价格。

7. 问题在于进口商为税收目的制作并提供的转让定价报告是否能作为审查销售环境的依据而为海关所使用。

8. 一方面,如果进口商提交的转让定价报告包含了销售环境相关信息,该转让定价报告将是很好的信息来源。另一方面,由于《WTO 海关估价协定》与《OECD 转让定价指南》规定的确定进口货物价格的方法存在本质和重大差异,转让定价报告可能与销售环境审查无关或不够充分。

9. 因此,用转让定价报告作为审查销售环境的依据,应当根据不同情形进行个案讨论。总之,进口商提供的任何相关材料与同期转让资料可能被用于审查销售环境。转让定价报告可能是这种信息来源之一。

附件四　海关估价技术委员会评论 4.1

价格复核条款

1. 在商业实践中,某些合同中会包含规定了临时价格的价格复核条款,而应付价格的最终确定取决于合同条款中规定的某些特定因素是否发生。

2. 价格复核条款有多种表现形式。第一种情形是货物在订单订立后的某个时间段进口(例如特别定制的厂房和机器设备);合同中明确指定合同的最终价格取决于事先约定的公式,公式中包含的计算要素包括劳动力成本、原材料价格、管理费用及其他生产货物所负担的投入,其最终价格会上涨或下跌。

3. 第二种情形是一段时期内分批生产和交付的多批货物,假设是与第 2 段中同类型的合同,第一批出厂的最终价格与其他批次出厂的最终价格是不一样的,尽管所有的价格都是根据同一份合同里面的同一条公式得出的。

4. 第三种情况是货物进口时是暂时的价格,然后,再根据买卖合同的条款,确定最终价格的依据是在货物交付时的审查结果和判断(例如,植物油的酸度水平、矿石中的金属含量以及羊毛纯度等)。

5. 根据第 1 条所定义的进口货物的成交价格,是以实际支付或应付的货物价格为基础的,根据该条的解释性说明,实付或应付价格是买家为进口货物已经支付和即将支付给卖家的金额。

因此,如果一个合同里包含了价格复核条款,那么进口货物的成交价格就应当基于合同约定的已付或应付的最终总金额。因为实付总金额可以合同中所透露的信息确定,因此,本评论认为价格复核条款本身并不构成货物成交价格无法确定的条件或因素[见《WTO 海关估价协定》第 1 条第 1 款(b)项]。

6. 从实践角度而言,价格复核条款是否会对海关估价产生影响体现在时间点上,若确定完税价格时合同里的价格复核条款已经生效,则实付,应付价格已经确定则价格复核条款并不会引起争议。如果价格复核条款与货物进口后的某些变量相关联,情况就不同了。

7. 但是,考虑到《WTO 海关估价协定》建议,被估价的货物的成交价格应尽可能作为海关估价的基础,并且第 13 条为推迟作出完税价格的最终确定提供了可能,尽管价格复核条款在进口时用作确定应付价格并不总是可能的,但其本身不应当被排除在《WTO 海关估价协定》第 1 条规定估价方法之外。

附件五 海关估价技术委员会案例研究 10.1

第 1 条第 2 款的适用

交 易 事 实

1. I 国的 I 公司从 X 国的 X 公司购买进口了两种食用原材料作为食品添加剂生产的原材料。

2. 在货物清关时,I 公司向 I 国海关主动报告了其与 X 公司间的关联关系:

(a) X 公司享有 I 公司 22% 的股份;且

(b) X 公司的高级职员和董事也在 I 公司的董事会中担任董事。

3. 在货物进口后,由于进口国海关对成交价格的可接受性产生了怀疑,决定依据《WTO 海关估价协定》第 1 条第 2 款审查 X 公司和 I 公司之间的销售环境。

为此,海关向 I 公司发出了一份问卷,问卷希望获得 X 公司在 I 国与其他非关联方关于该产品的销售价格,以及在必要的时候 X 公司需提供产生价格差异的理由和关于产品成本与利润的相关材料。在 I 公司请求下,海关也向 X 公司发出问卷。根据问卷调查的反馈,海关认为事实如下:

4. I 公司向 X 公司购买多种食用原材料制作食物香料。X 公司向 I 公司销售食用原材料分为以下两种方式:

(a)食用原材料是由 X 公司生产的;

(b)食用原材料由 X 公司向其他制造商及供应商购买并储存。在这种模式下,X 公司既不生产也不加工食用原材料。但其中的一部分 X 公司会进行包装而再次销售。

5. 根据《WTO 海关估价协定》第 15 条第 2 款,(a)原料与(b)原料不是相同或类似货物。

6. 在(a)原料销售模式下,食用原材料也会销售给其他非关联买家。X 公司在(a)原料销售模式下食用原材料的售价为:

(ⅰ)卖给 I 公司的售价为 92c. u. f. o. b;

(ⅱ)卖给非关联买家的售价为 100c. u. f. o. b。

7. 就(a)原料销售模式下的食用原材料,海关发现:

(ⅰ)非关联买方与 I 公司处于相同商业水平,购买数量都是相同或是类似的,而且用途也一致。海关估定非关联买家进口这些食用原材料的成交价格为 100c. u;

(ⅱ)X 公司销售给 I 公司货物所负担的成本与销售给 I 国其他非关联买家的成本是相同的。

8. 海关同时确认关于本文第 6 段中提到的 8% 的价格差异,也并不是因为季节因素的影响。在海关进行询问和要求之后,I 公司和 X 公司也没有提供进一步的信息以说明这种价格差异产生的原因。

9. (b)原料销售模式下 X 公司在 I 国只将食用原材料销售给 I 公司,因此在 I 国并没有进口相同或类似货物。

10. 在(b)原料销售模式下,海关确认 I 公司购买食用原材料的成交价格足以覆盖 X 公司的成本,包括购买成本与再包装成本、运费与装卸费用,而且也可覆盖 X 公司的总体利润(该利润水平可以代表 X 公司一段时期内的毛利水平)。

完税价格的确定

11. I 公司与 X 公司属于《WTO 海关估价协定》第 15 条第 4 款(a)项和(d)项所指的“关联方”。根据第 1 条第 1 款(d)项规定,再结合第 1 条第 2 款,仅在确认价格未受到该种关系影响时,X 公司与 I 公司之间销售的交易价格会成为完税价格的基础。

12. 在《WTO 海关估价协定》第 1 条第 2 款项下,证明“该种关系未影响成交价格”的举证责任在进口商。同时《WTO 海关估价协定》也要求海关应当提供合理的机会,允许进口商提供该种关系并不影响成交价格的证明,这并不意味着要求海关对价格差异的目的或真相进行彻底的调查。那么,在这个问题上任何决定的作出,很大程度上而言都应当建立在进口商提供的信息上。

(a)原料销售模式下的食用原材料价格

13. 这个案件所展现的资料显示 X 公司与 I 公司之间关于食物原材料的交易价格低于与其他非关联企业方的价格。当被问到产生这一价格差异的原因时,无论是 X 公司还是 I 公司均没有做出合理的解释。

14. 从海关所掌握的材料来看,I 公司购买的食用原材料与其他与 X 公司非关联的买家所购买的食用原材料,数量上是相似的,品质等级及最终用途也是相同的。而且,X 公司向 I 公司销售货物的成本和向非关联买方销售货物的成本相同。综上所述,再结合货物及行业本身的属性,并没有充分的理由认为这样的价格差异并不重大。

15. 因此,在(a)原料销售模式下,成交价格法不能适用。海关应当用其他方法估定在(a)原料销售模式下的食用原材料价格。在这一点上,X 公司与在 I 国的其他非关联企业进行的相同或类似货物的成交价格,就可能成为本案的完税价格依据。

16. 但是,应当指出的是,本案中关于价格差异对事实判定的影响并不具有普遍适用性。价格差异不应作为其他案件中价格差异在商业上重大的判定标准或者基准。

《WTO 海关估价协定》中明确规定价格差异的意义应当根据个案中不同货物及行业的属性进行个案考量。

(b)原料销售模式下的食用原材料价格

17. 关于在(b)原料销售模式下销售给 I 公司的食物原材料价格，销售环境审查显示成交价格已足以覆盖企业在同级别或同种类货物中生产成本加上所获得的总体利润。

根据第 1 条第 2 款的注释第 3 点的规定，此类原材料成交价格应当被海关接受为完税价格。

附件六　海关估价技术委员会案例研究 14.1

根据《WTO 海关估价协定》第 1 条第 2 款(a)项审查关联交易时对转让定价报告的使用

引　　言

1. 本案描述海关在审查进口货物的价格是否受到第 1 条第 2 款(a)项中买卖双方关系的影响时，考虑了该公司基于交易净利润法的转让定价报告中的信息。

本案例不表明、不喻示也不确立海关在解释或使用《WTO 海关估价协定》时有义务使用《OECD 转让定价指南》及据其形成的材料。

交 易 事 实

2. X 公司是位于 X 国的制造商，向其全资子公司，即位于 I 国的分销商 I 公司销售继电器。I 公司进口继电器，不向非关联卖方购买任何产品。X 公司也不向非关联买方销售继电器或同级别和同种类货物。

3. 2012 年，I 公司使用基于提交给 I 国海关的商业发票价格的成交价格进口货物。没有迹象表明存在《WTO 海关估价协定》第 1 条 a ~ c 款规定的不能使用成交价格的特殊情形。

4. 进口后，I 国海关决定根据《WTO 海关估价协定》第 1 条第 2 款(a)项审议 I 公司和 X 公司之间货物销售环境，因为其对价格的可接受性存疑。

5. 进口商没有根据第 1 条第 2 款(b)项和(c)项提供测试价格，作为证明该种关系并未影响价格的方法。

6. 作为对海关要求的其他信息的回应,I 公司提交了由代表 I 公司独立第三方准备的 2011 年这一阶段转让定价报告。

7. 本案中,转让定价报告使用交易净利润法,将 I 公司营业利润率与位于 I 国功能上同级别或同种类的可比分销商在相同时期可比非受控交易中的营业利润率比较。准备转让定价报告是为了符合 I 国税收法规和《OECD 转让定价指南》中应适用的原则的要求。转让定价报告涵盖了 I 公司从 X 公司处购买继电器所有交易。

8. 从 I 公司财务档案中找到的相关数据

——售价	100.0
——销售成本	82.0
——毛利润	18.0
——营业费用	15.5
——净营业利润	2.5
——净营业利润率(衡量基准)	售价的 2.5%

9. 转让定价报告使用 I 公司档案中的数据,表明 I 公司 2011 年从 X 公司购买的继电器的销售营业利润率是 2.5%。

10. 报告认为,找到可靠的 I 公司可比数据是可能的,因此 I 公司被选为转让定价报告的受测方。

11. 为了协商双边预约定价安排(APA),I 国和 X 国税务当局审议了 I 公司的转让定价报告。I 公司、X 公司、I 国和 X 国税务当局就 I 公司和 X 公司所有的交易达成了双边 APA。I 国税务当局和 X 国税务当局审议时,I 公司提供了证明其销售继电器所获得利润率与行业内独立分销商销售电气设备和电子零件获得的利润率相同的信息。

12. 转让定价报告中,基于 I 公司功能、资产和风险实质相似,与供应商没有关联关系的 8 个分销商被挑选出来。

13. 为比较目的,与这 8 个分销商有关的信息是从 2011 年会计年度中获取的。这 8 个非关联分销商所赚取的利润率区间是 0.64% ~2.79%,中位数是 1.93%。在协商 APA 时,税务当局接受这个区间作为 I 公司和 X 公司可比交易的营业利润率的独立交易区间。这一合理营业利润率区间是根据 8 家分销商的公开财务数据计算得出。I 公司的营业利润率是 2.5%，落在这个区间。进口国的进口商所实现的 2.5% 的利润率随着以下因素变化而变化：(a) I 公司向 X 公司应付或实付价格；(b) I 公司的销售收入；(c) I 公司的成本。

14. 经审核，不存在《WTO 海关估价协定》第 8 条规定的需要计入实付、应付价格的调整项。另外，I 公司在 2011 年没有为纳税目的而做出补偿调整。

15. I 公司设定其销售价格以便其所赚取的营业利润满足转让定价报告规定的独立交易（四分位）区间目标。

问　题

16. 本案中提交的转让定价报告是根据《OECD 转让定价指南》准备的，作为双边 APA 的基础，其提供的信息是否使得海关可以判定进口货物实付或应付价格是否受到《WTO 海关估价协定》第 1 条规定的交易各方关联关系的影响。

分　析

17. 根据《WTO 海关估价协定》第 1 条，如果买方和卖方不存在关联关系，或者如果存在关联关系，该种关系并未影响价格，成交价格可被接受作为完税价格。如果买方和卖方存在关联关系，《WTO 海关估价协定》第 1 条第 2 款提供了海关在对申报价格存疑时审查确定成交价格可否接受的两种方法：(1) 应该审查“销售环境”以确定该种关系是否影响了价格［第 1 条第 2 款 (a) 项］；或者 (2) 进口商证明价格非常接近三个测试价格之一［第 1 条第 2 款 (b) 项］。在本案中，正如第 5 段所述，进口商没有提供测试价格，因此海关审查了交易环境。

18.《WTO 海关估价协定》第 1 条第 2 款解释性说明规定，在审查销售环境时，海关当局应该准备好审查交易的有关方面，包括买方和卖方组织他们商业关系的方式和达成所涉价格的方式，以便确定该种关系是否影响了价格。

19. 基于从 I 公司所获得的信息，X 公司并不向非关联买方销售商品。因此，I 公司不能根据《WTO 海关估价协定》第 1 条第 2 款 (a) 项第 1 条注释证明价格是与非关联方销售中相同的方式达成的。

20. 在审查销售环境时，在决定价格是否符合第 1 条第 2 款 (a) 项注释规定的行业的正常定价做法时，海关考虑了转让定价报告中的信息审查。在这一点上,“行业”一词是指包含与进口货物中同等级或同种类货物(包括相同或相似货物)的行业或部门。

21. 基于第 8 段规定的信息:

——销售数据是可接受的,因为 I 公司只卖给独立方(假定 I 公司在与独立方交易时合理寻求利润最大化)。

——营业费用是由 I 公司向非关联方支付,I 公司寻求成本最小化且没有证据证明成本中有费用是在卖方请求下支付的,故审查营业费用金额后认为其是可靠且可被接受的。

——转让定价报告证实,I 公司的营业利润率在独立交易区间[基于对独立(非关联)可比分销商研究]。

——I 公司的销售成本反映实付或应付给 X 公司的价格,代表 I 公司与其关联方 X 公司之间的交易。这就是所涉的转让定价。

——通过再次审查营业利润率的独立交易区间和以上规定的其他可接受信息,可以推导出转让价格是独立交易金额。这说明在审查 X 公司和 I 公司之间的销售环境时,I 公司和非关联分销商之间的交易有关信息可能是有用的。

22. 功能分析表明 I 公司与其他 8 家可比非关联分销商在功能、风险和资产方面并无重大差异。而且,产品可比性程度也很高。可比公司是从电气设备和电子零件行业(销售与进口货物同级别或同种类货物公司)中挑选出来的。因此,进口货物再销售营业利润率与电气设备和电子零件行业大致相同。[①] 确切来说,转让定价报告发现可比公司的营业利润率的独立交易区间是 0.64% ~ 2.79%。正如前文所述,I 公司的营业利润率为 2.5%。因此,由于所有可比公司均销售同种类或同级别货物,转让定价报告支持 I 公司与 X 公司销售价格达成的方式符合行业的正常定价做法这一调查结果。

结　论

23. 对 I 公司和 X 公司之间关联方交易的销售环境审查后,包括通过对基于交易净利润法的转让定价报告和对必要有关的营业费用等其他信息的分析,

---

① 本案中,由于实际上 I 公司支付完所有费用后就开始赚取销售利润,因此海关将营业利润率作为衡量 I 公司盈利水平标准。某些情况下,海关可能用毛利率来考量合理相关扣减费用,从而确定正确的转让定价。

海关判定根据《WTO 海关估价协定》第 1 条第 2 款(a)项,交易各方之间的关系并未影响成交价格。

24. 正如《评论 23.1》所称,利用转让定价报告审查销售环境必须逐案分析。

附件七　海关估价技术委员会案例研究 14.2[①]

根据《WTO 海关估价协定》第 1 条第 2 款(a)项审查关联交易时对转让定价报告的使用

引　言

1. 本案旨在说明海关根据《WTO 海关估价协定》第 1 条第 2 款(a)项,如何参考企业转让定价报告及其他相关信息,对进口货物实付或应付价格是否受到买方和卖方关系的影响进行审核。

本案例不表明、不喻示也不确立海关在解释或使用《WTO 海关估价协定》时有义务使用《OECD 转让定价指南》及据其形成的材料。

交易事实

2. 位于 X 国的 X 公司,向位于 I 国的 I 公司销售奢侈品手袋。A 公司是一家跨国公司总部,也是奢侈品手袋的品牌所有方。X 公司与 I 公司均为 A 公司的全资子公司。X 公司或 A 公司的关联企业均未向 I 国非关联方销售相同或类似奢侈品手袋。I 公司是 X 公司向 I 国销售奢侈品手袋的唯一进口商。因此,I 公司进口至 I 国的所有奢侈品手袋均采购自 X 公司。

3. 2012 年,I 公司根据 X 公司出具的发票价格申报了进口奢侈品手袋的价格。I 公司向 I 国海关提交的贸易单证显示,不存在《WTO 海关估价协定》第 1 条(a) ~ (c)款所规定的无法使用成交价格的特殊情况,也不存在第 8 条所规定的需要对进口价格进行调整的价外支付等情形。

4. 2013 年,因对 I 公司的申报价格可接受性存疑,I 国海关对 I 公司申报的进口价格进行了清关后稽查。I 公司转让定价政策显示,所有奢侈品手袋的进口价格均是使用再销售价格法(根据《OECD 转让定价指南》)制定的。每年年

---

① 免责声明:本文本已被海关估价技术委员会采纳,有待世界海关组织委员会批准。

末,I 公司根据 X 公司的建议预估下一年度再销售价格以及预期毛利率计算进口价格。2012 年,I 公司的预期毛利率确定为 40%,随后 I 公司根据再销售价格法计算公式得出进口奢侈品手袋的进口价格:进口价格 = 预期再销售价格 ×(1 - 预期毛利率)/(1 + 税率)。

5. I 公司是一家简单分销商或称常规分销商。手袋在 I 国的市场营销策略由 X 公司制定,同时 X 公司也对 I 公司的库存水平提出建议,确定建议转售价格及相关折扣政策。X 公司在与手袋相关的高价值无形资产方面投入巨大。因此,X 公司承担了 I 国手袋销售相关的市场风险和价格风险。

6. 作为进口货物转售所在国,I 国的奢侈品手袋市场竞争激烈。然而,2012 年,由于全价销售的手袋数量高于预期,折扣价销售数量少于预期,I 公司的实际销售收入远超预计。因此,I 公司 2012 年的毛利率达到 64%,高于 I 公司转让定价政策的预期毛利率。在稽查过程中,海关要求 I 公司提供更多信息以审核进口申报价格的合理性。

7. I 公司并未根据《WTO 海关估价协定》第 1 条第 2 款(b)项和(c)项举证测试价格,以证明关联关系未影响价格。然而,I 公司提交了一份转让定价报告,使用再销售价格法将 I 公司的毛利率与可比公司在非关联交易(可比非受控交易)中的毛利率进行比较。该转让定价报告是由一家独立事务所依照《OECD 转让定价指南》程序做出的。

8. 根据转让定价报告,I 公司不拥有任何高价值的、独特的无形资产或承担任何重大风险。I 公司提交的转让定价报告选取了位于 I 国的 8 家可比公司。功能分析显示这 8 家公司自 X 国进口可比产品、承担类似功能及类似风险,且与 I 公司一样,不拥有任何高价值的无形资产。

9. 转让定价报告显示可比公司 2012 年的毛利率符合公平交易原则(四分位)的合理区间为 35% ~46%,中位值为 43%。因此,I 公司 64% 的毛利率并未落在合理四分位区间内。海关开展价格稽查时,I 公司并未就此进行任何转让定价调整。

问　题

10. 本案例中转让定价报告所提供的信息,是否足以使海关根据《WTO 海关估价协定》第 1 条审查确定进口货物实付或应付价格是否受到交易各方关系影响?

分　析

11. 依据《WTO 海关估价协定》第 1 条,如果买方和卖方不存在关联关系,或存在关联关系,但并未影响价格,则成交价格可接受为完税价格。在买方和卖方存在关联关系的情况下,《WTO 海关估价协定》第 1 条第 2 款提供了海关在对申报价格存疑时审查确定成交价格可否接受的两种方法:(1)审查销售环境以确定关联关系是否影响成交价格[第 1 条第 2 款(a)项];或(2)进口商证明申报价格接近 3 种测试价格中的任一价格[第 1 条第 2 款(b)项]。

12. 本案中,如第 6 段所述,进口商未提供测试价格,因此海关开展销售环境审查。

13.《WTO 海关估价协定》第 1 条第 2 款注释提出,在审查销售环境时,“海关需要审查交易的有关方面,包括买卖双方组织其商业关系的方式和制定价格的方法,以便确定关联关系是否影响价格”。

14. 在使用再销售价格法审核相关公司的销售环境时,将该公司与可比公司的毛利率进行对比,可以说明申报价格的制定是否与所涉产业的正常定价惯例相一致。

15. 根据功能分析,I 公司与所有 8 家可比公司无明显差异,因为这些可比公司:

●均位于 I 国;

●与 I 公司类似,承担类似分销功能和类似风险,不拥有任何高价值的无形资产;

●进口的可比产品同样是在 X 国制造的;

此外,对产品的可比性也进行了审查,相关可比企业符合海关估价要求。

16. 根据转让定价报告,可比公司年毛利率的合理四分位区间在 35% ~ 46%,中位值为 43%。然而,2012 年,I 公司 64% 的毛利率远高于该行业可比公司的正常毛利率。还需要指出的是,I 国奢侈品手袋市场竞争充分。因此,由于 I 公司与 8 家可比公司无显著区别,其营业利润与费用应与可比公司类似。所以,I 公司 2012 年的高毛利率与其功能、资产和风险不相符。

17. 由于 I 公司获取了更高的毛利率,且考虑到 I 公司未作出任何补偿调整,海关从而得出结论,即相关进口价格的制定与行业正常定价惯例不一致。I 公司 2012 年的进口货物完税价格申报偏低,应依次使用其他估价方法进行估价。

结　论

18. 海关根据《WTO 海关估价协定》第 1 条第 2 款(a)项,通过审核转让定价报告对 I 公司与 X 公司的交易开展销售环境审查后得出以下结论:进口申报价格的制定与行业内正常定价惯例不一致,因此受到买卖双方关联关系影响。由此,完税价格应依次使用其他估价方法予以确定。

19. 应该说明的是,《评论 23. 1》中强调:利用转让定价报告审查销售环境应当具体个案具体分析。

附件八　国际商会(ICC)政策声明

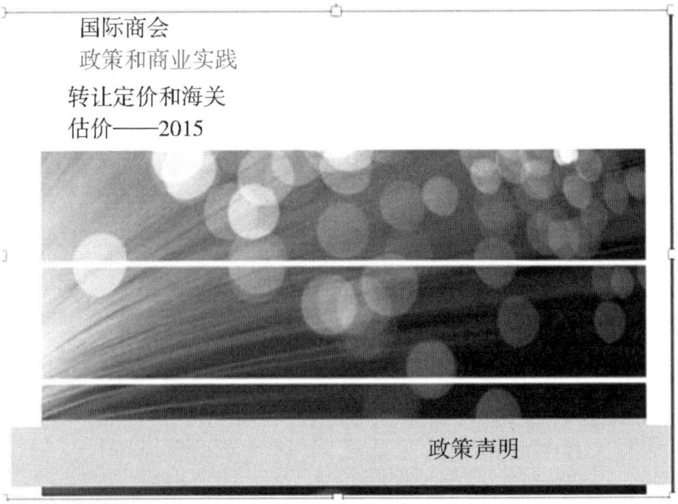

该声明由国际商会税务委员会及海关与贸易便利化委员会制定。

摘　要

国际贸易目前面临着货物估价方面的困难是由于海关与税务机关监管关联交易的规则不同。国际商会呼吁更多的协调一致,并且提出具体的建议保障在全球范围内实现关联交易下税收(转让定价)与海关估价的协调一致。

要　　点

■海关认可根据独立交易原则(《OECD 税收协定范本》第 9 条)制定关联交易价格的企业已证明交易各方的关系并未影响以成交价格作为估价基准的实付或应付价格,因此该价格确立了完税价格的基准。

■海关认可转让定价后续调整(上调或下调)。这种认可应适用于:

(1)两个关联企业之间达成合意后主动做出的补偿调整;

(2)基于税务稽查做出的调整。

■在转让定价后续调整(上调或下调)时,建议海关同意根据进口商所选择的下列任一种方法进行完税价格的复核:

(1)采用加权平均关税税率;

(2)根据税则目录中的具体税号进行分摊。

■建议转让定价后续调整(上调或下调)时,企业应免于承担:

(1)对应每份最初提交的报关单再提供一份修改后的报关单的义务;

(2)因转让价格变动所引起的罚款支付。

■建议海关认可:根据 OECD 转让定价方法开展的转让定价报告中记录的交易各方所执行的功能及承担的风险对于销售环境的审查至关重要。

海关认可相关转让定价同期资料可作为证明进口货物价格未受到交易各方关系影响的证据。

引　　言

作为全球性的商业组织,国际商会(ICC)证实来自全世界不同地区与行业的跨国公司都面临着与产品估价有关的难题。出现这类难题是由于关联企业之间的交易受海关和财政审查的双重规制,因而要受到不同规则与相互矛盾利益的多重约束。国际商会坚信上述审查应该具有相同的价值导向,且找出一条有效的解决途径更是与各方利益息息相关。

造成这个问题主要有以下两个原因:

1. 税务与海关即使是在同一个国家,甚至有时候两者隶属于同一个政府部门,但二者的执法方式却截然不同:税务机关关注那些可能被高报的内部销售价格,而海关规制的是那些被认为低报的进口产品的价格。

尽管这两个行政机关都以实现独立交易价格为相同目标,但两者对税收利益的处理依然存在分歧。

2. 税务机关和海关对同一交易或货物通常是各自独立地设立规则。税务机关力图与在许多国家被法典化的《OECD 转让定价指南》保持一致。

其制定的规则意在指导关联企业如何在跨国交易中根据独立交易原则进行定价,然而海关却遵循《WTO 海关估价协定》关于估价准则的规定。

发达国家和发展中国家,均存在这种二元对立现象,随着经济全球化的深入势必形成一种不确定和复杂的交易环境。另外,它还导致企业经营成本与违法风险的上升,商业运作灵活性丧失,并且产生了被处罚的重大风险。

事实上,即使一家企业同时遵守 OECD 指南和《WTO 海关估价协定》,也不能保证两个国家或者同一国家的两个行政机关之间在确定独立交易价格时不产生分歧。这意味着估价冲突不仅仅会发生在税务稽查前,也可能发生在税务稽查之后。

考虑到关联企业间的交易量占全球贸易总量的比例已超过60%,海关估价和转让定价之间的分歧已经成为贸易自由化道路上的“绊脚石”,不论跨国公司还是中小型企业的全球化发展趋势都因此受到抑制。

主要特点

尽管海关与税务之间的政策存在众多分歧,但是需要注意的是,两者之间也存在共同点。因此我们相信,只要找到关于独立交易原则的共同解释方法,促使 WTO 规则和 OECD 指南更趋于一致,就不需要对两者的内容做出实质性的修改。

基本原则是我们建议,税务机关应评估企业如何达成报关价格(反之亦然,即海关评估企业是如何达成转让定价的价格的),然后再签发正式的税款或关税核定通知书。如果企业与有关税收征管部门之间的分歧无法解决,那么税务机关和海关应该同心协力,尝试协调二者的估价结果。

为促成海关要求与所得税规定相一致,我们建议海关采用转让定价报告中所包含的信息。这有助于判断关联交易价格是否符合海关估价的要求。

实际上,国际商会已经注意到,WCO 已在《评论 23.1》中考虑了使用转让定价同期资料的合理性。当海关认为需要企业日常业务中可获得的现有数据作为对转让定价报告数据的补充时,这些数据要素应被理清并公布(见提案六)。

本方法认为在现有和公认的原则框架之外找到解决方案在目前是难以设想的，而追求海关和税务规则的全面统一，甚至将其中一方的观点强加于另一方同样难以实现。此外，商界认为另行制定一套规则也无法解决这些问题。

因此国际商会建议各界更关注如何将这些原则更加密切协调，使政府部门和私营企事业单位和部门均能欣然接受。本文件是商界向致力于解决这些问题的国际机构提供的建议。

提案目标如下：

●保障税务和海关对国际环境下关联交易各方之间的价格问题协调一致；

●为企业和政府机关厘清规则；

●抑制或降低估价分歧有关的财务影响；

●简化规则。

因此需要

●降低企业合规成本；

●排除因海关与税务机关观点的分歧所引起的纠纷导致的被处罚风险；

●精简公司间交易并便利国际商务。

提　案

尽管预约定价安排（APA）可以解决估算应纳税额的问题，但该类协议普遍较为刻板，耗时耗力，且不适用于持续发展的企业。对于中小型企业或者规模不大的交易而言，预约定价安排也不是一个具有可行性的选择。

因此，为了使更多的同期资料可以用于估价的验证，国际商会提出下列可用于完税价格的补充意见：

提案 1

海关认可，根据独立交易原则（《OECD 税收协定范本》第 9 条）制定关联交易价格的企业已证明交易各方的关系并未影响以成交价格作为估价基准的实付或应付价格，因此该价格确立了完税价格的基准。

完税价格通常基于《WTO 海关估价协定》的内容实施，第 1 条声明海关估价的规则：

1. 进口货物的完税价格应为成交价格，即该货物出售给进口国时按第 8 条规定进行调整后的实付或应付的价格。

因此,海关倾向于以进口货物的销售价格作为征收关税的基准,该价格被视为独立交易价格。

当买方和卖方存在关联关系,并且独立交易定价受到质疑时,成交价格仍然可为海关估价目的使用,只要进口商能够证明申报的成交价格:通过销售环境测试法;或者满足测试价格对比。

以下是《WTO 海关估价协定》第 1 条中关于海关估价规则的解释:

1. 进口货物的完税价格应为成交价格……只要……(d)买方和卖方不存在关联关系,或当买方和卖方存在关联关系时,根据第 2 款规定成交价格可以接受为完税价格。

2. (a)在根据第 1 款决定成交价格是否可被接受时,买方和卖方属于第 15 条意义上的关联关系事实本身不能成为认定成交价格不可接受的理由。在这种情况下,应审查销售环境,如果该种关系未影响价格,成交价格应被接受。

如果由于进口商或其他来源提供的消息,海关有理由认为此种关系已经影响了价格,海关应将此种理由通知进口商,并给进口商以合理的机会作出解释。如果进口商有要求,海关应以书面形式将其理由通知该进口商。

(b)在关联方之间的销售,只要进口商证明成交价格非常接近下列在同时或大约同时发生的价格之一,该成交价格应予以接受,并且按第 1 款的规定对该货物进行估价:

(ⅰ)向同一进口国无关联关系的买方出售的相同或类似货物的成交价格;

(ⅱ)按第 5 条规定确定的相同或类似货物的完税价格;

(ⅲ)按第 6 条规定确定的相同或类似货物的完税价格;

针对上述第 2 款(b)项,《WTO 海关估价协定》在第 2 款(c)项中规定:"第 2 款(b)项所列测试价格应在进口商的请求下使用,且仅用于比较目的。"对第 2 款(b)项的解释性说明要求"测试价格"必须是海关以往根据实际进口货物估价而确定的价格。

如果先前没有相同或类似货物的成交价格、倒扣价格或计算价格,那么就不会存在任何可被海关接受的"测试价格"。因此,普遍做法是评估与上述第 2 款(a)项有关的销售环境。

第 2 款(a)项的解释性说明提供了如何评估销售环境以向海关证明交易各

方的关系未影响成交价格的范本。《WTO 海关估价协定》第 1 条第 2 款(a)项的解释性说明规定如下：

2. 第 2 款(a)项规定，当买方和卖方之间存在关联关系时，应审查销售环境，如果该种关系未影响价格，应将成交价格按完税价格接受。这并不意味着在买方和卖方存在关联关系的所有情况下均应审查销售环境。

仅在怀疑价格的可接受性时方可要求此种审查。如果海关不怀疑价格的可接受性，则应接受该价格而不再要求进口商提供进一步的信息。

例如，海关以往已经对此种关联交易进行审查，或海关可能已经获得买方和卖方的详细的信息，并且可能已经通过此种审查或信息确信该种关系未影响价格。

3. 当海关不进一步调查即不能接受成交价格时，应当给予进口商提供审查销售环境可能所必需的进一步详细信息的机会。在此种情形下，海关应做好准备以审查交易的相关方面，包括买方和卖方组织商业关系的方式，达成所涉价格的方式，以便确定该种关系是否影响价格。

如审查表明，买方和卖方虽然属于第 15 条规定的关联关系，但是双方之间的相互买卖如同不存在关联关系一样，这表明价格未受到该种关系影响。例如，如果价格是按照所涉行业的通常定价做法的方式达成的或者按照卖方向非关联买方销售的方式达成的，则表明价格未受到该种关系影响。

又如，如果价格足以覆盖所有成本加利润，该利润代表该企业在一代表期内(如按年度计)销售同级别或者同种类产品所实现的总体利润，则表明价格未受到影响。

和《评论 23. 1》的规定保持一致，进口商依据《OECD 转让定价指南》确定关联方定价策略并提供必要的转让定价同期资料，这些资料应被认为海关审查销售环境的坚实基础。

《OECD 转让定价指南》基于合理的基本经济原则，旨在实现公平交易价格，这与海关在确认价格未受到该种关系影响时寻求公平交易价格结果是一致的。

所以与《评论 23. 1》的规定相一致，国际商会建议在某些情况下采用进口商按照《OECD 转让定价指南》制定的价格，则证明买方和卖方之间的关系未影响成交价格。

因此,独立交易原则(《OECD 税收协定范本》第 9 条)可直接与销售环境测试中确定成交价格可接受性的规则保持一致。海关需要认可这种一致性,这样做可以使 OECD 和 WTO 的规则在确定关联方之间交易的价格趋于一致。

此外,自主性调整或强制性调整在进口报关时常常是无法提前预见的。提案 2 和提案 3 针对的便是这类需要海关妥善处理的转让定价调整实例。

提案 2

海关认可转让定价后续调整(上调或下调)。认可应适用于:

(1)两个关联企业之间达成合意后主动做出的补偿调整;或者

(2)基于税务稽查作出的调整。

交易后影响货物价格的调整是《OECD 转让定价指南》和《WTO 海关估价协定》允许的。交易后调整可以基于多种原因实施,包括自主性调整,也包括年终调整,即为了达到预期收益范围而在年终或者一个时间段结束后作出的调整。

然而,将上述调整上报至海关的程序取决于当地规则,且海关通常不认可进口商下调货物购买价格的申报。

如果此类影响价格的交易后调整(补偿调整)是严格遵循 OECD 关于转让定价的方法操作的,那么海关就应该将其视为货物已付价格的一部分,并纳入成交价格之中。

企业应被允许进行完税价格调整,且不被要求制定临时性的估价程序,或由于估价调整而受到处罚。

提案 3

在转让定价后续调整(上调或下调)时,建议海关同意根据进口商所选择的下列任一种方法进行完税价格的复核。此类方法适用于被调整影响的货物价格。

采用加权平均关税率:加权平均关税率的计算方法是将年度总关税除以该年度进口总额。其中可能包括在年底发生的一次性调整。

例如,在年底时,因转让定价调整而产生一笔额外费用需支付给卖方,则我们建议进口商就该笔一次性调整的金额进行申报。海关就可以将上述金额分配到本年度内申报的所有进口货物中去,而关税调整率就是加权平均关税率。

参照税则目录,和根据进口商提供的信息或海关披露的所有商品税号和国家统计数据中的相关进口数据等信息,进行转让定价调整的分摊。

提案 4

在转让定价后续调整(上调或下调)时,建议企业免于承担下列责任:

➢针对每份最初提交的报关单提供一份修改后的报关单。取而代之的是可以提交一份针对所有最初报关单的概括性申报表。

➢如果修改后的报关申请由企业自主并及时地提交至海关,则企业不应受罚。实际上,这是无逃避关税意图的其他各种因素导致了报关内容变化。

提案 5

建议海关认可下列因素,从而接受将 OECD 转让定价方法作为销售环境审查适用的合理方式。

➢相同或类似货物:许多转让定价报告都采取可比价格法。多数情况下,该类研究依赖交易各方所执行的功能、使用的资产以及承担的风险的相似性,和进口货物之间的相似性。转让定价报告也要求时间和空间上的可比性,尽管当难以找到精确的可比数据时,也会采取区域性、跨年度的可比数据。类似地,海关应认可可比利润法的使用和合适的区域及跨年度可比数据。

➢企业法人(在集团内执行具体功能并增加价值):转让定价报告通过评估每个企业在关联集团中执行的功能以及承担的风险,做出对独立交易价格的经济评估。海关应同样认识到,理解交易各方在关联交易中执行的功能以及承担的风险,有助于依据合理的、根本性的经济原则审查销售环境。

提案 6

海关认可将转让定价同期资料作为证明进口产品已付价格未受到交易各方关系影响的证据。

税务转让定价同期资料几乎在全球范围内都是一项税务法律要求。该报告的内容在各个国家大致相同,因此已经标准化。报告内容通常包括了用于分析销售环境的所有信息、交易各方的信息、附加价值,以及各方在交易中执行的功能。

如果海关认为除转让定价同期资料中的数据之外,将正常交易中现有的数据作为补充数据也同样必要,那么国际商会建议海关应该明确将其他的海关数据要求提前界定和公示,以使企业能够将这些其他的要求融入转让定价同期资料中,从而同时满足海关和税务两个部门的要求。

结　语

本政策声明是基于2012年国际商会发布的关于转让定价和海关估价政策声明的更新,由国际商会税务委员会及海关与贸易便利化委员会共同制定。在跨境交易中,找到处理转让定价与海关估价关系的综合性方案显得越发重要。

可以预见的是,未来会有更多人关注这一话题并作出贡献。国际商会已经准备好与WCO和OECD等国际组织合作,共同解决这一全球税务和海关领域内高难度和充满争议的难题。

国际商会将会持续关注这一重要领域内的发展情况,并适时发布关于政策声明的更新。

附件九　常用转让定价术语词汇表

调整	调整在许多转让定价情形下发生。不同文本对该术语的描述方式存在差异性,以下是在《OECD转让定价指南》中使用的标准术语: 补偿调整(有时称为"年底应税所得调整""校准性调整"):指纳税义务人因所得税目的而将实际转让定价调整至他们所认为的独立交易价格。此类调整可以是实际价格调整或税收单项调整 初次调整:指税务机关基于独立交易原则针对纳税义务人的应税利润做出的调整。(一般为审计调整) 相应调整(有时称为"关联性调整"):根据第一税收管辖权的税务机关所做出的初次调整,第二税收管辖权的税务机关对关联企业的应纳税额所做的调整,从而使两个税收管辖权对利润的分配一致 二次调整:为了使实际利润分配与转让定价初次调整基本保持一致,定价经过初级调整后,某些国家可能主张采用一个推定交易。二次交易可能表现为推定股息、推定股权投资或推定贷款
预约定价安排	在未来一段时间内通常针对特定的纳税人或纳税集团的一个特定或一组特定交易处理转让定价提前约定的一套适当标准的安排
独立交易原则	独立交易原则要求关联方之间的交易条件(价格、利润率等)应与独立的交易各方在相似情形类似交易中的交易条件相同
独立交易区间	用于确定受控交易的交易条件是否符合独立交易原则的数据区间。该区间内的所有数据应同等可靠

续表

关联企业	在交易各方的关系可能使得其影响交易条件(通常称作“关联方”)之间的交易——可涉及财产或服务的提供,资产的使用(包括无形资产)以及融资的安排。上述项目都应被合理定价
贝里比率	一项显示净利润的指标,通常是指毛利/营业费用; 许多调整后的贝里比率也被投入实际应用中,例如从营业成本中扣除会计折旧等参数
可比性	独立交易原则的应用基础在于将受控交易中的交易条件和两个完全独立方之间的“可比交易”中的交易条件进行对比
可比性调整	可比性要求任何被比较交易之间的差异(价格或利润率)不会对采用转让定价方法所审查的交易条件产生任何实质性影响,或当这些差异存在,则可采用合理准确的调整(可比性调整)以消除此差异对审查条件所造成的影响
可比非受控交易	发生在各独立各方之间可以同被审查的受控交易相比较的交易。形式包括发生在受控交易一方和一独立方之间的可比交易(内部可比交易)以及发生在两个完全独立的交易方之间的交易(外部可比交易); “可比”是指交易中存在的差异(如价格或利润率)没有对采用转让定价方法所审查的交易条件产生任何实质性影响,或能够进行合理准确的调整以消除此差异所产生的实质影响
可比性因素	在确定可比性时,受控及非受控交易中的特性可能很重要,包括: ——转让资产或服务的特性; ——交易各方执行的功能(需考虑使用的资产和承担的风险); ——合同条款; ——交易各方的经济环境; ——交易各方采取的经营战略
受控交易	发生在互为关联企业之间的交易(关联方)
销售成本	企业主体生产已售商品产生的直接成本。销货成本的构成取决于业务性质
双重征税	双重征税通常被认为是国际贸易和投资的障碍。因此,为促进贸易和投资,各国主要通过签署税收协定以避免或消除双重征税
功能分析	功能分析是涉及对所执行的功能、承担的风险以及使用的资产的分析,并被视为是可比性分析的基础。独立方进行交易时,其达成一致的价格往往能反映出交易各方执行的功能、承担的风险以及使用的资产
毛利率	毛利/净销售额
毛利	广义上是指总收入(通常指净销售额)减去销货成本

续表

跨国企业(MNE)集团	跨国企业集团通过兼并或收购当地子公司或者成立分公司的方式开拓新市场。当地子公司或分公司通常会参与和该集团旗下其他成员的交易
相互协商程序(MAP)	相互协商程序是税务机关解决由适用双重征税协定所引发的纠纷的一种途径。《OECD 税收协定范本》第 25 条规定了该程序,可用于排除因转让定价调整而引发的双重征税
净利润指标或利润水平指标(PLI)	净利润与某项合适基准(例如成本、销售额或资产额)之间的比率。交易净利润法的应用基础在于将受控交易中的某项合理利润指标与可比非受控交易中的相同利润指标进行对比
营业利润率	一项净利润指标(以百分比表示); 营业利润/净销售额
关联方	关联交易方(也常被称作关联方)间的关系可能对交易条件产生影响——含财产或服务的提供,资产的使用(包括无形资产)以及融资的安排。上述项目都应被合理定价
营业利润(也称营业收入)	毛利润减去营业费用(以货币形式表示); 大致相当于息税前利润
资产收益率(ROA)	一项净利润指标; 营业利润/资产总额(注:经常仅指有形营业资产)
销售利润率(ROS)	一项净利润指标,通常等同于营业利润率; 营业利润/净销售额
税收协定	缔约方(国)之间就税收权益(各国在具体情况下可征税的程度)的分配及其他相关事宜(例如信息交流和其他行政程序)签署的协定
受测方	受测方是根据相关方法(毛利润率、毛利润加成、净利润等)测试相关审查条件的测试对象
转让定价方法	《OECD 转让定价指南》详述了下列 5 种转让定价方法,可用于"确立关联企业在其商业或财务关系中施加的条件是否符合独立交易原则"(OECD2010): ——可比非受控价格法; ——再销售价格法; ——成本加成法; ——交易净利润法; ——交易利润分割法
非受控交易	发生在独立方之间可比的交易

附件十　转让定价同期资料格式范本

注:以下内容仅为转让定价同期资料中常见的关键性要素以及和海关估价相关的内容概述,并非关于转让定价同期资料的法定要求或全面列举。

1. 关于跨国企业集团及其业务活动和从事行业的描述

跨国企业集团的描述,包括企业从事的业务活动类型,企业组织架构、管理架构,以及关联交易涉及的相关行业的关键特征。

2. 财务信息

与受控交易相关的重要财务信息,包括交易各方的财务报表(损益表和资产负债表)及分段财务信息(如适用)。

3. 转让定价政策

跨国集团转让定价政策的各方面细节描述,包括价格如何制定和复核以及集团是否签署相关预约定价安排。

4. 针对关联交易的描述,包括功能分析

交易详述,包括:

●列举关联交易类型、数量及关联方。

●对各类型交易中所涉产品或服务的特性、合同条款及相关经营战略所作的分析。

●针对交易各方所执行的重大经济功能、使用的资产以及承担风险的分析。

●针对相关经济环境的分析(例如市场条件等)。

5. 转让定价方法的选择

根据当地法律的要求(如适用),解释说明为何选择所选的转让定价方法。

6. 可比性分析及数据

解释说明通过何种方法识别可比非受控交易,包括信息来源和检索标准。

所选的可比非受控交易的可比性分析,包括针对 5 项可比性因素的分析,以及任何进一步研究的细节。

7. 结论

基于适用所选的转让定价方法得出的就关联交易是否符合国内转让定价法律的结论。

附件十一 致谢

➢世界海关组织感谢澳大利亚、加拿大、韩国、英国、美国海关,OECD和世界银行,对本指南提供的宝贵意见。

➢第三章是基于世界银行集团提供的文本。

➢世界海关组织同样感谢国际商会以及商界代表,他们分享了见解和为本指南提供宝贵建议。

参 考 文 献

一、中文文献

[1]世界海关组织著,海关总署关税征管司编译:《海关估价纲要》,中国海关出版社2019年版。

[2]经济合作与发展组织:《跨国企业与税务机关转让定价指南》,国家税务总局国际税务司译,中国税务出版社2019年版。

[3]海关总署关税征管司编著:《审价办法及释义》,中国海关出版社2006年版。

[4]徐珊珊:《多边贸易体制下海关确定成交价格的法律问题》,法律出版社2009年版。

[5]林弘主编:《海关估价》,中国海关出版社2010年版。

[6]何力:《世界海关组织及法律制度研究》,法律出版社2012年版。

[7]顾佩军编著:《图解:全国海关通关一体化》,中国海关出版社2018年版。

[8]何力:《从国际软法来看WCO〈海关估价与转让定价指南〉》,载《海关法评论》2019年第8卷。

[9]于茜:《加强估价管理制度研究 促进更高水平对外开放——基于转让定价视角》,载《海关审价》2019年第11期。

[10][德]迈克尔·兰德韦:《海关估价视角下关于转让定价规则的新成果:GATT海关估价协定中公平原则的国际法适用》,杨大江译,载《海关审价》2019年第10期。

[11]李绮绯:《关于买卖双方特殊关系辨析的实证研究》,载《海关审价》2021 年第 3 期。

[12]林倩余:《WCO 估价技术委员会“案例研究 14.1”浅析》,载《海关审价》2016 年第 21 期。

[13]林倩余:《国际海关估价与转让定价发展方向》,载《海关审价》2019 年第 11 期。

[14]林倩余:《深入推进估价技术国际交流,中国海关走近世界估价舞台中央》,载《海关审价》2021 年第 1 期。

[15]李骏:《论海关估价“销售环境测试法”对 OECD 转让定价规则的借鉴》,载《海关与经贸研究》2016 年第 3 期。

[16]严审:《转让定价海关审价实务》,载《海关审价》2019 年第 11 期。

[17]李茵鹏:《非贸易项下付汇涉及国内税的海关审价探究》,载《海关审价》2019 年第 3 期。

[18]青岛海关:《特殊关系影响马尾藻成交价格估价案例》,载海关总署编:《海关估价案例汇编合订本 2》(2019 年)。

[19]上海海关:《特殊关系影响医疗器械成交价格估价案例》,载海关总署编:《海关估价案例汇编合订本 2》(2019 年)。

[20]严审:《特殊关系影响电子元器件成交价格的估价实践》,载《海关审价》2022 年第 1 期。

[21]高阳:《双边预约定价背景下海关审查特殊关系影响成交价格估价实践》,载《海关审价》2022 年第 7 期。

[22]海关估价职能重构及优化课题组:《试论海关估价职能的重构及优化——关于全面深化业务改革 2020 框架下海关估价工作的思考》,载《海关审价》2021 年第 1 期。

[23]马兆辉、李绮绯:《护肤品小样特殊关系影响成交价格估价实践》,载《海关审价》2022 年第 5 期。

[24]陈慧、周怡琛:《特殊关系影响快艇发动机成交价格估价实践》,载《海关审价》2022 年第 7 期。

[25]林倩余、姚青凌、杨卓:《中国海关估价的历史转变》,载《海关审价》

2021 年第 9 期。

[26]关税司:《海关估价技术委员会成立》,载《中国海关》2000 年第 5 期。

[27]高鹏:《关于奶粉的调研报告》,载《商品调研报告汇编 2019》。

[28]尹海云:《关于天然气行业的调研报告》,载《商品调研报告汇编 2019》。

[29]李茵鹏:《关于“仍有理由怀疑”条款的应用建议》,载《海关审价》2016 年第 15 期。

[30]广州海关:《化妆品转移定价估价案例》,载海关总署编:《海关估价案例汇编(7)》。

[31]卢海兰:《入世二十载,我看海关估价热点问题的发展与创新》,载《海关审价》2021 年第 9 期。

[32]李敏:《美国海关转让定价立法和实践对我国海关有关法律制度设计的启示》,载《海关审价》2019 年第 7 期。

[33]周重山:《海关估价对税务转让定价文档的运用——WCO》,载微信订阅号“商务联”,2017 年 3 月 22 日。

[34]严德龙:《属地纳税人管理模式下跨国公司再销售价格法影响反渗透膜元件成交价格的估价实践》,载《海关审价》2022 年第 12 期。

[35]陆逸舟:《音频、视频设备部件受特殊关系影响成交价格估价实践》,载《海关审价》2022 年第 4 期。

[36]黄俊民、游陈琦、戴风华、叶有景:《特殊关系影响加工贸易副产品内销成交价格的估价实践》,载《海关审价》2022 年第 1 期。

[37]郑东军、李君:《转让定价海关价格管理制度建设探索》,载《海关审价》2020 年第 12 期。

[38]连越、杨育欣:《上海海关多管齐下强化关区估价管理职能再创佳绩》,载《海关审价》2022 年第 1 期。

[39]杭州海关:《跨国公司内部调拨二手设备估价案例》,载《海关审价》2016 年第 16 期。

[40]宁波海关:《特殊关系影响燕窝成交价格估价案例》,载《海关审价》2016 年第 16 期。

[41]李敏:《关于美国海关转移定价审价制度的介绍》,载《海关审价》2016年第19期。

[42]李丹迪、黄婧:《全球价值链下海关借鉴运用OECD转让定价规则审查销售环境研究》,载《海关审价》2018年第12期。

[43]海关总署天津商品价格信息处:《特殊关系影响进口汽车成交价格的估价实践》,载《海关审价》2018年第12期。

[44]崔佳杰:《进口药品买卖双方特殊关系影响成交价格估价实践》,载《海关审价》2019年第8期。

[45]比威迪(亚太区):《转让定价数据库(OSIRIS)介绍》,载《海关审价》2019年第11期。

[46]李敏:《美国海关有关转让定价后续调整的政策转变及其借鉴思路》,载《海关审价》2020年第5期。

[47]李骏:《关于〈审价办法〉第十八条中"商业惯例"之理解及适用》,载《海关审价》2020年第6期。

[48]徐致颖:《从"跟随者"到"开拓者"——对外估价技术援助工作有感》,载《海关审价》2021年第9期。

[49]刘达芳:《利用海关估价规则转让定价问题初探》,载《上海海关学院学报》2009年第4期。

[50]王永亮、陈菊:《论海关转移定价审查的优化》,载《海关法评论》2016年第6卷。

[51]丁丽柏:《海关估价制度研究》,西南政法大学2008年博士学位论文。

[52]陈宜荣:《转让定价的海关估价分析》,厦门大学2011年硕士学位论文。

[53]李元俊:《海关估价中的转让定价调整法律问题研究》,复旦大学2012年硕士学位论文。

二、外文文献

[1]Jovanovich, J. M., *Comparison between Customs Valuation and OECD Transfer Pricing Guidelines*, edited by Anuschka Bakker and Belema Obuoforibo,

IBFD,2009.

[2]J. M. Jovanovich, *Customs Valuation and Transfer Pricing: Is It Possible to Harmonize Customs and Tax Rules*, Kluwer Law International, 2017.

[3] Sherman, S. & Glashoff, H., *Customs Valuation, Commentary on the GATT Customs Valuation Code*, Kluwer Law and Taxation Publishers, 1988.

[4]Wrappe, Pike & Chung, *Joint APA Effort Signals New Level of IRS-Customs Coordination*(29 November 2000).

[5]Hammer et al., *International Transfer Pricing - OECD Guidelines*(WL, 2000), at 3.01, online: WL (Hammer, Lowell, Burge & Levey, Transfer Pricing Treatises).

[6]12 CIT 77, 679 F. Supp. 21 (1988), aff'd 861 F.2d 261 (1988).

[7]Neville M., *Customs Planning may Avoid Conflict with IRS Transfer Pricing Rules* (1993), 4 J. Int'l Tax'n 70, online: LEXIS (date accessed: 5 July 2000).

[8]Levey M., *Taxation of Foreign Controlled Business*(WL, 2000), Online: WL (Levey, Taxation of Foreign Controlled Business, Tax Treatises).

[9]William H. Futrell, *The History of American Customs Jurisprudence*, the Law Book Exchange, Ltd. 1941.

[10]Ruth F. Sturm, *Customs Past, Present and Future*, 37 Fed. B. News & J. 151, April, 1990.

[11]Leslie Alan Glick, *Guide to United States Customs Trade Laws after the Customs Modernization Act*, 2nd Edition, Kluwer Law International (1997).

[12] Organization for Economic Cooperation and Development (2017), *OECD Transfer Pricing Guidelines for Multinational Enterprises and Tax Administrations* 2017, OECD Publishing.

[13]WTO, Council for Trade in Goods, *WTO Trade Facilitation Symposium* (9/10 March 1998), WTO Doc. G/C/W/1 15 (19 May 1998).

[14]Program of the WCO/OECD Joint Conference on Transfer Pricing and Customs Valuation.

[15]WCO/OECD Joint Conference on Transfer Pricing and Custom Valuation, Closing remarks by Kunio Mikuriya, WCO Deputy Secretary General(Brus-

sels Belgium,3 –4 may 2006).

[16]U. S. Customs and Border Protection, *Determining the Acceptability of Transaction Value for Related-party Transactions*, April 2007.

[17]Canada Border Services Agency,Memorandum D13 –4 –5 *Transaction Value Method for Related Persons* (17 September 2015) .

[18]United Nations,*Treaty Series*,Vol. 1155,p. 331.

[19]H. R. Rep. No. 1235,reprinted in 1980 U. S. C. C. A. N. at 3370.

[20]Jarvis Clark Co. v. United States,2 Fed. Cir. (T) 70,75,733 F. 2d 873,878 (1984).

[21]Anderson v. Liberty Lobby,Inc. ,477 U. S. 242,248,106 S. Ct. 2505, 91 L. Ed. 2d 202 (1986).

[22]Xerox Corp. v. United States,20 CIT 823,823 (1996).

[23]Kerr-McGee Chem. Corp. v. United States,14 CIT 582,583 (1990).

[24] Determining the Acceptability of Transaction Value for Related Party Transactions, https://www. cbp. gov/sites/default/files/assets/documents/2020-Feb/icp089_3. pdf.

[25] U. S. Customs & Border Protection Rulings Program, https://www. cbp. gov/sites/default/files/documents/cbp_rulings_prog_3. pdf.

[26]IRS issues annual Advance Pricing Agreement Report for 2022,https://us. eversheds-sutherland. com/NewsCommentary/Legal-Alerts/257851/IRS-issues-annual-Advance-Pricing-Agreement-Report-for-2022.

[27]U. S. Customs and Border Protection, Determining the Acceptability of Transaction Value for Related Party Transactions,April 2007.

[28]*The Link Between Transfer Pricing and Customs Valuation*,载德勤官网:The Link Between Transfer Pricing and Customs Valuation 2018 Country Guide (deloitte. com)。

[29]*Guidelines for the Imposition and Mitigation of Penalties for Violation of* 19 *U. S. C.* 1592,19 CFR Appendix B to Part 171 (B) Definition of Materiality under Section 592.